应用心理学丛书

PSYCHOLOGY

社会心理学

郑　雪◎主编

刘学兰　王　磊　陈延远
张利燕　聂衍刚　高宝梅◎主著

SOCIAL
PSYCHOLOGY

暨南大学出版社
JINAN UNIVERSITY PRESS

中国·广州

图书在版编目（CIP）数据

社会心理学/郑雪主编．—广州：暨南大学出版社，2004.7
（2025.1 重印）
（应用心理学丛书）
ISBN 978 – 7 –81079 – 371 – 1

Ⅰ.①社…　Ⅱ.①郑…　Ⅲ.①社会心理学—研究　Ⅳ.①C912.6

中国版本图书馆 CIP 数据核字（2004）第 042235 号

社会心理学
SHEHUI XINLIXUE

主　编：郑　雪

....

出 版 人：阳　翼
责任编辑：苏彩桃　袁冰凌
责任校对：梁吉平　沈凤玲
责任印制：周一丹　郑玉婷

出版发行：暨南大学出版社（511434）
电　　话：总编室（8620）31105261
　　　　　营销部（8620）37331682　37331689
传　　真：（8620）31105289（办公室）　37331684（营销部）
网　　址：http：//www．jnupress．com
排　　版：暨南大学出版社照排中心
印　　刷：湛江日报社印刷厂有限公司
开　　本：787mm×960mm　1/16
印　　张：19.25
字　　数：352 千
版　　次：2004 年 7 月第 1 版
印　　次：2025 年 1 月第 17 次
定　　价：45.00 元

（暨大版图书如有印装质量问题，请与出版社总编室联系调换）

目　录

第一章　社会心理学概论

本章要点：
- 社会心理学的对象
- 社会心理学的学科体系
- 社会心理学的历史发展
- 社会心理学的理论
- 社会心理学的研究方法

　　每一个初学者，当翻开这本书的时候，通常在心中都会有这样一个问题：什么是社会心理学？对于这个问题，也许要等到读完这本书之后，才会有一个比较完整的答案。我们不想让读者等得太久，在本章里就给出一个初步的答案。本章将从社会心理学的研究对象、学科体系、研究意义、理论探讨、研究方法以及历史发展等方面分析与阐述什么是社会心理学这一问题。

第一节　社会心理学的对象范围

一、社会心理学的定义

　　通常我们可以从一门学科的定义中看出这门学科的研究对象。由于社会心理学研究对象的复杂多样性，社会心理学家在什么是社会心理学的问题上难以取得一致的意见。

　　我国著名社会心理学家吴江霖教授及沙莲香教授等强调社会心理为社会心理学研究对象。吴江霖教授提出："社会心理学是研究个体或若干个体在特定社会生活条件下的心理活动的变化发展的科学。"① 沙莲香教授认为社会心理学就是"研究社会心理的基本过程及其变化发展的条件和规律的具体科学"。②

在美国，具有行为主义思想背景的学者通常强调社会心理学研究的对象是社会行为。例如，美国社会心理学家肖与康斯坦佐（Shaw & Constanzo，1982）认为："社会心理学是关于作为社会刺激之反应的个人行为的科学研究。"③ 弗里德曼等人指出，社会心理学是社会行为的系统研究。它探讨我们怎样感知其他人和各种社会情境，我们怎样对他们和他们怎样对我们发生反应，以及我们怎样受社会情境所影响。

有的社会心理学家干脆把社会心理与社会行为并列为社会心理学的研究对象。例如，美国实验社会心理学创始人 F·奥尔波特就认为"社会心理学研究个人的社会行为与社会意识"。④ 我国社会心理学家孙晔、李沂等人指出："社会心理学是研究个体和群体的社会心理和社会行为规律的一门科学。"⑤

除此之外，具有社会学传统的社会心理学家则强调社会互动及社会环境对社会心理与行为的影响。艾尔伍德认为"社会心理学是关于社会互动的研究"，它所关心的"是人类群体行为的心理学解释"。⑥ 罗伯逊认为"社会心理学的研究有助于理解社会环境对人类行为的影响"，"人类行为主要取决于人们所属的群体和群体间的互动及影响"。⑦

由于社会心理学对象的复杂性与多面性，不同的定义强调了不同社会心理学对象的不同方面。为了获得一个比较完整的定义，有必要综合上述社会心理学的定义。在综合的基础上，本书给社会心理学下一个定义，即社会心理学是研究在社会情景中的个体或群体的社会心理、社会行为与社会互动的一门心理科学。从这个定义中可看出，社会心理学的对象主要包括 3 个方面：社会心理、社会行为和社会互动。

（一）社会心理与社会行为

社会心理与社会行为是人在社会情景中受种种社会因素影响所产生的心理与行为。亚里士多德说过，人是社会性动物。每个人的一生都处在各种社会情景中，社会情景总对处于其中的个体或群体施加各种社会影响，由此产生的个体或群体的心理与行为活动是具有某种社会意义或社会性的。所以，我们可以

---

① 吴江霖. 马克思主义社会心理学展望. 广州师院学报，1982（2）
② 沙莲香. 社会心理学. 中国人民大学出版社，1987. 32 页
③ M. E. Shaw & P. F. Constanzo，*Theories of Social Psychology*. New York：McGraw-Hill, 1982. p. 4
④ F. H. Allport, *Social Psychology*. Boston, Mass.：Houghton Mifflin, 1924. p. 12
⑤ 孙晔，李沂. 社会心理学. 科学出版社，1987. 10 页
⑥ C. A. Ellwood，*The Psychology of Human Society*. New York：Appleton, 1925. p. 16. p. 11
⑦ 罗伯逊. 现代西方社会学. 河南人民出版社，1988. 3 页

把这些心理或行为活动称为社会心理与社会行为。

社会心理包括我们在社会情景影响下的各种认知与评价、态度与情感、倾向与决策等心理活动。例如，某个来自农村的、朴素的大学生，当面对一个时髦的城市新同学时，他总会试图了解和评价对方，并产生相应的情感与态度，同时也会通过与对方的比较重新调整对自己的认识和评价。也许他会认为对方富裕、高傲，因而有可能自己瞧不起自己，不愿意与对方交往；也许他会认为对方奇装异服、为富不仁而心生厌恶、自觉高尚。这位农村大学生的这些内心活动就属于社会心理的范畴，主要与社会认知和社会态度有关。人们不仅在内心会对社会中的各种人与事产生认知、评价与情感体验，而且也会通过自己的外部行为活动对这些人或事施加一定的影响，后者就是社会行为。例如，在行驶的列车上，一位妇女生病晕倒，旁边的旅客有的可能会积极提供帮助，去找医生或列车员，有的可能会袖手旁观，个别人说不定会趁火打劫，偷偷拿走那位妇女的行李。这些旅客的助人、旁观或偷窃行为都属于社会行为。

在理论上我们可以把社会心理与社会行为区别开来，前者是内隐的，而后者是外显的；前者是社会刺激情景所引起的人的内心活动，而后者是人通过外部行为活动对社会刺激情景的反应。但是，在现实社会活动中，社会心理与社会行为并不是毫不相关的，而是紧密联系在一起的连续体。下面我们用一个简单的示意图显示它们之间及其与社会情景的关系。

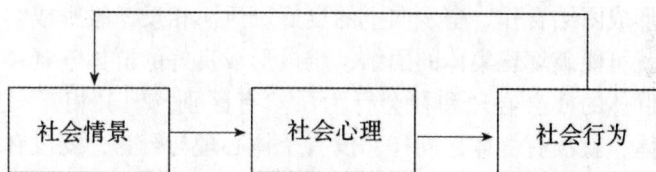

图 1-1 社会心理、社会行为与社会情景的关系示意图

在社会情景的影响下，人们产生种种社会心理活动，而这些社会心理活动往往又会引发某种社会行为，社会行为反过来会导致社会情景的某种变化，由此产生从社会情景经社会心理到社会行为的相互作用过程。例如，我们在河边看到一个人在水中挣扎，高叫"救命"。面对这样一个社会情景，我们通常会产生一系列的认知、情感和决策等社会心理活动，很快会认识到有人落水了，需要救助，进而产生同情，并决定是否帮助他。一旦形成决意，就引发下水救人的社会行为。这种社会行为反过来影响周围社会情景，引起更多人注意到此事，参与到救人的行列中。

（二）个体与群体的社会心理与社会行为

不管是社会心理还是社会行为，都是以人为主体的。离开了人这个主体，也就没有社会心理与社会行为，因此，社会心理学研究社会心理与社会行为时，要以人为中心。产生社会心理与社会行为的人可以是个体的人，也可以是群体的人。在理论上，个体是指具有人的普遍自然属性与社会属性以及个人个性，并能独立自主活动的实体。群体是指基于某种社会目标、社会属性与社会制度等因素联系在一起，并共同活动的多个个体的联合体。群体可以是正式的，如家庭、学校、社团或工作单位；也可以是非正式的，如一群有共同兴趣的伙伴，临时聚集在飞机上的乘客，在大学里常一起活动的同乡等。群体可以是小型的或微观的，如家庭、班级与兴趣小组等；也可以是大型的或宏观的，如阶层、民族与国民等。

我们知道在社会情景下，个体有社会认知、情感、态度、价值取向、行为决策以及助人、损人、成就等社会心理与社会行为。同样，由许多个体组成的群体也会有种种社会心理与社会行为。由于群体中存在各种复杂的社会关系与社会互动，产生了种种与个体社会心理与社会行为不同的特殊现象，例如群体气氛、团队士气、凝聚力、社会助长、社会惰化、群体极化、合作与竞争、协调与冲突等等。这些现象在个体单独活动时往往不会出现，只有在群体之中才会发生并被个体所体验。例如在一个班集体中，如果班主任与科任老师工作认真负责、教书育人，学生干部积极主动、各司其职，全班同学努力学习、相互合作，就会形成团结合作、奋发向上的良好班风。相反，教师或学生一方有严重的失误，就可能破坏班集体的团结，难以形成良好的群体气氛。

个体与群体的社会心理和社会行为虽然有区别，但又相互联系，不可分割。没有个体，就没有群体，同样，没有个体心理与行为，就没有群体的心理与行为。在现实生活中，没有完全脱离群体而存在的个体，因此，事实上个体的心理与行为活动同样也要受群体的心理与行为的制约。例如，在一个欢乐的生日舞会中，心情不好的人往往会受群体气氛的感染而心情逐渐开朗起来；在一个悲伤的追悼会上，心情再好的人也会受群体气氛的感染变得心情沉重起来。

（三）社会互动

社会心理学不仅要研究个体与群体的心理与行为，而且要研究个体与个体之间、个体与群体之间、群体与群体之间的社会沟通、社会关系与社会互动。社会沟通是人们彼此之间交换思想观念、交流情绪情感的过程。在这个过程中，沟通双方需要有共同理解的语言或非语言的信号系统。当我们与外国人交往的时候，如果彼此都不懂对方的语言，就很难进行有效的沟通。在人际沟通时，我们不仅通过言语，而且还会通过面部表情、手势、躯体动作等来表达自己的思想感情。有时，非言语的肢体信号的作用会胜过言语信号，如一个眼神胜过千言万语。社会心理学要研究人际沟通中使用的语言与非语言的沟通工具或方式，更要研究如何使用这些沟通工具或手段有效地交流思想感情。

在人际交往中，人们不仅彼此交流思想感情，而且会在双方理解的基础上，建立各种不同亲密程度的社会关系。例如，一个大学毕业生走上工作岗位，在与同事之间的交往与沟通中，逐渐从陌生到熟悉、到亲密，甚至有可能与单位中某个异性同事建立爱情关系。社会心理学要研究人们之间各种社会关系是如何建立起来的，人们之间的关系从陌生到亲密的发展有什么规律可寻，哪些因素有利于建立亲密的社会关系，哪些因素可能瓦解亲密的社会关系等等。

在社会生活中，人们要沟通交往，要建立各种社会关系，同时人与人之间会产生相互影响、相互作用，这就是所谓的社会互动。社会互动的形式有很多，其主要的或基本的形式有合作、竞争、冲突、调适、模仿、暗示与感染等。合作与竞争是社会生活中最为常见的现象，它们之间是对立的，但往往又相互联系、相互伴随。例如，在班级内同学之间为了学习成绩、纪律、卫生表现等会有相互竞争，但为了竞争学校的各种优胜红旗，他们之间又相互合作，在行动上彼此配合。人与人之间不仅有竞争，有时也会有冲突。他们可能为了某种目标或价值观念而相互争斗、压制、破坏甚至想消灭对方。例如，有时人们因为经济利益而争吵打架，有时因为政治观念不合而争斗，甚至流血冲突。严重的冲突会给双方都带来不利的后果。有时，他们之间又不得不相互调适，如通过和解、妥协与容忍等来解决冲突。竞争与合作、冲突与调适等在社会心理学中属于对称性的社会互动，因为互动双方都有类似的行为，彼此的行为相互联系、相互制约。而暗示、模仿与感染等称为非对称性的社会互动，因为暗示者与被暗示者、模仿者与被模仿者、感染者与被感染者在互动中的地位与作用是不同的。例如，某位权威的医生告诉一位心因性的瘫痪病人，说这是外国进口的专治这种病的特效针（其实是生理盐水），打了这一针，你就可以站起来了。结果打了针之后，这位病人真的站起来了。在这个实例中，权威医生的话与打针就是一种有效的暗示性刺激，病人接受了医生的暗示而站了起来。

二、社会心理学的学科性质与学科体系
（一）学科性质
以上我们大致描述了社会心理学的研究对象，从研究对象出发，我们可以分析社会心理学的学科性质。由于社会心理学研究对象的复杂性与多样性，对于社会心理学的学科性质还存在不同的看法，归纳起来大致有 3 种：①社会心理学是心理学的一个分支学科，而心理学主要是一门自然科学，因此，社会心理学具有自然科学的性质；②社会心理学是社会学的一个分支学科，社会学是一门社会科学，因此，社会心理学具有社会科学的性质；③社会心理学既不属于心理学，也不属于社会学，而是介于两者之间的一个独立的中间学科或边缘性学科，因此，同时兼具自然科学与社会科学的性质。

从社会心理学研究的对象来看，人的社会心理、社会行为及交互作用不仅与人的自然特性，包括大脑神经结构与功能、遗传倾向及生物进化等有关，而且与各种社会组织、社会情景、上层建筑与意识形态等社会因素的影响有关。社会心理学要考察人的自然特性与社会因素，但不专门考察它们，专门考察它们的是生物科学与社会科学。社会心理学更多地考察人的生物学特性、各种社会因素对人的社会心理与社会行为的影响，着重把人的生物变量、社会变量与社会心理与行为变量关联起来进行研究。因此，我们倾向于赞同上述第三种观点，社会心理学是介于心理学与社会学之间的独立的边缘学科。

从学科的起源来看，社会心理学起源于心理学与社会学，同时也受到文化人类学与生物科学的重要影响。社会心理学在吸收了这些母体学科的理论观点、研究方法和研究成果的基础上，进行创造性地综合，从而形成一门具有全新性质与特点的学科。社会心理学既不是其某一母体学科的附属品，也不是其母体学科的简单的相加或拼合。因此，社会心理学应该是一门独立的边缘性学科。

通过对社会心理学学科性质的分析，我们初步了解了社会心理学在科学体系中的位置与地位。为了较全面和深入地了解社会心理学的学科体系，我们有必要进一步探讨社会心理学的学科体系内的关系和体系外的关系，特别是与紧密相邻的学科的关系。

（二）社会心理学的学科体系

我们先分析一下社会心理学的学科体系内的关系。社会心理学大致可以分为 3 个部分，即总论、基础社会心理学与应用社会心理学。

在总论部分，主要探讨社会心理学在学科整体水平上的基本理论问题，包括社会心理学的对象、学科性质、学科体系、学科目的与任务、学科意义、学科的起源与发展、学科的理论流派、学科的研究方法与方法论等等。

基础社会心理学主要探讨社会心理学研究对象范围中的各个方面的具体问题，主要包括以下几个方面的研究内容：①社会认知，探讨自我认知与自我意识、社会知觉、社会印象与社会判断、印象整饰、社会认知偏差以及认知归因等社会心理现象；②人际关系，探讨人际沟通、人际影响、人际吸引与亲密关系等有关问题；③社会态度，探讨态度的结构、形成与改变等问题；④社会行为，探讨社会冲突与攻击性行为、合作与利他行为；⑤群体心理，探讨群体种类、群体凝聚力、群体规范、社会影响、从众、去个性化以及集群行为等；⑥民族文化与民族心理，探讨民族文化与民族心理的关系，阐述国民性研究及本土社会心理研究问题；⑦社会变迁与心理适应，探讨不同社会变迁的形式对个体心理和行为的影响，现代化过程以及文化融合过程的心理适应问题。

从整体上来说，社会心理学本身就是一门应用性很强的学科。在基础社会心理学各个领域中的研究成果均可以应用于社会生活的各个方面。但是，社会心理学中也有专门研究某个社会生活方面的应用性内容。例如，健康社会心理学研究某些身体疾患和各种心理疾患与社会因素之间的关系，以及如何应用心理学治疗人的心身疾患；法律社会心理学研究犯罪心理的形成和犯罪行为发生的规律，研究如何应用心理学知识及时侦破案件，研究证人证言的可靠性，研究法庭社会体系中各不同角色之间的关系及相互影响作用，研究预测、预防犯罪的有效措施等；宣传社会心理学研究电影、电视、广播、报纸、杂志、图书等宣传工具对人的态度形成和态度改变的作用，以及如何有效地应用这类宣传工具使人的态度发生合于社会需要的变化；教育社会心理学研究学生与学校集体之间的关系，即班集体的特点及其对学生个性发展的影响，学校和班级的社会氛围对学生学习动机和学业的影响，教师的特点对学生的影响等；环境社会心理学研究人和生活环境的相互作用，研究噪音、污染、自然灾害对人的社会心理影响，力图使环境的设计和安排适应人的心理需要。应用社会心理学研究的范围十分广泛，内容众多，由于篇幅所限，本书主要讨论社会心理学的总论与基础社会心理学两个部分的内容。

（三）与相邻学科间的关系

在研究人的科学体系中，不同的学科具有明显不同的分工，分析层次也有明显的差异。人体生理学着重从生理状态去解释人的经验与行为；普通心理学的兴趣集中于人一般性的心理活动过程与心理特征；社会心理学则从人与人之间的相互作用及社会影响来解释人的社会心理与行为；而社会学与人类学则侧重于从人的社会与文化属性、从群体的角度解释人的社会行为。由于社会心理学是从心理学与社会学中分化出来的，它与这两个学科的关系尤其紧密，我们有必要具体分析社会心理学与这两个学科的关系。

1. 社会心理学与人格心理学的关系

社会心理学与心理学的密切关系尤其表现在与人格心理学之间的关系上。美国心理学联合会甚至把这两个研究领域合并在一起，共属于一个分会，即人格与社会心理学分会。同时，这两个领域也共同拥有一份权威的心理学杂志，即《人格与社会心理学杂志》。虽然这两个学科有着密切的渊源关系，但是，这两个领域仍然存在着明显的区别。

人格心理学主要研究人心理与行为活动中稳定的个体差异，描述人的心理特征和行为模式，探索这些人格的结构及其形成的规律。人格心理学要回答在同一种社会情景中为什么不同的人具有不同的心理与行为活动，同一个人在不同的社会情景中为什么会表现出大致相同的心理与行为特征。例如，一个妇女在候车室里病倒了，有的人旁观，有的人避开，有的人却帮忙找医生、找警察。这就是说在同样的社会情景中，不同的人会有不同的心理与行为表现。又如，某男子在家庭生活中，经常打骂妻子与孩子；在工作中，常常与同事发生矛盾冲突；在人际交往中咄咄逼人，富于挑衅性。这个人在不同的社会情景中，均表现出攻击性很强的心理与行为特征。人格心理学主要从人的个体心理与行为的差异性说明上述现象。

与人格心理学不同，社会心理学着重探讨社会情景对人心理与行为的共同影响，它要回答在同一情景下，为什么不同的人会表现出共同性的心理与行为活动。社会心理学家发现有一种所谓"旁观者效应"，即在人群多的地方发生某件事情的时候，人们通常的心理行为表现为袖手旁观，而若是这件事情发生在人少的地方，人们作出积极反应的可能性要大得多。例如，曾经有某报记者在歹徒抢劫时出面干预，受伤倒地，流血不止，现场一百多人中没有一个人站出来帮助他，结果该记者流血过多牺牲了。社会心理学就是要研究各种各样的社会情景对人的心理与行为发生何种影响，从而为人们利用这种影响的积极面或防止其消极面提供科学依据。

2. 社会心理学与社会学的关系

社会心理学与社会学同样存在密不可分的联系，社会心理学家与社会学家常常会有共同关心的问题，如群体中人们的行为，如离婚和犯罪等。但是，社会心理学家与社会学家研究的侧重点有明显的区别。社会学着眼于社会本身，关注社会组织、社会群体的结构和功能及其变化等问题，而社会心理学着眼于社会情景、群体背景中的个人，关注社会情景、社会群体和社会相互作用对人的心理与行为的影响。社会学在研究离婚或犯罪时，倾向于把它们作为社会的属性，作为衡量社会状况与进行社会比较的某种指标或参数。在他们的报告中，会列出不同民族、不同地区或不同社会阶层等的离婚率是多少，犯罪率是多少，民族文化、地区差异及社会阶层的状况与离婚率和犯罪率上升或下降有什么关系等。社会心理学家研究离婚或犯罪现象时，更多地把离婚与犯罪看成是个体的心理现象或行为表现，而不是社会的属性。他们着重研究有关的各种社会因素对个体的离婚或犯罪心理行为产生了什么样的影响，以及影响的社会心理机制。

三、社会心理学的学科任务与意义

社会心理学家的主要工作内容包括四个方面：①采用科学的方法客观、准确地描述各种社会心理现象；②形成概念和建立理论，以便概括这些现象，并解释这些现象的由来；③通过社会心理学理论所揭示的社会心理规律去预测社会心理现象的发展变化；④在科学预测的基础上，调节或控制发展变化的方向，使之向社会需要的方向发展，尽可能减少其消极后果。

在多民族或多种族的国家中，占多数的民族或种族往往会对少数民族或种族产生不同程度的种族偏见或歧视。例如，过去的美国就大量存在白人对黑人的偏见态度和歧视行为。美国的社会心理学家对这些偏见与歧视进行了大量的研究。他们首先通过大量的观察和调查，描述发生在社会生活各个方面，包括学校学习、就业工作与文化娱乐等的偏见态度与歧视行为。在收集资料和描述现象的基础上，他们建立种族偏见态度的概念与有关理论。他们认为种族偏见态度包括认知的成见、情感上的反感厌恶与行为意向的疏远排斥等因素。种族偏见态度的形成有历史的根源，与社会法律制度、文化教育、公众媒体的宣传等方面有关。根据这些理论认识，他们预测在什么社会条件下更可能发生种族偏见态度与歧视行为，在什么社会条件下有利于防止种族偏见态度与歧视行为。由此为美国政府及有关部门的政策制定、决策方案提供意见与咨询。政府在政策制度、文化教育与宣传等方面的措施虽然没有完全消除白人对黑人的种族偏见与歧视行为，但确实大大减少了这种偏见态度与歧视行为。

根据上述情况的分析，社会心理学归结起来有两大任务：一是理论任务，二是实践任务。社会心理学的理论任务就是要构建社会心理学的概念与理论，揭示社会心理现象本质及其发生、发展的一般规律，要发展、完善研究社会心理现象的手段、工具与方法。社会心理学的实践任务是应用社会心理学的基本理论与方法分析、研究与协助解决各个社会生活实践领域中的具体社会心理问题，诸如种族歧视与性别偏见、团队士气与工作效率、心理卫生与心理健康、犯罪行为与社会应对等。

从社会心理学的任务中我们可以看出该学科具有重要的科学的理论意义与现实的实践意义。

社会心理学对于我们理解人类心理行为的本质有着重要的意义。对于人类来说，宇宙中存在着许多不解之谜，诸如天体的起源、生命的进化、人类的诞生与社会的规律等等，许多科学家为解开这些宇宙之谜付出了毕生的心血。这些探索与研究对于人类知识的拓展具有重大的理论意义。在众多宇宙之谜中，人类心理与行为的本质更是谜中之谜，因为人类的心理与行为是宇宙中最复杂精密的物质——人脑，与宇宙中最高运动形式——社会，相互作用的结果。因此，以揭示人类心理与行为的本质为首要任务的社会心理学无疑具有重大的理论意义。社会心理学研究的成果有助于与其相邻学科，如心理学、社会学与人类学等学科的发展。学科之间普遍存在着相互作用的关系，社会心理学本身就是在心理学、社会学与文化人类学等学科的影响与推动中发展起来的，如果不是这些学科提供其理论研究成果与研究方法，社会心理学难以产生。社会心理学研究的发展，反过来对孕育它的母体学科的发展有促进作用，即所谓的"反哺"。就心理学学科发展的理论意义而言，普通的心理学偏重于人对自然环境的反映，偏重于对人在反映过程中所依赖的感官与大脑神经的生理机制的研究，而社会心理学则偏重于人对社会环境的反映，偏重于对人在这一反映过程中所依赖的社会文化历史的社会制约性原理的揭示和说明。因此，社会心理学的研究成果，可以补充传统心理学的基本概念与基本原理，而使心理学在理论上得到更加全面的发展。

　　社会心理学的研究成果对于人们的社会生活实践具有重要的意义。社会心理学的理论知识与方法有助于人们更好地了解自己，提高行为的自觉性，增强社会适应能力。社会心理学的知识可以告诉我们心态是如何形成的，行为发生有何机制，提供了分析的理论与评价的标准，使我们更好地了解自己与别人及与整个周围世界的关系，从而在不断变化的社会环境中更好地确定自己前进的方向，使自己适应社会环境的同时，更充分地发挥自己的潜能。社会心理学关于人际沟通、人际交往与人际关系的知识与方法可以帮助人们更好地与他人交流思想感情，更好地相处，减少矛盾与冲突，建立密切的社会关系。社会心理学关于社会态度及其形成与改变规律的研究成果，使政治思想工作、宣传教育工作能够更好地针对人们社会心理的特点和社会行为的规律，做得更加细致、更加自觉，深得人心。有关群体的社会心理学知识有助于各级各类单位、部门、公司与厂矿等加强科学管理，增强团体的内部凝聚力，提高士气，从而提高工作效率。社会心理学既是理论的科学，又是应用性的知识领域。它的许多理论知识与方法技术，特别是各个应用社会心理学领域，如健康社会心理学、教育社会心理学、管理社会心理学、司法社会心理学与环境社会心理学等的理论知识与方法技术可以直接运用于这些领域，解决有关的社会心理问题，提高工作效率，促进心理健康，改进生活质量等。

第二节　社会心理学的形成与研究取向

一、社会心理学的形成

人类对社会心理与社会行为的探讨源远流长，早在古希腊时期的伟大哲学家苏格拉底、柏拉图以及亚里士多德就对人的本性及社会心理与社会行为进行过哲学的思考。苏格拉底的《人类天性》中就包含种种知识的萌芽，而知识就是美德。通过"辩证法"（苏格拉底发明的一种提问的方法），可以启发被询问者逐渐明了心中与生俱来的真理，进而遵循这种真理，为善去恶。柏拉图继承其老师的思想，在其著作《理想国》中进一步论证了如何通过教育与政治制度的改革使每个公民各尽其能，各司其职，从而建立理想的国家。亚里士多德主张人是社会的动物。人的社会行为源于人的本性，而人性又是由生物本能的力量所支配的。因此，改变人的本性，建立理想国的主张是无法实现的。哲学的思辨只能为人们理解社会心理与社会提供某种启示，但不能以此为基础建立科学的社会心理学。

社会心理学是在社会学和心理学分别脱离哲学母体之后，从这两门学科中应运而生的一门独立的边缘学科，其产生的具体时间还存在争议。1859 年，德国人 M·拉扎勒斯和 H·斯坦达尔创办《民族心理学和语言学》杂志，并发表了"民族心理学序言"一文，这一年成为描述性社会心理学的诞生之年。1875 年，德国学者 A·舍夫勒首先在现代意义上使用了"社会心理学"一词，在《社会躯体的结构及其生活》一书中，论述了社会生活中的心理状况或民族意识的一般现象。1894 年，A·斯莫尔和 G·文森特在美国率先使用"社会心理学"一词，并将"社会心理学"列为《社会研究导论》一书的主要章节。1897 年，美国人詹姆斯·鲍德温以"一种社会心理学研究"作为《心理发展的社会和伦理解释》一书的副题，描述了个人是个体化了的社会我，是社会的一部分，也是社会的结果。同年，N·特里普利特在《美国心理学杂志》上首次发表了一份社会心理学的实验报告，对骑自行车人的单独行驶、陪伴行驶以及竞赛时的速度进行了测量和对比研究。这一年被称为美国社会心理学的诞生之年。1898 年，法国人 G·塔尔德写了《社会心理学研究》一书，企图用模仿的概念来解释社会行为。1908 年，英国心理学家威廉·麦独孤和美国社会学家爱德华·罗斯分别从心理学和社会学的角度写了第一本社会心理学的同名教科书，标志着社会心理学终于从其母体心理学和社会学中分化出来，成为一门独立的学科。1924 年，美国社会心理学家 F·H·奥尔波特出版了具有划时代意义的一本书，即《社会心理学》。该书不仅综合了前人的研究成果，而且突出地展示了他运用实验心理学的方法所获得的研究成果，因而这本书被人们公认为实验社会心理学诞生的标志。

虽然社会心理学的形成有赖于一系列重大事件的推动，但从其理论与研究的根源来看，社会心理学直接来源于德国的民族心理学、法国的群众心理学和英国的本能心理学。

首先，德国的民族心理学。其思想渊源是德国哲学家黑格尔，集大成者是"心理学之父"冯特。黑格尔把"民族精神"视为一种独立于个人生活的实体，具有唯心主义色彩，但却开辟了民族心理研究的先河。冯特在建立了人类第一个心理学实验室，形成个体心理学体系之后，花了20年的时间写作他的《民族心理学》。虽然这部多达10卷的巨著在影响方面远不如他的个体心理学体系那么深远，但它却成为社会心理学的重要来源之一。

其次，法国的群众心理学。其代表人物是加布里尔·塔尔德、迪尔凯姆和古斯塔夫·黎朋。塔尔德主要从事法理学和犯罪学的研究，他在社会心理学方面值得一提的是他的模仿理论。在他看来，个体的模仿不但是犯罪的根本规律，而且可以用来解释一切社会现象。塔尔德倾向于将群体心理简化、还原到个体水平加以研究。与此不同，迪尔凯姆的理论从集体的方面论及人的行为，诸如集体中的自杀问题、宗教问题和公德问题等。他认为集体意识绝不是个体意识的相加之和，集体意识大于个体意识并决定个体意识。古斯塔夫·黎朋对群体心理、感染与暗示等做了许多研究。他在塔尔德与迪尔凯姆的研究基础之上，提出了系统的群众心理学。迪尔凯姆和黎朋的理论后来都在美国社会学家罗斯那里得到继承与发展，他的《社会心理学》一书标志着当时社会学家对社会心理学的最系统的论述。

最后，英国的本能心理学。其代表人物是麦独孤，他是从遗传因素而不是社会因素入手研究社会心理与社会行为，并具有明显的个体主义色彩。麦独孤理论的核心概念是"本能"。他沿着达尔文进化论的方向，探讨了个体社会行为的动力问题。他认为本能是一切社会行为的基础。他提出了诸如求食、拒绝、求新、逃避、斗争、性与生殖、母爱、合群、支配、服从、创造、建设等18种本能，并认为从这些本能中可以衍生出全部社会生活和社会现象。

在20世纪20年代以前，社会心理学尽管已经成为一门独立的学科，有了自己的研究领域，但从整体上看，仍然没有完全摆脱思辨和抽象的性质。从20年代起，以美国F·H·奥尔波特为代表的社会心理学家采用各种实证方法进行研究，取得了大量研究成果，这些实证研究成果写进了他在1924年出版的《社会心理学》一书，从而使社会心理学从描述性研究转向实证研究，从定性研究转变为定量研究，从理论研究转变为应用研究，从大群体分析转变为小群体研究。这一系列的转变使社会心理学成为更规范、更严谨的学科。

二、社会心理学的研究取向

社会心理学的研究对象是复杂多样的，人的社会心理与行为受制于生物、人格、社会与文化诸多因素的影响，不同学科背景的学者都有可能从自己学科的角度出发探讨人的社会心理与行为，从而发展出具有本学科特点的社会心理学的理论与方法，这就是所谓的研究取向。这样的研究取向主要有社会学的研究取向、心理学的研究取向、文化人类学的研究取向以及社会生物学的研究取向。

（一）生物学的研究取向

生物学的研究取向是从生物学的角度研究与说明人的社会心理和行为。在社会心理学诞生之初，麦独孤的理论体系着重从人的生物本能出发去说明人的社会心理与行为。随着行为主义心理学与文化人类学在美国的兴起，社会心理学中的本能论被环境决定论所取代。但是，在行为主义心理学危机与现代遗传学发展的刺激下，20世纪50年代出现了洛伦兹与廷伯根的习性学，70年代出现了美国哈佛大学的社会生物学，使社会行为的本能论得到一定程度的回潮，从生物学的角度研究与说明人的社会行为成为社会心理学的一个重要的研究取向。

习性学以动物与人类自然行为的功能与发生机制为研究对象，试图确定遗传、生理与生态环境等方面的因素对行为的影响。奥地利生物学家洛伦兹是公认的习性学之父、当代著名的习性学家，除了洛伦兹之外，还有廷伯根。习性学侧重研究动物的固定动作模式和欲求行为。固定的动作模式是刻板的，一个物种的所有成员，至少是同一性别的所有成员都会表现出来，它们由简单而特定的外部刺激所引起，而且这种行为的施行在一定时间内减弱。一个固定的动作模式一旦被引发出来，其形式既不依赖于外部刺激，其发展也不依赖于经验。欲求行为是指根据目的而随环境变化的行为。基于对这些行为的研究，习性学家提出了社会释放装置与本能释放机制理论、水力学侵犯行为模型与印刻效应等理论。

固定的行为模式或刻板行为不单单是由环境因素引起的，而且在于个体中固有的"释放器"。洛伦兹指出："释放器显示于某一特定动物种系的个体，可引发出一个系统的本能行为模式。"① 这种释放器可激活内在的先天释放机制。例如，在习性学家的一个实验中，实验者把黑色标记（只有雄性才有）

---

① 洛伦兹．动物与人类行为研究．1970（英文版）．106页

涂在啄木鸟雌鸟身上，当雄鸟返回时，看到黑色标记便开始攻击雌鸟，然而，抹掉标记后它又转而向配偶求欢。可见，啄木鸟身上的黑色标记便是一种"释放器"，它会引起雄性啄木鸟之间的争斗。并非所有的刺激功能都是"释放器"，而只有那些通过进化，具有了信息交往的社会功能的结构才具有释放器的意义。

洛伦兹认为，侵略性是一种能量累积的本能冲动，由于这种能量本身需要发泄，所以，不管有无适当的外界刺激物，它都要释放。所谓的水力模式即是把侵略性比作注满了水的水库，一旦水库储存的水量达到高峰水位时，即使没有适当的刺激，也会奔涌而出，导致侵犯、争斗与毁灭。当能量释放时，动物就会得到暂时的松弛，然后逐渐积累能量，等待下一次释放。这种观点类似于弗洛伊德关于死亡本能的观点，似乎动物与人的攻击行为完全是内部自发产生的和不可避免的。这种看法也同样适用于其他本能冲动，比如性欲。同侵略性一样，性的内在释放机制也会对代替的释放器作出反应，或甚至在完全没有释放器的情况下自动爆发。洛伦兹认为攻击性并非都是消极的，因为它在动物生存竞争中有十分重要的意义。洛伦兹指出："当这种攻击性消失时，人从早到晚，从刮胡子到艺术或科学的创造，都将缺乏推动力。"①

习性学家曾发现，幼鹅一旦孵出，将追随它们首次看到的活动物体，虽然这一物体通常是它们的母亲，但也可能是人或其他无生命的物体，如气球。洛伦兹以"印刻"来形容这一现象，并做了更深入的研究。他认为"母—子"关系是一种获得过程，产生于一种具有先天倾向的条件反射形式。释放器促使动物幼体产生了追随活动物体的条件反射行为。这种条件反射不同于一般的条件反射，它的产生不依赖于强化过程，一旦形成，就将会持续一生，并不可逆转，难以消退。印刻现象有一个显著的特点，就是它的产生需要一个关键期，或称敏感期。例如，一个实验表明，让家犬从小脱离与人的接触，与旷野中的野狗群生活在一起，过了一定的时间，它会丧失驯化的可能。虽然，印刻效应发生在某些动物身上，但这类研究对于理解人类社会行为有一定的启示。印刻及其关键期的研究使我们想到人类个体培养言语的技能，或者培养与人建立亲密关系的技能，在儿童早期的某个时候是最佳的时机，如果错过了这一时机，就可能难以掌握这些技能。

20世纪70年代，随着现代分子生物学与遗传学的发展，在习性学的影响下，以爱德华·威尔逊为代表的美国学者创立了社会生物学。社会生物学是关于社会行为的生物学基础的研究。威尔逊认为人的一切行为都是人类基因和环

---

① 洛伦兹. 攻击与人性. 作家出版社，1987. 291 页

境交互作用的结果，人的身体和活动都是为了基因的利益，人是为了基因而生存的。由此他提出了社会生物学的基本命题："有机体只是 DNA 制造更多DNA 的工具。"① 有机体的各种复杂行为，包括攻击、自私、爱情、利他、信仰等社会行为，归根结底都是基因复制、增加自身的一种技巧。基因概念是社会生物学研究的根基，按照威尔逊的解释，基因有四个主要特性：永恒性、再生性、复制的准确性与自私性。社会生物学家承认自私是生命的本性之一，基因的自私性是操纵生物演化过程中各种表现形式的最终原因。

　　达尔文的进化论是社会生物学的主要基础，而社会生物学的研究却又是对进化论的补充和发展。达尔文曾发现自己很难解释动物的利他行为和自我牺牲行为，因为他的理论表明每个有机体都在追求自身的生存。而利他行为往往会失去自身的生存机会，但是，确实有些物种的动物为了营救同伴而置身于危难。比如有些鸟类，高声鸣警以吸引敌人而使同伴得以逃脱。社会生物学家试图用"基因自私性"的特殊表现去解释利他行为。尽管基因天性是自私的，但由于近亲体内存在着某种共同基础，本来自私的基因却可能倾向于为其他个体而献身，以保证那些拥有相同基因的有机体得以生存。正因为如此，利他行为的发生与受益者的亲近程度成正比。由共同祖先所得到的相同基因愈多，动物行为的利他性也就愈强。但对其他远邻或陌生者来说，只有当所冒风险微不足道时，才会发生利他行为。社会生物学家特利夫还进一步通过互惠性来解释发生在非亲属之间的利他行为。进化过程中的自然选择，产生了人类的互利共处。我们之所以施之于人，是因为想在自己需要时取之于人。于是，在特利夫看来，人类高尚的利他行为也有深刻的基因自私性的根源。互惠利他性可用来解释我们对宗教、国家或其他神圣机构的忠诚和献身行为。

　　尽管习性学与社会生物学的研究引起了很大的争议，也留下了许多悬而未决的问题，但是，习性学与社会生物学的研究也取得了很大成绩，对社会心理学的发展有重要的意义。可以说，习性学与社会生物学开辟了人类社会行为研究的一个新领域，提供了一种新的研究范式，其研究成果有助于揭示人类社会行为的生物遗传基础，对于我们理解人类复杂多变的社会行为给予了新的启示。

　　（二）心理学的研究取向

　　心理学取向的社会心理学理论将重点放在他人或群体对个人行为的影响之上，这方面的主要理论有精神分析理论、行为学习理论、认知理论与团体动力学理论等。

---

　　① 威尔逊. 社会生物学：新的综合. 1975（英文版）. 3 页

1. 精神分析理论

20世纪初，弗洛伊德创立了心理学领域中的一个重要理论流派，即精神分析。精神分析重视对人精神世界潜意识领域的分析，主张潜意识中人的本能对人的社会心理与行为活动有决定性的作用。随着精神分析的发展，弗洛伊德的后继者修改了创始者古典精神分析的某些极端理论，提出了一系列强调自我与社会文化作用的新精神分析体系，包括荣格的分析心理学、阿德勒的个体心理学、霍妮的社会文化论和弗洛姆的社会精神分析论等。

弗洛伊德将人的精神世界主要划分为3个层次，即意识、前意识和潜意识。意识是人可以直接觉察到的心理部分，是精神领域中的一个很小的部分，所起的作用也不大。前意识由意识没有觉察到的某些后天经验所组成，它与意识相通，并共同起排查、压抑引起人焦虑的潜意识本能与创伤性经验的作用。潜意识是人精神领域中最大的、最有力的部分，由人类的原始冲动、本能以及个体被压抑的种种后天经验所组成。在弗洛伊德看来，人的一切心理与行为活动归根结底是由潜意识中的本能或"力比多"决定的。

在后期，弗洛伊德进一步修改了他的人格结构论，提出了本我、自我和超我的三部人格说。本我是人原始的精神能量的储存库，它不仅包含吃、喝、排泄与性等生存本能所提供的能量（被称为爱罗斯），而且包括攻击、破坏与毁灭的死亡本能的能量（被称为桑托斯）。本我奉行"快乐的原则"，力图发泄自己的本能欲望而获得快乐。自我是本我的派生的执行机构，它力求在"现实原则"的前提下，采取符合现实的方式满足本我的欲求。超我是人格中最有道德和理想的成分，它来源于社会，是个体通过早期的亲子交往，把父母奖励与惩罚自己的道德标准内化而成。人的一切心理与行为活动就是在人格结构中各种成分之间以及自我与现实环境之间的相互作用过程中派生出来的。

弗洛伊德十分重视性本能的作用。在弗洛伊德看来，性不是人们通常理解的性交活动，而是泛指发泄性欲望和满足性快感的一切直接或间接的活动，包括性交、亲吻、抚摸和拥抱等活动。由于性本能（力比多）发泄的区域或动欲区的不同，个体从出生到成人的人格发展经历了口腔期、肛门期、性蕾期、潜伏期与生殖期五个阶段。

弗洛伊德把初生到满周岁这段时期称为口腔期，因为在这个阶段婴儿力比多发泄的主要动欲区是口腔。通过口腔活动的吮吸、吞咽、咀嚼等，不仅满足了婴儿饥饿时的需要，而且这些活动本身也提高了性快感。在口腔期，婴儿通过与食物和食物提供者的协调活动，逐步产生了亲密感，开始把自己与现实环境区别开来。这种现实感的获得，标志着婴儿自我的诞生。儿童的人格不再是单一的、混沌的本我。现实原则逐步取代快乐原则，成为儿童获得满足的主要途径。自我的形成是口腔期的最重要的成就。

肛门期大约从出生后第二年起到 3 岁末。在肛门期，幼儿的主要动欲区从口腔转移到肛门，肛门的排泄活动成为力比多发泄的主要途径。力比多的主要目标是通过肛门排泄粪便解除内包压力以获得快感体验。除排泄粪便解除紧张所产生的快感外，成人对儿童排泄活动的过分注意也增加了儿童对排泄本身的兴趣。儿童保留粪便，以便在排泄时得到更大的快感。

大约从 3 岁到 6 岁是性蕾期。在这个阶段，儿童的动欲区转移到了生殖器，儿童通过抚摸、显露生殖器获得力比多的满足。弗洛伊德认为，这一时期内儿童不仅对自己的性器官发生兴趣，有手淫行为，而且他们的行为开始有了性别之分。在这个阶段，对人格的发展最为重要的事件是在儿童心中产生了有关父母的情绪冲突，即男孩心中的俄狄浦斯（Oedipus Complex）情结和女孩心中的厄勒克拉特（Electra Complex）情结。男孩在与父亲争夺母亲的过程中，感到自己的力量有限，无法战胜对手，并且还产生了"阉割恐惧"，即害怕强大的父亲割掉自己的性器官。这种"阉割恐惧"迫使男孩抑制恋母倾向及对父亲的憎恨，由此本我和自我之间会激烈地冲突。为了解决这种冲突，男孩开始尽量以父亲为榜样，模仿父亲，并认同父亲。通过认同（identification）来获得对母亲性冲动的间接满足，同时认同本身也促使儿童习得男性行为，形成男子性格。同时，女孩也要通过认同来解决与父母之间复杂的情感纠葛。

弗洛伊德特别重视儿童如何解决自己内心的俄狄浦斯情结，认为若解决不好这些情结会导致各种性变态和心理失常。比如一些人的同性恋就是由于儿童时期对自己的异性父母产生了强烈的认同和模仿所造成的。解决恋母或恋父情结，不仅对于儿童心理健康很重要，而且对儿童人格的发展具有重要的意义。弗洛伊德甚至把它看成是人类"宗教和道德的最后根源"。在解决恋父或恋母情结的过程中，儿童以自己同性别的父亲或母亲为榜样，模仿他们，认同他们，这样不仅使儿童获得男性或女性行为风格，而且还把父母的道德观念、社会态度内化为自己的东西，从而形成儿童第二自我，即超我。

当儿童解决了俄狄浦斯或厄勒克拉特情结后，他们的力比多冲动就处于暂时的潜伏状态，性兴趣被其他兴趣，如探索自然环境、知识学习、文艺体育活动和与同伴交往等所取代。这段时期被弗洛伊德称为潜伏期。性潜伏期一直延续到 12 岁左右。在这段时间里，由于儿童生活范围的扩大和在学校吸取了系统知识，儿童人格中的自我和超我部分获得了更大的发展。

进入青春期后，由于性器官的成熟，儿童的性冲动再次萌发，他们开始对异性发生兴趣，喜欢参加由两性组成的集体活动。这时儿童的心理发生了根本的转折，从"自恋"转变为"异性恋"。异性恋倾向一旦形成，就持续人的一

生，以后再不会发生根本的变化。弗洛伊德把性心理发展的最后阶段称为
"生殖期"。从这个时期起，人类个体就开始摆脱对父母的依赖，成为社会中
的一个独立的成员。他们寻找职业，选择婚姻对象，开始异性恋的生活，生育
和抚养后代。

　　以上精神分析理论主要是针对个体心理的，弗洛伊德在其后期力图把个体
心理与群体心理结合起来，将精神分析理论应用于社会群体心理的分析研究
中。弗洛伊德吸收了黎朋和麦独孤等人的某些观点，认为群体是一种具有易受
感染、模仿、暗示的人群组合，集群心理只有粗俗的情绪和粗糙的情感，因而
易受他人的操纵，缺乏自我意识。弗洛伊德进一步运用精神分析理论中的
"力比多"概念分析了群体的心理，他认为以性为目的的"力比多"在群体中
转化为"爱"。群体中的情绪联系是靠爱来维系的，或者说爱的关系才是构成
群体心理的本质的东西。群体的构成来自儿童早期家庭内部亲子关系的原型，
即俄狄浦斯或厄勒克拉特情结。弗洛伊德用俄狄浦斯情结来说明包括社会心理
在内的一切社会现象的起源。他充满自信地指出："我可以肯定地说，宗教、
道德、社会和艺术的起源都系于俄狄浦斯情结上。这正和精神分析的研究中认
为相同的情结构成了心理症的核心不谋而合。……社会心理学必须对这一最基
本的事情，即人们与父亲的关系做出进一步的研究以找出其中解决之道。"①
在他看来，原始社会中的图腾动物实际上是俄狄浦斯父亲形象的代替物，而原
始人对图腾的崇拜活动就是出现在我们今天儿童身上的俄狄浦斯情结的表现。
并且，人类群体心理以及作为群体心理的产物——宗教和道德也都是产生于这
种原始的图腾崇拜活动中。

　　在弗洛伊德看来，文明是在压抑人的本能欲望中产生的，禁忌、道德、制
度和图腾崇拜都从不同的方面限制了人的原始冲动。文明的发展一方面通过科
学技术和文学艺术的进步改善了人类的生存条件，并通过种种社会规范协调人
们之间的社会关系，但是，另一方面，文明发展是以限制人类原始本能，特别
是性本能为代价的。这就不可避免地导致了人类本性与文明的冲突，这种冲突
轻则导致各种神经症与变态心理，重则导致战争与人类文明的毁灭。弗洛伊德
过分夸大了性本能在文明发展中的地位与作用，并将本能与文化的对立绝对
化，因而对人类本能与文明冲突的解决持悲观的态度。

　　在弗洛伊德之后，荣格、阿德勒、霍妮和弗洛姆等新精神分析学派的代表
人物从各自的侧面修正与发展了古典精神分析的理论。新精神分析学派把自我
看作是人格更为独立的部分，虽然弗洛伊德也重视自我，但只是强调自我是辅

---

　　① 弗洛伊德．图腾与禁忌．中国民间文艺出版社，1986．192－193 页

助本我的机能，在弗洛伊德的体系中，本我是中心。新精神分析学派则强调自我的独立性和自主性，认为自我可以不依从于本我，它具有自己的能量来源、动机和目标，并且在不同的发展进程中都有自己不同于本我的起源。新学派还把自我看作是负责社会心理学发展和社会发展的一种独立的、理性的指导系统。

新精神分析学派不再过分地强调弗洛伊德的本能论或泛性论的作用，而是强调文化和社会因素对人格的影响。例如，霍妮的"基本焦虑说"认为，"恋母忌父"现象不是由于幼儿的性欲所致，而是因为父亲管教严厉，母亲宽慈的结果。沙利文的"人际关系"学说认为，人格不是单独形成的，而是在各种人际关系及其互动中形成的。卡丁纳从"文化观点"出发，主张用文化来解析人格的形成，并亲自考察了原始文化与人格形成的关系，否定了"恋母情结"存在的普遍性。新精神分析学家，甚至同纯粹的社会心理学家一样，完全承认社会变量对人格的影响，乃至于很少应用"本能"这个术语，而更多是用"内驱力"（Drive）这个概念，他们较多地用个人生活史而很少用先天的力量来解析人的发展。

总之，新精神分析学派的出现，使传统的精神分析理论已从潜意识和性本能的"磐石"上开始松动，从严格的生物学观点走向社会文化的观点，从纯精神分析的方法逐渐容纳了实验心理学的方法。尽管如此，他们的基本思想、观点与弗洛伊德还存在共同的地方，他们仍然坚持潜意识对人的社会行为的作用，赞同压抑抵抗和防御机制等理论。

2. 社会学习理论

社会学习理论是从学习的角度探讨人的社会行为获得的机制，代表人物有班杜拉、多拉德和米勒等人。班杜拉主张以"交互作用"论来解释人的社会行为，并强调观察学习在行为习得中的作用。从社会学习理论出发，班杜拉等人还对若干重要的人类行为，如侵犯、利他和性别角色行为，进行了大量的实证研究。社会学习理论主要是从行为主义心理学中派生出的一种理论体系，它的产生与华生、斯金纳等人的研究很有关系。华生是美国行为主义心理学派的创始人，他反对心理学中的本能论，主张环境决定论，认为人的行为是通过后天学习产生的。

斯金纳给了"学习"一个行为主义的定义：学习即行为反应概率的变化。斯金纳认为一切行为都是由反射构成的，而反射的基本要素是刺激 S 和反应 R。行为学习理论面临的任务，就是指出引起行为反应概率变化的条件，并提出一种分析各种环境刺激的功能的方法，以决定和预测有机体的行为如何习得、如何改变、如何消退。斯金纳把有机体的反应分为两类：一类是应答性反应。这类反应是由已知的先行的刺激引发的，正如巴甫洛夫的经典条件反射所描述的那样：应答性行为往往是不随意的行为，有机体被动地对环境刺激作出反应，没有先行的刺激就没有后继的反应。另一类是操作性反应。这类反应可以利用安排结果性的、后继的刺激——斯金纳称之为强化物、强化刺激——而得到巩固或消退，这正是他的操作性条件反射理论所关注的对象。这种反应大多是随意的或有目的的行为，有机体能以自己的某种操作行为主动地作用于环境以达到对环境的有效适应。他进一步认为，经典条件反射理论在解释应答性行为时是确切的，但是人和动物的许多行为反应并不是由明显的刺激引发的，人类的绝大多数有意义的行为都是操作性的，我们完全可以通过研究强化物的作用机制、呈现方式，观察有机体反应概率的变化，来探讨人类行为学习的条件和规律。

斯金纳很少提到人格、行为风格，在他看来，人格仅仅是通过操作性条件反射的强化而形成的一种惯常性的行为方式。如果我们能认识、操纵、预测人的行为，那么也就没有什么社会心理问题是不能解释和解决的。面对较为复杂的行为，斯金纳提出了"强化相倚原理"，认为只要我们把复杂行为分解成一系列小的循序渐进的步骤，精确地安排强化的组合方式，使有机体逐步向目标逼近，学习总会取得成功。斯金纳利用强化相倚的原理发展出程序教学的思想，并亲自制造了程序教学机器。同时，他还和他的两位研究生尝试把这个原理运用到精神和情感疾病的治疗中，这就产生了行为矫正技术。斯金纳还把他的操作性学习的原理运用于社会控制，他认为人的行为既然取决于环境与强化，那么，通过改变环境和运用各种强化手段来改造和控制人的行为是可能的。斯金纳还在他的小说《沃尔登第二》中，以行为学习的原理设计了一个乌托邦式的社会模型。在那个有 1 000 名成员的乡村社区中，人们从出生之日起，生活的各个方面都受到积极的强化，养成了良好的行为习惯。斯金纳这种试图通过积极强化来引导、控制与改变人的社会行为的思想不仅对心理学产生了很大的影响，而且在社会中也引起了很大的争议。

社会学习理论在以霍尔和斯金纳为代表的新行为主义学派的影响下开始形成。20 世纪 30 年代，米勒和多拉德根据霍尔的工具性条件学习论着手研究模仿行为，认为学习必须包括四种基本因素：内驱力、线索、反应、强化。多拉德和米勒认为，只有同时具备了上述四个要素，学习才能够发生。用他们的话来说就是："只有当一个人想要些什么（内驱力）、注意些什么（线索）、做些什么（反应）以及获得些什么（强化）时，学习才能发生。"如果一个线索导致一个反应，这个反应又能导致强化作用，线索与反应之间的联系就会加强，最后则会形成牢固的习惯。

　　在习惯的形成过程中，一种线索可能会同时引起多种反应，其中某些反应可能是最能够导致内驱力降低的，它们是优先反应，而另一些则只有当那些优先反应被阻碍时才得以被选择表现出来。根据这些不同反应发生的概率，可能组成一个习惯族系等级。比如当危险出现时，一个 5 岁的小女孩可能最先跑去找父亲，这是优先反应，只有父亲不在家时才去找母亲，父亲和母亲都不在家时才去找哥哥，如果他们全都找不着，她就只好去抱紧自己的洋娃娃。人类的个体在出生之初，由于遗传模式的规定会拥有一些先天性反应级，如在饥饿内驱力的作用之下，婴儿先是烦躁不安，接着是啼哭，然后猛烈地扭动自己的身体，并发出尖叫等。这些先天性反应级一般只保留很短时间，很快这些反应的优先等级就会因抚养者在社会文化及规范的要求之下进行选择性强化而发生改变。因此我们很少看见成人肚子一饿就哭，扭动身体或者尖叫。这些原本是优先发生的反应现在几乎排了最后，甚至成了不可能发生的反应。这说明，当已有的习惯反应等级不能适应新的条件，或旧的条件发生改变时，各种反应的优先级会发生相对变化，某些反应的发生概率相对上升，另一些反应的发生概率相对下降。多拉德和米勒将这种变化称为学习。可见，学习的发生是以原有的反应等级不能适应当前的新的情境为前提的。如果在一个等级反应族系中，优先反应总是能够有效地降低内驱力，那么，旧行为习惯的强度就会越来越牢固，而学习则将不会发生。多拉德和米勒将原有反应等级不能解决当前问题的情况叫做学习困境。没有学习困境，就没有学习；没有失败，就没有学习。

　　根据对学习的理解，多拉德和米勒探讨了人类社会情景中的模仿学习。例如，兄弟俩在做游戏，哥哥听到父亲下班的脚步声迎了过去，因为父亲下班后常常带回糖果。弟弟偶然跟着哥哥跑，也得到了糖果。以后，弟弟一看哥哥跑也就跟着跑，从而不断得到强化。以后，他会在其他场合下也模仿大孩子的行为。总之，在米勒和多拉德看来，若个体模仿可以得到奖赏，模仿行为就会产生，而强化是儿童模仿学习的先决条件，这一模式也可以推广到从众、态度改变等其他社会行为中。从实验角度来看，多拉德和米勒的研究已超过了斯金纳，已经从动物学习的实验研究提高到人类学习的实验研究。

　　班杜拉是社会学习理论的集大成者，他主张行为是个人因素和环境因素交互作用的结果，这种交互作用并不仅仅是指行为是个人因素和环境因素的共同结果，而且还包含着个人因素、环境因素和行为三方彼此相互作用的意义。也就是说，行为并不总是扮演一个被决定的角色，它还会反过来影响个人因素和环境因素。比如，与人竞争的行为本身就能够刺激更高的竞争欲望，同时也会促使个体选择更富有竞争性的环境。另外，与其他行为学习论者不同的是，班杜拉并不认为强化在行为学习中是必不可少的。事实上，我们可能仅仅是通过观察别人的行为就能学会很多行为。但是，这些行为是否会表现出来，则决定于有无强化作为诱因。这些正是班杜拉在他的观察学习、替代强化、自我效能感等研究中得出的结论。总之，班杜拉的理论开始注重中介变量中的认知过程，从而也突出了观察者的主观能动性，对儿童的社会化、行为矫正、观察学习、自我调节等研究领域都作出了重要的贡献。

从总体上看，社会学习理论从开创到现在已有了很大的发展，由于他们都关注社会行为、学习和强化、实验室实验等方面的研究，因此在社会心理学理论中成为重要的流派之一。

3. 社会认知理论

该理论认为人类的行为受其内在的认知过程支配，因此，要理解和预测人类行为就必须深入到这种内在的认知体系中去，其基本的形式是以海德、纽卡姆、奥斯古德为代表的认知一致性理论。20 世纪 60 年代以后，认知理论家们又转向研究人类的行为归因过程。社会认知理论和行为主义的研究方向相反，即将重点放在人的主观意识上。他们认为只有理解了人的认知过程，才能理解人的行为。社会认知理论并没有统一的理论体系，它只表现了社会心理学家的一种研究方向，内容涉及态度、动机、知觉、偏见、归因等，由于这些方面构成了社会心理学的主要领域，因此，和行为主义相比，更多的社会心理学家感到，行为的准备，比显在的行为本身更为重要。

社会认知理论来源于心理学理论中的格式塔学派和勒温的场论，而在其形成过程中也受到了现代认知心理学的推动。格式塔心理学主要关注人的知觉的研究，他们认为传统心理学将知觉看作各感觉成分的总和是不正确的。知觉一开始就具有整体性，观察者总是完整地观察对象，如果我们企图将其还原成各个部分或元素，那我们就不能正确地理解知觉。这一观点被结构平衡论的代表人物海德所继承，并运用于人际关系的认知中。勒温实际上也属于格式塔心理学派，但其理论又有独到之处，他将知觉结构的研究转移到人的行为结构研究上来，从而提出了个体的张力系统和心理环境之间的相互作用问题。勒温试图用"场"的概念来解决这一问题，场包含了个人的主观因素、心理环境和行为，而行为则是前两者相互作用的结果。这就是他的现实原则，即认为人的行为是在人和当时的环境作用下产生的。个体的需要会引起他和周围环境之间的张力，只有需要得到满足，张力才会消除。这一观点成为各种认识协调或不协调理论的基础。

较早研究社会认知的是格式塔心理学的忠实信徒海德。1944 年，他在《社会知觉现象的因果关系》一书中阐述了这样一种思想，即人们倾向于产生一种有秩序、有联系的世界观。书中描述了一个实验：让被试观看一个屏幕上出现的一个圆形和两个大小不等的三角形，其中一个三角形和圆形靠近，结果被试的解释正符合知觉格式塔的思想，他们中大多数都从个性或生物的角度描述了这一简单的因果关系。这一实验证明了两个基本假设，即人的认知结构总是趋向平衡和归因。因此，海德创立了平衡结构理论，将其用于社会心理学的人际认知研究。他通过三者（P—O—x，P是主体，代表人；O、x是客体，前者指人，后者指人或事物）间构成的三角形关系考察了三者间的认知平衡和不平衡状态。海德的这一思想在20世纪50年代经过纽卡姆的发挥而得到了发扬光大。纽卡姆认为，认知平衡的思想也适用于人际沟通和群体沟通，使群体态度不一致的成员改变态度，以便在一定的压力下保持团结。直至20世纪50年代，在勒温场论及其他认知理论的影响下，以费斯汀格和沙赫特为代表的认知协调理论开始出现，成为50年代社会心理学研究的最重要成就。

到20世纪60年代中期，人们不再满足于社会认知过程的笼统研究，也不再试图建立一种能阐明社会认知整体过程的理论模式，致使认知一致性方面的理论研究开始走下坡路，并逐渐被阐述社会认知过程本身的归因理论所代替。这一理论可以追溯到海德关于认知结构平衡的第二个基本假设。归因理论者认为，在日常的社会交往中，人们为了有效地控制和适应社会环境，对发生于周围环境中的各种社会行为有意识或无意识地作出一定的解释，即认知主体在认知过程中，根据他人某种特定的人格特征或某种行为特点推论出其他特点，以寻求各种特点之间的因果关系。如20世纪60年代E·琼斯和K·戴维斯发表的《从行动到倾向性——人的知觉中的归因过程》，H·凯利发表的《社会心理学中的归因理论》等都将归因理论研究推向高潮。仅20世纪70年代期间有关研究文献就多达900多种，成为社会心理学中的一个热门领域，其中以凯利的三度归因理论影响较大。

4. 团体动力学理论

团体动力学理论是勒温（Kurt Lewin，1890—1947）创立的，该理论是在"场论"的基础上发展起来的，对社会心理学领域有着广泛的影响。勒温的"场论"是从物理学的概念出发的，他认为个体的心理活动也是一种所谓的"心理动力场"。心理动力场主要由个体的需要和他的心理环境相互作用的关系所组成。它包括有可能影响个体的过去、现在和将来的一切事物。一旦了解了一个人的心理动力场，我们就可以预测其行为。基于"场论"，勒温在研究社会群体的过程中，提出了团体动力学的理论体系。

正如个体和他的环境形成心理场一样，团体及其环境也形成了社会场，因此，勒温在其团体动力学里也始终贯彻着场论的研究方针。团体动力学旨在研究团体的动力关系，勒温认为一个团体便是一个单位，须把它作为一个整体来分析，它并不是由个体简单形成的集合。所谓团体，不在于其成员相似或不相似，而着重于其成员之间的动力依存关系，意指每一成员的状况和行动都与其他成员的状况和行动密切相关。

1938年，勒温与其合作者在美国衣阿华大学儿童福利研究机构成功地进行了一项社会心理学实验，勒温称之为"一项关于民主和专制的团体气氛的实验研究"。该项实验依据场论方针，探讨影响团体生活过程的核心因素。基于研究，他认为"团结力"是使某一团体稳定并抗拒分裂的重要力量。勒温通过团体中领袖的类型对团体及成员的影响的实验，将团体领袖分为独裁型、放任型、民主型。研究表明，民主型的领袖领导下的团体成员最能合作，而独裁型的最差。在独裁型的团体中存在更高的紧张气氛，而在民主型的团体中合作轻松愉快；民主型团体中的成员具有更客观的态度，工作积极性更高；民主型团体的结构更稳定。

勒温认为社会团体作为一个"社会场"，将对个体产生很大的影响。个体的行为受他从属的社会团体的影响和制约，勒温指出："无疑，个人所属的团体以及个人生活于其中的文化，在很大程度上决定了个人的性格和行为，这些社会因素决定了个人能有什么样的自由运动的空间，也决定他可清楚地看到多么远的前途，换言之，这些社会因素在很大程度上决定了个人的生活方式和他的计划的创造性、方向性。"勒温强调从婴儿开始，个体便受到社会因素的影响和社会环境的改造，个体所属的团体决定了个体的行为和心理趋向。为此，勒温不仅研究了不同类型团体对个人的影响，也研究了有无团体的参照对个体的影响。

勒温的学生恰普曼（Chapman）和福尔克曼（Voikman）进行的"抱负水平的一个社会决定因素"的实验表明，个人的抱负水平总是参照别人的成就而定的，它总是高于比自己水平低的人，低于比自己水平高的人，接近与自己同水平的人。马罗的实验也发现，在工厂里，如果没有团体作参照，工人的生产效率会大大降低。勒温亲自指导的团体决策的实验，证明个人的行为和习惯在团体影响下会发生变化。社会团体对于人类心理和行为如此重要，致使勒温从20世纪30年代起就积极从事运用场论方法研究社会情境和人际关系，因而他将他的社会心理学称作团体动力学。

（三）社会学的研究取向

社会学的研究取向重点在于对群体及群体内部的互动研究，代表性的理论成果是乔治·米德的符号互动理论。乔治·米德的理论兼有哲学、社会学和社会心理学的特色，他将原先社会学家对社会的宏观研究缩小到微观研究，把社会行为看成是两个人或两个人以上的社会互动。这一思想为后来的被赫伯特·

布鲁姆称为"符号互动论"的社会心理学理论奠定了基础，同时也直接孕育了以后萨宾的"社会角色"理论、海曼的"参照群体"理论、戈夫曼的"社会戏剧"理论和勒默特的"社会标签"理论等理论体系。

米德的符号互动理论假定人类在生理上的脆弱迫使他们在群体中互相合作，以求生存，而那些有利于合作的个体或个体之间的种种因素也因有利于人类的生存而保留起来。因此，人的各种社会心理与社会行为都是在人与人之间的互动关系中产生的，且具有适应社会环境的意义。米德认为人具有运用和理解符号的能力，通过这种能力，人们可以在自己的心理世界中将各种客观事物与自己的思想、情感和愿望符号化，以此决定或调整自己的行为，并与他人沟通和交流。例如，一个幼儿需要某个玩具，他可以用手指向玩具，说"要"，其母亲理解孩子的手势与语音，就把玩具给了他。在这个事例中，孩子的手势与语音是物体和自己愿望的象征或符号，母亲与孩子都理解这些符号，因而符号成为亲子之间沟通与互动的重要手段或工具。米德认为人的言语和非言语（身体姿势）行为不仅是自我意识的表现，而且是人际沟通的重要手段。通过这些符号化行为，个人可以表达自己的思想情感，同时，他人能够理解这些符号而作出相应的反应。由此可见，人际间的沟通、理解与互动是通过有社会意义的符号来进行的。

米德认为人不仅能运用符号来理解他人，而且也可以通过符号来认识自己，形成自我。自我包括"主观我"与"客观我"两个部分。"主观我"是与生俱来的一种倾向性，是认识自己与创造自己的主体。"客观我"是在与他人的交往中形成的。由于个人具有扮演他人角色的能力，因此，自我能把自己放在他人的位置上加以评价，从而使自我形象和他人的要求相一致，并调整自身的行为。在此过程中，个人把自己当作认识的对象或一个客体来看待，并与他人或他人的要求相比较，从而逐渐认识自己，形成所谓"客观我"。自我就是"主观我"与"客观我"的统一体。

米德认为自我的发展经历3个阶段，即准备、玩耍和游戏。在准备阶段，婴儿还不能运用有意义的符号，主要以模仿的手段学习行为，与他人交往。进入玩耍阶段后，婴儿开始意识到他人对自己的看法，并根据这点来调节自己的行为，以符合他人对自己的要求，或与自己扮演的角色相符合。最后，儿童在游戏阶段开始在群体中参与活动，协调与他人的角色关系。米德认为在群体活动中，大家不仅要扮演各自的角色，而且向着一个共同的目标彼此相互沟通、相互合作。这些沟通与合作需要大家共同理解的符号，借助这些共有的符号，自我有了进一步的发展，可以发展出一个社群共同价值观、态度和规范等等。因此，社会就是在人与人之间的符号互动中产生的，它"代表着个体之间有组织的、模式化的互动"。

米德的后继者赫伯特·布鲁姆认为："在非符号的相互作用中，人们彼此直接对姿势或动作起反应，在符号的相互作用中，他们解释彼此的姿态，并根据交互作用过程中所获得的意义进行活动。"而这一点首先来源于人有创造和应用符号的能力，他们运用符号来解释、指明、预测及评价客体对象或行为方式。据此，每个人都能扮演他人角色或符合他人的角色期待。

总的说来，米德理论肯定了人能够运用符号的能力，通过符号保持过去的经验，进行思维活动，并预期未来。在人际互动中，人能够运用符号与他人交往，并与自己交往。在这些交往过程中，人们发展了自我，协调好与他人的关系。这些理论观点强调了人的独特性与主观能动性，对社会心理学的发展有着积极的意义。米德之后，不同的追随者从各自的角度对符号互动理论加以发挥与改造，从而产生了诸多理论体系，包括社会角色理论、参照群体理论、标签理论等。

角色理论的代表人物有林顿、戈夫曼与特勒等人，他们认为，角色可以看作是在人际互动中社会对处于一定地位的个体的期望系统与具有一定社会地位的个体对自身的期望系统。同时，角色也是具有一定社会地位的个体与他人发生互动时所表现出的行为模式。在人际互动中，每个人都处在一定的社会位置，社会对他们产生了与其社会地位相应的种种期望，这些期望对人们的行为加以限制、规定与引导，从而产生与某种社会地位相应的社会行为。从发展的角度来看，个体是在与他人互动中认识自己，了解他人，学会各种角色规范，从而获得一定的行为模式。由此可见，社会通过角色为人类的社会行为提供了一定的规范和模式，同时，人类在角色扮演的互动中形成一定的社会关系。

戈夫曼进一步将这种角色理论与戏剧舞台相比拟，认为人生就是一个大舞台，每个人都是这个舞台上的表演者。在舞台上我们十分关心如何在众多的观众面前塑造他人能够接受的形象。而要做到这点，我们也像在舞台上一样，把能够为社会接受的形象呈现在"前台"，而把社会不能接受或难以接受的形象隐藏在"后台"。例如，我们在公开场合的穿着打扮、言谈举止都会比较规范，试图给他人一个好印象。但我们在家里却会十分不讲究，可能抽烟、酗酒、发牢骚等。总之，戈夫曼从戏剧学中借用了全套术语来说明人们在日常生活中的社会互动。

参照群体理论的代表有海曼、凯利与谢里夫等人，他们认为个体对其社会地位的评估取决于他所选择的用来比较的社会客体，可以是某一类人或某一社会群体，这就是参照群体。参照群体具有规范性的功能，即通过设立一定的行为标准迫使个体遵循。个体在认同于参照群体的过程中，获得一定的社会规范，从而社会化。参照群体也具有比较性的功能，即个体可以将参照群体与自己比较，与他人比较。在这种与自我或他人的比较过程中，个体能够确定自己的价值、社会地位，获得一定的满足感，或者产生一定的"相对剥夺"的感受。例如，在一批走向工作岗位的同学中，有的人工资收入较高，而有的人较少。收入较高的人，在比较中会感到一定的满足。而那些收入较低的人，尽管收入的绝对值已经不错了，但与其他同学相比要少一点，在比较中他会感到一种相对的剥夺感。基于这种观点，似乎幸福的主观感觉取决于这种社会认知比较。参照理论也能说明一个人态度的形成与改变。例如，美国社会心理学家纽卡姆对大学女生参照群体与政治态度的关系调查表明，某大学一二年级学生的政治态度倾向于接近比较守旧的父母，而到了三四年级后，逐渐变得开放自由。纽卡姆认为这种政治态度的变化应归因于女大学生的参照群体从父母转为大学同学的变化。

以勒默特为代表的社会标签理论，着重探讨社会互动过程中的越轨行为及其形成。这种理论认为，越轨行为既不是与生俱来的，也非后天教化的产物，而是社会反应、他人定义或贴标签的结果。勒默特在其《社会病理学》中说明了正常人如何向越轨者转变，或如何被贴上"越轨"标签的过程。一个人如果因一时心理困扰而行为失常，或出于贪玩打坏了别人的东西，或因好奇尝了一下大麻的滋味，这类行为若不被别人看见，当事人不会认为自己是越轨。如果这类行为碰巧被某些重要人物看见，并公布于众，情况就会变得严重起来。这时，过失者往往受到训斥和惩罚，并被他人贴上各种越轨者的标签，如变态、流氓、小偷与吸毒者等。周围的人开始根据这种标签来对他作出反应，时间一长，过失者就会有意无意中接受这种标签，形成新的自我认同，并开始经常做出与标签相应的越轨行为。可见，越轨行为是行为人与贴标签者社会互动的产物。

（四）文化人类学研究取向

文化人类学是研究人类文化的一门学科，这门学科在 20 世纪上半叶有很大的发展，并对社会心理学产生了很大的影响。因此，在社会心理学中存在着文化人类学的研究取向。该理论研究取向从文化的角度出发，对人格及受人格影响的人的社会行为的发生发展作出了独特的解释。其代表人物有马林诺夫斯基、包亚士、本尼迪克特和米德等人。早期理论是人格的文化决定论，以后发展为文化与人格的互动论。

马林诺夫斯基（1884—1942）是一位对心理学深具影响的人类学家。他的人类学研究主要集中于文化现象。他把文化看作是一个服务于人类需要的习惯集合系统，并在冯特那里找到了心理学根据。弗洛伊德的精神分析理论也对马氏产生了很大的影响，在 1913 年弗洛伊德出版《图腾与禁忌》之后的第二年，他就赴罗布里恩德群岛，进行跨文化的研究，以检验弗洛伊德"俄狄浦斯情结"的普遍性。经过研究，他认为弗洛伊德所认定的决定亲子关系进而决定整个家庭内部矛盾的俄狄浦斯情结仅适用于父权制社会，并不适用于美拉尼西亚人那种母系社会。他指出儿童对其教管者怀有敌意的情绪可能是普遍存在的，影响亲子关系及儿童人格发展的不是"性"这样的本能因素，而是文化中的家庭制度、家庭组织以及教养方式。这种思想启发人们重视文化对人格及社会行为的作用，推动了社会心理学理论与研究的发展。

埃德华·沙皮尔（1884—1939）是机能主义的另一位人类学家。他对人种学和语言学的研究奠定了他在社会心理学史中的地位。沙皮尔认为文化是人的行为模式、态度和价值的总和，人的个性是整体文化中观念系统相互作用的结果，也是个体超越了某些文化以适应自己的生理和心理需要的产物。

弗兰兹·包亚士（1858—1942）是人类学中一位出类拔萃的人物，他把人类学的研究划分为体质、语言和文化 3 种研究，重新组建了人类学的理论体系，揭示了文化特质的扩散性，而不仅仅是文化进化。在《原始人的心灵》中，包亚士提出，心理因素会受到文化的塑造，比如人们的风俗习惯便是由文化决定的。他认为，身体的机能和状态并不能决定生活习惯和文化活动，如果没有环境条件，就不会有形态类型，也不会产生人类。人的心理特征受到文化条件变化的塑造，个性特质只有在理解了个体对文化环境作出反应的基础上才具有意义。包亚士对社会心理学的影响不仅仅限于他的理论观点，更重要的是通过他的两位学生——本尼迪克特和米德——对社会心理学的发展产生了十分深远的影响。

本尼迪克特（R. F. Benedict，1887—1948）和玛格丽特·米德（M. Mead，1901—1978）两人都在哥伦比亚大学从包亚士手中获得了人类学博士学位。前者在北美研究美国的印第安民俗和宗教；后者则在萨摩亚群岛进行自己的研究。这两位学者都强调文化对人格的决定性作用，比如，在某些社会中，竞争、侵犯和统治可能被认为是正常的行为，而在另一些文化中却会被认为是不正常的行为。文化同时还为男女两性规定了适当的行为和个性，所以男性所扮演的角色、行为和个性特质与女性就有着明显的差异。两人都认为不能仅仅从心理学，还必须从历史的角度去理解文化类型和习惯行为。环境因素和社会因素对个性和行为的形成具有十分重要的潜在影响。

米德的研究曾一度集中于原始社会青春期的性心理与性行为，以检验人格是如何被文化塑造的。在她的第一本专著《萨摩亚人的成年》中，米德力图揭示人类赖以生存的文化是如何塑造人的行为与人格的。她发现萨摩亚的青少

年从未经历过西方心理学中所描述的"危机阶段"。青春期的女孩子从不受内
心冲突、人际抗争与情感波动的困扰。她们的最大愿望在于拥有许多求爱者，
以及随后的结婚、生孩子和一个亲密的家庭。青少年很容易形成自我认同与良
好个性。米德认为，造成萨摩亚姑娘能够平稳度过青春期的原因首先在于该社
会具有一种宁静淡泊的氛围，没有什么过分刺激人的事件发生，人们也不会对
各种社会刺激产生过激的情绪反应。其次，萨摩亚人的生活比较简单，人生的
进程是既定的，她们不会为前途的选择而担忧。另外，在那里不存在通常烦扰
青少年的性节制与性压抑，萨摩亚人在青春期有比较大的性自由，不会产生性
压抑带来的种种情感冲突。米德的研究第一次为包亚士的文化决定论提供了确
凿而具体的论据，证明了青春期危机等原先我们"归诸人类本性的东西，绝
大多数不过是我们对于生活于其中的文明施加给我们的种种限制的某种反
应"。①

　　1935 年，米德报告了她对新几内亚 3 个原始部落的文化与人格关系的研
究。这 3 个原始部落是阿拉佩什人、蒙杜古马人和德昌布利人。这 3 个部落虽
然比邻而居，人种也相同，但其文化中的典型人格类型有很大差异，而人格类
型上的差异与其文化有密切的关系。阿拉佩什人的文化强调男人和女人在性格
与社会行为方面不应该存在性别差异，社会从小要求人们要友好合作，懂得关
心与体贴他人，因而该社会中无论男女都倾向于温柔体贴的女性气质。与此相
反，蒙杜古马人的文化提倡竞争与攻击，该社会中的男女均倾向于粗暴野蛮的
男性气质。在德昌布利部落中，男女角色与文明社会恰恰相反，女人占据统治
地位，自主性与支配性强，具有男子气质，而男性则被动依赖，多愁善感，具
有女子气质。米德的研究启示我们，生物的因素并不是决定两性心理与行为差
异的决定性因素，相反，社会文化因素在更大程度上决定着两性角色行为与人
格类型。

　　本尼迪克特深信不是本能而是文化塑造和改变着个性。在其重要著作
《文化模式》中，她描述了两个原始部落的文化与人格，一个是祖尼文化，另
一个是夸扣特尔文化。祖尼文化具有所谓典型的太阳神型文化，该文化推崇希
腊式的中庸之道，反对走极端，强调对过激情绪的抑制，因而该部落中的多数
人具有恬静、理性与折中的人格特点。与祖尼人相反，夸扣特尔文化具有突出
的酒神型精神，对情感发泄不加抑制，为激烈的竞争而激动，追逐胜利后的狂
喜。通过对原始部落文化的人格类型的划分与描述，本尼迪克特试图说明每一
种文化都可以归纳出一种与其文化相应的主导性的人格类型。

---

　　① 包亚士语，米德. 萨摩亚人的成年. 浙江人民出版社，1988. 2 页

　　本尼迪克特和米德对社会心理学的发展有着重要的影响，她们以科学的态度和方法研究了这一复杂问题，为社会心理学的进一步研究打下了良好的基础，他们的文化决定论直接影响了社会心理学的发展，新精神分析学派和文化学派就是在他们的影响下发展起来的。之后，林顿和卡丁纳等人把他们的文化决定论改造成为文化与人格相互作用论，并对当代国民性研究、人格与文化变迁的研究产生了影响。

三、各种研究取向的比较与综合

　　以上我们简单阐述了社会心理学的几个主要研究取向，通过比较分析，我们发现各研究取向在研究的角度、重点、概念与理论体系以及研究方法上都有所不同。首先，研究的角度与侧重点不同。社会生物学取向是从动物习性与遗传学的角度着重探讨动物本能、遗传基因对社会心理与社会行为的作用及其机制；心理学取向是从心理学的角度着重探讨个体心理变量，如需要、认知和学习等因素对社会心理与社会行为的影响及其机制；社会学取向是从社会学的角度，着重探讨各种社会因素，如角色、互动、群体等对社会心理与社会行为的作用及其机制；文化人类学取向是从文化人类学的角度探讨各种文化因素，如文化模式、文化变迁、文化融合等因素对社会心理与社会行为的影响及其机制。其次，不同研究取向的基本概念及其理论构建是不同的。社会生物学取向的基本概念有本能、习性、印刻作用、基因复制、自然选择与进化、亲族、互惠等，并在这些概念的基础上构建了各种说明社会行为的理论，如洛伦兹的习性学、威尔逊的基因决定论、亲属选择论等；心理学取向的基本概念有心理动力、需要、认知、心理场、学习等，基本理论有精神分析理论、社会学习论、认知不协调论、归因理论、团体动力学等；社会学取向的基本概念有角色、社会地位、人际互动、符号、参照群体等，并建立了符号互动理论、社会角色理论与参照群体理论等；文化人类学取向的基本概念有文化、人格、国民性、文化变迁等，基本理论体系有文化决定论、基本人格类型论、文化与人格交互作用论等。再次，不同研究取向的研究方法不同。社会生物学取向的方法有动物观察、动物实验、遗传学研究等；心理学取向的研究方法有个案研究、心理测量与相关研究、心理实验研究；社会学取向一般采用社会调查、访谈与问卷等方法；文化人类学取向采用人种志调查、现场研究、跨文化研究等。

　　在社会心理学的发展中，不同研究取向都作出了很大的贡献，不同取向的研究者从不同的角度研究社会心理与行为，其研究成果丰富了社会心理学的概念、理论与研究方法，使我们能从多角度、多侧面、多层次去理解人的社会心理与社会行为。但是，由于不同取向的角度、方法、研究内容以及概念与理论体系的差异，使得社会心理学缺乏统一性，因而有不少人怀疑社会心理学是否是一门独立的学科。社会心理学家早已对社会心理学领域中各种研究取向并立的状态表示不满，并表示要综合和统一各种研究取向，建立统一的社会心理学理论与研究体系。

美国人类学家林顿早在 20 世纪 40 年代就指出："迄今为止，个人、社会、文化都是分别从各个领域进行探讨的。心理学研究个人，社会学研究社会，文化人类学研究文化。但是，个人、社会、文化紧密联系而不可分割，彼此间的互动也是持续不断的。任何脱离其他两项而单独进行的研究，都是行不通的。因此，最终的结局是，在不久的将来，这门学科的成果会结合起来，成为关于人类行为的一门科学。"①

目前，社会心理学在综合化方面已经取得了一定的进展，学者们在研究社会心理课题时，往往不会局限于某种研究取向，而是从多个角度，采用多种方法进行研究，不同研究取向的结果可以相互印证，互为补充。当然，社会心理学内部不同研究取向并立的情况并未完全改变。由于社会行为具有复杂多面性、多因素与多层次性，我们没有必要强求研究取向统一，社会心理学内部的不同取向可以为我们理解人类行为的本质与规律提供多种可能的途径。

第三节 社会心理学的研究方法

一、一般方法论

一门真正的科学和一个富有成效的研究都有其科学的方法论基础。随着科学的发展，科学方法论也在不断地变化和发展，其发展趋势是朝着更完善、更正确和更科学的方向前进。为了使社会心理学的研究具有更牢固的方法论基础，我们将从心理科学方法的发展趋势中确定其方法论的依据。

（一）理论探讨与实证研究的结合

自从心理学从哲学中分化出来，心理学家力求向自然科学学习，企图使心理学成为一门像物理学、生物学那样规范化的自然科学。在自然科学的影响下，许多心理学家几乎完全接受了自然科学中实证主义的科学方法论，因而在心理学中形成了占据主导地位的"实证倾向"。所谓心理学中的实证倾向，是多数心理学家关于心理学研究的一种信念，即只有客观的观察、实验和能够重复的研究才是科学的，而对理性分析和探索抱怀疑和轻视的态度，并且以这种观念作为评价一个研究是否科学的主要标准。

---

① R. Linto, *The Cultural Background of Personality*. New York：Appleton，1945. pp. 4 – 5

　　长期以来，这种实证倾向支配着多数心理学家的研究行为，查普林、罗伊斯等人（1983）在分析心理学的历史和现状时指出，心理学家像自然科学家那样，利用客观的观察和实验方法来收集经验事实，并借助定量或统计的方法来分析和解释其研究结果。他们重视经验事实，而忽视理论研究，以逻辑实证主义的方法论来指导他们的研究工作。在心理学的历史发展中，实证倾向有其进步意义和历史功绩，它使心理学逐渐摆脱纯哲学的思辨，走向科学，促使心理学的研究方法更加客观和严密，并取得了大量的、可验证的成果。但是，我们要看到，心理学研究的实证倾向也有其消极的一面。实证倾向的心理学家由于只相信实证材料，轻视理性思维的作用，使心理学的研究报告中充斥着方法的描述、图表的罗列和数据的堆砌，而缺乏深入细致的理论分析，其理论分析常常限于就事论事。

　　虽然，实证倾向在心理学研究中居于主导地位，但仍然没有完全消除与其对立的另一种倾向，即心理学研究中的思辨倾向。这种倾向来源于科学心理学诞生之前的哲学心理学，它强调理性思辨的作用，而忽视实证的经验事实材料。重视理论分析，有助于建构完善的理论体系。但是，忽视经验材料，会使理论分析流于纯粹的思辨和无效的理论空谈。这种倾向虽在心理学中不占主导地位，但它不时从心理学研究中表现出来。我们常常看到一些心理学文章，整篇都是理论分析，缺乏事实材料为依据，理论与实际相脱节。

　　从上面的讨论中看出，心理学研究中的实证倾向和思辨倾向都有其片面性，但同时也有一定的合理性。在心理学研究中，理论分析和实验研究并不是完全对立的，实际上它们是科学心理学研究的不可缺少的两个方面，实验研究的深化有赖于理论的指导和理论分析，而理论的分析和建构又必须依赖实验材料的支持。因此，在社会心理学研究中，有必要把理论分析和实验研究统一起来，不仅从理论上深入探讨社会心理学研究的课题，构造一个全面的理论体系，同时，根据理论体系或模式来精心设计研究方法和指导具体的实验研究，最后，将理论模式和实验研究材料结合起来，进行全面的分析和讨论，得出有理有据的结论。

　　（二）定性研究与定量研究的结合

　　从心理学的定性和定量研究这一角度看，心理学的历史发展可以分为3个阶段：第一阶段是现代科学心理学出现之前的定性研究阶段，以哲学思辨为主；第二阶段是以自然科学研究为样板的定量研究阶段，在这一阶段中伴随着以胡塞尔的现象学为基础的定性研究方式的发展；第三阶段将是定性研究和定量研究两种研究模式并存互补的阶段。

　　从当代心理学的状况来看，心理学研究方法的发展仍处于第二个阶段，即定量研究为主导的阶段。对于当代多数心理学家来说，数据和统计的定量研究占有绝对重要的地位。他们认为数据最能说明问题，统计最有说服力，并试图用数学去改造心理学。翻开当代心理学的文献，心理学研究的定量化这一特征就再明显不过了。因此，前苏联心理学家安纳耶夫在论及心理学研究方法时称：现代心理学的进展，在很大程度上是与心理学中的实验方法和数学方法的发展密切联系的。现代心理学的数学化将无例外地推广到心理学的各个分支学科中，在这个意义上讲，在不久的将来，心理学可能成为一门数学科学，如同它现在已经成为一门实验科学一样。的确，对于大多数心理学家来说，研究中是否运用数学方法，已成为他们衡量研究水平高低和科学性的重要标准。

心理学研究的定量化使心理学研究更加精确和严密，但是，我们要看到作为定量研究基础的心理统计学本身就不是绝对完善的，还存在着这样和那样的缺陷。而且，从唯物辩证法的质量统一观来看，质量和数量是客观事物不可缺少的两个基本方面，它们之间有区别和对立，但又相互联系和对立统一，既没有离开质的量，又不存在没有量的质。人的心理现象同其他事物一样，同时具有质和量两个方面。这就规定了心理学研究应同时重视定量分析和定性分析，并将两者结合起来。心理学研究的定量分析揭示变量和因素之间的数量关系，其目的是服务于定性分析，以便对心理现象的本质、意义作出描述和解释。因此，过分追求数量化，只在数据上兜圈子，认为"只有采用数学方法的科学才是真正的科学"的观点是片面的和不可取的。

在社会心理学研究中，我们应该坚持质量统一的观点，在理论模式的指导下，确定研究的变量的量化指标，一方面使量的分析服务于质的分析，另一方面使质的研究有了量的依据，从而把定性分析和定量分析统一在同一个研究之中，以取得更好的研究成果。

（三）元素分析与整体综合

现代心理学产生的历史背景和心理学发展的历史，塑造了心理学的一种研究模式或方法，即还原论的元素分析法。心理学家在研究心理现象时，倾向于把现象整体分解为部分或因素，根据所研究的主要问题挑选出因变量、自变量和控制变量，通过观察或实验得到这些变量的变化情况，从而在部分或因素水平上解释处于整体水平的心理现象。虽然心理学界不断有人（如格式塔心理学家和人本主义心理学家）批评以部分解释整体的元素分析方法，但是这种方法在心理学研究中仍占据统治地位。元素分析的研究方法或思维方式使心理学家能够深入研究某一具体问题，了解心理现象的各个具体部分或因素的情况。但是，单纯的元素分析方法难以从总体上把握心理现象，常常会导致"只见树木，不见森林"的结果。因此，许多心理学家只是从事某一具体问题研究的"专家"，而不是心理学的"全家"。

元素分析的思维方式在一定程度上促使了心理学流派的瓦解，并代之以众多的小型理论。由此，还进一步推动了心理学的分化，形成了为数众多的心理学分支学科。这种高度分化的现象是心理学繁荣的标志之一，但是，我们同时要看到心理学的发展不仅需要高度的分化，而且需要高度的整合。就目前心理学研究的状况来看，分化和分支过多，缺乏整体的综合，这对学科的发展是不利的。这种状况对心理学研究的方法论提出了新的要求，即改变单纯的元素分析的研究模式，代之以分析和综合相结合的研究模式。近几十年现代科学的发展，特别是系统论、控制论和信息论等系统科学的产生和广泛运用，使这种要求有可能成为现实。

从系统科学的观点来看，心理现象本身就是一个具有一定的结构和功能的系统。人的心理系统一方面是更大的系统如社会文化系统中的一个子系统，另一方面它本身也包含了许多子系统，以及不同层次、不同水平和不同序列的亚系统，高层次的系统整合着子系统，但不是子系统的简单相加。因此，在研究心理现象时，我们应该把它放在心理系统与外部系统之间、心理系统中各子系统之间的相互联系和相互作用中去把握，采用既有部分或元素分析，又有整体或系统综合的研究方法。

在社会心理学研究中，我们不能采用单纯的元素分析方法把社会心理学及其因素孤立起来进行研究，而是把它放在心理系统以及更大的社会文化系统中去探讨，把它与个体的其他变量如认知操作、年龄、性别和学历、社会心理学概念等联系起来研究，把它与个体之外的社会文化变量如生态环境、生存策略、民族文化、社会组织、社会化和教育等联系起来研究。这样的研究不仅有整体的综合，而且有元素的分析，是两种研究方法的综合。因为从系统科学的观点来看，单纯的综合研究只能使我们对课题有一个笼统而不精确的整体了解，单纯的分析研究使我们只能了解有关课题的一些互不关联的方面或局部的现象和特征。只有通过分析和综合相结合的研究方法，才能使我们既了解课题的各个部分或因素，又把握这些方面或因素的相互联系和相互作用，以及由此构成的整体。

随着系统科学方法在心理学中的应用，近来心理学研究中还出现了研究方法的多学科化和综合化的趋势。心理学家越来越清楚地认识到，心理现象的维度是多方面的，影响因素是多种多样的，只从某一分支学科的角度不可能全面准确地把握心理活动的规律，而必须同时运用心理学各分支学科，乃至其他相关学科的理论和方法来开展研究。同时，在研究中必须采用多种多样的研究方法，因为每一种方法都有其优点和局限性，综合采用谈话、观察和实验等多种方法，可以对不同方法所得的结果进行相互比较和验证，提高研究结果的可靠性。另外，在研究设计上，还应该采用多变量设计，因为只注重分析单变量和单变量之间的关系，难以揭示心理活动中多因素、多维度之间及其与多种复杂影响因素之间的相互联系和相互作用。在社会心理学研究中，我们应该采用多变量（社会心理学因素、社会心理学操作、认知方式、教育和社会化、社会组织结构、生态文化变量等）的研究设计、多学科（认知心理学、教育心理学、发展心理学、人类学和社会学等）和多样化的研究方法（谈话法、现场观察和调查、心理测验等）。

（四）心理学研究中的生态化趋势与现场研究

近几十年来，心理学研究中出现了生态化的趋势。这种趋势强调在真实、自然的情景中研究人的心理活动，以提高研究的外部效度，提高研究结果在实际生活、工作实践中的可应用性和普遍实用性。

心理学研究的生态化趋势主要起因于心理学家对实验室研究的局限性的认识。我们知道实验室研究具有许多明显的优点，如对变量的测量精确、控制严格等，但是，随着心理学研究的深入，实验室研究固有的缺陷，如人为性、一次只能考虑少数几个变量、外部效度低等日益暴露出来了。由于实验室研究情景是人为创设的，且研究变量受到严格控制，因而实验情景的真实性受到破坏，被试的心理和行为表现与自然情景中的心理和行为表现相差很大。这样，就削弱了研究的外部效度，使在实验条件下获得的结果是否仍然能在自然条件下获得，是否适用于自然情景成为一个问题。为了克服实验室研究的局限性，许多研究者主张心理学研究应当走出实验室，到现实生活中去，在真实自然的情景中研究心理活动的规律，以保证研究结果具有较高的外部效度和应用价值。于是出现了心理学研究生态化的思想倾向，而生态学的发展及其对心理学的影响，以及心理学研究方法和技术的提高使这种思想倾向变为现实。

生态学是20世纪末在生物科学中成长起来的一门科学，它研究生物个体和群体及其生态环境，以揭示有机体与环境之间相互联系和相互作用的规律。在研究方法上生态学家一般采用描述性分析方法。心理学家并不局限于生态学所强调的自然观察法，而是以生态学的观点来指导心理研究，使心理研究走出实验室，把实验室固有的严格性移植到自然真实的家庭、学校、社会和文化等环境中去，并在其中把握心理现象与种种环境因素的相互关系，从而提高了研究的外部效度和生态效度以及可应用性。这种研究既不同于传统实验法对实验室的依赖，又不同于传统观察法为真实性牺牲严密性，它强调研究情景必须是自然的，但研究本身同时也必须是严格的。为了做到这点，研究者普遍采用现场实验、现场观察和多变量相关研究等方法，而在现场实验中往往采用准实验设计。

　　在社会心理学研究中，我们应该以生态学的观点为指导，到研究被试自然真实的家庭情景和工作场所中进行观察、谈话、调查、心理测验和实验，即进行现场研究，而实验室研究采用的是准实验设计，以提高研究结果的可靠性和可应用性。

　　（五）社会心理学研究的伦理性原则

　　伦理性原则是社会心理学研究尤其需要强调的原则。社会心理学直接以人为研究对象，并且在研究时经常需要隐藏真实的研究目的，因此，在社会心理学研究中如何避免给被试带来伤害，就成了不可回避的问题。从伦理道德的角度说，用欺骗的手段诱导被试参加社会心理学研究，在他们不知情的情况下进行研究，本身就是违背道德的事情。在社会心理学研究中，确实有某些实验对被试的身心造成了一定的伤害或不利影响。

　　例如，在某一从众行为的实验研究中，实验者召集了40名男性作被试，实验者告诉被试实验的目的在于调查惩罚对学生的效果。让被试扮演教师，学生则由实验者的同谋担任。教师的工作是朗读成对的词，学生的任务是记住这些词。学生出错，教师便给予电击惩罚。教师和学生分开在两个房间，学生椅子上连接着电击器的导线，教师工作台上放有电击器的开关，以及标有强度从15伏到450伏不等刻度的操纵杆。教师的教学和惩罚，学生的回答和受电击后的反应都是通过电子系统传递。在实验中，学生有意频频出错。按规定教师指出错误后随即给予一次电击。随着电击强度的增加，学生扮演的痛苦状愈甚，从乞求、呻吟、叫喊到昏厥。但实验者全然不予理会，只是督促教师按规定执行惩罚。实际上学生并未受到电击，他们的反应都是伪装的。实验者的真正目的是了解有多少被试服从指令，用电击手段惩罚学生。结果发现在40位被试中，竟有26人（占总数的65%）服从于权威的命令一直坚持到最后使用450伏的电击。尽管这个实验设计非常巧妙，并证实了人具有服从权威命令的行为倾向。但是，实验者使用了欺骗的手段本身违反了科学道德，而让教师"电击"学生也是违反人道主义原则的。

　　由于社会心理学研究中容易出现伤害被试的情况，大多数社会心理学家都赞同社会心理学研究要遵循科学的伦理原则，必须做到以下几点：

　　（1）被试自愿参加，即在进行研究之前，研究者应征得被试的同意。通常情况下，研究者有义务让被试在参加研究前尽可能多地了解研究的情况。

　　（2）接近真实生活，即研究情境应尽可能接近被试日常已经习惯的生活，使之成为自然环境，从而避免研究对被试造成不利影响。

　　（3）有利的研究设计。所谓有利的研究设计，首先，这个研究不仅对人类的社会福利有意义，而且已经最大限度地考虑到了被研究者利益；其次，研究尽可能减少欺骗措施的运用；再次，研究尽可能减少对被研究者的不利影响。

（4）被试自愿终止。在实验过程中，当被试对研究出现不良反应，意识到研究对自己不利或对研究不再有兴趣时，被试有随时退出研究的权利。在任何情况下，被试都不应在被迫的条件下参加研究。

（5）充足补救。如果研究出现了对被试的不利影响，研究者必须本着维护被试个人权利和彻底消除不良影响的原则，及时终止研究，并对受影响者作充分的心理补救，直到他们恢复到研究前的状况。

二、社会心理学研究的主要途径

社会心理学有 3 条主要的研究途径，这就是个案研究、相关研究与因果研究。

（一）个案研究（case studies）

个案研究这种方法着重从个体化和特殊性方面去研究社会心理，其研究对象可以是一个人，也可以是几个人、一类人或一个群体。只要某个或某些对象可以当成一个整体来对待，则可以成为个案研究的对象。通过谈话、观察、作品分析等方法广泛地收集材料，然后对个案进行全面和准确的定性描述，再进行较长时间的深入研究。这种研究方法源于 19 世纪以沙可（Jean Charcot，1825—1893）为代表的法国临床精神病学对病人的诊断与研究方法，这种方法被弗洛伊德及其追随者加以继承与发展。

我们若要研究电视暴力片与攻击性行为的关系，就可以采用个案研究的方法来进行。例如我们可以找某个或某些具有较强攻击性的儿童或青少年作为个案进行研究。通过谈话、观察与调查广泛收集个案有关材料，并进行系统与深入的分析，就有可能确定他们的暴力行为是否与暴力性的电视节目有关。我们可以设想暴力性的电视节目起了榜样的作用，促进了个案侵犯性动机的形成，并向个案演示了攻击的方法与技巧。

个案研究具有一些突出的优点，这种方法提供了一个机会，使我们可以了解一个活生生个体的心理与行为活动，获得大量有关的信息资料。由此，可以诱发我们的直觉，洞察其人格的本质特点，提出有关前因后果的种种假设与定性的分析。个案研究方法由于以特殊的个体或群体为研究对象，强于质的综合判断，弱于量的分析比较，且难以直接引出普遍性的结论，而容易产生以偏概全的结论。强调科学实证原则的学院心理学家常常批评这种方法缺乏科学的严谨性，认为个案研究过程中，研究者的观察缺乏客观性，观察中常常掺杂着自己的主观猜想与推论，其研究中提出的理论与假设难以通过操作性的研究来检验，其研究或观察难以被别人重复等等。

（二）相关研究（correlational method）

相关研究主要运用测量与统计的方法，在相同条件下，考察一组被试的两个或更多个变量之间的定量关系。例如，我们可以通过测验与统计分析确定学业成绩与成就动机、自我概念和考试焦虑程度等因素之间的相关程度。相关研究的方法起源于英国学者高尔顿（Francis Galton，1822—1911）的研究。高尔顿受达尔文进化论的影响，开创性地研究了人类个体的差异及其与遗传的关系。他强调了3个因素，即个体差异、测量与遗传素质，同时重视运用测验、评估、问卷于大量的被试，提出了相关系数的概念以确定成组数据之间的定量关系，这些因素至今仍然是人格的相关研究方法的主要特征。

对于上述电视暴力片与儿童攻击性行为的关系问题，不仅可以采用个案研究方法，也可以采用相关法来进行研究。当我们采用相关法来研究这一问题时，我们可以通过观察记录一组儿童中每个儿童一周内平均每天看暴力性电视的时间与平均每天攻击性行为的次数，这样我们得到了两组数据。再通过统计的方法，计算出两组数据之间的相关系数。如果相关系数通过检验有显著性，我们可以确定暴力电视片与儿童攻击性行为存在某种关系。虽然我们确定它们之间存在相关，但不知道究竟谁是原因，谁是结果，我们不知道是观看暴力片导致攻击性行为增加，还是儿童本身具有较强的攻击性才看更多的暴力电视片，因为在统计学上我们不能从相关系数的显著与否直接推论出是否存在因果关系。要验证两个变量之间的因果关系只有通过实验法，而非相关法，这是相关研究法存在的主要局限性。

同时，我们要看到相关研究法也有一些明显的优点：

（1）相关研究一般比个案研究和因果研究更容易操作，且更省时间，因为它可以通过同时测试或调查成批被试，在短时间内获得研究变量的大量数据。

（2）由于相关研究无须严格控制与操纵变量，这就使得其结果比因果研究更可能符合研究对象的自然形态与实际的情况，减少研究的人为因素，提高其生态效度。

（3）相关法使我们可以研究一些实际上或伦理法律上无法控制或操纵的变量，如性别、年龄、家庭出身等。例如，在道德上我们不能教育或培训一个杀手来研究环境教育对人格和犯罪行为的影响。

（4）在现实中许多不同因素之间存在着相互作用、互为因果的关系，对于这种情况我们没有必要通过实验法来确定它们之间谁是因，谁是果。并且，一旦确定两个变量之间不存在显著的相关，我们就没有必要做进一步的实验研究来确定它们之间的因果关系。

（三）因果性研究（research of cause and effect）

因果性研究，亦称实验研究（experimental research）。该方法要求严格控制条件，系统地操纵某个或多个变量（自变量），以期导致另一个或另一些变量（因变量）的某种变化，从而作出因果性的结论。例如，我们可以操纵社会情景变量，看被试的社会心理变量是否发生变化，以了解社会情景与人的社会心理的关系。与强调个体的个案研究不同，因果研究一般要求有较多被试。与强调个体差异的相关研究不同，因果研究强调探讨对所有人都适用的一般规律。与个案研究和相关研究都不同，因果研究要求对自变量进行操纵，由此得出因果性的结论。

因果研究源于冯特、艾宾浩斯与巴甫洛夫。大约与沙可在法国进行个案研究和高尔顿在英国进行相关研究的同时，冯特在德国建立了世界上第一个实验心理学的实验室。冯特强调把心理学建设成为像物理学那样的自然科学，采用自然科学的实验研究方法来进行心理学研究。紧接着冯特之后，艾宾浩斯进行了他的记忆研究，巴甫洛夫进行了经典条件反射的研究，这两个研究成为心理学的实验研究的典范，对后来有关社会心理的实验研究产生了极大的影响。此后，华生（John B. Watson，1878—1958）、斯金纳（B. F. Skinner，1904—1990）以及当今的认知心理学家都强调运用实验研究方法来探讨心理问题。

关于暴力性榜样对儿童攻击性行为影响的问题，班杜拉进行过经典性的实验研究（1961）。他让 A、B 两个组的幼儿园小朋友分别观看两个榜样的表演（现场的和卡通的情景）。A 组幼儿看到一个榜样正在玩工艺玩具，对旁边的一个橡皮玩偶无动于衷。B 组幼儿看见一个榜样不断地殴打橡皮人的面部，用球棍打它的头，怒气冲冲地骂它、打它。稍后，让这些孩子遭受一定的挫折，并与玩偶同处一室，再观察这两组幼儿的行为反应有何不同。与 A 组幼儿相比，B 组幼儿对挫折产生了非常多的攻击反应，他们也像榜样一样，对玩偶又打又骂。可见，幼儿通过对榜样的观察，可以习得攻击性行为模式。

因果研究具有某些个案研究和相关研究不可比拟的优点，它不依赖自我报告材料，而力求客观性，对变量的控制严密，能够操纵变量，作出精确的定量分析和因果性的结论，因而这种研究往往被看成是理想的科学研究。但是，在社会心理研究中，并不是多数人都喜欢运用这种方法，这种方法也存在许多限制与缺陷。由于实验情景本身的限制，使得研究结果不可避免地带有一定的人为性，因而其结论难以直接推广到人们的日常生活中。实验研究要求对变量进行严密的控制，一次只能对某个或某几个少数变量进行研究，这不仅不能把握众多因素相互联系、相互作用过程中的社会心理与社会行为，而且会对许多主观的、复杂而又重要的东西视而不见，为了严谨性与客观性而牺牲主观性与意义性。因果研究以客观性著称，但作为实验对象的人具有高度的主观性、能动性与独特性，因而实际上实验方法难以彻底排除实验对象的主观认识和态度对实验过程的影响。

综上所述，社会心理学研究的3种途径各有其优势与限制，我们不知道究竟哪一种更好。实际上，3种途径殊途同归，都是为了共同的科学目标，即发现事实，建立理论，揭示变量中的规律性的关系。正因为如此，一些社会心理学家试图把不同的研究方法结合起来，扬长避短，以取得更佳的研究成果。

复习与思考

基本概念

社会心理学　社会心理　社会行为　社会互动　人格心理学　社会学　文化人类学　个案研究　相关研究　因果研究

思考题

1. 如何理解社会心理学的研究对象？
2. 试析社会心理学的学科体系。
3. 社会心理学是如何发展起来的？
4. 分析比较社会心理学的主要研究取向。
5. 社会心理学的主要研究途径有哪些？
6. 如何把社会心理学研究的伦理原则贯彻在具体的研究中？

第二章　社会认知

　　小王大学毕业后的首要大事就是找一份满意的工作，她听人说过某公司，印象还不错，考虑到自己所学的专业和个人素质，小王觉得比较适合自己，成功的机会很大，于是发出了求职信。过了几天，公司通知她去面试，小王精心打扮了一番，然后信心十足地来到公司。可是，面试的情况很糟，经理问了很多刁钻古怪的问题，让小王觉得很难堪，更有甚者，经理竟然对女性公开表示了歧视，还对她说，公司一般不招女员工。面试后，小王感到被聘用的希望不大了，同时，也对经理和公司产生了意见，认为经理是个很尖刻的人。然而过了一段时间，公司居然通知她去上班了，而且还安排了一个不错的职位，在工作中，她又发现，原来经理是个很和蔼的人，对她也很尊重。

　　在这个故事里，小王怎样看自己，又是怎样看待经理和公司的？经理到底是个怎样的人？他对女性到底是什么态度？为什么在小王的印象里，经理似乎前后判若两人？我们可能有很多这样的疑问。其实，它们都牵涉到了社会认知的内容，通过本章的学习，我们应该能作出很好的回答。

第一节　社会认知的理论框架

人们如何感知自己的个性？如何判断与评价他人或群体？如何推断人类行为和社会事件发生的原因？这些都是社会认知研究要回答的问题。本节将从社会认知的基本概念出发，阐述和分析社会认知领域的基本观点，构筑学习和研究的理论框架。

一、社会认知基本概念和理论

（一）社会认知的内涵

社会认知（social cognition）是指个体在社会环境中对自我、他人或群体的心理特征和行为规律进行感知、判断、评价、推断和解释以作进一步反应的过程。社会认知有时也被称为社会知觉（social perception）。

对社会认知的概念作进一步的理解，涉及以下 3 个方面的内容：

（1）社会认知不局限或不等同于某一单一过程，而是将这些过程相互有机地结合起来，构成了完整的社会认知活动。比如，对他人的评价及对其行为的推断和解释建立在对他人的感知的基础上，而评价与解释往往相互依赖：我们对人的评价常依据对其行为的解释，而对人行为的解释又常受到已作出的对其评价的影响。

（2）社会认知是对人的认知，而不同于对物的认知。吴江霖、戴健林等认为两者的主要差别在于："第一，对物的知觉是单向的，而对人的知觉是双向的，知觉者与被知觉者互为主体和对象，故知觉者和被知觉者可以互动，影响整个知觉过程。第二，对物的知觉的对象是自然属性的，较稳定；而对人的知觉的对象具有社会属性，较易变。第三，对物的知觉较少受个人偏好的影响，但对人的知觉却常常受个人偏好的影响。"[①]

（3）社会认知的研究目的是为了理解人们在社会生活中如何了解他人和自己，并依据这种了解作出恰当的反应。人类的社会行为受其内在的认知过程的支配，因此，要理解和预测人类行为就必须深入到这种内在的认知体系中去。在这个意义上，社会认知与其说是一个研究领域，不如说是一种研究人类行为的思路和取向，正是这个原因使社会认知成为社会心理学的主要研究内容之一。

---

① 吴江霖，戴健林等．社会心理学．广东高等教育出版社，2000．105 页

　　（二）社会图式

　　社会图式（social-schema）是当前社会认知理论中的重要概念，很明显，这是由广泛应用于认知心理学研究中的图式概念发展而来的，社会心理学家采用这一概念来解释人们如何进行社会认知以及作出相应的行动。简而言之，社会图式就是指经过对来自社会环境的信息进行选择和加工后在人脑中组织起来的认知系统。

　　具体来讲，社会图式可以分为 4 种类型：①他人的图式，该图式包括有关他人行为特征和人格类型的信息。如，"小王的爸爸总是酗酒"，"我们的主任是个和蔼可亲的人"。②自我图式，包括有关自己个性、外表以及行为的信息。如，"我长得不漂亮"。③角色图式，包括个体在社会上所处特殊地位及预期个性和行为的信息。如，"知识分子都是书呆子"，"商品推销员一定能言善辩"。④事件图式，该图式包括人们在某情境下所发生事件的有序组织的信息。如，人们在餐馆吃饭的情形。

　　人脑中已经形成的社会图式会对社会认知过程产生重大影响，其影响主要表现在以下几个方面：

　　首先，社会图式影响对信息的选择。人们往往更注意与图式一致的信息，而忽略其他信息。例如，很多报考 TOEFL、GRE 等出国留学考试的人都认为到美国有更好的前途，他们总拿某某人去美国留学几年后就挣到了汽车、洋房等作为论据，却忽视了大多数人在那里辛苦打工、有的甚至无功而返的事实。Bagby（1957）在双眼视觉竞争实验中，将两张图片安置在一个双眼仪上分别让一组墨西哥人和一组美国人看，一张是墨西哥人熟悉的传统斗牛的场景，一张是美国人熟悉的棒球运动的场面。由于一只眼只能看见一张图片，这样两眼视像会竞争。按常理，两组应该看到同样的场景，但实验结果显示 74% 墨西哥人看到了斗牛，而 84% 美国人看到的是棒球运动。

　　其次，社会图式会对信息的加工产生影响。当环境中新近产生的信息模糊不清或模棱两可时，我们先前已经存在头脑中的图式将引导我们对其进行分类并作出相应的解释和判断。有经验的中学教师常会发现这样一个现象：信任老师的学生和不信任老师的学生在面对老师的同一个举动时会有不同的想法，在老师表扬时，前者会认为老师是真心地肯定自己的成绩，而后者会觉得老师只是在哄自己以达到某种目的；在老师批评时，前者会想自己确实做错了事，而后者却可能认为是老师故意挑毛病。在后面我们会看到，类似的事例还有很多。

　　社会图式也对信息的提取发生影响，产生记忆的重构。我们有时以为记住了某些信息，尤其是图式引导我们去注意的那些信息，可是我们往往在提取时不知不觉地添加了或改变成一些原来并不存在的信息，这些添加上去或经过改变的内容是趋于和原有图式相符的。Cohen（1981）曾让一些人观看一位妇女参加某些活动的录像片，她发现，由于人们往往认为图书管理员应该喜欢喝葡萄酒，因此，在被告知片中人物是图书管理员时，无论这位妇女喝何种饮料，人们都倾向于把这种饮料回忆成葡萄酒。

　　我们看到，社会图式往往对社会认知产生消极的影响。社会图式一旦形成是很难改变的。当环境中的信息与原有图式不一致时，不但常常会被歪曲，使之与原有图式相符，而且社会图式还会通过影响人们的行为使客观现实发生一定程度的改变，这种改变趋向于与原有图式一致，这种现象被称为"自我实现的预言"（self-fulfilling prophecy）。值得指出的是，自我实现的预言并不是人们故意篡改事实的结果，相反，它是自动发生的。这就意味着，即使人们很想做到客观、公正，其行为还是会为原有图式所左右，从而不经意地发生改变，进而改变现实。让我们来看一个事例。① 玛丽9岁生日那天得到一件礼物——正在做饭的玩具娃娃。父母之所以送这件礼物，是由于玛丽对做饭好像很感兴趣。她常常帮助妈妈摆好饭菜、准备食物和打扫房间。"这不是奇怪嘛!"玛丽的父亲说，"怎么刚9岁就想操持家务了？女孩子一定在遗传上就带有'家务'基因。那些热衷于妇女解放的人，真不知道她们在干些什么。"从父亲的态度看出他对妇女解放运动持反对意见，并对女孩子做家务表示欣赏。可以设想，如果玛丽对类似烹调、缝纫和打扮这种"女人"的事情表示感兴趣时，总是会得到鼓励和奖励。而当她对足球、拳击和化学表示感兴趣时，则很可能得到相反的结果。由于这种作用，玛丽的行为朝着父母希望的方向发展，并进一步巩固了父母原有的图式。

　　由此说来，社会图式似乎总是给人们带来不太令人愉快的结果，然而事实并非这样简单。没有社会图式的存在，我们眼前的世界将是混沌和残缺的，我们将无法有效地处理信息，也就更谈不上做出适应环境的行为了。我们每天要面对成千上万条信息，由于时间和精力的缘故，它们超出了我们的处理能力范围，于是我们不得不借助图式简化这些信息以利于我们做出不是太好但已足够好的判断。另外，这些信息往往意义模糊无法加以利用，因此，依赖图式来解释以明确其意义就很有必要了，维持社会图式的稳定性也就保证了对新信息赋予意义的便捷性。就好比为了使图书馆正常运行，对现有的目录系统只能稍加调整，尽可能让新书符合原有的系统，否则，人们几乎没有足够的时间找到所需的书和文章。自我实现的预言也并非总是坏事，如果人们抱着良好的期望，往往能使生活环境变得更美好。况且，社会图式的消极影响大多发生在信息不

① ［美］埃利奥特·阿伦森. 社会性动物. 郑日昌等译. 新华出版社，2002. 4～6 页

明确或与之相关的问题不重要的时候，在信息很明确或人们极为重视的情况下，这些消极影响就会减少甚至消失。而且，在大量事实面前或在一定的情境下，图式还是会改变的。

（三）社会认知的理论模型

根据王沛、林崇德的论述，[①] 现阶段在社会认知的研究中存在 4 种主要的理论模型。

1. 以抽象概念为基础的表征模型——范畴模型

社会认知研究一般比较关注关于社会群体的抽象的、概括化的观念。在这种观点看来，个体一旦获得有关某个群体的信息，便会发展出该群体的一种概括化概念，即范畴。范畴并不具有可以决定个体是否为某个范畴成员的定义性特征或标准，它实际上是一种范畴组织成员都彼此变化的、只不过一定程度上在范畴框架下彼此相容的"模糊设置"。如果某客体特征与范畴社会认知特征充分相似的话，则该成员会被归属于该范畴。人们可以同时根据客体所属诸范畴来归类。一般地，客体将会按照与靶子特征最匹配的范畴原型来归类。范畴表征模型的局限性体现在：①范畴表征很难说明知觉者对范畴组织成员变异性的认识与敏感性。②有关社会认知的许多文献都认为，知觉者坚持并运用了大的社会群体的非常概括化的概念。这种概括化概念的一个潜在的缺陷是过于包容。③范畴模型很难说明特殊事例对信息加工的巨大影响。

2. 样例模型

绝大多数社会认知模型都是说明归类过程的。按照这些模型，归类并不能通过客体与范畴原型之间的比较，而是通过客体与样例记忆集合中成员之间的比较而获得。这些样例与客体之间具有极大的相似性。样例的恢复与使用往往无须意识性提取，并且绝大多数样例都可以在这种情况下恢复。由于样例恢复通常是一种内隐过程，因而不能通过诸如定义或再认等典型的外显因变量测量来揭示。样例模型的缺陷在于：①社会学习问题样例模型无法解释的一个基本问题是，人们经常从群体信息源那里获得关于某个群体的抽象信息。②如果没有一种范畴理念的话，样例集合就不能撮合起来，并且形成一种一致的概念或范畴。

3. 群体表征的混合模型

由于纯粹的抽象模型和样例模型都存在一定缺陷，因而许多研究者认为，一个有效的合理的社会认知模型必须包括抽象知识表征和具体的样例表征。对于这样的一个混合模型，也同样存在一大堆问题。其中一个明显的问题是，必

① 王沛，林崇德. 社会认知的理论模型综述. 心理科学，2002（1）：73－75 页

须决定导致是样例加工还是抽象加工的条件。

4. 社会认知理论模型新进展——情境模型

人的头脑中存在两种知识结构，即情境模型和概化表征。其中，情境模型代表人们对具体事件和事态的理解，而且通常在理解社会情境中传递的信息的过程中自动建立。这些模型一旦建立，就为理解新信息、对信息涉及的人和事作出判断提供相应的基础。情境模型理论不仅可以解释人们对呈现在社会背景中的有关人或事的单个陈述的理解，也可以用以解释在公众媒体或在非正式谈话中进行交流的人的有关反应。进一步的研究还有待于提炼该理论的假说和评估其意义。

二、社会认知的策略

（一）认知吝啬鬼

人们在社会认知的过程中，面临的信息往往是不确定的、不完全的、复杂的，在对它们进行加工的过程中，达到最满意的合理性是困难的，再加上人的认知资源是有限的，所以人们在社会认知的过程中常常偏爱策略性捷径，即人们总是节省认知能量，通过最小限度的观察作出社会判断以尽量节省时间和加工资源。在这个意义上说，人类有时是"认知吝啬鬼"。认知吝啬鬼的策略往往是必要的和有效的，因为这样可以很好地利用有限的认知资源来加工近乎无穷无尽的信息，从而接受一个不尽完美但已经足够让我们正常生活的选择。围棋界有句口诀，叫做"长考出恶手"，这说明有时候过多的思考反而导致更不理想的判断。但是，我们也应看到，这种策略常常是社会认知偏差产生的根源，它往往使我们作出错误判断后还以为自己是绝对正确的，很多社会矛盾和灾难就产生于此。因此，如果有必要，我们也应尽可能抛弃这种简化的思维策略，采取更系统和更复杂的思考方式，作出更明智的选择。

认知吝啬鬼主要采取的思考方式就是"启发式判断"（judgmental heuristics），这是一种解决问题的简单、通常是笼统的规则或策略。至少在 4 种情况下，我们更容易使用启发式判断：①当我们没有时间认真思考某个问题时；②当我们负载的信息过多，以至于无法充分地对其进行加工时；③当手中的问题并非十分重要，以至于我们不必太过思虑时；④当我们缺乏作出决定所需的可靠的知识或信息时。常见的启发式判断有 3 种主要的类型。

1. 可得性启发（availability heuristic）

这是一种单凭经验的思考方式，其判断是根据我们从大脑提取特例的容易程度而产生的。例如有人问你，小王是不是比较自私，如果你马上想到的是小王帮助别人的几个事例，你就会回答：小王不自私。如果立即浮现在脑海中的是小王某次为达到自己的目的而损害了他人的利益，你或许就会说：小王是自私的。可得性启发在许多情况下被证明是准确和有效的，但它有时也显出很大的弊端，最容易进入我们大脑的例子有可能以偏概全，缺乏代表性，导致得出错误的结论。充斥于各个媒体的关于非典型肺炎发病和死亡的报道让我们很容易想起这方面的事例，导致大部分人视其为洪水猛兽，夸大了对其发病率和死亡率的判断，产生极度恐惧的心理。其实，与一些常规疾病比较，非典型肺炎的发病率和死亡率并不算太高。

2. 代表性启发（representative heuristic）

代表性启发就是将要判断的事物与记忆中的典型事例进行类比，根据两者的相似性将该事物归于典型事例所在的范畴。例如你初次见到的一个人，身体瘦弱，戴一副黑框眼镜，说话文绉绉，你可能会猜他是一名知识分子，至少你会觉得有这种可能性，因为这与你记忆中的知识分子形象很相似。这种判断方式也会带来一些问题，比如民间流行的"吃脑补脑，吃腰子补肾"等错误说法，就是代表性启发判断的反映。

3. 定点调整启发（anchoring／adjustment heuristic）

人们在进行数值判断时，常受到一个起始值的影响，把它作为判断的出发点，而且随后的调整会尽量与这个起始值接近。如果起始值的确立有一定的依据，这种判断策略在许多情况下还是很管用的。例如要判断本校某个班的学生人数，如果知道本校的班级人数一般在50人左右，那么把50作为起始值，然后使答案与之接近不失为一种好办法。但是，有时，即使起始值是随意确定的，而且与所要进行的判断毫无关系，人们仍然会与起始值保持接近，这就容易造成偏差了。Tversky 和 Kahneman（1974）在一项研究中让人们估计联合国中非洲国家所占的百分比，先由转盘随机确定两个数字10和65，接下来，当告诉被试估计值应高于10的时候，平均答案在25%，而当告诉被试估计值应低于65时，平均答案就成了45%，这说明人们的判断受到了任意选定的起始值的影响。不单在数值判断上，在其他类型的判断上也存在着这种定点效应，也就是说，过去的经验会首先固定在我们的记忆中，而且以后对这些经验的调整均不够充分，达不到应有的水平，甚至在我们清楚地知道这些经验不具有典型意义时也是如此。

我们看到，捷径式的思考往往会让我们的判断更有效率，如果我们对其造成的偏差有足够的认识并善于调整的话，这种策略并不让人担心。问题在于，我们常常对这些判断深信不疑，即使我们在后来看到了相反的可能性也很难改变已有的判断，或许这源于人们的一种"确认偏差"（confirmation bias），即人们对最初的假设和观念具有寻求确认的倾向。正是由于这种偏差，获得的第一信息几乎总是最有影响的信息，信手拈来的类型在作出判断时被滥用，图式歪曲了信息的加工以强化自身。如果人们的认知只能如此，那么就太令人灰心了，幸好，我们有时还会采取更理性的策略以避免偏差带来的后果。

（二）目标明确的策略家

把人类简单地定义成"认知吝啬鬼"是不确切的，事实上，人类应该是"目标明确的策略家"①。也就是说，我们有多种信息加工的策略，在目标、动机、需要和环境力量的基础上，有对策略进行选择的能力。我们能够实用地采取加工策略以适应当时情境的需要，因此，在需要时，我们会更多地注意复杂的信息，进行系统的、费力的加工，只有当目标不存在这种需要时，我们才会依赖于捷径式的简单策略。我们在很多情况下都可以见到情境的需要对认知策略选择的作用。

例如，一般而言，坏心情的人更可能运用系统的、数据驱动的信息加工的策略，相当注意细节。相反，心情愉快的人更可能依赖于先前存在的一般知识结构，运用自上而下的简捷策略进行加工，较少注意问题的细节。当人遇到威胁或缺少积极的结果时，通常会体会到坏的心情；当人得到积极的结果或没有遇到威胁时，会感受到好的心情。可以说，人的心情反映了环境的状况，处于坏心情时表明处于有问题的情境，而好心情标志着一种好的舒适的情境。人的思维过程与情绪表示的情境要求相一致，当消极的情绪标志着问题的情境时，会特别注意问题的细节，投入必不可少的努力，进行仔细分析，进行精细加工。当情绪标志着一个好的情境时，人很难看到精细加工的需要，投入的认知努力会很小，从而忽视问题的细节，运用以前的知识结构进行粗略加工。有人也注意到了人际关系的性质对认知策略的影响。当一个关系对于判断者来说非常重要时，他将分配充足的认知资源在认知对象的特殊信息上；当关系不重要时，他将采取简捷的方式，把对象归入某一范畴，迅速地作出判断。值得注意的是权力在人际认知中的作用，没有权力的人对有权力的人存在更多依赖，因此更多地寻求有关权力者的最具诊断价值的信息。相反，有权力的人不会寻求有关下属的复杂信息，而是把注意放在证实而不是否定已有的认知图式上，因为拥有权力的人对没有权力的人依赖较少，所以允许忽视有关其他人的大量信息。

人具有灵活地调整自己的认知过程以满足当前的需要与目标的能力，但是这种能力是有限制的，否则的话，很多偏差就可以避免了。一方面，简捷的认知往往是自动进行的，即个体不能回忆某一过去经验，但这一经验潜在地对个

---

① 朱新秤．社会认知心理学研究的新进展．心理学动态，2000（2）：74－80页

体的判断产生影响。因为它发生在我们的意识之外，我们对它知之甚少，这种特点决定了它难以被克服。同时，系统、复杂的思维方式却需要人们的努力和意识的参与，是一种控制性的思维，因此它容易受到疲劳、外在干扰等因素的影响而无法充分发挥作用。研究发现，人能够在一段有限时期压抑不必要的思维，但这只有在没有其他任务分散认知资源时才能成功，当有其他任务分散认知资源时，不必要的思维又会充满活力地反弹。另一方面，企图避免不必要的自动化认知的影响，或者说，企图进行控制性的思维可能会导致事与愿违的后果。这种调控的过程反而激活了记忆中不必要的材料。结果，不必要的材料变得具有高度的通达性，对其控制显得更为困难。

三、归因

（一）归因理论

归因（attribution）是对自己或他人行为的特征及意图进行推断的过程。换言之，归因就是对自己或他人的外在行为表现的因果关系作出解释和推论的过程。行为归因之所以重要，是因为：①在对自己或他人进行认知时，行为是基本的线索；②如果不进行归因，就无法对行为进行适当的解释，那么对认知而言，行为线索就失去了意义。因此，自20世纪50年代以来，归因理论逐渐得到了人们的重视。所谓归因理论，就是一种从认知的角度看待行为动机的理论。

首先提出归因理论的是 F. Heider，他在1958年出版的《人际关系心理学》中指出，社会上的每个人都是一个朴素的心理学家，他们以朴素的解释来说明行为为什么会产生，这些解释包括：①多数人都是按照环境的要求而发生行为；②人们非有意的行为下次可能不再发生；③人们有意的行为暴露个人的人格特质。我们在观察行为时，按照上面3种解释，将行为的原因要么归于内部原因即个性，要么归于外部原因即情境。在 Heider 的基础上，E. E. Jones 和 K. E. Davis（1965）发展了对应推断理论（correspondent inference theory），这种理论主要描述了人们的内部归因过程，即如何从行为中推导出他人对应的心理倾向或人格特质。他们认为，当他人的行为不符合社会期望或出于自愿时，我们常假设他人的内在品质与他们的外在行为相对应。

如果说之前的归因理论主要适用于对行为单独观察的话，那么 H. Kelly（1967）的三维归因理论（cube theory）则适用于对行为的多维度考察。Kelly 认为，人们在进行归因之前会搜集3种类型的重要信息：①一致性信息，指行为者对刺激的反应与此时此地其他人对同样刺激的反应是否相同。相同则一致性高，反之则低；②差异性信息，指行为者此时此地的行为是否因刺激而异，若因刺激而异，则差异性高，反之则低；③一贯性信息，指行为者的行为是否

因时因地而异，若总是如此，则一贯性高，反之则低。3 个维度的信息一共有
8 种组合，其中 5 种组合无法说明行为的原因，因而没有意义，剩下的 3 种组
合与行为的原因相联系：①一致性、差异性、一贯性均高，行为归于刺激物这
种外因；②一致性、差异性低，一贯性高，行为归于行为者的内因；③一致
性、一贯性低，差异性高，行为归于时空环境这种外因。例如，你观察到小王
今晚观看相声晚会时，对最后一个相声笑得厉害，如果你同时知道，每个人都
对这个相声发笑（一致性高），小王以前听到这个相同的相声时也发笑（一贯
性高），小王对晚会上其他的相声没有发笑（差异性高），那么你很可能会认
为，小王发笑是因为最后一个相声本身确实令人捧腹。

有必要提到 B. Weiner（1979）的归因理论，这个理论强调的是人们如何
确定导致个体自身成功或失败的原因，所以又被看成自我归因理论。Weiner
认为成败的原因可从 3 个方面加以描述：①原因源。可分为内因和外因，这与
前面提到的理论所考察的大体相同，内因主要是人格、情绪、能力、努力等，
外因主要是环境、运气、任务难度等。②稳定性。上述内外因的成分不足以说
明归因后产生的后效。同是内部原因，有些保持相对稳定，如能力，有些则是
可以变动的，如努力。归因于缺乏能力和归因于缺乏努力虽然都是归于内因，
可是这两种不同的归因对将来的行为产生的效应是不同的。所以稳定性是可以
抽出来加以考虑的成分，例如，努力和运气是不稳定的，能力和任务难度是稳
定的。③控制性。努力、能力等虽然都是内部原因，但他们受意识控制的程
度是不同的，这方面的特性称为控制性。一般情况下，努力是可控的，而能力
是不可控的。成败归因理论的重要性在于它使研究者能够更好地了解不同的归
因结果对人的期望、情绪、动机、自信心、心理健康等方面的影响。如人们把
自己的成功归因于内部的、稳定的原因"能力"，就会增强自信心，预期自己
将来还会成功，并且更加积极努力，可是如果把失败归因于自己能力差时，就
会消沉、自卑，从此不再努力。

（二）常见归因偏差

从各种归因理论来看，似乎人们总是系统地、有逻辑地进行归因，但其
实，在一些情况下，人们的归因，无论是对自己的行为还是对他人的行为，并
不是那么精确和理性，有时甚至犯明显的错误。一般说来，有 3 种归因偏差是
我们常见到的。

1. 基本归因错误

在人们对他人的行为进行归因时，夸大行为者内部稳定的个性因素，而忽
视或低估引起行为的外部环境因素。这一归因现象被称为"基本归因错误"
（fundamental attribution error）。正因为如此，很多热恋中的人把对方的殷勤看

成是其关心他人等良好品质的表现，而忽视了"双方在热恋"这一特定的情境因素，很多人在成立家庭后才发现对方的行为发生了很大的变化。也正是因为如此，我们有时忽视社会角色在决定行为上的重要性，常常出现这样一种现象：在不同人眼中，一个人的内在特质截然不同。例如，一名教师，在学生看来，她是个和蔼可亲、宽宏大量的人，而在她的子女看来，她却是个严厉的、不近人情的人。基本归因错误的产生是基于人们的一种假设，即行为者有能力为自己的行为负责，这一点在强调个体自由、自主的欧美文化中更常出现。而且，行为者本身往往比情境中其他因素更突出，所以产生这种错误也就很难避免了。

2. 行动者与观察者偏差

基本归因错误不常出现在自己对自身行为的归因中，对他人行为归因时才会发生。也就是说，尽管我们常将他人的行为归于较稳定的人格因素，我们却倾向于将自己的行为归因于外部环境，这就是"行动者与观察者偏差"（actor-observer bias）。例如，我打篮球是因为今天天气不错，而你打篮球是因为你喜欢这项运动。也许在布什本人看来，攻打伊拉克是出于政治、经济的考虑，而你可能认为这表现了他好战的本性。这种偏差与注意的指向有关，作为行动者，人们不能清晰地看见自己是如何行动的，这时注意常指向外部，所以容易进行外部归因；而正如前面提到的，观察他人行为时，行动者更突出，因此就成了知觉对象，环境则成为相对模糊的背景，这时注意主要指向行动者，所以倾向于作内部归因。

3. 自我服务偏差

上面提到的偏差一般发生在行为本身的性质优劣难辨的时候，如果行为具有明显的积极性或消极性时，又会产生另一种偏差。当行为是积极的或成功的时候，他人的行为会被归因于外，自己的行为会被归因于内；当行为是消极的或失败的时候，他人的行为会被归因于内，自己的行为会被归因于外。特别地，自己所进行的积极成功的行为往往归因于能力或人格，自己的消极失败的行为却归因于环境或其他外在条件，这就是"自我服务偏差"（self-serving bias）。这种偏差的产生，一种比较有力的解释就是它出于人们自我保护的动机和维持自尊的需要，这种做法有利于保持个体的心理平衡。

第二节　对自我的认知

"我是谁？我的长相好不好？我的性格怎么样？我的能力是高还是低？我为什么会有这样或那样的行为？"对这些问题的回答就是自我认知的内容。有时候，我们因为与自我"朝夕相处"，所以比其他人更了解自己，有时候，我们又"只缘身在此山中"而不识自我的真面目。因此，对自我的认知不是一个简单的内部求索的问题，我们生活在现实的社会环境中，每时每刻受其影响，因而往往在社会环境中寻找线索认识自己。本节就讨论这方面的问题。

一、自我概念

（一）自我的本质

自我（self）的核心就是对自我的认知，在这个意义上说，自我是由关于自己的信念和认识构成的。或者说，自我就是关于自己的人格品质、社会角色、过去经验以及未来目标的心理表征，我们把它叫做"自我概念"（self-concept）。受认知心理学的影响，社会心理学家试图用信息加工的理论说明自我概念的问题，从 20 世纪 90 年代以来，他们逐渐接受了"自我图式"（self-schema）作为这样一个理论。按照 H. Markus（1977）的说法，[①] 自我图式就是"对于自我的认识概括。它来自过去的经验，组织并指导对个体社会经验中与自我有关的信息进行加工"。值得一提的是，并不是个体生活的所有方面都能成为自我图式的一部分，只有那些对个体非常重要的方面才会有此地位。例如，你我都打篮球和做诗，但也许打篮球是我的自我图式的重要部分，写诗却不是，而你可能正好相反。因此，自我图式因人而异，一旦形成，将对行为产生举足轻重的影响。

"自我图式"理论在研究方法上具有积极的意义，它克服了行为论者不研究自我的倾向，也克服了只能对自我进行思辨论述的局限，明确地把"自我"或"自我概念"纳入了实验研究的范围，使人们对自我的本质开始有了较为清晰的了解。例如，H. Markus（1977）在关于自我图式的实验中，先依据表现将被试分为独立性强的、依赖性强的和中间型的。三四周后，让这些被试参加一个测试，屏幕上每次显现一个形容词，被试的任务是按键（有两个键，标着"是我"或"不是我"）判断这些形容词是否为对自己的描述。15 个形容词与独立性关联，另 15 个与依赖性关联。结果发现，独立性强的被试在与独立性相关的形容词上按键反应很快，在与依赖性相关的形容词上则需更多的时间才能作出反应。依赖性强的被试则相反，而中间型的人在这 30 个形容词上没有显著差异。这说明，人脑中存在一个与自己相关的自我图式，并且个体在加工与自我图式有关的信息时速度较快。

---

① H. Markus（1977），Self-schemata and processing information about self. *Journal of Personality and Social Psychology*，（35）：pp. 63 – 78

　　此外，自我图式还提供了一个组织和储存有关信息的框架。根据这个观点，人们在回忆与自我图式有关的信息时效果更好。T. B. Rogers 等人（1977）的一项实验证实了这一设想。① 他们请来了一些大学生，在屏幕上共呈现 40 个问题，要求这些被试回答每一个问题时都尽快作"是"或"否"的按键反应。其中 30 个问题不涉及他们的自我图式，如回答某一单词是否大写，或是否与另一单词押韵，或是否与另一单词的含义相同。但对其余的 10 个单词要求判断是否为对自己的描述，此时加工这些信息涉及到了自我图式。在回答完问题后，要求被试在 3 分钟内尽可能回忆这 40 个单词。结果表明，涉及自我判断的单词比其余 3 类单词回忆效果更好。研究者认为，这是因为被试通过自我图式去加工这些信息，因而更容易回忆起这些单词。

　　自我图式理论较好地阐明了自我与认知的关系，但也容易让人认为自我是一个单一、静态的结构。T. B. Rogers 提出的自我原型（self-reference）的概念② 就属于这种情况，在这种观点下，人们的自我概念不会发生变化，一个人要么总认为自己是个好人，要么总认为自己是个坏人。然而我们应注意到，一个人在社会上往往充当了各种各样的角色，一个男人既可以是儿子、丈夫、父亲，又可以是工人、农民，还可以是领导或下属，在每一种角色下，他对自己的认识和表现出来的行为都有所不同。因此，自我概念或自我图式是一种动态的与情境相联系的认知结构。换句话说，就是自我具有按不同的场合与角色来组织的多重内容，我们可以按照时间、中心性和评价等几个基本维度来进行划分。③ 从时间方面来看，它反映过去、现在和将来的自我，如未来的自我表征着自己希望或害怕将来会成为什么样的人，它为特定的行为提供动力和方向。中心性维度则反映了不同自我的相对重要性，有一些属于中心性的，对自我起着更重要的作用和影响，另一些是边缘性的，起辅助和补充作用。评价维度反映了有些自我概念具有积极意义，有些具有消极性质，有些则是中性的或混合性的。

　　自我概念的形成很大程度上受到社会环境尤其是社会文化的影响，因此，在不同的文化中，自我存在巨大的差异。在许多北美和西欧国家，人们崇尚独一无二的精神，往往独立于他人来认识和评价自己，更强调内在的特质。北美学生在作自我描述时，常列举出一些表明他们是与众不同的个体的特性，如

---

　　① T. B. Rogers, N. A. Kuiper, & W. S. Kirker（1977），Self-reference and the encoding of personal information. *Journal of Personality and Social Psychology*，（35）：pp. 677 – 688

　　② T. B. Rogers（1977），Self-reference in memory：Recognition of personality items. *Journal of Research in Personality*，（1）：pp. 295 – 305

　　③ 钟毅平. 社会认知中的自我及自我表征. 西北师大学报（社会科学版），1999（4）：61 页

"我很聪明"、"我有音乐天赋"等；相反，在依赖型文化中，如亚洲、非洲或南美洲等地方，人们更看重与他人的联系和相互依从，强调社会角色和社会关系等与他人分享的特征，自我描述时常说"我是女儿"、"我信佛"等。1993年，在哈佛和牛津受过良好教育、事业正蒸蒸日上的日本女外交官小和田雅子嫁给了日本皇太子，这意味着她将放弃自己的事业。崇尚个人奋斗的西方人对此感到惊讶，但在认为自己是依托于他人的日本人看来，这种放弃自己独立生活的做法是积极的、正常的行为，其差异可见一斑。表2-1[①]是独立型文化和依赖型文化中自我差异的一些对照。

表2-1　　　　　　　　　独立型文化和依赖型文化中自我的差异

内容	独立型文化	依赖型文化
自我的定义	独特的个体，独立于社会背景之外	与他人相联系，体现在社会角色和各种关系中
自我的结构	单一和稳定的，跨情境和关系的连续性	动态和易变的，在不同的情境和关系中变化
重要特征	内在的、私有的自我（能力、思想、感情、特质）	外在的、公众的自我（地位、角色、关系）
重要任务	保持独特、表达自己、提升自己的目标、直接说出自己的想法	从属、适当安排行动、提升群体目标、间接明了他人的想法

（二）获取自我概念的途径

自我概念是在社会环境中不断建构起来的，你将会看到，人们总是从一些相似的途径中获取作为形成自我概念的素材的自我知识（self-knowledge）。简单说，人们常从自己可观察到或想象的行为推断自己的特征，也根据所体察到的自己的思想、情绪和他人的反馈来形成对自己的见解，当然有时还通过与他人比较来明确自己独特的品质。

1. 自己的行为

为什么直到我们看见了自己的所作所为才知道自己的所思所想？这个问题就是D. Bem（1972）的自我知觉理论（self-perception theory）的要点：我们常通过观察自己的行为来推断自己的特征。如果一个人经常去寺庙烧香，他可能就会认为自己是虔诚的佛教徒，此时，自我知觉过程就起了作用。如果我们的行为是在自己的意愿下做出的，也就是说，我们正在做自己想要做的事而不是

---

① H. Markus & S. Kitayama, Culture and the self: Implications for cognition, emotion, and motivation. *Psychological Review*, 1991 (98): p. 230

不得不去做，那么，这种行为是由内部动机驱动的，这时候，人们更可能通过行为来判断自己的特征。与此对照的是，当一个行为是我们不太愿意做而又不得不做的时候，我们是受外部动机驱使的，那么我们就很少通过这种行为来推断自己的内在品质。例如，当一名中学生是为了得到父母承诺的奖励而拼命复习时，他就不大可能认为自己是勤奋好学的。有趣的是，我们有时甚至没必要把行动付诸实际，单单在头脑中想象一下就可以推断自己的品性了。想象一下自己在做各种有助于环保的事，如回收易拉罐、打扫公共卫生等，你会更倾向于认为自己具有环保意识。

2. 内省

没有人比你更清楚你自己，所以，许多时候人们常根据自己的内部线索，如想法、情绪等来了解自己。自我知觉理论也强调，只有内部线索很微弱或不明确时，我们才会借助外部行为来推断自己的特征。而且，内省所得的结论比通过外显行为所得到的更可靠，因为想法和情绪较少受到外部压力的影响。参加好朋友的婚礼要表现得很高兴，可是内部嫉妒和失落的情绪却是此刻真实的写照。当然，有时通过内省也并不能使我们真正了解自己，有许多高级、复杂的心理过程常常不能被自己准确地觉察。例如，在一项研究中，问一些购物者为什么选定某种晚装和袜子搭配，没有一名被试提到位置成为购买的理由，然而事实上他们更经常地选择右手边的货物，虽然这些货物都是一样的。

3. 他人的反馈

Cooley（1902）提出了"镜中我"（looking-glass self）的概念，别人的反馈就好像一面镜子，我们可以从中看到自己的形象。老师经常表扬我们的学业成绩，让我们觉得自己是聪明的学生。同伴们经常嘲笑我们，会使我们认为自己很笨拙。当我们被别人明确地贴上了某种标签时，我们的自我概念往往会按这种标签来进行修订。对3组学龄儿童的研究也表明了这一点。在这个研究中，老师和其他人反复告诉一组儿童他们是整洁的，另一组被告知他们必须要整洁，对第三组什么也没说，最后研究者考察了地面散落的垃圾。结果显示，最整洁的是第一组。这说明，通过贴上整洁的标签，他们的自我概念也发生了变化，相应地在行为中反映了出来。值得指出的是，当许多人对自己的看法都一致时，或者自我概念尚不稳定时，他人的反馈才会发生显著的影响。

4. 社会比较

一名棋手想知道自己的水平怎样，最佳的办法不是听别人如何评价，而是看在比赛中赢了多少局，因为按照Festinger（1954）的社会比较理论（social comparison theory），自我概念常形成于自我与他人的比较中。他认为，人们为了准确地认识自己，常和与自己相似的人比较。这个理论有一定的解释力，但是，寻求准确不是人们进行社会比较的唯一动机，人们也可能为了激励自我提高而与比自己更成功的人比较，或者为了使自己感觉不错而与比自己更不幸的人比较。社会比较可以通过比较与他人的差异建构对自己独特的感觉，这对于自我概念的形成是很重要的。例如，人们的自我描述往往提及戴眼镜、个子矮等使他们在周围环境中显得不寻常的特征。

（三）自我概念的整合

我们从各种途径获得的对自我的认识是零碎的、孤立的以及相互矛盾的，我们还需要对其进行加工，以整合成统一的自我概念体系。整合的方式主要有以下 4 种：

1. 可得性

人们的自我知识是在不同的场合、充当不同角色时获得的，所以往往是各种各样的，有的甚至是相互矛盾的，但是人们常让当前最容易想到的那部分自我知识统治自己的思想和行为而忽略其他特质，从而使不一致的自我知识彼此相安无事。在一项研究中，研究者向两组学生提出引导性的问题，让一组学生回想自己过去一些内向的行为，另一组回想外向的行为，通过这种方法提高了相关特质的可得性，结果第一组学生更多地评价自己具有内向性格，而第二组学生则更多地反映自己是外向的。正因为如此，人很容易相信一个笼统的、一般性的人格描述特别适合他，即使这种描述十分空洞，他仍然认为反映了自己的人格面貌。曾经有心理学家用一段笼统的、几乎适用于任何人的话让大学生判断是否适合自己，结果，绝大多数大学生认为这段话将自己刻画得细致入微、准确至极，这就是有名的"巴纳姆效应"。

2. 重建记忆

为了与当前的自我知识相符，人们往往在回忆过去时重建自我记忆，从而使自我在时间上保持一致性。例如，一个过去十分怯懦的人，由于生活的经历使他变得很勇敢，他也许会忘记自己从前一些胆小的事例而认为自己一直是勇敢的。

3. 自我归因

正像前面所述，大多数人把自己的行为归结为环境的影响而不是稳定的人格特质的作用，这种策略使我们不会把多重自我作为不一致的行为的原因。

4. 核心特质

当然，人们也会选择几个他们认为与众不同的、在不同场合一致的核心特质来构成一种统一和稳定的自我概念。这种自我概念一旦形成，人们甚至在微不足道的行为中也能找到支持它的证据，从而又进一步强化了这种自我概念。比如你认为自己乐于助人，那么，即使借给别人一支笔也会被你视为这种特质的一种表现。

（四）自我概念的影响

我们已经看到，人们从各种途径获得关于自己的信息——自我知识，又通过特定的整合方式将其组织成动态的认知结构——自我概念，我们还将看到，自我概念一旦形成就不会轻易改变，而且还影响着个人的看法、情绪和行为。

1. 自我概念与个人对自己和他人的看法

自我概念一旦形成，我们对于与己有关的新信息变得保守了。一个人也许在注意到自己收拾过几次屋子后开始相信自己是个爱整洁的人，但是一旦"爱整洁"这种自我概念确立后，他就不会再以类似的行为为线索来决定自己是怎样的人了。此时，如果他人的反馈与自我概念不一致，那么这些反馈也不再起重要作用，而是被怀疑和排斥。自我概念的这一特性有积极的一面，它使我们保持稳定的身份确认感，这对于我们维持较高水平的自尊以及对日常事件作出适中的反应是有益的。已形成的自我概念不仅影响我们对自己的看法，同时也影响我们对他人的看法，人们往往注意、采用或记住对自我概念而言重要的信息。例如，如果你认为爱整洁是自己的主要特点，那么你会特别留意他人爱整洁或不爱整洁的行为，并以此作为对他人进行判断的依据，而且还对这类信息有较牢固的记忆。总之，自我概念决定了什么信息对我们是特别重要的，在知觉和记忆有关信息时起了组织框架的作用。

2. 自我概念与情绪

关于"情绪是如何产生的"这个问题，心理学界比较流行的观点是：情绪源于对有关事情的认知评价，特别是当这些事情与我们自己息息相关时。按照这个观点，把一件事评判成对自我具有正面的意义或者负面的意义将导致不同的情绪。如果事件能被解释成有益于我们自己或有助于我们的目标实现，就会产生欢乐、愉快等积极的情绪，反之，如果事件威胁了我们或使我们受到挫折，伴随而来的就将是恐惧、愤怒等消极情绪。想想看，如果你自认为有音乐天赋，当别人说你唱得像歌星时，你会怎样？而有人说你唱得走调了，你又会作何反应？

3. 自我概念与行为

自我概念最重要的影响往往作用于我们的行为上，特别是在我们与他人互动时。有时候，我们有一种自我表达（self-expression）的动机，那就是，我们试图通过行动来展示我们的自我概念，在强化这种自我概念的同时也向他人表达出来。如果有可能，我们中的大多数都会选择进入让我们按照与自我概念一致的方式行动的社会情境并且选择认同我们自我概念的关系伙伴。由于自我表达性的行为是我们自认的真我的反映，因此，在这种情况下，一名自以为很合群的人会愉快地接受参加聚会的邀请，一名自认为有爱心的人会慷慨地捐款。

但有时候，我们为了获取权力、影响力和称赞，或者自我概念的内容为社会规范所不容，我们会尽力表现出一个良好的形象，尽管这与自我概念并不一致，我们称这种动机为自我展示（self-presentation）。大多数人都想给他人留下好印象，毕竟这会增加约会和求职的成功率，这对我们的整个人生也许都是至关重要的。就算在相对不太重要的场合，我们也通常愿意向人们展示他们喜欢、欣赏和尊敬的面目，恭维和自我推销就是这样的行为。只不过，如果这种行为太露痕迹，往往变成了曲意阿谀和厚颜自夸，结果弄巧成拙。

虽然每个人都会有自我表达和自我展示的时候，但不同的人对这两者会有不同的偏爱，表现出个性差异，这种差异视自我监控（self-monitoring）水平而定。自我监控水平高的人常根据当前情境和观众要求采取相应的行为以展现相应的形象，自我监控水平低的人常根据内心态度和个性来行动，面对不同情境表现比较一致。此外，在自我表达和自我展示的倾向上还存在性别差异和民族差异。如女性更愿意自我表达并且也更倾向于要求对方这么做。中国人存在着特有的脸面观，比美国人更倾向于自我展示。

二、自尊

（一）自尊及其建构

如果说自我概念是个体对自己各方面特征的认识集合的话，那么，自尊（self-esteem）就是个体对自己品质、性格、能力等的积极或消极的整体评价，它反映了个体对自己的满意程度。两者既有联系又有区别。联系在于，个体只有在认识自己的基础上才能作出对自己的评价，反过来，这种评价又会影响对自己的认识。区别在于，自我概念关注的是自我知识，包含了一些中性成分，而自尊关注的是对自己的情感，具有明显的主观正负性和动机性。

自尊对我们来说就像是一把标尺，衡量着我们在适应社会的过程中做得怎么样，它是我们行动的动力，也是心理健康的关键因素。成功与失败、成就与挫折以及他人的拥护与排斥，这些非好即坏的结果影响着自尊的内容。如果自尊真是精确地反映了我们所得到的结果，那么它应该在自我监控过程中扮演一个适当的角色，促使我们不断完善自身，然而，正如我们的自我概念并非总是反映实际情况一样，自尊也往往是带有偏差的评价。通常人们会夸大他们的能力和取得的成绩，试图提升他们的自尊水平。很少有人在评价他们某些方面的特征时，比如领导才能、驾驶技术或者卫生习惯等，会认为自己的水平处于平均线以下。事实上，在自尊形成的过程中，人们有一种自我提升（self-enhancing）的倾向，偏于高估自己，甚至还扩展到自己所有或所属的事物上。当然，在评价标准比较明确时，人们还是会较客观地评价自己。因此，可以说我们的自尊水平是精确的自我评估和不现实的自我提升相互协调的产物。

对于自尊的形成，除了要考察自我概念外，还有一些独特的方面值得探讨。一般来说，自尊的建构来源于3个主要的途径。

1. 个人的生活经历

成功的经历使我们提高了自尊，而失败的阴影无疑降低了我们的自尊。但是，自我提升的动机使我们常常选择较有可能取得成功的环境而避开可能导致失败的环境。例如，在课堂上主动发言的往往是成绩较好的学生，而那些成绩差的则尽可能保持缄默。此外，这种自我提升的倾向还让我们常夸大自己在合作事业中的贡献。一方面，我们容易记起自己在合作中所做的事同时忽略他人的贡献，另一方面，当事情干砸的时候，我们却不太在意自己干的工作了。因此，尽管对自己的评估有客观的一面，但是大多数人还是会积累更多的成功经历，无论在现实中还是在记忆中。

2. 社会比较

同自我概念一样，自尊的建构也依靠社会比较。我们有时无法自由选择把自己跟谁相比，这时候，与更成功的人相比会降低我们的自尊，而与不幸的人相比则正相反。例如参加竞赛，如果前面的人表现出众，他们常使我们嫉妒、怨恨，导致我们自尊的降低，但如果前面的人表现糟糕，我们往往增强了自信，自尊水平也提高了。看起来，被动的比较似乎能让我们作出虽不情愿但还算客观的自我评价。然而，我们仍有办法在结果不理想时避免作出比较，这种策略就是减少我们与较成功的人的相似程度，割断与他们的联系，使自己与他们的距离拉大，从而不具备可比性。例如某人打乒乓球输给了对手，他也许会说："我怎么跟他比呀，他哥哥是专业乒乓球运动员！"另外，如果比较的方面对我们来说并不是至关重要的，那么这种比较的结果对我们自尊的影响就不会太大。如果你认为体育水平应表现在田径上，那么，你不大可能因为赢了一场乒乓球赛而感觉太好，也不会因为输了而感觉太糟。

如果比较可以自主选择，那么我们常倾向于作"向下比较"（downward comparisons），即与不太幸运或成功的人进行比较。考试中等分数的与不及格相比还不坏，生活平淡的人与他刚离婚的朋友相比会认为自己是幸福的，人们用这种方式维持了自己的自尊。

3. 自己的内部标准

我们会发现，有些人尽管取得了巨大的成功，但仍然对自己的表现不满意。这表明，自尊不仅受到外部所发生的事件的影响，也与个人内部的标准有关。在我们的自我概念中，不单有对于我们现在怎样的认识，也包括了对我们希望怎样和我们应该怎样的认识。按照 E. T. Higgins 的自我差距理论（self-discrepancy theory）①，个人内部的标准有两个：一个是理想自我（the ideal self），即我们想成为的人，它包括我们的抱负中所希望获得或具有的品质；另一个是应该自我（the ought self），即我们认为自己应该是的人，它包括我们的职责和义务中所应避免的负面结果。当现实情况与内部标准不一致时就产生了差距，这种差距影响了情绪并最终危及自尊。与理想自我的差距会导致失望、悲伤和抑郁的情绪，而目标实现后又会感到欣喜；与应该自我的差距产生焦虑和不安，而实现目标则会感到如释重负和轻松。一般来说，自我差距产生负面情绪，从而导致自尊的降低。

某些想法、某些情境会让我们感受到自我差距或者某些自我意识强的人更多地体会到这种差距，但正因为前面所提到的自我提升的动机，使人们经常意识不到差距的存在，甚至在自我分析的时候，反而是尽力搜集对自己有利的证据，使通过这种途径产生的自尊也带有一定的偏差。

（二）自尊的文化差异

前面我们讨论过，在独立型文化和依赖型文化之间，自我概念存在一定的差异，这自然也会影响自尊。那么，在导致自尊偏差的自我提升动机上是否也存在某种文化差异呢？回答是肯定的。有证据表明，在自我提升的倾向上，依赖型的亚洲文化与独立型的北美和西欧文化之间确实存在明显的差异。Kitayama 等人（1995，1997）在研究中发现，自我提升在美国人当中很普遍，但日本人和其他的亚洲人却较少有这种倾向。不但如此，日本人更有可能倾向于接受关于自己的负面信息，这使得日本学生在自尊问卷上的分数低于美国学生。

既然如此，是否依赖型文化中的成员整体的自尊或心理健康水平较低呢？我们还不能根据自尊问卷的结果匆忙下结论。研究者认为，在依赖型文化中人们这种对负面信息的敏感实际上是一种形式的自我批评，这种自我批评最终使人们为了达到与他人关系的和谐而改变自己的行为。在北美和其他独立型文化中，自我是自主和独立的观念，意味着正面的品质是个人价值的来源，因此，在这种文化背景下，自我提升是必然的。相反，在依赖型文化中，与强调个人自主不同，人与人之间、群体与群体之间的联系被置于更高的地位上。因此，自我的价值不体现在个人特征上，而体现在与他人的期望和共同的理想一致的程度上，在这种情况下，自我批评起了两个作用：一是强化个人接受共同的社会准则，二是促使个人纠正与这些准则的偏离。在这个意义上，依赖型文化中

---

① E. T. Higgins, Self-discrepancy: A theory relating self and affect. *Psychological Review*, 1987 (94): pp. 319 - 340

的自我批评和独立型文化中的自我提升一样，都起了提高自我价值的作用。用一种间接的测量方法（考察对组成自己名字的字母的偏爱程度）就很清楚了，日本人和美国人没有显著不同。

除了文化变量外，性别、经济地位以及反常行为都是影响自尊的因素[1]，这里就不赘述了。

第三节 对他人的认知

"画虎画皮难画骨，知人知面不知心"，这句中国的老话道出了对他人进行认知的难度。然而，在生活中，我们又必须对他人（至少是我们认为对我们有重要意义的他人）进行观察、了解、判断和评价，形成对他人的看法，以决定我们在与其交往时进一步应采取的行动。此外，我们都希望自己在他人的眼中具有积极的、正面的形象。因此，考察和研究对他人进行认知的规律和特点，不仅有助于我们更准确地认识他人和采取正确的行动，也能帮助我们树立更佳的形象，在人际交往中取得满意的结果。

对他人的认知的研究中，一个基本和主要的概念就是"印象"（impression）。我们常说对某人印象好，对某人印象不好，那么，什么是印象呢？一般来说，印象就是我们对他人特性如能力、性格、品质的总体看法和评价。有时候，我们按照类别来组织印象，如把人分为内向的和外向的、成熟的和幼稚的等等。有时候，我们又按照评价、力量和活动3个维度来组织印象，评价即他人品质的好或坏，力量即他人能量的强或弱，活动即他人行为的积极或消极，其中评价维度是最重要的。我们将在本节重点探讨印象形成中的规律、印象的作用、印象的维持与改变等。

一、印象的形成

（一）印象知觉的线索

印象的形成是通过对他人的言谈举止、仪表神情以及行为习惯等方面的知觉而实现的。虽然这些线索未必反映了一个人的真实面目，因而往往造成认知上的偏差，但在许多情况下，人们据此得到的判断还算准确。下面，就对这些知觉线索加以具体介绍。

---

[1] 吴江霖，戴健林. 社会心理学. 广东高等教育出版社，2000. 126 – 127 页

1. 外表

一个人的外表常是我们最先接触到的信息，有时也是主要的判断依据，人们据此来判断他人的内在品质并决定对他人尤其是陌生人是否喜欢。漂亮的外表，特别是漂亮的脸庞，常唤起我们对他人积极的期望，我们会认为有高度吸引力的人更有趣、更热心、更友善以及更有社会技能，因为我们总假定：漂亮即优秀。在一项研究中，在看过若干儿童的照片后，作为被试的小学教师认为那些长相漂亮的小孩拥有更高的智力和更良好的学习潜力。

美貌也并不是唯一影响人们知觉他人的外表线索，一定的脸部特征也能产生影响。相对有成熟面孔的成年男性来说，有娃娃脸的成年男性常被视为更天真、诚实、善良和热心。因为这个原因，娃娃脸的成年人不太可能被推荐到需要成熟品质如精明、领导才能的岗位上。此外，另一些外表特征也对印象的形成起到重要作用。比如，在西方人眼里，金发的人更合群和爱玩，红发人则易怒和凶恶。

2. 言语

言语作为自我表达和交流的工具在社会生活中发挥着重要的作用，同时也给人们提供了判断他人的依据。《红楼梦》中，王熙凤"未见其人，先闻其声"，顿时就给人留下了泼辣豪爽的印象。言语的内容有时可以表现一个人的内心想法，"要知心腹事，但听口中言"，所以有时我们会根据一个人的说话内容来判断他的内在品质。但是，我们常遇到口是心非的情况，因此，人们又很谨慎地对待这种线索。除了内容外，人们说话时的语音、语调、语速也能充分表现一个人的性格和其他心理特征。例如，一个人说话速度很快时，我们常推断这是个心直口快的人，一个说话慢声细语的人又常给人留下温柔、恬静、有涵养的印象。

3. 非言语交流

非言语交流主要包括面部表情、目光接触和身体姿态。这些线索很难被人有意识地加以控制，因而往往更能真实地揭示人们内心的想法等特征。表情常反映人们的态度、情绪和动机，我们可以借助对面部肌肉的分析来确定一定的表情，然后就可以判断某人的情绪，进而通过一段时间的观察推测其人的个性特征。例如，一个人如果嘴角下垂、两颊拉长、皱眉成八字形，那他多半是不愉快的。如果他经常是这种表情，我们就会推测他也许是个抑郁、悲观的人。频繁的目光接触被认为是诚实、直率和友好的表现，这样的人更可能赢得人们的喜欢。当然，太多的目光接触，比如盯着别人看，反而令人不愉快，经常会带来愤怒和敌视。身体姿态也是人们情绪和动机的一种指标，当我们讲话时，如果对方正面对着我们、向我们倾斜、不断点头，我们就会相信他喜欢我们，也就会对他有一个积极的评价。

4. 行为

行为也是很有用的信息源。如果你知道某人助养了许多孤儿，你就有理由认为他是个有爱心和无私的人；而你发现某人在公共汽车上偷钱，无疑他是不诚实和不道德的人。这些例子显示，人们的许多行为和他们的某些个人特质紧密相连，我们也常被告诫，不要仅从外表和言语而要从行为判断一个人。人们常对他人的行为进行归因，根据归因的结果再作进一步的判断。

5. 其他线索

个体本身并不是唯一的线索来源，人们在形成对某个人的印象时，还会受到除这个人本身以外的其他社会环境的影响。在求职时，一封有分量的推荐信也许比你的言谈举止更能让面试官对你形成良好的印象，我们也常听说"众口铄金"、"人言可畏"，这说明其他人对印象形成对象的评价也是一种重要的线索，特别是这些评价由权威人士发出或人们的评价比较一致时。

（二）形成初步的判断

大多数时候，我们似乎总是很迅速和不经意地就根据某些线索得出关于某人的结论，但我们应该看到，印象知觉的线索，其意义本身是不明确的。换句话来说，一个人的外表、言语、表情、姿态或行为等并不会直接显示个人的内在品质。因此，我们的认知过程总是要先利用已有的知识表征（社会图式的内容）给这些线索赋予一定的意义，进行相应的解释，然后在此基础上作出对他人最初的判断，如果没有进一步加工的必要性，人们就会把这种最初的判断泛化成对他人的印象，我们把这称为"第一印象"（first impression）。那么，我们利用哪些知识来对眼前的线索进行解释呢？例如，双眉紧锁是意味着不满还是意味着迷惑？如果你事先知道对方刚刚得知一件令人不快的事，你会认为这是不满的表示，而你恰好知道对方刚刚遇到了一道难题，你就会解释成迷惑。可见，我们的解释与判断往往取决于我们当前所依据的知识，关于这些知识怎样应用于判断牵涉到了两方面的问题：关联性和可得性。

1. 关联性

外部的线索常激活我们头脑中与之对应的知识表征，如看到他人笑，就激活了认知结构中有关笑的概念。问题在于，还有其他的知识表征也同时被激活了。例如，当我们知道有人在超市偷东西时，大多数人不假思索就会得出此人不诚实的判断。那么，我们是怎样由"偷东西"这种行为想到"不诚实"这种品质的呢？这与存在于两个知识表征之间的紧密联系有关，两个意义相关或相似的知识表征之间易于形成这种联系；有时候，即使两个表征在意义上无关，由于我们不断地把它们放在一起思考，也能形成紧密的联系，如 windows98 和微软。这种紧密的联系使得一个知识表征的激活会使另一个也被激活，如同一条绳上的两件物品，拿起一件，就把另一件也带起来了。特别地，人们对他人行为的基本归因错误，即人们总是不假思索地由外在行为来推断他人相应的内在特质，就是这种关联性的表现。

2. 可得性

最有可得性的知识就是那些能最轻易和最迅速地进入我们思维的知识，这类处在思维最前沿的知识在解释线索时具有最大的影响。就像一箱物品，我们往往能轻巧快捷地把放在最上面的取出来，这个物品就是最有可得性的，而埋在底部的物品就不具有可得性。知识越有可得性，就越有可能自动进入我们的思维，也就越可能用来指引我们的解释而不需要有意识地提取。什么样的知识具有可得性呢？

首先，被最初获得的信息激活的知识具有可得性，这些知识使人们产生了对他人以后表现的期望，左右了人们对之后一系列线索进行的解释，我们把这种规律称为"首因效应"（primacy effect）。Luchins（1957）的实验证实了首因效应的存在。在这个经典实验中，先是杜撰了一个叫吉姆的主角，分别写了两段关于吉姆的故事，一段将吉姆描述成一个性格外向的人，另一段则把他描述成性格内向的人。将这两段文字组合成两种不同的材料，第一种材料把对外向性格的描写放在前，把对内向性格的描写放在后，第二种材料的顺序正好相反。分别让两组被试阅读两种材料并判断吉姆是怎样的人。结果显示，阅读第一种材料的被试有 78% 的人认为吉姆比较外向、友好，阅读第二种材料的被试有 82% 的人认为吉姆较内向、孤独。这表明，最先得到的信息对判断有巨大的影响，即首因起了决定作用。

另外，被最近获得的信息所激活的知识具有可得性，就像最近被用过的物品总是在箱子的最上方一样，最近被激活的知识在一段时间内保持着可得性，因此很容易被用来解释相关的线索。Luchins 在上述实验的基础上又作了进一步的研究，还是用有关吉姆的材料，只是在被试阅读材料前，预先告诉他们材料分成两段，并要求他们必须在阅读全部材料之后再对吉姆作出判断。在这种情况下，预先的提醒使首因效应消失了，而且，材料的后半部分起了更大的作用。在一项相似的研究中，在材料的两部分之间插入其他活动，这些活动同样破坏了首因效应，同时增加了后半部分的作用。这个规律叫做"近因效应"（recency effect）。怎样解释首因效应和近因效应这两个似乎矛盾的现象呢？有研究表明，当两种信息连续出现时，我们对最先的信息很注意，却很少注意那些后来的信息，因此首因效应明显。而当两种信息断续出现或给予后一信息更多关注时，被最先信息激活的知识逐渐淡化，后面信息的作用就增强了。个性特点也影响首因效应或近因效应的发生，一般心理上保持高度一致、具有稳定倾向的人，容易受首因效应的影响，而心理上开放、灵活的人容易受近因效应的影响。

其实，无论是首因效应还是近因效应，本质上是相通的，都是通过激活某些知识表征来增加它们的可得性，并使它们更有可能被用来解释相关的信息，我们把这一过程叫做"启动"（priming）。由于对知识表征的启动我们不能意识到，但却潜在地影响我们的判断，因此它又被归为内隐社会认知（implicit social cognition）的范畴。我们可以用知识表征的激活强度来解释首因效应和近因效应。最初被激活的知识表征强度较高，首因效应起作用，当时间推移或注意淡化，这种激活的强度逐渐衰退，最近激活的知识表征获得较高的强度，近因效应开始起作用。虽然激活水平存在衰退，但是如果频繁地启动某些知识表征，在一个较长的时期内，这些知识的激活强度通过时间上的累加还是会保持较高的水平，因此同样具有可得性，并对判断产生巨大影响，我们把这种被频繁启动的知识所起的作用称为"频因效应"（frequency effect）。我们常会遇到某些人"三句话不离本行"，因为本行或本专业的知识是这些人在日复一日的工作中频繁应用和思考的，这些知识往往处于较高的激活水平上，所以他们总会无意识地用这些知识来对眼前出现的各种事物进行解释和判断。

（三）印象的整合

与他人接触往往产生许多方面的判断，在此之后，通过一定的方式整合成一个整体的、统一的印象。下面，我们将从3个方面来探讨这个整合的过程。

1. 通过情境归因来修正最初的判断

前面提到过，人们在对他人的行为进行考察时，总是通过对应推断的方式对他人的品质作出判断。然而，这种最初的判断并不总是正确的，特别是在行为由某些外在因素造成的时候，在这种情况下，人们也许会对影响行为的环境进行一番思考，对行为作出较为系统的归因，并修正最初的判断。例如，当看到某个学生在等待即将开始的考试时不停地流汗和咬指甲，显出紧张兮兮的样子，许多人会对应推断：这是个紧张型的人。然而，如果对环境进行较全面的考察，我们也许会修正最初的判断：若不是因为考试，这位同学或许就不会如此紧张了。用全面细致的归因修正最初的判断看起来比较合理和明智，但人们很少这样做。有时候就算环境的原因比较明显，人们也常陷入对应偏差的错误里，往往根据粗浅的判断就形成了对他人的印象。为什么会如此呢？我们的回答是：通过行为对应推断一个人的内在特质相对来讲比较容易，因为这个过程几乎不需要有意识的努力就能自动进行，而情境归因通常需要花费时间和精力，而且有时更多的时间和精力并不意味着更好的效果，所以它并不是人们经常采取的策略，虽然在必要的时候我们也不得不这样做。

2. 内隐人格理论

我们常常认为一定的特质之间存在着相互的关联，如知道某人很慷慨，我们常期待他也会很热心。这是因为我们的头脑中储存着一种由各种特质之间的联系所组成的认知结构，我们把它称为"内隐人格理论"（implicit personality theory），它包含了人们关于人格特质的观点。一般情况下，在内隐人格理论中，积极、正面的特质往往相互联系组成一个群体，而其余消极、负面的特质相互关联组成另一个群体。因此，人们在根据内隐人格理论对他人进行判断和评价时，常仅仅基于一个好的已知特质就期待一个人具有许多正面的特质，或者仅根据一个不良的品质就推断他人有许多负面的特征。内隐人格理论的这个特点与人们的某种一致性倾向有关。随着越来越多的特质被观察和推断出来，我们会尽力把它们组织成一个复杂的整体印象。在这个过程中，人们似乎倾向于对不同的特质形成较为一致的评价。即我们倾向于把他人视为某种内部一致的人，我们一般不会将一个人看成既诚实又虚伪、既热情又冷酷、既通情达理又粗暴野蛮、既坚决果断又犹豫不决的人。当相反的特质并存时，人们会力图消除这些不一致，或者重新整理，或者歪曲事实，从而把对方看成在特质方面一致的人。

这种一致性的倾向是造成"光环效应"或"晕轮效应"（halo effect）的主要原因。所谓光环效应，就是指这样一种现象：我们看到一个人具有一些我们喜欢的特征，就会倾向于认为他也具有其他我们所喜欢的特征，反之，一个人身上具有一些主要的不良特性会让我们倾向于认为他还有其他不良的特性。K. Dion 等人（1972）在一项实验中，分别向被试出示长相漂亮、一般和丑陋的人的照片，要求被试就几项与长相无关的特质对照片上的人进行评价，结果显示，长相漂亮的人几乎在所有特质上都被评为最佳，而对丑陋者则评价最低。我们生活中常见的"爱屋及乌"、"一俊遮百丑"等现象就是光环效应的结果。

3. 总体评价的形成

在日常生活中，我们遇到的大多数人既不是圣人，也不是十恶不赦的坏蛋，他们往往既有正面的品质又有负面的品质。我们是怎样把这些特征整合起来并形成总体性的评价的呢？对此，C. A. Anderson 提出了 3 种模型加以说明。

首先是平均模型，即人们把关于他人的各种判断打分并加以平均以获得总体评价。例如在招聘员工时，主试官发现一名应聘者经验丰富，并且做事细致，但同时也不修边幅、有些自负，这时，主试官根据自己的标准给这些正面的和负面的特征打分，比如给经验 +10 分，细致 +8 分，同时不修边幅 −5

分，自负 -4 分，这些分值加起来共 +9 分，由于共有 4 项，平均分为 +2.25，说明对应聘者的总体印象还不错。

后来，为了更好地说明印象的形成，Anderson 又对平均模型加以改进，提出了加权平均模型，强调在所有参与评价的特征平均前，人们会对非常重要的特征赋予较大的权重。在这种模型中，正面特征与负面特征所起的作用是不相等的，一般来说，负面特征的权重要大，即在其他条件相同的情况下，负面特征对总体印象的形成影响更大。通常，一个极端的负面特征就足以造成不好的印象，这就是"负性效应"（negativity effect）。另外，某些特性的分值或权重往往还受陪衬因素的影响。例如，人们常会给"粗鲁"打负分，但是如果这种特质出现在一名艺术家身上，我们却会把它视为艺术家气质的表现，这时，"粗鲁"就会获得正的分值。

Anderson 还提出过累加模型，这种模型以总分而不是平均分作为评价的依据。尽管这种模型可以解释某些情况，但在大多数时候，平均模型或加权平均模型更能说明问题。

二、印象的性质

（一）印象的维持

对他人的印象一旦形成，它就成为我们认知结构的一部分，正如社会图式一样，印象也往往很难改变，并且对后继的判断和行为产生重要的影响。

我们可以在 Bernadette Park（1986）的研究中看到这种印象对判断的作用。在这项研究中，研究者安排一小组彼此陌生的人在 7 周的时间内重复会面。第一次会面后，让被试写下对彼此的描述，而且在其后每一次会面后都要求被试这样做。结果怎样呢？我们也许会想，随着交往次数的增多，人们对彼此的了解会越来越深，这样，每一次的描述应该与上一次有所不同。实际情况是，第一次会面所注意到的特征一次又一次地出现在其后的描述中，很明显，最初形成的印象歪曲了人们对他人其后行为的判断和解释。

有时即使人们清楚地意识到已形成的印象是错的，这种印象的作用也很难消除。为了证实这一点，Lee Ross 等人（1975）在一项实验中安排一些学生观察他人在做 25 道选择题时的表现。一些观察者得到的信息是做题者表现非常好，做对了 24 道；另一些观察者则被告知，做题者表现很差，只做对了 10 道。此后，实验者向这些学生说明，事实上，做对的题数是随机决定的，与做题者的实际表现毫无关系。结果，即使观察者知道这一点，在随后对做题者的评估中，曾认为做题者成功的学生预测他在未来的任务中会平均做对 19 道，而那些曾以为做题者失败的学生则预测平均做对 14.5 道。这种现象被称为

"保守性偏差"（perseverance bias）。可见，印象的改变是多么困难。

印象的顽固性还影响了人们对他人的行为，导致前面提到过的自我预言的实现。Rosenthal 和 Jacobson（1968）在一所小学进行过一个非常有名的社会心理学实验。他们在这所学校先假装对全体学生做能力测验，然后随机抽选一部分学生，并告诉老师，这部分学生将来一定很有成就。一学年结束时，Rosenthal 和 Jacobson 对全体学生做了一次真正的能力测试，结果发现这部分学生的测验分数显著高于其他人，而且老师对他们的评价也比其他人的好。在这个实验里，实验者的话使老师对这些学生形成了积极的印象，而这些印象又促使老师们对这些学生给予更多的注意和鼓励、提供更多的帮助以及创造更多的机会，学生也因老师的所作所为而提高了学习积极性，所以提高得很快。

（二）应对不一致信息

到现在为止，你可能对印象的改变持相当悲观的意见，因为正如我们前面所看到的，即使经过长时间的交往和接触，或者明知印象是错误的，都很难让已经形成的印象有根本的改变，更何况我们的印象还引导我们的行为去篡改事实，使之与印象一致。但是事情没有那么简单。由印象引导的判断和行为都是发生在现实中的信息意义不太明确的时候，这时，人们采取了几乎是自动的、捷径式的思维策略，很少做过多的思考。可是，如果遇到了明显的不一致信息，而且当这些信息又是很重要的时候，尽管这些信息因为挑战了人们的信念和自尊而不受到欢迎，人们也不得不花费一定的时间和精力去作进一步的认知加工。

这种进一步针对不一致信息的加工主要表现为：①相比预期的信息，人们花更多的时间去考虑出乎意料的信息；②人们试图去解释出乎意料的信息；③额外的加工使人们能更好地回忆起不一致的信息。尽管这样，印象也不总是会改变的。原因之一是，额外的精力可能用在消除不一致性上了，而不是用来改变印象。例如，如果把出乎意料的行为归因于情境因素，那么印象还是不会改变。当然，如果人们无法为不一致信息找出明显的情境解释的话，他们也许就会改变最初的印象。

说来说去，印象确实难于改变，不过，Babey 等人（1998）的研究也许能投下几缕曙光。此研究提供作为被试的学生关于某个人的信息，前一部分介绍此人一些聪明的举动，后一部分则主要介绍他的不聪明的行为。只读了前一部分的学生对应推断出这个人是聪明的，而两部分都读了的学生修正了他们最初的印象，最后认为这个人相当笨。可见，在一定条件下，印象不是不能改变的。这个研究也发现，最新的印象并没有完全取代当初的印象，虽然最新的印象更容易被唤起，但是两种印象似乎是并存的。

第四节　对群体的认知

我们已经看到，在认知他人、形成有关他人印象的过程中，由于各种因素，很容易发生这样或那样的认知偏差。如果这种偏差发生在对一类人或一群人的认知中，就会产生不正确的社会刻板印象，而对群体的不正确的认知往往会导致偏见和歧视。

一、社会刻板印象

（一）社会群体与社会分类

在社会生活中，我们有时对个体进行认知，有时又对一群人进行认知，这样的一群人往往是社会群体（social group）。所谓社会群体，指的是由两个或两个以上的人组成的集合，这个集合中的人具有某种共同的、有社会意义的特征。在这里，关键是"有社会意义"，不是每种有共同特征的一群人都是社会群体，例如在一个候车室等车的人们就不是社会群体，因为他们所共同拥有的特征"同时同地"不具社会意义，但是，像大学生、白领人士或者环保主义者等这样的一群人就是社会群体。

当然，虽说人们有时会按照某些共同的标准划分社会群体，比如性别、年龄、种族、社会地位或文化背景，但是，另一些时候，对社会群体的划分是因人而异的。往往个体认为自己属于某个群体，可是其他人不这么看，而其他人把某人划入某个群体时，其本人却持不同意见。例如美国、加拿大的新移民把他们自己看作新文化的一员，然而他们失望地发现那些新同胞却视他们为外国人，所以说在不同人的眼中存在不同的社会群体。正因为这样，在不同时代或者不同的文化中，由于人们观念上的差异，划分群体所依据的主要特征也有所不同。在中东，宗教信仰往往是区分群体的主要特征，而在中国，职业、地域成了主要依据。

我们之所以常会把人划入我们所认为的各种群体中，是由于存在社会分类（social categorization）的缘故。大千世界存在着各种事物，人类社会也存在着形形色色的人，如果把每一个人都当作独立的个体来认知的话，不仅没必要，而且也是无法做到的。为了更快、更有效地进行社会认知和社会交往，人类采用了一种天生就具有的认知策略，那就是社会分类。社会分类就是根据个体具有的与某一群体成员相似的特征，把该个体确认成群体一员的过程。性别、种族、年龄等是显而易见的确认依据，但不是唯一的，比如，制服可以帮助我们把某人归入某一种职业群体，口音和俚语又有助于确认某人的国籍、社会阶层等。社会分类后，我们就会依据群体的典型特征来推断其中每一个成员的特征。

如果我们对于群体典型特征的认识是正确的话，社会分类常常是有效的甚至是基本的认知策略。一方面，它能为我们提供无法直接知觉到的有用的信息。例如，你如果根据某些标准，确认图书馆里的某人是图书管理员群体中的一员，这样你会想到图书管理员所共有的一些特征，也就知道了一些没有直接从他身上反映出来的信息，比如你会推断他能帮你找到一本你想要的书、借书时要到他那里办手续，甚至在必要时他可以维持这个地方的安静使你能专心学习，知道这些对你是有益的。另一方面，社会分类又使你能节省精力，不必要去注意与你的社会交往无关的信息。还是前面的例子，你不大可能想到对于图书管理员不具有典型意义的特征，比如他的政治倾向、食品偏好以及生活方式，而这些在图书馆的环境中对你也是不重要的。

但是，社会分类也会带来问题。一个主要的问题是夸大了群体内部成员间的相似性，即我们常高估群体成员的一致性而忽略了他们之间的差异，这样往往把基于部分成员的特征推广到了全体成员身上。正因为如此，我们看到某些教授在生活事务上是健忘的，就会认为所有教授在日常生活中都是心不在焉的。另一个问题就是夸大了群体之间的差异，即一旦我们把某人归入一个群体，我们会更多地注意那些使一个群体有别于其他群体的特征，并过高估计群体之间在这些特征上的差别。

（二）刻板印象的形成

由于社会分类的影响，我们会在日常生活中形成对某些社会群体的概括而固定的看法和印象，我们把这种看法和印象称为"刻板印象"（stereotype）。一般来说，生活在同一地域或同一社会文化背景中的人，在心理和行为方面总会有一些相似性；同一职业或同一年龄段的人，他们的观念、社会态度和行为也可能比较接近。如在地域方面，人们有英国绅士、美国西部牛仔、原始生活中的非洲人、观念保守的东方人等印象；在职业方面，人们会自然想到教师的文质彬彬、医生的严谨或地质勘探队员的粗犷等；在年龄方面，老年人比青年人更喜欢守旧等。人们在认识社会时，会自然地概括这些特征，并把这些特征固定化，这样便产生了社会刻板印象。刻板印象本身包含了一定的社会真实，或多或少地反映了这类人群的实际情况。所以，利用刻板印象可以简化我们的认识过程，使我们能迅速地适应某种环境。但刻板印象也有非常不好的一面。由于它是固定化的，所以也很难随着现实的变化而发生变化。刻板印象往往阻碍人们看到新的现实，接受新的观点，结果导致人们对某类群体的成见。

我们通常通过两种途径获得社会刻板印象。

1. 直接的个人经验

当人们第一次与一个群体接触时，其实只与其中的一两个成员进行交往，但正是这些与个别成员直接交往的经验构成了刻板印象的基础。这样的刻板印象很难避免产生偏差，甚至有时，即使人们有意识地与更多的群体成员交往以形成准确和无偏差的印象，交往本身仍会产生不准确的刻板印象。产生偏差的原因有两点。

（1）由于一个群体中的某些特殊成员具有不同寻常的、出人意料的或显著突出的特点，这些特点容易引起人们的注意，所以它们对该群体刻板印象的形成有重要的影响。在 M. Rothbart 等人（1978）所进行的实验中，实验者让被试看一张关于 50 个人行为的列表，第一组被试看到，在 50 人中，10 人犯下非暴力性的罪，而第二组被试则看到这 10 人犯了暴力性的罪。最后问被试，表中所列的 50 人中有多少人犯了罪。结果，相比第一组，第二组的被试认为更多的人犯了罪。为什么会出现这种现象呢？这是因为在认知过程中，人们容易在较为与众不同的特征和不常接触的群体之间形成一种假想的关联（illusory correlation），特别是当它们同时被知觉的时候。所谓假想的关联就是我们认为两个事物之间有某种关系，虽然这种关系事实上并不存在。

（2）无论我们是否经常接触一个群体，这个群体的行为对我们的认知都会产生很大的影响。就像在对个体进行认知的时候，人们常根据个体的外在行为来对应推断个体的内在特质一样，在刻板印象的形成过程中，人们也常遵循对应推断的原则，即由群体行为来推断群体的典型特征。然而，人们往往忽视了一个事实，那就是群体的行为常常受到群体所承担的社会角色的限制，所以，群体行为也许是不得不然，而并不是内在品质和倾向的自然流露。例如，医生的职业特点规定了他们在上班时必须注意整洁，商人在商业谈判中则必须锱铢必较，可是一旦他们处在脱离了特定社会角色的场合，比如在家庭生活中，他们中的一部分人也许就会不修边幅或者花钱大方。男女性别在社会角色上的差异会导致相应的关于性别的刻板印象。例如在西方社会，男人更多在外工作，女人更多负责家务。因此，在外工作这种角色所规定的一些特征，如以事业为中心、有进取心、理性等就成为关于男性的刻板印象的内容；而负责家务这种角色所规定的特征，如以家庭为中心、温柔、感性等就成为了关于女性的刻板印象的内容，据此，有人甚至认为男女的这种差别天生如此。

2. 间接的社会学习

个人的亲身经历不是刻板印象形成的唯一途径，也可以从父母、老师以及同辈或朋友等处间接习得。有时候，某些刻板印象已经被某些人接受和认可，这样我们往往能在特定的社会经济、文化、政治等背景下，从他们言语和行为中学到这些刻板印象。在这种情况下，他人的言行反映了一定的社会规范，这种社会规范是被普遍认可和接受的、针对某一群体的思考和行为方式的，当刻板印象成为社会规范的一部分时，它们就会像人们自身的成长一样被自然地学到。

更主要的社会学习途径是大众媒介。在现代社会中，大众媒介建立了大量的刻板印象。我们从电视、电影、文学作品和其他媒介中，看到了一些我们无法实际见到的各种各样的人，当我们需要更多地了解社会时，会越来越依赖大众媒介的描述。大众媒介常常有强化社会刻板印象的作用，因为它们正是要利用刻板印象来取得大众对它们的认同。此外，它们有时还要超越现实生活，塑造典型形象，因此，大众媒介所宣传的某个群体中的人，绝大多数符合人们对群体的刻板印象。如果大众媒介所表现的这类人群的特征恰恰与现实不符时，刻板印象就会使我们对社会的认知发生偏差。大众媒介的这种影响时常发生在有关种族和性别的刻板印象上。一项对美国费城当地电视新闻的调查发现，相比实际的统计数字，黑人更多地以犯罪嫌疑人的形象出现，而白人则往往被描述成受害者。在一个有关媒体影响的实验中，实验者让女大学生分别观看两部电视片，一部按传统的角色来刻画男性和女性，在这样的场景中，女性被赋予了诱人和依从的特点，另一部正相反，男性展现了依从和诱人。结果，观看了第一部电视片的女大学生比观看了第二部的表现了更少的自信、独立性和事业抱负。如果说大众媒介能间接影响人们怎样作为男性或女性看待自己的话，那么，无疑它们也能影响人们对其他的男性或女性进行的认知的，或者对其他群体的认知。

（三）刻板印象的影响与刻板印象的改变

刻板印象作为关于各个群体的概括性知识牢固地储存在我们的记忆中，它一旦被唤起，就会影响我们对个体尤其是陌生人的判断和行为，因为这时我们是把个体作为群体的一员来认知的，因此也就会把群体的典型特征自动地赋予这个个体。这种情况相当常见，事实上，对其他人，我们注意的第一件事往往就是他所属的群体。比如，在一个婴儿出生时，大多数人会首先询问其性别，而一个群体类别被激活后，相应的刻板印象也就会被唤起。

同对个体的印象一样，刻板印象也存在许多弊端，但是在许多情况下，比如在时间紧迫、个体信息复杂或人们处于消极情绪时，它们却很容易被唤起并用来对个体进行判断。另外，在个体的群体特征非常明显时，相应的刻板印象容易被唤起。例如一个女人长相、穿着十分女性化，人们就很容易将她知觉为具有女性特征的人。当人们意识到对个体的判断具有重要意义时，也许会进一步收集有关个体的信息，然而不幸的是，刻板印象仍然对判断产生很大的影响。首先，刻板印象会影响我们对进一步信息的注意、选择和记忆，我们往往会注意、选择和记忆那些与刻板印象一致的信息。其次，当进一步的信息并不那么明确的时候，刻板印象就会影响我们对这些信息的解释，使之看起来与刻板印象一致。再次，刻板印象通过改变我们判断的标准来影响我们的判断。例如同样是1.70米的个头，女性会被称为高，男性会被称为矮，因为在人们的刻板印象中，男性总是比女性高的。最后，我们还会通过我们的行为去改变信息，产生自我实现的预言，这一点在第一节已有论述。

如果我们确实注意到了现实中明显与刻板印象不一致的信息会怎样呢？答案是，人们依然很难改变已有的刻板印象，并会采用某些策略在主观上消除这种不一致。这些策略一般是：①对不一致的信息给予解释。当人们获得与刻板印象不一致的行为信息时，往往把这种不一致归因于特殊的环境，而不认为这是行为者真实品质的反映。②把不一致的信息区分开。当第一种策略不能奏效时，人们会进一步把一个社会群体分成若干个亚群体，然后把不一致的信息归入其中一个特殊的亚群体当中，从而保持原有刻板印象不变。③把不一致的信息归于群体中特殊的非典型成员，而认为原有的刻板印象反映的特征是典型的群体成员所具有的，所以更有代表性，因此不需改变。

虽然如此，在一定的条件和方法下，我们还是可以改变刻板印象的。当然，单纯增加与群体成员的接触是不够的，我们还需注意：①为了避免上面提到的第一种消除不一致信息的策略，必须使不一致的信息不断重复，因为稳定出现的信息说明这是个体内在品质的体现，为此，长期、深入地与群体成员接触是必要的；②为了克服上面提到的第二种策略，我们要与群体成员进行广泛的接触；③为了克服第三种消除不一致的策略，我们要与群体中有代表性的、典型的成员接触；④与群体成员进行亲密接触，即与之成为朋友，是消除负性刻板印象的有效办法。值得指出的是，由于刻板印象的唤起与运用往往是自动的、无意识的，所以改变刻板印象根本的方法是有意识地寻求不一致信息以及有意识地校正自己的判断，否则，即使各种不一致信息出现，我们也会把它们忽略掉。

二、偏见

（一）偏见及其成因

偏见（prejudice）是人们对一个社会群体及其成员的不正确的否定和敌视的态度。作为一种态度，偏见包含了态度应具备的3种心理成分，即认知、情感和行为倾向。偏见在认知上表现为一种未接触相关信息就作出的提前判断，在情感上表现为厌恶、不喜欢甚至憎恨偏见的对象，在行为倾向上则表现为大多数情况下可能采取的敌意行为。例如，对黑人有种族偏见的白人，会认为黑人都是无知和危险的，并因此讨厌和仇恨他们，而且极可能做出歧视性的行为。偏见和歧视虽然密切相关，但并不相同。偏见是一种否定的态度，歧视却是一种否定的行为。而且，两者并不是一一对应的关系，也就是说，一方面，偏见虽常引发相应的歧视行为，但也要受到特定情境的限制；另一方面，有时人们虽然对某一群体不存在偏见，但由于受到社会压力而不得不做出歧视的行为。

　　偏见形成的根源是什么呢？这个问题的答案非常复杂。造成偏见的因素很多，且它们的作用过程常互相影响，社会心理学的历史上也提出了各种理论来解释偏见的成因，但是一般认为，主要有两大类根源：认知根源和社会根源，其中，社会根源也往往通过认知上的机制起作用。另外，偏见在人格上也存在差异，例如一种"专制人格"的解释认为，具有对权威的服从和尊重倾向的人更容易产生偏见，但是这种理论无法解释普遍的情况，所以就不作详细探讨了。

　　1. 认知根源

　　偏见形成的认知根源之一就是我们通常所采用的认知策略：分类。一个最常见的分类方式就是把人分为两组：和"我"在一起的组以及不和"我"在一起的组。例如，我们经常将世界分为我们的和他们的、我的学校和其他学校、中国人和外国人。这种分类方式就会形成内群体（in-group）和外群体（out-group），并且产生一个值得我们重视的后果——"内群体偏爱"（in-group favoritism）。

　　所谓内群体偏爱指的是人们有偏爱自己所属的群体的倾向。有关研究表明，即使按照最简单和毫无意义的标准来划分内、外群体，都会产生有利于内群体的判断和行为。在 H. Tajfel 等人（1987）向我们介绍的若干有关"最小群体范例"（minimal group paradigm）的实验里，我们看到了这种似乎荒唐但却实际存在的效应。在一个实验中，被试看到 Tajfel 用投掷硬币的方式将他们分成 X 组或 W 组，在另一个实验中，先让被试发表他们对从未听说过的艺术家的看法，然后将他们随机分配到"喜欢 Klee 的小组"和"喜欢 Kandinsky 的小组"，而且表面上看是由他们发表的看法决定的。有趣的是，尽管被试在此之前彼此陌生，在实验中也从未进行过交往，但是被试的行为显示，那些和他们共享无意义标签的人似乎成了他们的挚友和近亲，与分到别组的人相比，他们更喜欢同组成员，并且认为同组成员的工作更为出色。我们也就不难理解，他们分给同组成员的钱和其他奖励更多。对于这种现象，Tajfel 的解释是：个体会通过保持与内群体的一致来寻求自尊的提升，但自尊的实际提升必须是在个体感到内群体成员优于外群体成员的时候，所以他们通过对内群体成员作积极评价的伎俩让自己觉得内群体优秀。

进一步分析，内群体偏爱实际包括了两方面的意义：一方面是对内群体正性的评价，另一方面则或多或少伴随着对外群体的负性评价。不难看出，这将会导致偏见。这种内外群体间的偏见最常见的例子就是国民之间的偏见：中国人对日本人有偏见，反之，日本人对中国人也有偏见。

偏见的另一个认知上的根源就是刻板印象。许多社会心理学家都主张只要存在刻板印象，偏见就会随之而来。我们已经提到，偏见的成分之一就是一种提前的判断，而正如我们已经看到的，刻板印象的唤起常会导致提前的判断，它影响我们对信息的注意、解释和记忆。例如，我们对不同国籍的外国人，在还没有真正与其打交道之前，就会用已经形成的关于该国国民的刻板印象来看待他，如果他的行为与我们的刻板印象相符，就会加强原先的刻板印象，如果不一致，我们就会解释为这是由于特定的条件所致，从而仍顽固地维护原先的刻板印象。这样，如果这种刻板印象是负性和消极的，那么它就在很大程度上影响人们对群体及其成员作出消极的评价，从而产生厌恶的情感和采取敌意的行为，由此带来的结果常常就是偏见。

2. 社会根源

偏见的形成往往存在一定的社会基础，其中一个主要的根源是各个社会群体之间不平等的社会地位，在这种情况下，偏见往往被用来证明和支持那些拥有财富和权利的人在社会上占据优越地位的合理性。例如，世界上绝大多数国家都存在性别偏见，女性常常被过低估计她们的能力，这种性别偏见常又被用来支撑男尊女卑的社会地位的合理性，而对这种合理性的确定又导致进一步的偏见，"因为她们差，所以她们差"，如此循环论证。这种现象仍然与人们的认知有关，一个原因是人们在认知上的对应偏差，即人们往往把一个群体的外在表现看成是天生倾向的反映，却看不到正是社会地位和群体角色造成了这种表现。例如，黑人犯罪率高常常是由于他们经济条件差而得不到很好的教育的缘故，可是人们往往会认为黑人具有天生的暴力倾向。另一个原因是人们头脑中的一种"公正世界的信念"（just-world belief），即人们相信世界是公正的，因此善有善报、恶有恶报。大部分美国白人相信黑人之所以工作不好、收入低以及生活质量不高是因为他们缺乏做得更好的动机，考虑到公正世界的信念，我们对于这种看法就不应该惊讶了。

偏见另一个明显的来源就是社会竞争，即对匮乏的资源、政治权力和社会地位的竞争。现实冲突理论（realistic conflict theory）指出，当资源有限时，群体间就会存在真正的冲突和竞争，竞争的结果是导致了对竞争对象的消极情感，从而产生对竞争对象的偏见。当合理的竞争对象不存在时，人们就会找一个群体作为替罪羊，然后把所受到的挫折宣泄到替罪羊身上，这就是替罪羊理论（scapegoat theory）的观点。这种观点认为，个体在社会上因失败或困难受到挫折时，往往将失败或困难的责任推卸到一个群体身上，如此形成了对这个群体的偏见。替罪羊理论解释了生活满意度低的人常有更多偏见的现象，但是它无法解释为什么某个群体会成为替罪羊而其他群体却不会，另外，并非所有的受挫者都会寻找替罪羊。

社会规范在偏见形成中的作用也不容小视。社会规范就是某一社会所持有的"什么是正确的、可接受的和被容许的"观念，很少有人不顺从自己所处的社会的规范，因为人们很难摆脱从众的心理，社会规范就是通过人们的从众和社会学习得以代代延续。而人们在顺从规范的同时，也在获取其中的信息。当一个社会规范中充斥着大量的关于种族、性别等内容的刻板印象时，人们就会受到其影响而形成某种程度的偏见。与美国北方相比，南方由于历史原因，社会规范中存在更多关于黑人的偏见，可是 Pettigrew（1958）在一项研究中发现，当南方人参军到北方，与许多不太具有偏见色彩的社会规范建立联系后，他们对黑人的偏见逐渐降低，这就说明了社会规范的作用。

（二）偏见的克服

偏见往往是有害的，极端的例子就是白人基于偏见对黑人的种族隔离和纳粹德国对犹太人的偏见导致的种族屠杀。因此，多年来，许多人致力于旨在消除偏见的研究与实践工作。那么，我们怎样消除和克服偏见呢？从我们的日常经验出发，也许你会认为与群体成员的频繁接触有助于消除对这个群体的刻板印象和偏见。事实上，许多社会心理学家也持同样的看法。Deutsch 和 Collins（1951）调查了两种住房条件下，美国白人对黑人态度上的差异。结果显示，与和黑人住在不同建筑里的白人相比，和黑人同住一幢楼的白人在态度改变方面更积极，这些人起初甚至还不愿与黑人住在一起。这种现象的原因在于：如果我和你将不可避免地有紧密接触，而我又不喜欢你，我会体验到不协调，这令我很不舒服，为了减少不协调，我将说服自己，你并没有我以前想的那样坏。

看起来，接触政策是行之有效的减少偏见的办法，因此，当 1954 年，在美国最高法院作出解除学校中的种族隔离的裁决之后，心理学家感到了欢欣，他们希望这是消除种族偏见的良好开端。然而，如果认为不用考虑特定的条件，仅仅采取简单的接触就能使偏见消失，这种想法只能是天真的幻想。事实上，在解除种族隔离后，偏见并没有减少，更糟的是，隔离解除往往还导致班级中的紧张和混乱，使偏见增加了。正如刻板印象一样，与之有密切联系的偏见不大可能仅通过增加接触就可以从根本上消除，相反，把两群已经建立了对彼此的偏见的人简单地放在一起只会使冲突加剧，结果只是增加了敌意和不信任。因此，我们还必须考虑更多的条件，其实，从偏见的根源中，我们不难找到它们。

那么，在接触中，我们还应该做到：①各群体成员之间应有实质性的接触。如果只是创设一种接触的可能性，而不是采取措施让他们可以进行真正的互动交往，由于已有的敌意，他们彼此之间不可能做到真正的了解。②通过内外群体成员之间长期深入的、广泛而有代表性的、友好亲密的互动，让个体认识到对外群体的刻板印象是错误的。③使接触双方地位平等。Deutsch 和 Collins 的研究是发生在公共住房的规划中，之所以奏效，是因为白人与黑人处在同等地位上，如果换成私人住宅，情况就不同了。④如果是私人住宅，一般说白人有一个强烈的信念，即当黑人迁为邻居时，房产价值会下降，这种信念引起经济冲突和竞争，阻碍了偏见的减少。所以，我们还必须把两个群体的成员置于相互依存和合作的情境中。Sherif（1961）在童子军野营实验中，先是人为地使两组孩子对彼此产生偏见，然后，通过损坏供水系统创造了一个事故情境，修好供水系统的唯一办法是孩子们要立即合作。研究者还创设了另外几个需要孩子们必须相互依靠和合作才能解决问题的情境，最后，敌意和偏见减少了。合作的过程所以有效，是因为参与合作使个体成功地破除了内群体和外群体的差异知觉，发展了群体同一性的认识。⑤通过各种经济、政治和文化的手段改造不恰当的社会规范，努力消除其中的不正确的刻板印象和偏见，对此，政府、大众媒体等机构负有不可推卸的责任。

复习与思考

基本概念

社会认知　社会图式　启发式判断　归因　基本归因错误　行动者与观察者偏差　自我服务偏差　自我概念　自我图式　自尊　印象　首因效应　近因效应　频因效应　光环效应　内隐人格理论　社会群体　刻板印象　内群体　外群体　偏见

思考题

1. 社会认知有哪些特点？
2. 简述主要的归因理论。
3. 自我概念形成的途径有哪些？

4. 自我概念对人们有哪些影响？

5. 影响一个人自尊高低的因素有哪些？

6. 人们怎样形成对他人的初步判断？

7. 对他人的总体评价是怎样形成的？

8. 形成刻板印象有哪些途径？

9. 试述偏见的成因与克服。

第三章　人际关系

本章要点：
- 人际关系概念
- 人际关系的发展
- 人际关系的理论
- 人际关系的测量
- 人际沟通及其改善
- 人际吸引及其影响因素

　　生活在一定社会文化环境中的个体，总要和周围的人发生各种各样的交流和联系，形成各种形式的人际关系。和谐、健康的人际关系使人们能够顺利地进行沟通、交往和合作，使人感到生活愉快、精神振奋。随着社会发展，科技进步，以及生活方式的改变，人际关系在现实生活中占有越来越重要的位置，已经引起人们的普遍重视。坎贝尔（Campbell，1976）等人发现，人们为使自己的生活变得更有意义，专注于人际关系超过了其他任何事情。许多社会心理学家对人际关系进行了专门的研究，使人们了解人际关系的发展特点及规律，从而对众多的人际事件进行预测、调控和疏导，以建立和维持良好的人际关系。

第一节　人际关系概述

一、人际关系的概念

　　人际关系的定义有广义和狭义之分。从广义上看，人际关系包括社会中所有的人与人之间的关系，以及人与人之间关系的一切方面。包括经济关系、政治关系、法律关系、文化关系、心理关系等。显然，此种定义主要从社会学的角度进行概括，没有揭示出人际关系的特殊性。从狭义上看，人际关系是人与人之间通过交往与相互作用而形成的直接的心理关系。它反映了个人或群体满足其社会需要的心理状态，它的发展变化决定于双方社会需要的满足程度。①

可以说，人际关系是同人类起源同步发生的一种极其古老的社会现象。"第一个社会心理学家（他当时一定还住在山洞里）无疑想知道，怎样做才能使邻近山洞的人更喜欢他或不讨厌他，或者至少能使他避免被人用木棒砸到头上。"② 在人们相互交往的过程中，如果各自的社会需要得到了满足，相互之间就能形成接近的心理关系，表现为友好、接纳的情感；如果人们之间的社会需要受到损害或人与人之间发生了矛盾和冲突，心理上的距离就会拉大，彼此之间都会形成不愉快的关系甚至敌对关系。

人际关系是社会关系中较低层次的关系，受生产关系和政治关系的制约；同时，它又渗透在社会关系的各个方面，是社会关系的"横断面"，直接影响着人们的心理环境和社会环境。每个个体都生活在各种各样现实的、具体的人际关系之中。

人际关系是指人与人在相互交往过程中形成的心理关系。它具有以下几方面的特征：

首先，人际关系主要指的是人与人之间的心理关系，属于社会心理学的范畴。它反映人与人之间在相互交往过程中心理关系的亲密性、融洽性和协调性，如友好关系、亲密关系、敌对关系等。这种心理上的关系是由心理倾向性及其相应的行为反映出来的。

其次，人际关系由认知成分、情感成分和行为成分等一系列心理成分所构成。认知成分是人际关系的基础，反映个体对人际关系状况的认知和理解。人际关系的发展、变化，往往是由于认知成分的改变而引起的，相互之间信息交流越多，了解越深刻，彼此之间的心理距离就越近。情感成分是对交往的评价态度的体验，人与人之间的情感如何是人际关系的动力成分。它可以分为两类：一是亲密性情感，促使彼此心理相容；二是分离性情感，促使人们疏远、排斥。行为成分是双方实际交往的外在表现和结果，如言谈举止、角色定位、仪表风度等。这些行为越相似，越易形成良好的人际关系。

再次，积极地进行交往是建立、巩固和发展良好的人际关系的重要条件。因为，人际关系是在彼此交往的过程中建立和发展起来的。没有人际交往，也

① 郑全全，俞国良．人际关系心理．人民教育出版社，1999
② 阿伦森．社会性动物．郑日昌等译．新华出版社，2002

就无所谓人际关系。人际关系建立之后，也需要通过不断的交往加以巩固和发展。人际关系是现实社会生活的产物，离开现实客观的生活活动是不可能产生人际关系的。

人际关系一经建立，就会对人的行为产生各种各样的影响，它在人们的生活和工作中具有重要的意义。对人际关系的研究和认识，不但有利于优化人们的工作和心理环境，丰富个体心理活动的内容，使他们获得必要的文化归属感和认同感，建立正确的价值体系和道德规范，扮演好相应的各种社会角色；也有利于个性的自由发展，有利于个体的幸福生活，为成为有知识、有能力、有健康人格的合格人才提供必要的基础。同时，在社会生产过程中，建立和维持良好的人际关系可以使社会和各种组织的有机性增加，群体的凝聚力提高，促进人们团结一致，协调工作，最终提高劳动生产率，促进社会向前发展。

二、人际关系与社会关系

人际关系与社会关系是两个不同的概念，不能混为一谈。研究人际关系与社会关系之间的联系和区别，主要是为了进一步弄清人际关系的地位和性质，准确地把握人际关系的内涵和外延。社会关系是一个非常广泛的范畴，它是指人们在社会共同生活实践过程中结成的一切关系的总和。[①] 这是广义上的社会关系，即人与人之间的一切关系。可以说，社会关系是人与人一切关系的科学抽象。另一种是狭义上的社会关系，指一定生产中人们所结成的相互关系，即社会生产关系。

社会关系是个复杂的多层次的系统，这个系统可以分为 3 个相互联系的层次，一是生产关系，它是各种各样社会关系的基础；二是社会意识形态关系，这是在生产关系的基础上形成的其他一系列性质不同的社会关系；三是人际关系，人与人之间的其他关系都必须透过人际关系这一中介因素才能对人们发生作用。

以上 3 种关系在整个社会关系中处于不同的地位。其中生产关系是最高层次的。它决定着意识形态和人际关系的性质。社会意识形态关系是社会生产关系的反映，由生产关系所决定，但是它具有相对独立性，可以反作用于生产关系和人际关系。人际关系作为角色间的一种社会关系和其他社会关系一样，必然受生产关系的制约，还要受其他社会关系的影响，因而应该把人际关系置于社会关系中加以考察。只有这样，才能真正认识各种人际关系背后的社会意义，及其与社会因素和心理因素的直接关系。

---

① 胡成富．生存·发展·成功．陕西人民教育出版社，1989

作为两个级别的概念，社会关系和人际关系具有不同的理论概括力。它们的不同之处体现在以下几个方面：

（1）社会关系强调现实关系的整体方面，而非个性方面，而人际关系则更多地从个体、个性方面来表现现实。西方社会心理学家将人际关系与社会关系混淆起来是不利于研究的。前苏联社会心理学家安德列耶娃认为："要正确认识人际关系的性质，就不要把人际关系与社会关系放在'同一类'，而把它看成是社会关系中的一个特殊的'类'，它产生于每一种社会关系之中，而不是产生于社会关系之外。"①

（2）社会关系是社会学研究的主要对象。一方面，它研究人与物的关系，如在生产过程中谁占有生产资料，这些生产资料如何分配和继承等，都是以物的形式表现出来的社会关系；另一方面，社会关系还包括意识形态的关系，主要有法律的关系、道德的关系等。而人际关系则是人与人直接的心理关系，它受社会关系所制约，是社会关系的反映，却具有某种相对的独立性。

（3）社会关系和人际关系是从属关系，同时，社会关系决定着人际关系的性质。人类从事的物质文明和精神文明活动是人际关系变化的基础。一旦个人参与的社会活动和社会关系发生了变化，人际关系自然也就发生了变化。例如，学生毕业之后到学校当教师，由于角色的变化，人际关系也会发生相应的变化，这种变化是由于其社会关系的变动而引起的。

三、人际关系分类

人际关系作为一种社会关系的具体表现是十分复杂的，根据不同的标准可以分成多个种类，下面是几种常见的分类方法：

（一）根据人际关系形成的基础媒介分类

根据人际关系的媒介不同，可分为血缘人际关系、趣缘人际关系、业缘人际关系、地缘人际关系等。血缘人际关系泛指人们因血缘关系或姻缘关系而交往所形成的人际关系，也是最原始的社会关系，例如父子、母女、叔侄、夫妻等关系。趣缘人际关系是指人们在社会生活中因情趣相同或相近而建立起来的人际关系，例如朋友、棋友、球友等关系。共同的兴趣和爱好是这种关系的基础，友谊是这种关系的纽带。业缘人际关系是指人们因从事共同或相关的职业而形成的人际关系，如师徒、战友、同事等关系。地缘人际关系是指人们因共同生活的空间而形成的人际关系，如同乡、邻居、街坊、校友等关系，这种关系往往伴随着历史和文化背景，具有地方传统色彩。

---

① 安德列耶娃. 社会心理学. 南开大学出版社，1984

（二）根据人际关系的固定程度分类

根据人际关系的固定程度可以分成固定的和非固定的人际关系。固定的人际关系是指较稳定的、时间比较长的关系，又叫长期人际关系或恒定人际关系。例如亲子关系、师生关系、同学关系等。这种关系对人的作用大，影响深远，对人的内在心理作用强，人对其依赖性也大。而非固定的人际关系则不同，它是指随一定的时间、地点、条件的改变而改变的关系。如公共场合中的临时交谈、市场交往中的主客关系等。这些关系时间短、不稳定、易变化，又叫短期或临时关系。当然，某种关系的稳定或不稳定是相对的，在一定的条件下可以相互转化。

（三）根据人际关系的不同维度进行分类

根据人际关系不同的维度可以分成纵向的人际关系和横向的人际关系。纵向的人际关系是不考虑心理距离，只对人际的社会地位高低作出认识上的反应的一种心理关系，它以社会角色认识为基础；横向的人际关系是不考虑人际的社会地位高低，只关注人际心理距离的一种心理关系，它以人际情感为基础。在现实生活中这两种人际关系是交织在一起的，作这样的分类是为了深入研究的需要。

（四）根据人际关系的外部表现分类

根据人际关系的外部表现可分为外露型、内涵型和伪装型3种。外露型的人是人际关系的晴雨表，他表现出对自己喜欢的人十分亲密，形影不离，而对相斥者则表现出横眉竖目、十分冷淡等非常明显的行为特征。内涵型的人对喜欢者内心爱慕、向往但并不表露出来，而对讨厌者虽然心理厌恶也不动声色。这种人的外表似乎平静，实际上内涵深沉。伪装型的人在不同的场合根据不同的需要表现自己的情感和行为，表里不一，反复无常，待人处世以利益和环境为转移。

（五）根据人际关系的影响程度分类

根据人际关系对人的影响程度可分为利害关系和非利害关系。利害关系是指那些与在物质和精神方面的利益具有密切联系、关系重大的人际关系。比如家庭关系、领导关系等对个人关系是比较重要的。《红楼梦》中贾、史、王、薛四大家族，"一损俱损，一荣俱荣"，就是一种利害关系。非利害关系是指那些与物质和精神的利益没有密切联系的人际关系，比如路人关系、顾客与雇主的关系等就是非利害关系。随着人类社会的不断发展，人们之间的联系会越来越紧密，人们之间的利害关系也会不断增加，而非利害关系并不会随之减少。

（六）根据人际关系的需求分类

根据人际关系的需求可以分为包容型、控制型和感情型3种。包容型的人际关系主要表现为希望和别人进行交往，希望与别人建立并维持和谐的关系。由此而产生的行为特征是交往、沟通、协同、相容、参与等。在与别人建立并维持良好关系的过程中，控制型的人际关系主要专注在权力、权威等问题上。以此需求而产生的行为特征为运用权力、权威控制和领导他人。感情型的人际关系特别需要的是喜爱、亲密、同情、友善、照顾等，主要表现在爱情和友谊上。他们有与别人建立并维持良好关系的强烈情感体验。与此需求相反的是憎恨、厌恶、冷淡等情感反应。

人际关系的分类还有其他的方法，如按距离的远近可分为近距离与远距离的人际关系；按复杂程度可分为简单的和复杂的人际关系；按功能的多少可分为单功能关系、多功能关系和超功能关系；按性质的相容性可分为相容的人际关系和不相容的人际关系等。

值得关注的是，有些学者从中国文化背景出发对人际关系的分类进行了探讨。黄光国（1988）根据他提出的华人社会人际交往的理论模型，把人际关系分为情感性关系、工具性关系与混合性关系，在不同的关系中遵循不同的交往法则。杨国枢（1993）根据不同的亲疏远近把中国人的人际关系分为3种类型，即家人关系、熟人关系和生人关系。由此可见，人际关系的层次和内容是相当复杂的。在现实生活中，很难用简单的一种人际关系类型对人们的心理关系进行归纳和描述。

四、人际关系的行为模式

在现实生活中我们往往发现这样的情景：一方表示的积极行为会引起另一方相应的积极行为；反之，一方表示的消极行为会引起另一方相应的消极行为。这种一方的行为引起或改变另一方相应的行为的模式就是人际关系行为模式。一定的人际关系会表现出相应的人际关系行为模式，它对人际关系的形成和巩固又有着重要影响。

由于受到权力、行为规则、社会角色和时间的持续性等因素的影响，人际关系行为模式变得复杂多样。李雷（M. Leland）运用心理统计的方法从几千份人际关系的研究报告中归纳出以下8类人际关系行为模式：[①]

（1）由一方发出的管理、指挥、指导、劝告、教育等行为，导致另一方的尊敬、服从等反应。

（2）由一方发出的帮助、支持、同情等行为，导致另一方的信任、接受等反应。

------

① 郑全全，俞国良．人际关系心理学．人民教育出版社，1999

（3）由一方发出的同意、合作、友好等行为，导致另一方的协助、温和等反应。

（4）由一方发出的尊敬、信任、**赞扬**、求援等行为，导致另一方的劝导、帮助等反应。

（5）由一方发出的害羞、礼貌、服从、屈服等行为，导致另一方的骄傲、控制等反应。

（6）由一方发出的反抗、怀疑等行为，导致另一方的惩罚、拒绝等反应。

（7）由一方发出的攻击、惩罚、不友好等行为，导致另一方的敌对、反抗等反应。

（8）由一方发出的激烈、拒绝、夸大、炫耀等行为，导致另一方的不信任、自卑等反应。

从以上的刺激—反应模式可以说明，人际关系行为模式中的因素关系是非常复杂的，单纯的行为模式是很少发生的，更不可能是——对应关系，一方的刺激会引起另一方的多种反应，它强调人际关系相互作用、相互制约的特点，对人际关系的建立和维持有积极意义。但是，这个研究只对行为的开始和结果进行一般性的描述，对行为过程的心理机制并没有进行分析。

五、人际关系的形成和发展

（一）人际关系的状态

日常生活中我们经常听到这样的议论：某某跟某某情同手足，无话不说，可谓亲密无间；而某某跟某某之间则形同路人。这就是我们对人际关系状态的描述。莱文格和斯诺克（G. Levinger & G. Snoek, 1972）以图解的方式，对人际关系的各种状态及其相互作用水平的递增关系作了直观的描述（图 3 - 1）。图中圆圈表示人际关系涉及的双方。他们把共同心理领域和情感融合范围作为描述人际关系状态的指标。从图中可以看出，人际关系双方心理世界并没有完全重合的情况。无论人们的关系多么密切，情感多么融合，也无论人们主观上怎样感受彼此之间的完全拥有，两个人的心理世界完全重合是不存在的，每个人都保留有自己最隐私的部分。

良好人际关系的建立，要经过一个从表面接触到亲密融合的发展过程。进行交往之前，两个人彼此并没有意识到对方存在，这时候双方关系处于零接触状态。此时双方是完全无关的，谈不上任何个人意义的情感联系。只有一方开始注意到对方，或双方相互注意时，人们之间的相互交往才开始，彼此之间都获得了初步印象，不过这种状态还没有情感的卷入。因为双方还没有进行直接的语言沟通，彼此之间只能算是旁观者。表面接触才是人际沟通的真正开始，从双方开始直接交谈的那一刻起，彼此就产生了直接接触。当然，这种接触是表面的，彼此之间还没有共同的心理领域。随着双方交往的深入和扩展，双方共同的心理领域也逐渐被发现，发现的共同心理领域的多少，与情感融合的程度是相适应的。

图　解	人际关系状态	相互作用水平
 ○　○	零接触	低
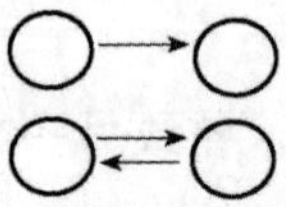 ○→○ ○←○	单向注意 双向注意	
 ◯◯	表面接触	
 ◐◑	轻度卷入	
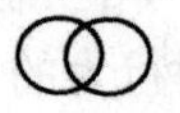 ◉◉	中度卷入	
 ◉	深度卷入	高

图 3-1　人际关系状态及其相互作用水平

从图 3-1 中，我们可以按照情感融合的程度，将人际关系分为轻度卷入、中度卷入和深度卷入 3 种。轻度卷入阶段的特点是：交往双方所发现的共同的心理领域较少，双方的心理世界只有小部分重合，双方情感融合的范围也是与此相对应的。中度卷入阶段的特点是：交往双方发现较大的共同心理领域，同样，双方的心理世界也有较大的重合，彼此的情感融合范围也比较大。深度卷入阶段的特点是：双方发现的共同心理领域大于相异的心理领域，彼此的心理世界高度重合，情感融合的范围也覆盖了大多数的生活内容。在现实生活中，只有少数人能够到达这种人际关系状态，而且也只有与少数人达到这种状态。有些人则从来没有与任何人达到这种状态，也有些人一辈子与别人的关系都只处于比较肤浅的水平。

（二）人际关系的发展过程

奥尔特曼和泰勒（I. Altman & D. A. Taylor, 1973）以自我暴露的程度作为参考指标，对人际关系发展的进程进行了描述。通过了解别人对我们的自我暴露程度如何，就可以知道别人与自己的关系深度如何，知道别人对我们有多高的接纳程度，因为，自我暴露的程度越高说明对一个人的接纳性和信任感也越高。他们认为，良好人际关系的建立和发展，从交往由浅入深的角度来看，一般需要经过定向、情感探索、情感交流和稳定交往4个阶段。①

（1）定向阶段。定向阶段包含着对交往对象的注意、抉择和初步沟通等多方面的心理活动。在公共场所和工作环境中，我们对交往的对象以及交往的深度是有选择的，并不是与任何人都建立良好的人际关系。在通常情况下，只有当对方的某些特质能引起我们情感上的共鸣，才会引起我们的特别注意，成为我们知觉的选择对象。选择交往对象的过程本身就反映了交往者的某种需要倾向、兴趣特征等个性心理特征。

注意性的选择可能是自发的和非理性的。当我们理性地思考谁可以作为交往对象并与之保持良好的人际关系时，已经是属于抉择过程了。只有在价值观念等方面具有共识时，才可能成为进一步交往的对象。

初步沟通是我们在选定一定的交往对象之后，试图与这一对象建立某种联系，希望对对方有一个初步的了解，以便使自己知道是否有必要与对方进行更进一步的交往。同时，我们也希望给对方留下良好的第一印象，为可能形成的稳定的人际关系准备更好的心理基础。

人际关系的定向阶段，其时间跨度随不同的情况而不同。由于个体差异，有时这个阶段是非常短暂的，但它是形成人际关系的一个必经阶段。

（2）情感探索阶段。这一阶段的目的，是为了探讨彼此的共同情感领域，进行了角色性的接触，而不是仅仅停留在一般的交往模式上。随着双方共同情感领域的发现，双方的沟通也会越来越广泛，自我暴露的深度与广度也逐渐增加。但在这一阶段，人们的话题仍未进入对方的私密性领域或隐私敏感区，自我暴露也不涉及自己根本的方面。尽管在这一阶段人们在双方关系上已开始有一定程度的情感卷入，但双方都遵守交往规则，彼此没有强烈的吸引力，即使分手也无关紧要。

（3）情感交流阶段。人际关系发展到这一阶段，双方谈话开始广泛涉及自我的许多方面，并有中度的情感卷入。双方关系的性质已经发生实质性的变化。此时交往双方的安全感已经确立，如果关系在这一阶段破裂，将会给人带来相当大的心理压力。在这一阶段，双方的表现已经超出正式交往的范围，正式交往模式的压力已经趋于消失。此时，人们会相互提供真实的评价性的反馈信息，提供建议，彼此进行真诚的赞赏和批评。

（4）稳定交往阶段。随着交往双方接触次数的增多，情感联系也越来越

---

① 章志光．社会心理学．人民教育出版社，1996

密切并伴随着深度的情感卷入，人们心理上的共同领域会进一步增加，自我暴露也更广泛深刻。此时，人们已经可以允许对方进入自己高度私密性的个人领域。但在实际生活中，很少有人达到这一感情层次的友谊关系。许多人仅仅是停留在第三阶段的同一水平上。

与自我暴露的程度相对应的是自我的层次理论，鲁宾等人（Z. Rubin & S. Shenker）把自我分为4个层次。第一层是自我的最表面水平，即我们的兴趣、爱好等方面，如饮食、偏好、日常情趣、娱乐活动的选择等。第二层是我们对事物的看法和态度，如对某一政治事件的评价、对某个人的看法等。第三层是自我的人际关系与自我概念状况，如自己与父母的关系、自己的夫妻关系、自己的自卑情绪等。第四层是自我的最深层次，属于一个人的隐私部分，不会轻易向别人暴露。知道别人在怎样的层次上对我们表露自己，就可以了解别人对我们的信任和接纳程度，了解我们与别人关系的状况。

第二节   人际关系理论与测量

一、人际关系理论概述

作为社会心理学的重要研究对象，人际关系问题一直是许多理论流派涉及的内容。不同的理论流派从自身的人性观和基本范式出发，对人际关系进行了多角度的解释，但是，每一种理论都只能解释人际关系的某一方面问题，很难对人际关系的整体进行全面系统的解释。同时，很多观点还只是现象学上的描述，实证研究相对较少。

精神分析理论中的人格理论、自我防御理论、无意识理论、基本焦虑学说等，都从不同侧面对人际关系进行了分析和阐述。沙利文认为，人际关系会给个体带来或焦虑或安全的心理反应，而人格的形成和发展会受到人际关系的影响。为了减轻个体的焦虑，有时是以牺牲人际关系为代价的，如果处理不当就会导致个体精神病症。行为主义强化学习的原理同样可以用来解释人际关系的产生、维持和发展。在人际交往过程中，有的引起人们正面积极的情绪反应，产生愉快的心理体验，有的却引起人们反面的、消极的情绪状态，产生不愉快甚至懊恼的心理体验。我们倾向于接受正面的刺激，并学习获得这种刺激的行为反应，同时回避负面的刺激。人本主义则认为，人际交往的形成和人际关系的建立更离不开人的需要和动机。当生理的需要和安全的需要得到相对的满足之后，交往的需要就变得十分强烈，对朋友、对家庭、对团体充满着向往，渴望与人们建立一种充满友情的关系。

除了大的理论流派对人际关系进行阐述之外，更多的心理学家专门对人际关系提出了自己的理论体系，对人际关系的形成及发展规律进行了深入细致的分析研究。西方社会心理学关于人际关系的理论可以分成三大块：一是人际交往理论，如符号相互作用论、场合交往论、自我呈现论、社会交换论等；二是人际激励理论，如需要理论、归因理论、期望理论等；三是人际特质理论。前苏联的人际关系心理学主要对集体及集体中的人际关系进行了系统的实验研究，提出了与西方人际关系心理学不一样的理论体系，如群体中人际关系层次理论、人际关系活动中介理论等。

近年来，中国社会心理学家对人际关系也进行了广泛的研究，并取得了丰硕的成果。其中，既有对人际关系特点的实证研究，也有对人际关系问题的系统分析，还有对中国本土人际关系理论模式的探讨和调查研究。在理论模式的探讨方面主要有：费孝通的差序格局论、杨国枢的社会取向论、何友晖等的关系取向论、彭泗清的示范与回应模式论等。这些研究成果极大地推进了中国人际关系的理论建设和发展。但是，"虽然我们对人际关系的基本概念和理论提出了本土的理解和理论模式，但由于本土理论自身存在的问题，仍不能形成现代中国人际关系的基本理论框架，而且，其基本概念和理论尚未得到学界的广泛认同。"[1]

二、人际需要的三维理论

舒兹（1958）提出了人际需要的三维理论。他认为每一个人都有与别人建立人际关系的愿望和需要，只是有些人表现得明显些，有些人表现不明显而已。人际关系的模式大致可以通过3种人际需要，即包容的需要、控制的需要和情感的需要来加以解释。在舒兹看来，人际需要就是个体要求在自己与他人之间建立一种满意的关系。每个人都有3种最基本的人际需要，而且每一类需要都可以转化为动机，产生一定的行为倾向，建立一定的人际关系。

（一）包容的需要

指个体想要与别人建立并维持一种满意的相互关系的需要。这种需要得到满足之后，个体就会产生沟通、相容、相属等肯定性的行为特征，反之，个体就会产生孤立、退缩、排斥、忽视等否定性的行为特征。如果孩子在家庭里与父亲的联系和交往的需要得到了较好的满足，那么他们将形成肯定性的行为特征。如果孩子缺少必要的沟通与交往，他们就会产生否定性的行为特征。

在个体的成长过程中，如果包容的需要长期没有得到满足，他就会在人际关系中产生低社会的或超社会的行为。低社会行为的人会尽量与他人保持一定

① 乐国安．当前中国人际关系研究．南开大学出版社，2002

的距离，不会主动参加社交性的活动，其行为特点是内向、退缩、避免与他人建立关系、拒绝加人团体等。超社会的人则与此相反，主动与别人交往接触，故意引起他人的注意，但其行为强度和方式由于表现得太过分而引起别人反感。舒兹认为适当的行为应该是社会行为，即在人际交往中表现出良好的适应性和灵活性。

（二）控制的需要

指个体在权力问题上与他人建立并维持满意关系的需要。这种需要得到满足之后，个体会形成使用权力、权威、影响、控制、支配、领导等行为特征，反之就是抗拒权威、忽视秩序、受人支配等行为特征。控制的需要是否得到满足与父母的教育方式有密切的联系。与此相联系，舒兹把个体的行为分为拒绝型、独裁型和民主型 3 种。拒绝型的人倾向于谦逊、服从，在与他人交往时拒绝权力和责任。独裁型的人则好支配、控制他人，喜欢最高的权力地位。民主型的人能顺利地解决人际关系中与控制有关的问题，能根据情况适当地确定自己的地位和权力范围，是最好的行为类型。在孩子的成长过程中，如果父母完全控制孩子，独揽大权，支配孩子的一切行为或样样都包办代替，孩子就有可能形成拒绝型或独裁型的行为特征。

（三）情感的需要

指个体在与他人的关系中建立并维持亲密的情感联系的需要。这种需要得到满足之后，个体就会产生喜爱、亲密、同情、友好、热心等行为特征，反之就是憎恨、厌恶、反感、冷淡等行为特征。同时，舒兹也划分了相应的 3 种情感行为类型，即低个人行为、超个人行为和理想的情感行为。如果父母与儿童在情感上不能建立亲密的联系，就有可能导致低个人行为或超个人行为，而理想的亲密关系则导致良好的个人行为。低个人行为表现为避免主动的亲密的人际关系，因为他担心自己不能引起别人的好感，不能赢得他人喜爱。超个人行为则表现为希望与别人建立亲密联系的迫切愿望，表现出过分的热情和主动。理想的情感行为是对自己的人际关系状态有正确的认识和评价，有良好的自信心及社会交往方面的技能和技巧。

由于上述 3 种人际关系方面的需要都能表现为主动性或被动性，舒兹就此组合成 6 种人际关系的行为倾向（见表 3 – 1）。

表 3 – 1 不同需求的基本人际关系倾向

需要性质 \ 行为表现	主动型	被动型
包容需要	主动与他人往来	期待别人接纳自己
控制需要	主动支配他人	期待别人领导自己
情感需要	主动对他人表示亲密	期待别人对自己表示亲密

三、符号相互作用论

符号相互作用论又称象征性交往理论，是一种强调人类生活和行为意义的社会生活理论观。"自我"是这一理论的最基本概念，库利就认为个体的自我产生于与他人的交流，一个人的自我意识是他人对自己所作判断的反映。总之，个体的自我是个体与他人互动的产物。米德是这个理论发展中的一个重要理论家和奠基人。

符号相互作用论认为，每个交往者都有自己的一套符号系统。这里所谓的符号是指一种刺激物，代表着一定的事、物或人。符号一般有两类，一类是具体的自然的符号（声音、光源、颜色、动态、姿势、表情等）；另一类是抽象的人为的符号（语言、文字、图案、文化等）。在人际交往中，最重要的是语言文字符号，人们用它来解释交往中信息的含义以及语言中包含的社会背景和文化背景，作为交往的外在载体。

就交往过程来说，米德认为人们采用的是象征性手段。所谓象征，就是用人际关系交往中所展示出来的活生生的具体人来衬托交往另一方的形象，使交往双方的关系明朗、清晰起来，并且明确意识到自己在交往中所担任的角色。也就是说，使用交往中人们所担任的角色来实现双方的互动。人们在交往活动中，必须估计到可能发生的情况，才能对他人的行为作出积极的反应。如何进行估计？这就要从他人所担当的角色进行判断并对其行动进行预期。如果评价预期反应与实际反应之间存在不一致之处，双方对自己所担当的角色会不断进行调整，使其趋于一致。

米德认为，交往的一方在采取某个行动时，并不是按照自己的主观愿望就能实现的，必须估计对方的反应行为，即对方对自己行为的评价、反应。我们可以通过担当的角色来估计他人的反应。这里的"他人"有 3 种情况：一是交往中实际担任的角色。这种交往常常发生在相互比较熟悉的人们之间，由于对对方的真实角色有比较正确的了解，交往氛围就比较融洽，交往也容易进行，并且轻松、愉快。二是交往中想象对方担任的角色。这种交往一般发生在陌生的人们之间。由于双方相互并不了解，只有凭借自己原有的知识、经验，从交往者的衣着、风度、谈吐等猜测、判断他的身份。发生误解是难免的，也容易出现冲突和障碍。这种交往比较困难，有时还难以维持。三是交往中潜在性担任的角色。这时交往双方担任的角色不甚清楚，但其身份说明了这种角色的潜在意义。因此，在交往中我们只有正确地意识到对方在交往中所担任的角色，才能估计、推测交往对方可能有的行为。

符号相互作用论重视语言符号在交往中的作用，强调对他人行为倾向的预测、估计，要求人们按照自己在交往活动中所担任的角色来行事，并注重行为效果的反馈，认为客观现实是心理反应产生的源泉和内容，所有这些都是有积极意义的。但是它把整个社会关系和文化简单归结为符号，过分夸大了外部行为的影响力，而忽视了人的主观能动性、人在交往过程中的积极性和主动性，把社会中人们复杂的交往关系简单化，有机械主义的倾向。把人的行为仅仅归结为对符号的理解，过分夸大交际符号的作用，这是不足取的。

四、社会交换论

社会交换论形成于20世纪50年代末到60年代初，其思想基础是行为主义心理学的强化原则、经济学原则和对策论思想。特点是以奖赏和代价来考察人与人之间的交往行为，并以双方之间的社会交往活动为主。一般说来，社会交往理论是与霍曼斯（G. C. Homans, 1958）的研究工作有关的，这个理论的主要观点如下：①

社会交换论主要包括以下几个基本概念：①刺激——环境中的暗示，有机体以行为对这个暗示作出反应。②行动——有机体为了获得奖赏、逃避惩罚所发出的动作。③酬赏——刺激所具有的能满意或满足有机体需要量的能力，分物质酬赏和非物质酬赏。④惩罚——刺激所具有的伤害或阻止需要得到满足的能力。⑤价值——刺激所能提供酬赏的程度。⑥代价——做出某种行为所失去的酬赏或受到的惩罚。⑦知觉——感觉、衡量和评价酬赏和代价的能力。⑧期望——酬赏、惩罚的程度，有机体把这些酬赏、惩罚与某一特定刺激联系起来。

基本概念形成以后，霍曼斯通过推断的过程，建构起一组解释社会行为的基本命题。①成功命题。某人所采取的行动越是经常受到奖赏，则该人越可能采取该行动。就是说一个人更可能去做那些经常得到奖赏的行为，在人际交往

① 佟丽君. 论霍曼斯的人际交往理论. 求是学刊, 1997（1）

中，交往的频率是与所受酬赏成正比的。②刺激命题。如果过去某一特定刺激的出现一直使某人的行动得到奖赏，则现在的刺激越类似于过去的特定刺激时，类似以往的行动越可能重复出现。③价值命题。某人的行动结果对他越有价值，则他越有可能采取同样的行动。人们在人际交往的不同选择中，总是要花费时间去选择能获得较高奖赏的交往行为。④剥夺——满足命题。如果某一特定的奖赏在不久前某人经常获得，那么在将来，该奖赏对此人的价值就会降低。⑤攻击——赞同命题。一是当某人的行动没有得到他所期望的奖赏或得到他料想不及的惩罚时，他将被激怒并有可能采取攻击行为，而这一行为结果对他来说就更有价值。二是当某人的行动获得期望的奖赏，特别是奖赏比期望的大，或者是没有受到料想的惩罚，他就感到高兴并更有可能采取赞同行为，该行为的结果对他来说就变得更有价值。⑥理性命题。在选择采取何种行动时，人们不仅会考虑价值的大小，还考虑行动成功的可能性。

人们在交往过程中，要对交往的代价与酬赏、付出与所得的各种可能性作出判断，在代价与付出相同的情况下总是期望得到与此成正比的酬赏和所得。霍曼斯认为，作为行动者是以下面两条标准来看待交换中的公平分配原则的。一是行动者过去的经验。在相类似的行动中，一个人总是以过去采取这一行动时的代价与酬赏、投资与利润的成功经验去衡量过去和将来的行动，并且随着投资的增加而提高标准。如果在现在或将来的行动中获得的酬赏、利润与过去相比都下降了，则行动者会感到不公平。二是行动者认同的比较群体。人们在交换评价自己的酬赏、利润时，总是与类似的人比较，如果别人的付出与回报跟我们相差不多，我们就会觉得比较公平。在现实生活中，人们更多地与自己周围的人进行比较。

霍曼斯指出，社会交换从总体上讲是公平的，如果长久不公平，社会就会发生混乱，社会冲突就会加剧。在长时间的交往过程中，如果一方总是付出多于回报，那么这种交往就难以进行下去。没有人会自愿地、长久地进行"赔本"的交换。他承认在现实社会中存在着权力不平等的现象分层体系，但这是以合理的、公平的分层体系存在的。因为，有权力的人或高地位的人拥有比其他人更高的能力，而具有特别能力的人所获得的酬赏就应该比一般人高，所以他认为还是公平的。

五、示范与回应模式理论

彭泗清（1998）针对中国人的人际关系特点提出了示范——回应模式理

论①。他认为，最能反映中国人人际互动的动力学特征是示范行为。要正确理解中国人人际互动的模式和特点，必须找准3个基点，它们是价值支点、行为起点和行为控制点，同时，每个点又可以区分为文化理想模式和实际变式。

人际互动的价值支点是指互动双方在处理人际关系时所持的基本价值观。这一支点的理想设计是普遍的仁义，贯彻到行为上就要求天下为公、克己复礼、尽心奉献、耻于索取。而它的实际变式是特殊性的私德，在行为上它表现为内外有别，对圈内人讲仁义、尽义务；对无关的圈外人则循礼而讲利。行为起点是指开始人际交往时的启动行为，各种文化都会倡导一种人际交往的启动机制。其理想模式是自足式示范（不求回报的主动奉献），实际变式是工具性示范（示范被工具化、形式化、物质化，成为投资行为或人情行为）。行为控制点则指人际互动中扮演主动的、主导的控制性的角色的一方。其理想模式是互赖性控制，即互动双方并未完全分化，共同受人伦的控制，各尽自己的本分；实际变式是伸缩性控制，即控制点具有游离的特点，但核心还是在自己，可以根据对对方的诚、势、利的判断而伸缩自如，必要时转让控制点。

无论是示范过程还是回应过程，它们都包括理想模式、小人变式和常人变式3种形式。在人际互动中，个体对示范方式的选择首先取决于其社会化历程。如果对文化理想内化较强，个体会倾向于选择君子性示范，即文化理想中的示范。但是，大多数人对示范方式的选择会受到互动对象的影响，而且通过不断的"反馈——调整"过程在交往中进行修正，交往方式也会随之而有所改变。与此相类似的是，个体回应方式的选择既受到个体道德发展水平的影响，又受到对方示范类型的影响。

彭泗清认为，"示范——回应"的人际互动过程也体现了中国社会人与人之间的信任关系、权利关系、权威关系和社会比较等一些特点。同时他还指出了人际互动过程的一些特点：一是意义上的模糊性；二是行为上的灵活性；三是权利上的不对等；四是注重行为者的动机；五是对人不对事。但是，在现实生活中，单纯的示范行为具有很大的局限性。由此他认为在中国人的实际社会行为中，还存在着缓解紧张、弥补缺陷的一些辅助机制，即利益平衡机制和心理平衡机制。

六、中国人人际关系三位一体理论

翟学伟认为，真实的中国人人际关系是由"缘"、"情"、"伦"构成的三位一体，只有把握了这三者及其相互关系，才能认识中国人人际关系的本质。

① 彭泗清.示范与回应：中国人人际互动的本土模式.社会心理学研究，1998（1）

由此他提出了中国人人际关系的本土模式是人缘、人情和人伦构成的三位一体，它们彼此包含并各有自身的功能。一般来说，人情是其核心，它表现了传统中国人以亲情（家）为基本的心理和行为样式。人伦是这一基本模式的制度化，它为这一样式提供一套原则和规范，使人们在社会互动中遵守一定的秩序。而人缘是对这一模式的设定，它将人与人的一切关系都限定在一种表示最终的本原而无须进一步探究的总体框架中。①

翟学伟还认为，天命观、家族主义和以儒家为中心的传统伦理思想是中国人人际关系中最基本的文化基础。无论是儒家、道家还是佛教，它们都具有程度不同、观点各异的天命论思想。就民间而言，人们一般坚信天有一种强大的势力，可以操纵人的行为，赏罚人的善恶，安排人的一生，设计人的未来。家庭在任何社会都是人们最初社会化的场所，其本身特点也是构成不同人际关系的核心问题，更是中国人人生哲学的现实基点。在中国，家族制度经历了由家庭向宗族、村落发展的趋向，最后导致中国人在纵向上对共同祖宗和家谱的认同，在横向上对各种亲属关系的重视。而在儒家看来，只要能理解3种家庭成员关系，就可能将其引申到所有人际关系当中去。其中，父子代表一切纵向关系，兄弟表示横向关系，夫妻意味着两性间的关系。这种推论法实际上体现了中国传统人际关系在理论上的假设和实践运用之间的连续性和统一性，是可以实施的生活准则。

翟学伟的理论从传统文化对人际关系的影响出发，揭示了中国人人际关系的特殊性，其理论有一定的系统性和说服力，为我们从总体上把握中国人人际关系的一般特征提供了丰富的理论指导，同时也丰富了人际关系的本土化研究。但是，这一理论主要是从社会学的角度进行分析的，对中国人个体人际关系的差异及其心理活动特点没有进行深入地分析。

七、人际关系的测量

人际关系问题是错综复杂而且每个人都无法避免的，它几乎与全部生活内容息息相关，有时更是关乎事业成败。由于人际关系占据如此重要地位而且纷繁复杂，人们希望能够提供一种关于人际关系的测量技术，以便我们对人际关系的真实状态有一个正确的把握，从而改善自己或组织的人际关系。心理学家在这方面也进行了多种形式的探索并取得了一定的进展。下面介绍3种比较常用的方法：

---

① 翟学伟．中国人行动的逻辑．社会科学文献出版社，2001

（一）社会测量法

这种人际关系测量是由美国心理学家莫雷诺（J. Moreno）于 1934 年最先创立的。它是通过群体内各成员之间的接纳或排斥的状况来描述人际关系状况的。社会测量法认为，群体内成员之间相互接纳的人数越多，人们之间的心理距离就越小；反之，成员之间相互排斥的人数越多，人们之间的心理距离也就越大。而心理距离的大小可以反映当前群体内人际关系的状况。这样，人与人之间在作反映不同评价意义的各个方面的肯定性或否定性选择时，实际上反映了人们之间的人际关系状况。我们可以通过考察人与人之间在不同方面进行选择的情况，定量地测量每一个人在某个特定群体内的人际关系状况，也可以测量整个群体的人际关系状况。

社会测量法有多种形式，具体可以根据群体规模的大小和测量的目的进行选择。向被试提出的问题主要有：你最愿意跟谁在一起，首先是谁？其次是谁？你最不愿意跟谁在一起，首先是准？其次是准？提出的人数可以是 1 人、2 人、3 人或多人，如"外出游玩时我最愿意与之在一起的人是，第一（　　），第二（　　），第三（　　）"，然后整理测量所得的结果。如果群体内人数比较多，最好规定选择的人数和确定选择的顺序，规模比较小时（一般是不足 15 人）就没有必要限定选择的人数和顺序了。我们还可以将接纳水平分成 5 个或 7 个等级，要求被试将群体内所有成员按可接纳的等级进行归类，至于每一类的人数不作限定，可以自由选择。测量的结果可以用数字加以整理，并用社会测量矩阵和群体分析图表示出来，这样就可以揭示群体内部的情绪倾向层次和网络，即群体或个人的人际关系状况了。

社会测量法通过图表比较形象地反映群体内的人际关系状况，特别是对松散的非正式群体，这种方法得到了广泛的认同和应用。但是它只能反映外部的、表面的人际关系状况，至于隐藏在情绪倾向背后的行为动机以及群体内各种关系的深层结构和动态发展则无能为力了。此外，由于它是根据问卷得到的资料来确定群体人际关系，易受测量者的主观因素影响，被试在回答问题时，担心其选择被他人知道而引起不必要的人际矛盾，所以其真实性有所保留。

（二）参照测量法

前苏联心理学家彼得罗夫斯基认为，群体内得到人们喜欢的人，不一定就是群体中最能发挥作用或是最有威信的人。在进行人际关系测量时，动机最能反映人际关系的真实状况。通过参照测量法可以把一个人所属的群体内部潜藏的参照群体揭示出来，我们可以了解群体中哪些是有一定影响力的权威人物。而且这种方法巧妙地隐藏了测量的真实目的，人们在不知不觉中反映了自己的真正动机，从而得到可靠的结果。

在进行参照测量时，首先让群体中成员进行书面评价，并把所有对某个成员的评价结果集中起来，放在一个信封内，然后告诉全体成员，大家可以了解别人是如何评价自己的，但是不允许看到对自己所有的评价材料，而只能看到根据自己提名的 3～4 人的评价。一般地，每个人都希望看到他心目中最有威信、最有见解的人对自己作出的评价。通过各成员的提名，可以从中发现群体中最受人尊重与信赖的人，这些人虽然不一定是群体的领袖，但很可能是在群体中起着重要作用并处于群体中心位置的人。

（三）贝尔斯测量法

美国心理学家贝尔斯（Bales）根据"社会行为分类理论"，对群体内的人际关系进行了特征分析。他把人际相互作用的类型划分得小到可以作为实验观察的单位，认为只要考察人们相互作用的全过程，就能测量出群体内人际关系的性质。从大的方面看，群体内相互作用的类型可以概括为两类：一类是以满足对方交往需要、情感需要为目标的，即情感因素。另一类是以得到信息方向或指示为目标的，即功能因素。通过对人与人相互作用的进一步实验研究，他把这种相互作用再细分出 4 类 12 项变量。即肯定情感（支持和赞扬、表示满意、和睦）；否定情感（反对和贬低、表示不满、不和睦）；提出问题（询问资料、征求意见、请求指示）；解决问题（提供资料、表示意见、给予指示）。在不同性质的群体中，这些变量的分布具有不同的特点，在企事业单位中，第三、第四类的功能性因素比较多，而在一个家庭中，第一、第二类的情感性因素比较多。

这种测量方法对小群体有一定的实用价值，它可以观察到小群体内人际关系建立的具体阶段及其特征。但是，它是建立在实验室测量的基础上的，与现实生活有一定的距离，其结论很难推广应用到现实生活中。

第三节 人际沟通

一、人际沟通概述

人际沟通一般指人与人之间的信息交流过程。其过程就是人们采用言语、书信、表情、通讯等方式彼此进行的事实、思想、意见、情感等方面的交流，以达到人与人之间对信息的共同理解和认识，取得相互之间的了解、信任，形成良好的人际关系，从而实现对行为的调节。人际沟通和人际交往是两个不同的概念，"交往的含义比沟通要广泛得多，它不只指人与人之间的非物质性的信息交流，也包括物质的交换，还包括人与人之间通过非物质的和物质的相互作用过程所建立起来的相对稳定的关系或联系。"① 但是，在日常生活的实际应用中，我们并没有加以区别而是常常将这两个概念混同使用。

人际沟通在生活中具有重大的意义。人们只有通过相互的沟通，才能形成相互影响、相互了解，才能达到行动上的协调一致，实现共同的活动目标。人际沟通的作用主要表现在以下两个方面：

首先，沟通是人们能够适应环境，适应社会的必要条件。沟通是人与人之间发生相互联系的最主要的形式。据心理学家估计，人们醒着时大约有70%的时间，都是花在这样那样的沟通过程中的。我们与别人交谈、读书、看报、上课、听广播、看电视等都是在进行沟通。通过信息沟通我们知道周围的许多情况，哪些是有利的，哪些是不利的，从而及时地调节我们的行动，使我们的目标能够顺利实现。同时，通过与别人进行比较以及了解他人对自己的态度和评价，可以使我们更正确地了解和认识自己，提高自我意识水平。实际上，如果人们缺少必要的各种外界刺激，正常生命活动的维持都很困难。心理学家赫伦（W. Heron）等人曾做过的"感觉剥夺"实验就能说明这个问题，将自愿参加的被试关在一个没有光线和声音的实验室里，身体的各个部位也被包裹起来，以尽可能减少触觉。实验期间除了给被试必要的食物外，不允许获得任何其他刺激。虽然每天可以得到20美元的报酬，被试还是难以坚持这种实验3天以上。"感觉剥夺"造成的信息不足将使人无法忍受由此产生的不安和痛苦。

其次，人际沟通有助于人们的心理健康，促进良好个性的形成。人们发现，沟通的缺乏对人们语言能力及其他认识能力都有损害。沟通机会缺乏的孤儿与保持正常沟通的儿童相比，不仅在智力、语言发展水平上明显低于同龄的正常儿童，而且社交能力更差。心理学家经过研究也发现，退休后所以衰老加快，关键在于退休后失去了许多退休前的沟通机会，社会生活的范围和内容都变得狭窄、单调、贫乏。这种变化的直接结果是使人的机体得不到足够的社会刺激。久而久之就会感到孤独、惆怅和空虚，最后导致智力急剧下降，影响整个身心的健康。实际上，人际沟通的时间越长，空间范围越大，往往精神生活就越丰富、越愉快，而缺乏沟通机会的人则往往有更多的烦恼和难以排除的苦闷。

需要提出的是，生活中既有积极的沟通，也有消极的沟通。良好的、积极的沟通有助于一个人的心理健康和更好地适应社会，适应环境。不良的消极的沟通会破坏一个人的心理平衡，造成心理冲突，给人的生活、工作带来不利的影响。因此，我们对沟通的内容和方式应该进行主动性的选择，提高自己的沟

① 章志光，金盛华. 社会心理学. 人民教育出版社，1996

通质量，尽量避免消极的人际沟通。

二、人际沟通过程

人际沟通过程主要由 7 个要素组成，包括信息源、信息、通道、信息接受者、反馈、障碍和背景等。这 7 个要素之间的相互关系，从图 3 - 2 中可以一目了然。[①]

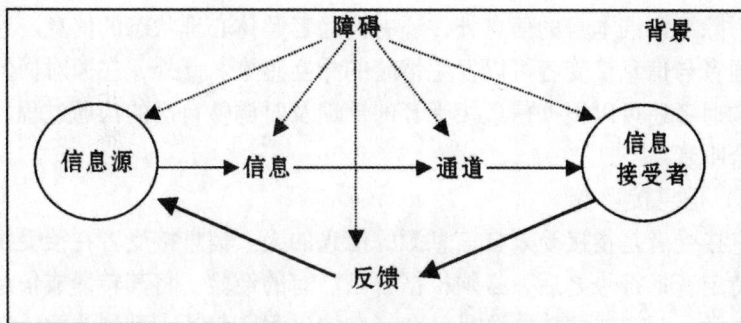

图 3 - 2　沟通过程及其组成要素

（一）信息源

信息源是掌握信息并试图进行沟通的人。他们是沟通过程的发起者，其对沟通对象的了解程度，对沟通目的的明确程度，以及是否采用了接受者所能接受的沟通方式等，都对沟通的结果有直接的影响。因此，作为信息源的沟通者在进行沟通前，首先就要在自己丰富的记忆里选择试图沟通的信息。然后，为这些信息准备合适的载体，如文字、语言或表情等。在沟通过程中还要根据反馈信息不断地进行调整。

（二）信息

从沟通意向的角度说，信息是沟通者试图传达给别人的观念和情感。但是个人的感受不能直接为信息接受者接受，因而它们必须转化为各种不同的可为别人觉察的信号。在各种符号系统中，最重要的是语词。语词可以是声音信号，也可以是形象（文字）符号，因而它们是可被觉察、可实现沟通的符号系统。更为重要的是，语词具有抽象功能，它们可以代表事物、人、观念和情感等自然存在的一切。因此，它们也为沟通在广度和深度上提供了最大的可能性。

---

① 章志光，金盛华. 社会心理学. 人民教育出版社，1996

（三）通道

通道是指沟通信息传达的方式。我们的5种感觉器官都可以接受信息。但最大量的信息是通过视听途径获得的。日常生活中所发生的沟通也主要是视听沟通。

通常的沟通方式不仅有面对面的沟通，还有以不同媒体为中介的沟通。电视、广播、报纸、电话等，都可用作沟通的媒体。但是，心理学家的研究发现，在各种方式的沟通中影响力最大的，仍是面对面的原始的沟通方式。面对面沟通时除了语词本身的信息外，还有沟通者整体心理状态的信息。这些信息使得沟通者与信息接受者可以发生情绪的相互感染。此外，在面对面的沟通过程中，沟通者还可以根据信息接受者的反馈及时调整自己的沟通过程，使其变得更适合听者。

（四）信息接受者

信息接受者是指接受来自信息源的信息的人。信息接受者在接受携带信息的各种特定音形符号之后，必须根据自己已有的经验，将其转译成信息源试图传达的知觉、观念或情感。这是一个复杂的过程，包括一系列注意、知觉、转译和储存心理动作。由于信息源和信息接受者拥有两个不同但又有相当共同经验的心理世界，因此，信息接受者转译后的沟通内容与信息源原有的内容之间的对应性是有限的。不过，这种有限的对应在更多的情况下都能使沟通的目的得以实现。在面对面的沟通过程中，信息源与信息接受者的角色是不断转换的，前一个时相的信息接受者，可成为下一个时相的信息源。在日常生活中，每一个人都必须很好地了解如何有效地理解别人和让别人理解，了解沟通过程中信息的转译和传递机制，只有这样，才能提高沟通的有效性和准确性。

（五）反馈

反馈的作用是使沟通成为一个交互过程。在沟通过程中，沟通的每一方都在不断地将信息回送另一方，这种回返过程就称作反馈。反馈可以告诉信息发送者信息接受者接受和理解每一信息的状态。如果反馈显示信息接受者接受并理解了信息，这种反馈为正反馈。如果反馈显示的是信息源的信息没有被接受和理解，则为负反馈。成功的沟通者对于反馈十分敏感，并会根据反馈不断调整自己的信息。

反馈不一定来自对方，我们也可以从自己发送信息的过程或已发出的信息获得反馈。当我们发现所说的话不够明确或写出的句子难以理解时，我们自己就可以作出调整。对应于外来反馈，心理学家称这种反馈为自我反馈。

（六）障碍

人类的沟通经常发生障碍，因此，分析沟通过程不能不分析障碍问题。我们可以将人类的沟通系统比作电话回路。在电话回路中，任何一个环节都可能出问题。在人类的沟通过程中也有类似的情况。信息源的信息不充分或不明确，信息没有被有效或正确地转换成可以沟通的信号，误用沟通方式，信息接受者误解信息等，都可以对沟通造成障碍。

此外，沟通者之间缺乏共同的经验，彼此也难以建立沟通。来自两种完全不同的文化背景的沟通者是很难有效地交流信息的。其实，即使在同一个国家，不同地区、不同民族也有其独特的文化。足够的共同经验是沟通得以实现的必要前提。

（七）背景

沟通过程的最后一个要素是背景。背景是指沟通发生的情境，它影响沟通的每一个因素，同时，也是影响整个沟通过程的关键因素。在沟通过程中，许多意义是由背景提供的，甚至语词的意义也会随背景而改变。

三、人际沟通的类型与模式

（一）人际沟通的类型

1. 语词沟通和非语词沟通

语词沟通是指以语词符号为媒介的沟通方式。语词沟通是最普遍、最准确也是最有效的一种沟通方式。它可以突破时间和空间的限制而进行大量的信息交流。一个人如果缺乏语词沟通能力，那么将给交往带来巨大的障碍，适应环境也变得十分困难。

非语词沟通是指借助于非语词符号，如姿势、动作、表情、接触及非语词的声音和空间距离等实现的沟通。可以分为3种方式。第一种是通过动态无声性的目光、表情动作、手势语言和身体运动等实现沟通。第二种是通过静态无声性的身体姿势、空间距离及衣着打扮等实现沟通。第三种是通过非语词的声音，如重音、声调、停顿来实现。非语词沟通有时可以带来一些特殊的微妙的效果，如一些言外之意、弦外之音的信息。声调的变化，有时可以使字面相同的一句话具有完全不同的含义。人的面部表情与姿势变化，有时比语言更能表情达意。

2. 口语沟通与书面沟通

口语沟通是指沟通双方借助于口头语言形式实现的沟通，如讨论、洽谈、咨询、演讲等。口语沟通的优点是双方可以借助表情、语调增强沟通的效果，通过及时反馈可以使疑问立即得到解决。它是保持整体信息交流的最好沟通方式。不过，口语沟通中的信息保留全凭记忆，不容易备忘。同时，因口语转瞬即逝，也增加了领会上的困难。

书面沟通是指借助于书面文字材料实现的信息交流。如书信、通知、广告、文件、报刊等都属于书面沟通方式。其优点是可以长期保存，可以反复阅读、推敲和研究，可以委婉地表达思想感情。但是，由于书面沟通缺乏信息提供者背景信息的支持，因而其信息对人的影响力较低。同时也会受到接受者的文化水平的限制。

3. 有意沟通和无意沟通

我们能够意识到的有目的的沟通就是有意沟通。通常的谈话、讲课、写信，甚至闲聊，都是有意沟通。表面上，闲聊好像没有沟通目的，实际上闲聊本身就是沟通目的，沟通者可以通过闲聊消磨时间、排解孤独。若我们没有意识到沟通的发生，但事实上正在与别人进行着信息交流，这种沟通就是无意沟通。这种情况在生活中时时发生。走在大街上，无论来往行人的密度有多大，你也很少与别人相撞。因为你与其他人在走路过程中，随时都在调整彼此的位置。你与其他人在保持着信息交流。事实上，出现在我们感觉范围中的任何一个人，都会与我们存在某种信息交流，只是我们没有意识到而已。这种沟通的广泛性和普遍性有时甚至超出了我们的想象。

4. 正式沟通和非正式沟通

正式沟通是指在正式社交情境中进行信息的传递和交流。在正式沟通过程中，如上课、演讲、工作汇报等，我们都会注意表达上的准确性和语法上的规范性。同时，对于非语词性的信息如衣着、姿势和目光接触等也会十分注意。人们在正式沟通过程中注意自己的行为举止是为了使自己更符合社会期待，期望在别人的心目中留下良好的个人形象，从而有利于信息的接受。

非正式沟通是指在正式沟通之外的信息传递与交流，其特点是私下的、非规范化的，如小群体闲谈、夫妻居家生活等，人们可以畅所欲言，各抒己见。人们有些真实思想和动机可以轻松地表露，行为举止也更接近于本来面目。但是，通过非正式沟通方式传递的信息可靠性差，有助于各种小道消息的迅速传播，人们应该注意对信息真假进行鉴别。

5. 单向沟通和双向沟通

单向沟通是指信息的发送者和信息的接受者的位置不变，一方只发送信息，另一方只接受信息而不进行信息的反馈，如作报告、发指示等。其优点是信息传递速度快，不易受到干扰，保持信息的权威性。但是这种沟通的缺点也是非常明显的，信息发送者无法了解对方是否收到信息，更无法了解对方是否已经理解或曲解了发出的信息。同时，信息接受者无法表达自己的意见和疑问，容易产生不安感和抗拒心理，影响对信息的接受和认同。

双向沟通是指信息发送者和信息接受者相互进行双向交流，及时反馈信息，充分交换意见，直到双方都能了解或满意为止。其优点是信息的传递有反馈，准确性高，同时双方能够充分交流，有参与感，可以促进双方的感情联系从而使信息更容易被接受或认同。但是，这种沟通方式比较花费时间，影响信息传递的速度，有时可能使沟通受到干扰。

（二）人际沟通的模式

巴维拉斯和李维特为了探讨人际关系中个体的相互作用的交往模式，对正式群体中各个成员的沟通网络进行了实验研究。实验中，用有若干小洞的隔板把被试一一隔开，他们之间不许讲话，只能通过纸条跟自己相连接的人交换信息。根据实验，李维特提出了5种有代表性的沟通网络模式（图3-3）。

1. 环式传递

在这个模式中没有核心成员，每个成员之间只构成有限的横向联系，而且每人只能与邻近的成员联系。它的优点是成员之间地位平等，个体的积极性容易调动起来。但是以这种方式来解决问题，其速度比较慢，正确性差，不能发挥关键人物的作用。

2. 轮式传递

这种沟通模式以一个成员或信息为中心，向四个方向传递，但下级成员之间没有横向联系。它的优点是信息传递的速度快，可以发挥领导者的作用。但是由于成员之间没有直接的联系，很难发挥他们的积极性，整个群体的士气比较低落。

3. 链式传递

在这个模式中，信息只能一个接着一个地上下进行传递，如上级单线向下级逐级下达命令，或下级单线向上级逐级汇报情况。它的优点是信息传递的速度快，正确性高。缺点是成员之间缺乏相互的交流，群体积极性差。

4. Y式传递

在这个沟通网络中，先是成员之间进行一对一的联系，然后有的成员有多个的双向联系。它的特征与链式传递相似。传播的速度快，效率高。缺点是抑制了个体成员的主动性和创造性。

5. 全通道式传递

这种模式是每个成员之间都有相互联系，彼此之间平等交往，没有中心人物。它的优点是成员之间可以进行充分的交流，容易调动大家的积极性，成员的满意度高。缺点是不能发挥领导者的作用，信息传递容易受到干扰，效率不高。

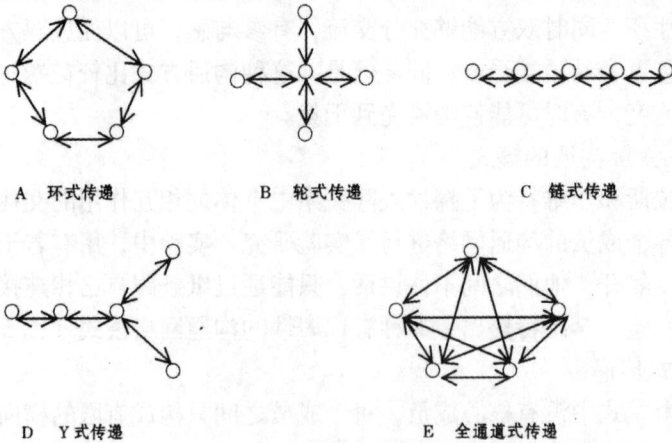

A　环式传递　　　　　B　轮式传递　　　　　C　链式传递

D　Y式传递　　　　　　　　　E　全通道式传递

图3-3　沟通网络模式

在现实生活中，采用哪一种沟通模式效果最好？应该根据任务的不同而采取不同的模式。如果希望上级的命令能够迅速、正确地传递，采用轮式沟通就比较好；如果任务不紧急，又想提高群体内部成员的积极性，采用环式沟通或全通道式沟通就比较好；如果是分层比较多的管理部门，采用链式沟通模式比较有效。各种沟通模式都有优点和缺点，我们只有综合应用才能扬长避短。

四、提高沟通能力的有效途径

与他人沟通既是个体的内心需要，也是社会技能的重要组成部分。建立友谊，组成家庭，教育子女，完成事业等，可以说社会生活时时都离不开沟通。提高个人的沟通能力是每个人的共同愿望，以下是一些有效的步骤和途径。

（一）对自己的沟通状况要有正确的评价

每一个人都有自己的交往范围和交往对象，了解自己的沟通状况是提高沟通能力的前提条件。这种自我评价包括以下3个方面：

（1）对自己的沟通情境和沟通对象进行评价。例如，你一般是在什么样的场合与别人进行沟通的，主要是在家庭还是在学校、是在工作单位还是朋友聚会或者是日常的公共沟通（购物、看戏、出行等）。另外，自己主要与什么样的人进行沟通比较多，他们都有什么样的特点，与自己的关系是怎样一种状态。可以根据自己的情况进行列表，这样可以使自己对沟通范围和对象有一个清晰的概念。

（2）对自己的沟通体验要有正确的认识。当你与别人进行沟通交流的时候，你是处在什么样的情感状态，是轻松愉快还是紧张压抑；你最喜欢交往和最不喜欢交往的人是谁；你最喜欢和最不喜欢在哪种氛围进行交往；在交往中是否经常感到自己的意思没有说清楚；是否与朋友保持经常性联系。对这些问题也要进行仔细的分析以明确自己的社交状况。

（3）对自己的沟通方式进行评价。主要从两个维度进行分析，即沟通主动性和沟通注意水平。沟通主动性是指在与别人进行沟通时，我们是主动进行沟通还是被动接受沟通。主动沟通者与被动沟通者的沟通状况具有明显的差别。主动沟通者沟通对象广泛，沟通内容不拘一格，在短时间内就能与别人建立并维持广泛的人际关系。与他人的沟通也较为充分、及时和有效。而被动沟通者的倾向正好相反。

沟通注意水平是指沟通者对沟通活动的注意投入程度，投入度高对沟通双方起相互支持作用，使其保持较高的注意水平。注意水平高的沟通者，时刻关注自己所发出信息的指向性、准确性和对方的可接受性，对对方的反馈信息也比较敏感。因而，他们能根据反馈调节自己的沟通过程，对对方的沟通形成良好支持，使沟通始终保持较好的对应性。

沟通注意水平低的沟通者，主要是不能很好地注意对方的反馈和给予对方的沟通以充分的反馈支持，即使是自己发出的信息，也往往不能与自己的沟通意图相对应。因此，他们与别人的沟通往往缺乏应有的对应性，沟通过程难以顺利、自然地继续。

（二）提高沟通的准确性

准确是沟通成功的前提，沟通最大的破坏性就是误解。提高沟通的准确性，其前提是要提高自己准确表述事物的能力。只有很好地将自己的意思用明确通畅的语言表达出来，别人才能准确地理解和把握。如果在沟通过程中出现文句不通、错字连篇或者含义模糊、模棱两可，肯定造成双方正常沟通的障碍。要提高自己的表述能力，从语言到思维都要进行多方面的实践训练。同时，在提供信息时，经常站在对方的角度来考虑问题是有效的方法之一。由于人们的经验背景不同，对于同一种符号甚至语词，不同的人在理解上可能存在差异。只有当我们站在别人的角度，体会别人的理解所依赖的情绪和经验的背景时，才可能选择出最能够使别人准确理解我们的语词或其他符号。除此之外，我们对对方的各种反馈信息应给予注意，并据此及时调整自己的沟通方式和沟通内容。

（三）主动运用身体语言

恰当运用身体语言所产生的效果是口头语言所不能代替的。心理学家的研究发现，在两个人面对面的沟通过程中，55％以上的信息交流是通过无声的身体语言实现的。因此，要想提高自己的有效沟通能力，必须自觉、主动而又恰当地运用身体语言。

首先要了解自己的各种身体语言信号与整体的身体语言状况。我们对自己在高兴、欣喜、激动、悲伤、失落、愤怒、生气等各种情绪状态下，身体各部位的语言状况及其相伴随的规律应该有个清晰的表象系统。只有这样，当我们进行具体的沟通时，才能从丰富的身体语言模式库中提取相应的身体符号并自然地展示出来。我们每一个人都可以对自己的身体语言进行观察、定义和解释，并根据不同心态下相伴随的各种身体语言信号建立各种身体语言模型。

其次要对各种身体语言的表现进行自我体验。通过自我体验，人们才能将各种身体语言与自己的真实情绪状态和沟通过程自然、充分地联系在一起，才能使人们有机会对各种身体语言和整体模型进行自我检验，并进行必要的修正。在具体交往中我们会发现这样一种情境，有的人所运用的身体语言非常丰富，但别人总觉得很别扭，很不自然，这就是平时缺乏对身体语言的自我体验，感情符号不能自然流露的结果。

最后是在实际的人际沟通过程中对各种身体语言行为和整体模型进行反馈性调整，使其更加有效。主要任务是考察别人对我们身体语言行为的理解与我们自己的解释是否一致。如果存在着很大的差别，那就意味着我们需要修正自我定义。当然，存在着一定的差异也是正常的，因为每一个人都有不同的文化背景、社会经验等。

（四）注意沟通情境的同一性

俗话说："看菜吃饭"、"到什么山唱什么歌"。根据不同的沟通情境及时地调整自己的角色行为是非常必要的。对应于每一种社会情境，人们都有与自己社会身份相符合的行为模式。如果我们的角色行为符合当时的特定情境，我们就会得到周围人们的接纳和认同，我们的沟通才会有效果。社会心理学称这种现象为情境同一性，其实质就是社会角色与情境对行为的限制问题。一个人在特定情境中的行为，如果与自己的社会身份或社会角色相符合，则有恰当的情境同一性，反之，则被认为是情境同一性混乱。情境同一性所包含的内容是非常广泛的，从用词的选择到语音语调、从身体姿势到交谈的距离，无不需要与情境相协调一致。其中又包含丰富的文化内涵，一个人只有多阅读、多实践才能掌握其中的精髓。

（五）进行适当的自我暴露

人们在进行沟通的时候，总是免不了谈到自己的一些真实情况，也就是把自己的信息、内心观念和情感等暴露给对方。良好的人际关系是在交往双方的自我暴露逐渐增加的过程中发展起来的。一个从不自我暴露的人很难与别人建立密切的关系，但是不能说一个人在沟通的时候自我暴露越多越好。有时候过度的自我暴露会引起对方的焦虑和警惕甚至怀疑，导致采取心理上的自我防卫，从而加大了双方的心理距离。对于不同的沟通对象，在不同的关系发展阶段，自我暴露的深度和广度都是不同的，在实际交往中要注意好分寸。心理学研究表明，理想的模式是对少数的亲密朋友可作较多的自我暴露，对于普通朋友作中等程度的自我暴露。当我们主动而适当地提高自我暴露的程度时，对方也会给予回报或模仿，从而使双方的关系更为密切。

（六）通过一些技术性训练来提高沟通技能

心理学上经常运用一些综合性训练方法，如敏感性训练和角色扮演等来改善人们的自我意识水平、移情能力和社交技能，从而提高人们的沟通效果。

1. 敏感性训练

敏感性训练主要是以非指导性的方式为参与者提供真实体验的情境。通过组织者的精心安排，使参与者有机会表达和体验自己在众人面前的感受，同时学会准确掌握、理解和评价别人的情绪状态和行为的意义，并在别人真实的反馈调节中，作出积极的反应。这种过程是循序渐进的，开始时人们可以先谈论参加这种活动的意图以及自己的一些兴趣等。随着沟通的深入，人们会逐渐了解别人对自己的问题或当时的表现怎样反应。当团体成员之间的信任感和真诚的气氛建立起来之后，参加者才敢于表露自我的本来面目，并在其他成员的支持下理解并接纳真正的自我。敏感性训练有各种形式。开展最普遍的是训练团体或称 T——小组。它的活动方式主要是语言交流，这类团体通常由 5～15 人组成，包括一名心理学家。训练期限可以是 1～4 周。

2. 角色扮演

角色扮演主要是让参与者充当或扮演某种角色，使其站在一个新的角度去体验、了解和领会别人的内心世界，理解自己反应的适当性，以此来增加扮演者的自我意识的水平、移情能力，并改变其过去的行为方式。这样在今后的社会交往活动中，我们会比较容易地"将心比心"，多从对方的角度出发考虑问题，有利于问题的解决和达到沟通的目的。

第四节　人际吸引

一、人际吸引的理论介绍

（一）社会交换理论

社会交换理论认为，人们如何看待他们的关系主要取决于人们对关系中回报与代价的评价与体验。我们总是希望以最小的代价来换取最大的报酬，这种报酬可能是物质的，也可能是精神的，或者两者兼而有之，就像生意场上人人都希望一本万利一样。一个人能提供的社会回报越多，我们就越喜欢他。但是，如果我们得到的回报总是大大超过自己的付出，这种关系也是不会长久的，因为对方同样在进行回报与代价的评估，当他觉得付出太多而报酬太少的时候，他就会终止这种不平衡的关系。所以，人们希望在交往中自己的代价和报酬能够保持平衡，投入与支出相符。同时也是以此来衡量人际吸引力的大小。在现实生活中，如果交往的代价与报酬是相等的，或者觉得有所收获，那么交往的另一方对他来说就具有吸引力，就愿意继续交往下去。反之，对他而言，就会失去交往的欲望和动机，人际吸引力也就不存在了。

人际吸引之间的交换是非常复杂的，人们的交往能否继续主要取决于对回报进行比较的结果。当人们感到满意的时候，就会表现出对交往的积极态度。在交往过程中期望的高低也会影响人们对交往得失的评价，有的人希望在他们的关系中付出较少代价而获得较多回报，当这种关系无法达到期待中的标准时，他们就会感到不快。相反，那些期望标准较低的人，在同样的关系中会很高兴，因为他们认为某些关系的维持需要付出较高的代价。由此可见，人们对回报与代价的评估是非常主观的，受情感的因素影响很大，有时候心理上的满足更是我们所期待的。

（二）相互作用理论

相互作用理论强调的是交往双方之间的相互影响、相互制约对人际吸引的影响。就像中国人常说的"礼尚往来，来而不往，非礼也"。这种人际吸引之间的互动关系在生活中是非常普遍的，当一个人对对方表示友好、热情等积极的交往方式时，如果对方也给予相应的积极反馈，则他们之间就形成了良好的人际互动关系，认为双方都有吸引力。相互尊敬、相互喜爱、相互称赞、相互报答等这些都是积极的相互影响。与此相反的是，如果一方以冷漠、回避的方式对待另一方，原来的关系就会受到损害。这种消极性反馈就会影响两人之间的继续交往从而导致关系的破裂。

（三）得失理论

得失理论又称为"得失效应"。在人们的交往过程中，对方态度的变化特点会影响我们对此人的喜欢程度，当我们认为是"得"的时候，就会更加喜欢此人，当我们认为是"失"的时候，对此人的好感就会降低。心理学的研究表明，在人际关系中，我们最喜欢的是开始对我们讲坏话然后再慢慢地改变成讲好话的人，而自始至终都对我们讲好话的人并不是我们最喜欢的人。因为对第一种人的评价中我们觉得有所"得"，看到别人对自己的看法由坏变好并最终得到接纳，这一点是非常有吸引力的，而且我们更容易相信这种态度的转变是真诚的。我们对这样的人的喜欢程度会比那些一直说我们好话的人高。相反，我们最不喜欢的人就是开始讲好话而后面又讲坏话的人，这种"失去"好感的态度会让我们感到更加不愉快，因为它与我们的期待正好相反。

得失理论强调，在交往中别人对自己的评价有所改变时，更能影响自己是否喜欢那个人的态度。当我们"得"到对方的赞扬、尊重和喜欢时，我们就会乐意与他建立和保持良好的人际关系。如果我们得到的是厌恶、批评和指责，我们就会"失"去进一步交往的动机和欲望，导致人际吸引的反面——人际排斥。

（四）强化理论

强化理论认为，人们交往的结果可以通过反馈来强化下一步的交往行为。强化有正强化与负强化之分，人际环境的不同刺激可以增强、减弱或消除某种行为产生的频率。这个过程借助于奖励、惩罚等强化方式来实现。我们得到的是正强化还是负强化，主要是基于其所引起的肯定或否定、满意或不满意的情感评价，以及由此激发的对交往者喜欢或厌恶的程度，产生好感或厌恶的情绪。如果得到的是肯定评价，就会产生对对方的好感或喜欢；如果得到的是否定评价，就会产生对对方的反感或厌恶。如果这种结果多次反复出现，我们就会形成一种稳定的交往印象，这种心理定势是很难一下子改变的。

拜恩（D. Byrne）和克洛拉（G. L. Clore）的情感强化理论认为，人际吸引的大小和奖罚有相应的关系。如果交往行为带来的结果是奖励，如表扬、称赞、报答等，就会引起对方喜爱，产生愉快的情绪体验，这个行为在一定程度上得到了强化，人们在进一步的交往中就会变得更加积极主动，双方的人际吸引也在不知不觉中得到提升；相反，如果交往行为带来的结果是惩罚，如批评、讽刺、嘲笑、谩骂等，则会产生对对方的厌恶和反感，减弱或失去与对方交往的热情，这种负强化使人们丧失了进一步交往的积极性和主动性，人际吸引变得无踪无影了。实际上，我们一般都会喜欢给予我们奖励的人，而不喜欢给予我们惩罚的人。

二、个体的特征与人际吸引

（一）才华的吸引

在其他条件相等的情况下，一个人越有才华，他就越受到人们的喜欢，也就是越有吸引力。"人以类聚，物以群分"，当我们周围都是才华出众的人，别人认为我们也不会是普通的人物，这也是一种"光环效应"。此外，跟具有非凡才华的人交往，我们可以学到许多知识和经验，我们可以少犯错误。但是，当一个人的才华与我们相差很大，让我们感到可望而不可即的时候，这种差距就会变成一种压力，促使我们敬而远之。因为与这些人的交往总是衬托出我们自己的无能和低劣。这就不难理解为什么在一个群体中，最有才华、最有创造性的成员往往不是最受喜欢的人。所以，我们喜欢有才华的人是有一定的限度的，在人们可以接受的限度内，越有才华就越有吸引力，人们就越喜欢。超过一定限度的时候，人们便倾向于逃避或拒绝，其吸引力就会下降。

拥有非凡才华的人会使我们感到不安，这种人看上去似乎是不可接近的、远离我们的超人。然而，当这些人偶然犯错误的时候，我们又可以接受和喜欢了，因为这样使他更接近于普通人，与我们的距离拉近了。阿伦森（L. P. Aronson）等人进行了这方面的实验研究，给大学生被试呈现4种人的讲话录音，在实验中提供了4个条件：①才能出众而犯了错误的人；②才能出众而未犯错误的人；③才能平庸犯了错误的人；④才能平庸未犯错误的人。才能出众的表现是正确回答了难度很大的许多问题，犯错误的表现是不小心把咖啡洒到新衣服上。然后让被试评价哪一种人最有吸引力，他的喜欢程度最高。结果表明，才能出众但有错误的人被评价为最有吸引力；才能平庸而犯同样错误的人被认为最缺乏吸引力；才能出众而没有犯错误的完美者吸引力为第二位；平庸但没有犯错误的人吸引力居第三位。由此可见，能力非凡的人富有吸引力，难免犯错误而又能力非凡的人更具有吸引力，这一现象被称为"犯错误效应"。

（二）外貌的吸引

人们在交往的时候，总是在提醒自己"人不可貌相，海水不可斗量"，然而，美丽的外貌对人的吸引是很难抗拒的。爱美是人类的天性，无论在哪种文化背景下，美貌都是一种财富，都令人向往。同时，与漂亮的人进行交往，也会让我们觉得荣耀和光彩，特别是在与异性交往时表现尤其显著。心理学研究表明，一个男人与漂亮女人在一起还是与不漂亮的女人在一起，他所得到的评价是不一样的，人们更喜欢与漂亮女人在一起的男人，当然，如果评价者与被评价者有竞争的体验和感受又另当别论。由于光环效应的影响，人们还常常把美貌与好的个性品质对应起来，如聪明、大方、活泼、开朗等，有吸引力的人即使犯了错误也容易得到人们的宽容。按照这样的推理，我们就更愿意与漂亮者进行交往了。其实，我们从小就受到这种经验的影响，像白雪公主、灰姑娘、睡美人以及她们所喜爱的王子，不是天生丽质就是健美苗条，她们的个性品质更是孩子们学习的榜样。现在电影电视中的主角们同样在强化我们的这种错觉——拥有外貌吸引力的人同时也一定具备良好的人格特质。

外貌的吸引力还会影响人们对其他事情的判断。戴恩（K. K. Dion）和她的同事给大学生看3个大学生的照片：一个是外貌姣好，姿色出众；第二个是相貌一般；第三个则相貌丑陋。要求被试根据 27 种人格特质作出评价，并要求被试估计他们三人未来是否幸福。结果是无论什么人进行评价，最合人心意、最美满的预言都在外貌富有吸引力的人身上。他们还对儿童进行了类似的实验，结果表明甚至在幼儿园时期，儿童对外貌的吸引力就有反应。研究结果表明，有吸引力的男孩比无吸引力的男孩更受其他孩子的喜爱，此外，孩子们还认为无吸引力的男孩比有吸引力的男孩具有更强的攻击性。

（三）个性品质

一般地，我们总是愿意与具有优良品质的人进行交往。与这种人交往使我们具有安全感，同时可以得到适当甚至很好的回报。具有良好个性特征的人的吸引力是持久、稳定和深刻的。在其他方面一样的情况下，我们更愿意和诚实、正直、乐于助人、友好和善的人进行交往。安德森（N. Anderson）曾进行的研究表明，得到人们评价最高的品质是真诚、诚实、理解、忠诚、真实等，而评价最低的是说谎、虚伪、作假、邪恶、冷酷、不诚实等。西方心理学家认为，待人热情是决定喜欢的一个特别重要的品质。福尔克斯（V. S. Folks）等人进行的一系列实验证明了这样一种结论，即"喜欢别人的人最受别人喜欢"。他们要求被试阅读和听一些谈话、调查报告，然后评价列在长长单子上的问题。这种谈话或调查报告的主人翁被有意设计成喜欢别人或不喜欢别人。问题回答的结果表明"喜欢别人的人最受人喜欢"。他们的解释是，当材料中的主人翁喜欢一些人的时候，人们对他们持积极、肯定的态度，并且赞美和称颂他们，而不是轻视、厌恶或者说他们的坏话，于是来自积极的肯定评价就会激起人们的热情，热情容易导致吸引。

个性品质对人们交往的影响与前面提到的外貌的吸引并不矛盾，外貌的因素主要是在交往的初期具有强烈的影响。随着交往时间的延长，吸引力的决定因素将从外在的仪表逐渐转为人们内在的个性品质。平时我们经常说外表美是一时的，而心灵美才是长期的，实际上这里的心灵美有一部分内容就是指人们的个性品质。

三、相似、互补与人际吸引

除了外貌与个性品质之外，人际吸引的深度和广度还要受到态度、信念、兴趣等的相似性和需要、气质等的互补性的影响。

（一）相似性

在朋友的生日聚会上，当你与一位陌生人交谈之后，发现你们在电视、文学、球赛甚至烟酒等方面的态度存在惊人的相似时，你们是否有一种相见恨晚的感觉？对于一个人来说，如果你了解到对方的观点与你的观点越接近，你就越喜欢这个人。美国心理学家纽卡姆（T. Newcomb）对 17 名大学生的交友过程进行了近 4 个月的跟踪研究，让这些互不相识的学生住在同一间宿舍里进行观察，看一看哪些人最终会成为亲密的朋友。调查结果发现，在见面的初期，多是住在附近的人成为好伙伴，后来，态度的相似逐渐成为吸引的主要因素。当交往双方的一致性程度增加时，认识深度和吸引力也在逐渐增强和深化。

阿伦森是这样解释这种现象的：① 一是与我们观点相同的人使我们的观点得到了一种社会性的证实，就是他们使我们产生了"我们是正确的"这种感觉，这是一种酬赏，因此我们喜欢与我们意见一致的人。二是某人在某个问题上与我们不一致，我们很可能推论说，此人个性不好，而不是我们错了，因为我们认为这个人对那一问题的意见表明他是我们过去曾见过的那种令人不愉快的、不道德的蠢人。但是，如果某人放弃了原来的观点转而支持我们的立场，我们就会更加喜欢这个人。阿伦森认为，人们在诱使某人改变观点时，感到自己是有能力的，从而克服了因为此人最初持有某种"可怕"的观点而不喜欢他的倾向。西格尔的实验也说明了这样的观点，如果一个问题对人们来说十分重要，那么要是他能使一个"反对者"改变意见而和自己的观点一致，他宁愿要那个"反对者"而不要一个"同意者"。也就是说，人们喜爱改变观点者甚于喜爱一向忠实于自己观点的人。

除了上面提到的相似性之外，还有很多方面的相似性同样影响到人际吸引。既有内部倾向性的方面，如态度、信念、兴趣、爱好、价值观等的相似；也有外部的身份特征，如年龄、性别、学历、经历、阶层、民族、宗教、行业、国籍等的相似。在现实生活中，行为动机、立场观点、处事态度、个人嗜好一致的人就比较容易建立亲密的人际关系。在许多相类似的条件中，态度特征、对象身份、社会背景和文化程度的相似性是最重要的影响因素。

（二）互补性

互补性的吸引在生活中也是常见的，依赖性强的人会被喜欢照顾别人的人所吸引；害羞的人会喜欢外向而好交际的人；健谈的人会迷上相对安静的倾听者。在某些谈论婚姻家庭的书中，人们得到了一些男女关系互补的建议，如气质上的互补是"水火相容"，能力上的互补是"男耕女织"，性格上的互补是"刚柔相济"。这些情况表明，当交往双方的需要和满足途径正好成为互补关系时，双方之间的喜爱程度也会增加。与互补性相似的一种现象是补偿作用，当别人所拥有的正是我们所缺少的时候，我们会增加对这个人的喜欢程度。

交往的互补性是指双方在交往的过程中获得相互满足的心理状态。它是构

① 阿伦森. 社会性动物. 郑日昌等译. 新华出版社, 2002

成人际关系的重要因素之一。但这种互补性不是无条件的，它必须建立在双方相同的信念、理想和价值观上，因为只有人们的世界观、价值观和人生观存在一致性，才会导致真正的吸引，只有这样，当双方的需求或个性能互补时，才能形成强烈的吸引力。而且，人际吸引中的互补因素，主要发生在交往较深的朋友、恋人、夫妻间。曾有心理学家访问了大学生，研究从朋友到夫妻关系的演变过程。结果发现，在初交时，距离因素、外貌因素及社会资源（如经济地位、职业、学历、文化背景等）都是构成人际吸引的重要因素。在结交后两人的态度、信仰、价值观、人生观、世界观等方面的相似显得更为重要。在前期的友谊和婚姻阶段，双方在人格特质上的互补，在要求上的互补，具有举足轻重的作用。如双方均有互补的需要，而又各自从对方获得需要的满足，如此形成彼此相依的情形，增强了人际间的吸引力。[①]

四、情境因素与人际吸引

人们之间的人际交往是在一定的社会背景下进行的，离不开情境因素的影响。这些情境因素主要包括人际间的空间距离、交往频率以及个体的情境体验等。

（一）空间距离

生活的时空性决定了我们只能与空间距离较近的人有密切的来往，距离越接近，交往的频率可能就越高，越容易建立良好的人际关系。在日常生活中我们也发现，大多数人选择的配偶是同一单位中的人，或是邻居，或是同一工厂工作的同事。在我们的交往对象中，机会最多的是自己的同学、同事、朋友、同乡、近邻等。费斯汀格（L. F. Festinger）等人曾对同一楼层里彼此成为亲密朋友的情况进行了研究，结果表明，人们交往的次数与距离的远近成反比关系，两人住得越近，越容易成为朋友，不住在同一层、同一楼的减少了成为朋友的可能性。两家相距 6.71 米者容易成为朋友，而那些距离在 6.71 米以上者，很少能成为朋友。同时他还发现，41% 的邻居表示他们是亲密朋友，22%隔间而居的人声称他们是亲密朋友，而相隔门厅而居的只有 10% 的人认为他们是亲密朋友。

针对以上的现象，心理学家进行了不同的解释。一种认为离得近的人对我们更有用，就像中国古语所说的"远亲不如近邻"。日常生活中总有需要相互帮助的时候，一旦我们有求于人，距离越近就越能节约时间和精力。另一种是心理期待作用，人们总是希望自己周围的人际关系友好和睦而且令人愉快。毕

---

① 郑全全，俞国良．人际关系心理学．人民教育出版社，1999

竟是"低头不见抬头见",这样我们就有了交往的积极性和主动性,而且对邻居也会作出积极性的评价,夸大邻居的积极品质。邻居反过来又作出积极的反馈,随着交往机会的增多,相互熟悉程度的提高,彼此互有好感,人际吸引就会增加。但是,我们也应该注意到,空间距离这种物理因素并不是影响人际关系的主要因素。

(二) 交往频率

交往频率是伴随空间因素出现的影响因素之一,当人们的交往机会增多时,相互刺激的机会也会增多,重复呈现的次数越多,越容易形成较密切的人际关系。扎琼克(R. S. Zajonc)在1968年曾经进行了交往频率与人际吸引的实验研究。他将被试不认识的12张照片,随机分成6组,每组2张,按不同次数展示给被试:第一组2张只看1次,第二组2张看2次,第三组2张看5次,第四组2张看10次,第五组2张看25次,第六组2张被试从未看过。在被试看完全部照片后,实验者再出示全部照片,另加从未看过的第六组照片,要求所有被试按自己喜欢的程度将照片排成顺序。实验结果发现,照片被看到的次数越多,被被试选择排在最前面的机会也越多。

莫尔兰(Moreland)等人通过在一个学院大教室安插女助手以考察这种呈现频率的效应。女助手们并不与教授或学生进行交谈,她们只是进去坐在第一排让所有的人都能看见。她们上课的次数有意地进行不同的安排。在学期末,研究者向班上的学生展示这些女助手的照片,让学生们就对她们的喜爱程度进行评价。结果表明,出现频率越高的女性,越得到学生的喜欢。熟悉度确实能增强人们之间的吸引力。

实际上,上面的实验仅仅是从对方出现的次数进行考察的,并没有进行真正意义上的相互交流。当我们彼此交往机会增多时,自我暴露和相互了解的程度也会增加,误解和偏见可以得到消除,形成共同的见解和经验,相互间的吸引自然得到加强。在人际关系中,我们强调多沟通的必要性正在于此,特别对于素不相识的人来说,交往频率在人际关系建立的初期起着特别重要的作用。

(三) 交往氛围

交往的氛围与人际吸引是相互影响、互为因果的。在相互喜爱、相互吸引的交往对象之间自然形成融洽的社交氛围,处在平等、自由且具有安全感的人际情境中,我们更愿意进行主动的交流与沟通,起到中介作用的是人们对交往的情感体验。因此,人与人之间的交往体验也是导致人际吸引的一个重要因素,这种体验着重表现在交往者对交往对象的态度上,我们喜欢那些能给我们带来愉快或惬意体验的人。如果一个人的存在让你感到担心、失望甚至气愤,你会想办法尽快离开这样的情境,更不用说交往和吸引了。

在日常生活中，个人的情绪体验是受多种因素影响的，如光线、气温、噪声以及卫生条件等都会左右我们的情绪，而这些情绪反应又影响到人际间的吸引力。梅（May）和汉密尔顿（C. V. Hamilton，1977）的实验研究就证明了不同的音乐背景对人际吸引力的影响。他们以女大学生为被试，首先测定她们最喜欢和最不喜欢的音乐，然后请她们评定男性陌生者的照片，在评定过程中播放不同的背景音乐作为衬托。结果发现，当碰到她们喜欢的音乐作为背景时，照片中的人物被评价为吸引人的；当用她们不喜欢的音乐作为评价背景时，照片中的人物往往被评定为最不吸引人；而在没有音乐背景配合时，吸引力的大小介于上述两种情况之间。

个体的体验不仅受物理环境的影响，同时还受到个人的知识、经验、个性等因素的影响，总之是带有强烈的个人主观色彩。在现实生活中，我们应当看到个体的主观体验确实影响着我们对一个人的评价。当我们作为社交活动的组织者或主导的一方时，应当注意环境布置的细节问题，使客人们能在清洁舒适、平等友好的场合中畅所欲言。同时，在具体的交往场合中，我们自己又要发挥理智的、能动的调节作用，尽量客观地评价交往对象，不要受环境氛围的困扰和迷惑。

五、亲密关系与爱情

（一）亲密关系

当我们在茫茫人海里，在寻寻觅觅中碰到了情投意合的人时，我们会期望着与他或她成为知心朋友甚至爱人，希望获得长久的亲密关系。虽然不可能与很多人发展亲密关系，我们总希望生活中多一些知心朋友，无论从维护心理健康的角度还是从提升生活质量的角度，亲密的朋友是人生必不可少的。在亲密交往中，我们会得到对方的接纳和喜欢，体会到人世间的安全与温暖，有足够的信心和勇气应对所面临的困难和挫折，同时表现出积极的生活态度与蓬勃向上的生命力。反之，如果一个人经常受到他人的排斥与拒绝，会产生强烈的内心冲突与不安全感，而长期的内心冲突与不安全感则可能导致心理的异常。

亲密的反面是疏远，两者构成了人际关系的两个极端，在这之间还有许多不同等级的关系状态。如陌生、见过面、知其名、点头之交、有所交谈、能够合作、友好相处等。当然，在实际的人际关系中总是陌生关系最多，一定程度的亲密关系和排斥关系较多，极为亲密的关系和绝对排斥的关系最少。一旦亲密关系形成，它具有以下几方面的特征：[①]

---

① 沙莲香．社会心理学．中国人民大学出版社，2002

（1）相互依赖，即双方的思想、情感和行为相互影响。例如，当一方生气时，另一方也会闷闷不乐。

（2）共同活动。关系密切的双方来往频繁，喜欢经常待在一起。

（3）自我与密切伙伴之间的界限被打破，对方成为自己个人心理自我的一部分。双方有很深的情感卷入和高度的相互依赖。

（4）交往动机的转变，由注重交易转变为共享。

（5）亲密感，表现为广泛的自我暴露，相互理解，相互关心，相互接纳。

（6）承诺。双方对关系的投入与承担是关系延续的主要因素，双方都会表现出自己是可靠的、负责的、可以信任的。

（二）爱情

爱情是一种特别的亲密关系。在文学领域中爱情是永恒的主题，是作家们永远抒不完的情，做不完的梦。在人们的心目中，爱情是一个美妙、神奇、令人向往同时又是神秘莫测的东西，不少感受过爱情喜悦的人，往往也品尝过爱情的苦涩。心理学家对这一充满诱惑力的领域也进行了一系列的研究，从爱的内涵到爱的种类，从爱的模式到爱的测量都进行了富有启发性的探讨。

哈特菲尔德（E. Hatfield）把爱情区分为友谊式爱情和狂热式爱情，或者叫做同情的爱和激情的爱。同情的爱被界定为不带有生理欲望和激情的朝向他人的亲切和关爱的情感。[①] 人们可以在非两性关系如友谊中体验到同情的爱，那些不再有狂热和激情的情侣在共享他们的亲密关系中也会体验到这种同情的爱。激情的爱伴随有对所爱的人的一种强烈渴望，伴随有生理欲望的冲动体验，当所爱的人出现时我们会感到气短、心悸等。

斯腾伯格（R. J. Sternberg）通过实验研究的结果提出了爱情三角形理论。他认为爱情由 3 个基本成分组成：亲密、激情和承诺，并把这 3 种成分形象地比喻为爱情三角形的 3 个顶点。[②]

（1）亲密成分：是指在爱情关系中能促进亲近、结合等体验的情感，可以看作是部分而非全部地来自关系中的情感性投入。它包括如下内容：改善所爱的人的福利的愿望；与所爱的人在一起体验到快乐；对所爱的人高度地关注；在需要帮助时能指望所爱的人；互相理解；分享所爱的人的自我和所爱的人的所有；接受来自所爱的人的情感方面的支持；对所爱的人提供情感方面的支持；能与所爱的人进行亲密的沟通交流；重视对方在自己生活中的价值。

（2）激情成分：是指能引起浪漫恋爱、体态吸引、性完美及爱情关系中

① 王沛. 实验社会心理学——理论、方法、实践. 甘肃教育出版社，2002
② 李朝旭. 斯腾伯格爱情的三角形理论述评. 广州师范学院学报（社会科学版），1996（3）

其他有关现象的一种驱力。或者说，该成分就是在爱情关系中能引起激情体验的各种动机性的唤醒源以及其他形式的唤醒源。可以看作是大部分而非全部地来自关系中的动机性卷入。它包括一种激烈地渴望与另外一个人成为一个统一体的状态。其中，性的需要是引起这种激情体验的主导形式，除此之外，诸如自尊、养育、亲合、支配、服从以及自我实现等需要也是唤醒源。

（3）承诺成分：一是指在短期内一个人作出了爱另外一个人的决定；二是指长时期内那些为了维持爱情关系而作出的承诺或担保。可以看作是大部分而非全部地来自关系中的认识性的决定。以上两个方面不一定同时具备。爱的决定并不意味着对其承诺，有时候承诺也不一定意味着作出决定。然而，无论是在时间上，还是在逻辑上，大多数的情况都是决定成分优先于承诺成分。

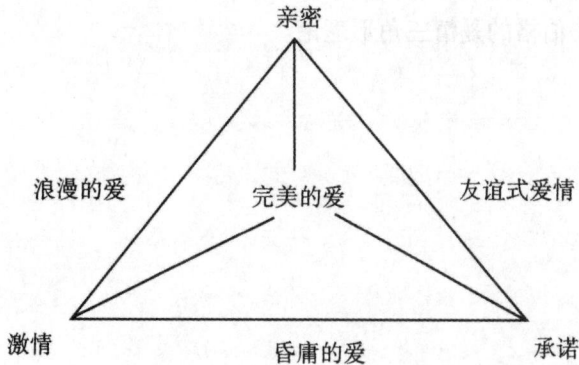

亲密

浪漫的爱　　　完美的爱　　　友谊式爱情

激情　　　　　昏庸的爱　　　　　　　承诺

图3－4　斯腾伯格的爱情三角形理论

如图3－4所示，3种不同的成分可以出现不同比例的组合，这样就得到7种不同类型的爱情：①喜欢—只有亲密；②迷恋—只有激情；③空洞的爱—只有承诺；④浪漫的爱—亲密与激情的结合；⑤友谊式爱情—亲密与承诺的组合；⑥昏庸的爱—激情与承诺的组合；⑦完美的爱—同时包含3种成分。斯腾伯格的理论为我们认识爱情的模式提供了新的维度，对爱情量化的可能性进行了有益的探索，同时也有利于我们妥善处理自己生活中的爱情关系，对理性地分析婚姻、家庭等也提供了一定的帮助。但是，由于爱情关系的复杂性和情感性，这样的理论还是不足以揭示爱情的内涵与规律的。

复习与思考

基本概念

人际关系　社会关系　人际需要　符号相互作用　社会交换　社会测量法
人际沟通　敏感性训练　人际吸引　爱情

思考题

1. 什么是人际关系？它具有哪些方面的特征？
2. 人际关系的建立一般要经历哪几个发展阶段？
3. 人际沟通由哪些要素组成？如何提高人际沟通能力？
4. 个体特征与人际吸引有何关系？
5. 叙述斯腾伯格的爱情三角形理论。

第四章　社会态度

第一节　态度的一般概念

一、什么是态度

态度是社会心理学的核心概念，心理学家墨菲（G. Murphy）和纽卡姆（T. M. Newcomb）曾经写道："在社会心理学的全部领域中，也许没有一个概念占据的位置能比态度更接近中心的了。"[①] 更有人认为，社会心理学就是"研究态度的科学"。[②] 事实上，我们社会生活中的许多行为，如了解他人的立场，告诉他人我们的观点，说服他人改变原先的看法等，都与态度有关。而且，态度对于理解偏见、种族歧视、消费者行为、人际吸引等社会心理现象都十分重要。

但是，对于什么是态度，社会心理学界却从来没有统一，态度概念一直处于众说纷纭之中。我们认为，通过叙述态度概念的由来以及介绍态度的各种界

---

① Robert. A. Baron & Byrne, *Social Psychology*. Allyn and Bacon, 1994，p. 130

② W. I. Thomas & F. Znaniecki, *The Polish Peasant in Europe and America*. 2. vols. New York：Alfred A. Knopf, 1927. 转引自周晓虹. 现代社会心理学. 上海人民出版社，1997

说，对于人们正确理解态度的内涵及基本特征会有所帮助。

（一）态度概念的由来

从语源上说，英语态度一词 attitude 来源于拉丁语 aptus，其基本含义有二：一是指行为的主观或心理的准备状态，二是指雕塑或绘画作品中人物外在的和可见的姿态。其中，第一种含义与现代社会心理学中的态度概念最为接近。①

1862 年，英国社会学家斯宾塞（H. Spencer）和培因（A. Bain）率先使用态度概念，在他们看来，态度是一种先有之见，是把判断和思考导引到一定方向的先有观念或先有倾向。而心理学家朗格（C. Lange）1888 年有关反应时间的实验可以算是涉及态度最早的实验研究。朗格在实验中发现，被试若将注意集中在反应动作上，其反应时间要比将注意集中在刺激上的反应时间短。这个实验说明，有精神准备和没有精神准备，其反应时间是不一样的，换言之，人的精神准备影响了人对刺激的反应。继朗格之后，许多心理学家对这一现象十分感兴趣。他们进行过许多研究，并提出了种种概念来解释这一现象，如瓦特（H. J. Watt）的"课题志向"、马尔倍（K. Marbe）和欧尔特（J. Orth）的"意识态"、欧哈（N. O'ch）的"决定倾向"等。这些研究，为社会心理学中态度概念的流行和应用准备了条件。

态度真正成为社会心理学中引人注目的概念，是从托马斯（A. Thomas）等人的研究开始的。1918 年，托马斯等人在研究波兰移民问题时，为了说明社会环境的变化对个人行为的影响以及个人与社会之间的关系，明确地使用了态度一词，托马斯认为态度就是"动作的趋向"。由于当时正值麦独孤的本能说受到挑战，所以托马斯提出的态度概念得到了许多心理学家的欢迎。而此后不久，心理学家瑟斯顿（L. L. Thurstone）发展了态度的测量方法，这更加推广了态度概念的实际应用。但这一时期也出现了滥用态度概念的情况。鉴于这种情况，奥尔波特（G. W. Allport）认为，必须尽量缩小态度概念的使用范围。奥尔波特（1935）将当时有关态度的各种定义划分为 6 类，并在此基础上总结归纳出 6 个要素：①结构，态度是人对于适应环境状况和对象的整体生命结构；②行为的准备状态，态度是对于某种活动的准备状态；③心理基础，态度及其实际行为的准备状态是社会行为重要的心理意识因素；④持续性，态度是人用特定方式对有关对象或状况给予持续性反应的心理准备状态；⑤学习性，态度是经验保持的结果，具有后天获得的倾向性；⑥评价性，态度是对于环境事物趋离行为的意向，因此它具有肯定或否定的价值评判性。基于上述归纳，

---

① 周晓虹. 现代社会心理学. 上海人民出版社，1997

奥尔波特认为，所谓态度是在经验基础上组织起来的一种心理和神经的准备状态，它对个人的反应具有指导性或动力性的影响。奥尔波特的这个定义曾一度被社会心理学界认为是态度的经典定义。

（二）态度概念的各种界说

尽管奥尔波特对态度概念进行了归纳和整合，但对于什么是态度，直到现在人们依旧各有各的理解，存在各种不同的界说。这一方面反映了态度结构的复杂性，另一方面也反映了人们对于态度研究的不同取向和侧重。从当代社会心理学的研究情况来看，人们关于态度的界说大致可以分为以下4种：

第一种是侧重认知成分的界说，把态度看成是具有结构性的认知体系。例如，洛开奇（M. Rokeach）认为："态度是个人对于同一对象的数个相关联的信念的组织。"[1] 贾德（Judd）等人（1993）认为，态度就是记忆，它是由一组对某个特定的人、事物或思想的相互联系的记忆组成的，这些记忆以不同类型的信息存在，有的是对某人的信念，有的是一些情感，还有一些是态度主体的行为。[2] 史密斯（E. R. Smith，1996）则从联结建构主义立场出发，认为态度是联结系统的激活时的当前状态，而不是记忆中储存的评价。[3] 总之，这类界说强调的是认知信息及其组织。

第二种是侧重情感成分的界说，视情感为态度的标志。费斯本和阿吉增（Fishbein & Aizen，1975）认为态度主要是对某人、某物、某种行为、某个信念或某个事情的积极的或消极的评价。爱德华兹（1957）认为，态度是"与某个心理对象有联系的肯定或否定的情感程度"。这样的定义偏重于情感方面，强调的是赞成或不赞成、喜欢或不喜欢的表达。[4]

第三种是侧重行为倾向成分的界说，认为态度是行为反应的准备状态。这类定义在态度研究的早期特别流行。从朗格时代起到奥尔波特的总结，都强调这个观点。甚至20世纪70年代Gergen仍主张态度是"对具体对象采取某种特定行为方式的倾向"。我国社会心理学家孙本文也认为："态度是未发表的行为，是外在行为的发端与预备，有进行完成的倾向。"[5]

第四种是综合性界说，如伊格里和查乙跟（Eagly & Chaiken，1993）认为："态度是对某人、某种思想或某个客体的持续的情感、信念和行为倾向的

① 周晓虹. 现代社会心理学. 上海人民出版社，1997
② Judd C. M, Park B, Definition and assessment of accuracy in social stereotypes. *Psychological Review*, 1993, (100): pp. 109 - 128
③ E. R. Smith , What do connectionism and social psychology offer each other? *Journal of Personality and Social Psychology*, 1996, (70): pp. 893 - 912
④ 周晓虹. 现代社会心理学. 上海人民出版社，1997
⑤ 孙本文. 社会心理学. 上海商务印书馆，188 页

模式。它以我们的经验为基础，并且形成我们未来的行为。态度常常是评价性的，服务于某种功能。"① 这类定义力图包容上述三类定义的基本内容，即将认知、情感和行为都平行地容纳于态度之中。

（三）态度的定义及态度的基本特征

从上述的各种界说中，我们可以看出其中的主要分歧：第一，态度是一维的，还是多维的，抑或态度是单一性结构，还是综合性结构；第二，态度是持续性的，还是情境性的。我们认为，态度界说中的这些分歧与态度的结构有关。第一种分歧与态度的成分结构有关，在态度的具体表现中，既存在对某一事物的综合性态度，也存在偏重于某一成分的单维性态度如认知性态度、情感性态度和行为性态度等。第二种分歧则与态度的意识结构即内隐性和外显性有关，一般来说，内隐态度比较稳定持续，外显态度则有较多的情境性。关于这一点，我们在后面还要详加讨论，这里不作展开。但是这里我们必须论述态度的本质特征。我们认为，态度的核心特征是评价，可以说，态度就是主体内在的以对某一对象的评价为核心特征的心理反应倾向，这种心理反应倾向既有一定的持续性，也有一定的情境性，并且服务于一定的功能。从这一定义中，我们可以看出，态度具有以下基本特征：

1. 主体内在性

首先，态度总是一定主体的态度。态度的主体既可以是社会个体，也可以是社会群体。当然，社会群体是由个体成员组成的，但除了成员个人的态度之外，还存在群体共同的态度。所以，社会个体和社会群体是态度的承载者，是态度的主体。其次，态度具有内在性。态度不同于具体行为，尽管它有一定的行为倾向。因此，从人的外部行为中不能直接观察到人的态度，而只能间接地从人的表情、意向和行为中推知人的态度。各种态度测量都要从态度的这个特征出发，否则就容易将态度测量与行为测量混为一谈。

2. 对象性

任何态度都有一定的指向对象。这个指向对象就是态度的客体，它既可以是事，也可以是物，既可以是人，还可以是某种思想、观点或信念。而针对的人既可以是自己，也可以是他人，还可以是一个群体。态度的对象性使得态度与人们的价值观有别，价值观不涉及具体某个对象，相对来说，比态度更为抽象和更为宽泛。价值观是对各种有关的态度的抽象和概括，表现为理论价值、社会价值、审美价值、宗教价值等。因此在一定意义上说，态度是价值观形成

---

① A. H. Eagly & Chaiken, *The Psychology of Attitudes.* Fort Worth, TX: Harcourt Brace Jovanovich, 1993, p. I

的基础。但另一方面，价值观一旦形成，反过来又构成了人们评价客观事物的抽象准则，影响态度的表现，亦即，人的价值观不同，对某一具体对象所持的态度也不相同。

3. 评价性

这是态度最为核心的特征。所谓评价，就是依据一定的价值准则对事物进行分析、比较、判断和决策的过程。态度实质上就是一种评价。这种评价可以通过语言、表情表现出来，也可以通过生理反应和行为表现出来。而且，这种评价既可以在意识水平上运行，也可以在无意识水平上运行。例如研究表明，对于构成自己姓名的字母，人们往往无意之中会给予较高的积极评价，这种评价就是一种无意识的评价。大体而言，意识水平的评价，构成了人们的外显态度，无意识水平的评价则构成了人们的内隐态度。

4. 持续性和情境性

态度一旦形成，就表现出一定的持续性。例如奥尔波特（1935）认为，态度常常像习惯一样持久，而且，一旦在童年或青年时期形成，这种固定的方式将持续生命的全过程。但是近年来，态度研究出现了一种建构主义观点，把态度看成是情境依赖（context-dependent）的产物。研究者发现（Wilson, Hodges, & LaFleur, 1995），在询问人们对某一行为的态度时，他们常常基于一些容易获取的、合理的以及容易表达的理由建构一种新的态度。[①] 这样一来，态度持续性的传统观念受到冲击。而这种冲击导致了双重态度模型的提出。其实，态度既有持续性，也有情境性。一般来说，内隐态度较为持续，外显态度则有较多的情境性。

5. 功能性

从进化论的角度来看，人之所以会有各种态度，是因为态度具有一定的功能。首先，态度具有认知功能。态度有助于人们对知识，特别是社会知识进行归类和整合。其次，态度具有社会适应功能。态度有助于人们进行调适、自我防卫以及价值表现，从而表现自我，保证与他人关系融洽。

二、态度的结构、种类与功能

态度的结构所涉及的问题是，态度是由哪些成分构成的。对此问题，人们提出了3种主要的态度模型：单维度态度模型、三维度态度模型和双重态度模型。态度的种类所探讨的是，态度有哪些类型的表现形式。一般而言，态度的

---

① Wilson, Hodegs, & LaFleur, Effects of introspecting about reasons: inferring from accessible thoughts. *Journal of Personality and Social Psychology.* 1995, (69): pp. 16 – 28

结构和种类是联系在一起的，即有什么样的态度结构就会有什么样的态度种类。但是，态度类型的差异，不仅仅是态度结构上的差异，还可以是其他方面如态度主体或态度客体方面的差异。因此，态度的种类和态度的结构并不存在一一对应的关系。这里，我们先叙述态度的结构，然后介绍态度的不同种类。

（一）态度的结构

1. 单维度态度模型

费斯本和阿吉增（Fishbein & Aizen，1975）提出了态度的单维度模型。在这一模型中，评价是核心因素。这里，评价有性质（积极评价和消极评价）和强度之分（由弱到强）。简单地说，态度是对态度客体的评价，态度是由关于态度客体属性的各种预期（expectation）以及对态度客体属性的评价所决定的。下面是一个人对于托儿教育（nursery education）的态度（见图4－1）。

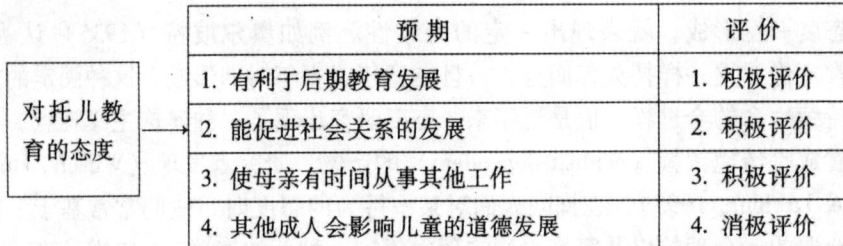

	预 期	评 价
对托儿教育的态度	1. 有利于后期教育发展	1. 积极评价
	2. 能促进社会关系的发展	2. 积极评价
	3. 使母亲有时间从事其他工作	3. 积极评价
	4. 其他成人会影响儿童的道德发展	4. 消极评价

图4－1 费斯本和阿吉增关于态度的单维度预期—价值模型举例

从上例可以看出，一个母亲对托儿教育的态度，是对这种教育的结果的预期及其评价的产物。一些预期引发积极评价，另一些预期引发消极评价，可见，态度是积极评价和消极评价的混合物。但在上例中，这个母亲对托儿教育总体上持积极态度。

费斯本和阿吉增的预期—价值模型的缺陷在于没有考虑各种预期的相对重要性。就上例而言，如果第四条预期的重要性超过前三条，那么这个母亲对托儿教育的态度就会持消极态度。另外，这一模型假定，在态度形成的过程中，人们对预期和评价会进行仔细思考，但有时在决定态度时只考虑一种重要的预期，或者有时人们在形成态度时根本没有太多思考，正如后面所说的经典条件作用和操作条件作用在态度形成中的作用。

2. 三维度态度模型

态度的三维度模型是由霍夫兰和卢森堡（C. I. Hovland & M. J. Rosenberg）提出来的，其基本观点是：态度是按照一定方式对特定对象的预先反应倾向。这种预先反应倾向由 3 种成分构成：情感、认知和行为。态度是刺激与反应之间的中介变量。这里，**刺激就是态度对象，属于可测的独立变量（自变量）**，包括个人、事件、社会问题、社会群体、组织等；反应则有生理的、心理的和行为的反应 3 个方面，属于可测的依从变量（因变量），包括情感成分的交感神经系统反应及情感的语言表现、认知成分的知觉反应和信念的语言表现、行为成分的外显行为和行为的语言表现。如图 4 - 2 所示。

　　我们可以由下例说明态度的三成分模型。假如我们考察人们对于身体锻炼的态度，那么，这一态度的认知成分可以是以下一些说法（信念的语言表现）：锻炼有助于增进健康，锻炼能解除紧张，锻炼能保持体形等；这一态度的情感成分可以是以下一些说法（情感的语言表现）：锻炼使我兴奋，锻炼很有乐趣等；这一态度的行为成分则可以是以下一些说法（行为的语言表现）：我每天都锻炼，我阅读有关锻炼的文章，我购买锻炼器材等。

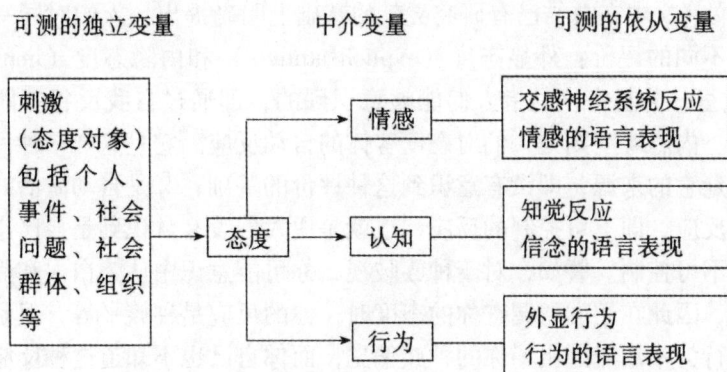

图 4 - 2　态度的三成分模型（资料来源：沙莲香．社会心理学．2002．180 页）

　　态度的三成分模型的优点在于：①从态度产生的角度明确了 3 种变量：刺激变量、中介变量和反应变量，并阐明了 3 种变量的关系，这有助于人们理解态度的形成过程，也便于人们对态度进行控制研究。②把态度的反应变量分解为 3 种可测的成分，有助于人们对态度的测量。但是，这一模型也存在不足：①它是建立在人们对自己的态度信息都能够有意识提取的前提上的。事实上，当代关于内隐社会认知的研究表明，自我的信息加工是通过两种方式进行的：外显方式和内隐方式。尽管人们对这两种方式的差异及其术语的界定还存在分歧，但许多研究已经表明，外显方式具有意识性、控制性以及思考性等特征，内隐方式则具有无意识性、自动性和直觉性等特征。这样看来，态度的三成分模型只考虑了自我信息加工的外显方式，而对自我信息加工的内隐方式没有涉及。②这一模型假定，态度的 3 种成分是一致的或协调的，但实际上，不一致的情况是普遍存在的。例如一个人在情感上对足球运动有积极的态度，但在认知或行为上并不见得有积极的态度。另外，以这一模型为基础的测量假定，人的态度表现了从正到负的一元性，所以在实际研究中态度测量量表一般用 +1，+2，+3，0，-1，-2，-3 这样的标尺来衡量态度。但是，人的态度有时表现出矛盾状态，而对于这种矛盾状态，过去人们往往用自我呈现的偏差来解释，即由于社会赞许性的影响，态度量表没有测出真正的态度。而在双重态度模型看来，这里有一些假象掩盖了对态度实质的探讨，态度并非是一元的，而是双重的。

3. 双重态度模型

双重态度模型是由威尔逊（T. D. Wilson）等人提出来的。2000 年，威尔逊等人在美国《心理学评论》上发表"双重态度模型"（A Model of Dual Attitude）一文。文中在总结已有研究文献的基础上明确提出，人们对同一态度客体有两种不同的评价：外显态度（explicit attitude）和内隐态度（implicit attitude）。这里，外显态度是指人们能够意识到的，即通过自我反省就能表现出来的态度。内隐态度则是人们对态度客体的自动反应。它是这样一种评价：①人们不清楚它的来源，即没有意识到这种评价的基础；②是自动激活的；③影响了内隐反应，即不可控制的反应，也就是说人们没有认识到是自己态度的表现，因而不可控制。譬如，对于种族歧视，你可能意识中认为白人和黑人没有什么差别，因此在用问卷调查你的态度时，你的反应是种族平等，但是，在你的自发性行为中却流露出了你的种族偏见，而你自己也不知道这种反应是怎么回事。这样，问卷调查所显现的是你的外显态度，而在自发性行为中流露出来的则是你的内隐态度。

内隐态度是人们在考虑态度改变时提出来的，假设人们对某一事物原初的态度为 A1，新态度为 A2，那么，按传统的说法，在由态度 A1 转变为 A2 的过程中，A1 被 A2 所取代，这时 A2 储存在人们的记忆中，A1 消失了。而双重态度模型认为，A1 并未消失和被取代，仍滞留在记忆中。双重态度模型有 5 个基本假设：①对同一态度客体，外显态度和内隐态度可以在记忆中共存。②当双重态度存在时，内隐态度是自动激活的，而外显态度则需要更多的认知容量从记忆中提取。③内隐态度将决定人的内隐反应（例如，一些非言语行为），甚至在人们从记忆中提取外显态度的时候也存在这种情况。④外显态度容易改变，而内隐态度则不容易改变，因此态度改变技术常常改变的是人的外显态度，而不是人的内隐态度。⑤双重态度模型与态度的矛盾状态以及认知成分和情感成分之间的不协调是不同的，亦即，具有双重态度的人并不比其他人表现更多的矛盾心理和认知情感成分的不协调。

双重态度模型拓宽了态度的研究领域，但关于外显态度和内隐态度的关系，尚有不同的看法，一种认为，这两种态度是有联系的，因为都是基于对同一对象的态度，外显态度好比态度中露出水面的"冰山"，内隐态度则是冰山的水下部分。另一种认为，这两种态度是独立的，互不联系的。总之，双重态度模型是态度研究中的新发展，但在许多方面有待于进一步证实。

（二）态度的种类

1. 一般态度与具体态度

这是从态度对象或态度客体的特性角度，具体来说，是从态度对象的具体性角度来分类的。我们的态度对象有时很具体，比如，你对面包的态度，可以具体到某一品种的奶油芝麻面包上；有时又很笼统，比如，泛指的种族歧视。因此，所谓具体态度（specific attitude）是指对某一具体对象的态度。而一般态度（general attitude）则是指对某一概括性对象的态度。一般而言，一般态度比较笼统，与行为的关系比较薄弱。而具体态度则有明确的指向性，与行为之间的关系比较紧密。

2. 个体态度与群体态度

这是从态度主体的角度来分类的。如前所述，态度的主体既可以是社会个体，也可以是社会群体。个体态度（individual attitude）是处于社会关系中某个个体对某一对象的态度。群体态度（group attitude）是某一社会群体多数成员或全体成员对某一对象的态度。社会生活中，每一个个体都隶属于某一个或某几个群体，反过来讲，每一个社会群体，又是由许多个体组成的。群体成员中，个体之间对某一对象的态度有差异，这是个体态度的差异。除了这些差异外，群体成员之间还可能有一些共同的看法和见解，这些共同的看法和见解，就是群体态度。群体态度有时会产生心理压力，这种心理压力，对个体态度具有改造作用。

3. 认知性态度、情感性态度与行为性态度

这是从态度的成分角度来分类的。尽管态度由情感、认知和行为等成分构成，但某种态度的表现却取决于何种成分占优势。这也就是说，态度有时只体现为某种情感反应，有时只体现为某种认知反应，有时则只体现为某种行为反应。譬如，对某一款新车，你可能对它有直觉性情感反应，或一见倾心，或厌恶不屑，这种不以认知为基础，而以情感和直觉为基础形成的态度，叫情感性态度（affective attitude）。你也可能对这款新车有认知反应，包括了解它的各种性能，如耗油量、安全性、操作方便性等，这种建立在对态度对象有关事实

的认知基础上的态度，叫认知性态度（cognitive attitude）。你或许可能有行为反应，亲自试开一下。然后，别人问你，这车怎么样，你可能回答，这车不错，因为试开的感觉不错。这种通过行为而形成的态度，叫行为性态度（behavioral attitude）。行为性态度更多地依赖于对自己行为的观察而不是依赖于认知和情感。

除了上述的态度种类外，我们还可依据态度对象的不同种类，把态度分为工作态度、学习态度、生活态度等。

（三）态度的功能

态度的功能是指态度对主体本身的心理功能。这种功能的主要表现是，态度既有助于主体对社会知识进行归类和整理，同时也有助于主体表达自己的价值观，维护自尊，协调人际关系，从而促进社会适应。

1. 态度的知识功能

人们之所以形成和改变态度，是为了"赋予混沌世界以意义"，满足人们理解和支配自己所处世界的需要。根据心理学家卡兹（D. Kats）的看法，每个人都想理解和支配自己的生活空间。由于有了态度，人们才能对现实生活中的各种信息进行汇集、整理和分类。例如，对某种体育运动项目有积极态度的人，会对这一方面的信息予以积极关注，形成这一方面的特定知识结构。正因为有了各种态度，人们才能把从电视和报纸等媒体中获得的知识以及其他日常生活中偶然获得的许多零碎的知识组织成一个知识整体，这个世界才能被人们所理解，人们也因此获得了应付新经验的向导。

2. 态度的社会适应功能

（1）调节和适应功能。个体为了适应社会环境，在其中求生存、求发展，获得接受和承认，就必须判断所接触事物的价值，决定其行动，并且预先做好行动的准备。态度正好具备这方面的功能，可以保证个体对社会生活的适应。一方面，个体通过言语或行动表明自己的态度，使他人理解并据此调节本身的行动，从而保证个体与他人之间互动的顺利进行，有助于维持一定的人际关系。另一方面，个体通过表达社会态度，从周围人那里获得有利于自己发展的反应。尤其是面对一些社会组织如宗教或职业团体时，我们持一定的态度支持这些团体，就会有一种归属感。

（2）自我防御或自尊功能。人们生活在竞争激烈的社会，经常会遇到各种内外压力的威胁，会产生相应的心理紧张、焦虑和不安，为了应付内外压力，就必须进行自我防御或自我保护。而态度则具有自我防御的功能。首先，态度有助于创建和维持积极的自我形象。比如，当个体持有与某些重要人物相同的态度时，就有可能导致个体更加积极地看待自己。其次，态度有助于个体获得自尊。比如，有人赞成妇女有堕胎的权利，他非常看重人们的选择的自由权，而这种态度的表达会使他获得一定的自尊。

（3）价值表达功能。人们在社会适应过程中，对生命和生活的意义都有自己的理解，而这种对生命和生活意义的理解，构成了态度的价值内涵。如果有人认为生命的意义在于对美的追求，那么他对艺术就会持积极和肯定的态度；如果有人认为生命的最高意义是追求物质享受，那么他就会向往舒适的生活，对其持肯定和积极的态度。所以说，态度具有表达个人价值观的功能。

从态度的上述功能中可以看出，人们之所以会形成各种态度，主要基于两种理由：一是态度具有知识功能，它有助于人们理解社会，并对社会知识进行归类和整理。二是态度具有社会适应功能，它有助于人们维持自尊和积极的自我形象，表达自己的价值观。

三、态度与行为

人们研究态度最主要的目的是为了预测行为。态度果真能预测行为吗？也许你最初的答案是：当然能。毕竟，你能记起你的许多行为是由你的态度和意见所支配的。除此之外，你可能这样认为，如果态度不能预测行为的话，那社会心理学家也不会把它作为这一领域的核心概念，更不会花那么多时间和精力去研究它。但是，态度与行为的关系并不如此简单。许多研究表明，态度与行为的联系常常是表面的，而不是实质的，换言之，表面上的态度是一回事，而实质性的行为又可能是另一回事。心理学家拉皮尔1934年的经典研究就能说明这一问题。这一研究的背景是，在20世纪30年代美国人对亚洲人种有强烈的种族偏见。拉皮尔和一对中国夫妇进行一次环美旅行，行程10 000多公里，并在250余家旅馆或饭店住宿或停留。在投宿或停留过的250家旅馆或饭店中，实际上只有一家拒绝为他们提供服务。事后，拉皮尔写信给他们住过的旅馆或饭店，询问他们是否可以为中国人提供服务，结果是：90%以上的旅馆都表示拒绝。这个研究说明实际行为与态度是不一致的。

威克尔1969年的研究使这一情况更为糟糕。威克尔评述了当时关于态度与行为的关系研究的所有证据，得出了令人悲观的结论：态度与行为的关系非常弱，而且它们之间经常没有实质性联系。面对这一结论，社会心理学家惊呆了。态度能预测行为这个信念一直是支撑他们进行研究的基石。难道研究者真的为了追逐一个幻影而白费时间和精力？幸好，继威克尔之后，研究者发现了态度与行为关系的另一面：态度与行为事实上是紧密地联系在一起的，但这一问题比人们想象的要复杂。与此同时，态度与行为的关系，演变为下列两个问题：态度在什么时候能预测行为？哪些因素影响了态度对行为的预测？围绕这两个问题，人们展开了许多研究。目前已经证实，影响态度对行为的预测有以下几个因素：

（一）态度的具体性

心理学家阿吉增和费斯本（Ajzen & Fishbein，1977）认为，威克尔1969年的研究只侧重于一般态度，以往心理学研究更多涉及的也是人们的一般态度，譬如宗教、政治、种族歧视等，而忽视对具体态度的探讨，无怪乎威克尔得出较为悲观的结论。在他们看来，具体态度指向具体行为，因而对行为具有更强的预测力。有人（Davidson & Jaccard，1979）在一项有关已婚妇女使用避孕药的研究中发现，指向具体行为的态度对人的行为的预测性要好于一般态度的预测。在这项研究中，研究者对一些妇女提出一般性问题，询问她们对避孕的一般性态度；而对另一些妇女提出具体性问题，询问她们在未来两年内对于使用避孕药的态度。两年后，研究者询问这些妇女在上次访谈后的两年中使用避孕药的情况。结果表明，越一般的问题对行为越没有预测性，而越具体的问题对行为越有预测性。

阿吉增和费斯本（1980）提出了理性行动理论（theory of reasoned action），这一理论认为，态度对行为的影响要经过一个理性的、深思熟虑的决策过程，这种影响要受到3个方面因素的制约。

（1）行为受一般态度的影响不大，但受具体态度的影响。

（2）行为不只受具体态度的影响，而且还受主观规范（subjective norms）的影响。所谓主观规范，是指主体对于"别人认为我们应该这样做"的观念，即所知觉到的社会压力。假如我们想知道一个人是否想参加音乐会，不仅要知道他的具体态度，还要了解他的主观规范，即他对于他的朋友对他的行为如何看待的观念。

（3）具体态度与主观规范对行为的影响，要通过行为意图（behavioral intention）表现出来，行为意图指导行动，但又不能完全地决定人的行为（见图4-3）。

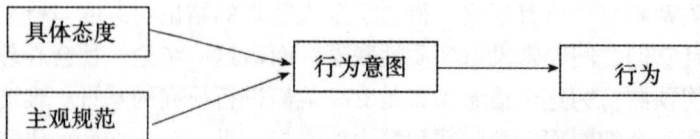

图4-3　理性行动理论

（二）态度的成分

假如有两门课程，一门课程比另一门课程更有趣，但是你知道那门比较单调的课程对你获得学位更重要，而且与你的专业很有关系。此时，你对这些课程的态度有两种成分：情感成分（趣味性）和认知成分（重要性）。那么，这种情况下哪一种态度成分与你的实际选择联系更紧密？或许认知成分更占优势。再如，你喜欢比萨饼，是那种热的、松软的、里面有奶酪的比萨饼，你也知道你喜欢的理由：口感好，营养丰富，有馅子，价格便宜，这时你对比萨饼的态度也有两种成分：情感成分和认知成分。那么，这种情况下哪一种成分对你的行为的影响更强烈，或者更能预测你的行为？也许是你的情感成分占优势。

这些例子说明，态度的各种成分有时是不一致的，有时是一致的。在一致的情况下，态度各成分与行为的联系如何？尤其是，在不一致的情况下，态度的各种成分在预测哪些行为时更加有效？

为了说明这个问题，心理学家米罗和特索（Millar & Tesser, 1989）曾从事过一个实验研究。研究者要求男女被试解答各种问题，这些问题包括判断一些图形与目标图形是否匹配，在不完整的句子里填充缺省的词等。为了测量被试态度的认知成分和情感成分，研究者询问被试在解答各类问题时的感受（情感成分的测量）以及为什么会有如此感受（认知成分的测量）。根据实验要求，被试被分为两组：一组被试被告知这些题目有助于训练他们的分析能力，另一组被试被告知这些题目是为了测量他们的社会敏感性。研究者假定，第一种条件将引发被试的工具性行为（instrumental behavior，即有特定的外在目的的行为），第二种条件将引发被试的任务应付性行为（consummatory behavior，即凭自己的喜好而完成任务）。研究者预测，态度的认知成分比情感成分与工具性行为有更为密切的联系，而态度的情感成分比认知成分与任务应付性行为有更为密切的联系。当态度的这两种成分不一致的时候尤其如此。为了检验这个假设，被试进行各种问题的解答，行为的测量指标是在解答各种问题上所花的时间。结果支持了这种假设。当两种态度成分不一致的时候，被试的情感反应与任务应付性行为的联系要比认知反应更紧密。同理，被试的认知反应与工具性行为的联系要比情感反应更紧密（见图4-4）。而当两种成分高度一致的时候，这些差异非常小。因此，态度的不同成分，可以不同程度地预测不同类型的行为。如果考虑了态度的成分，态度对行为的预测力将大大增强。

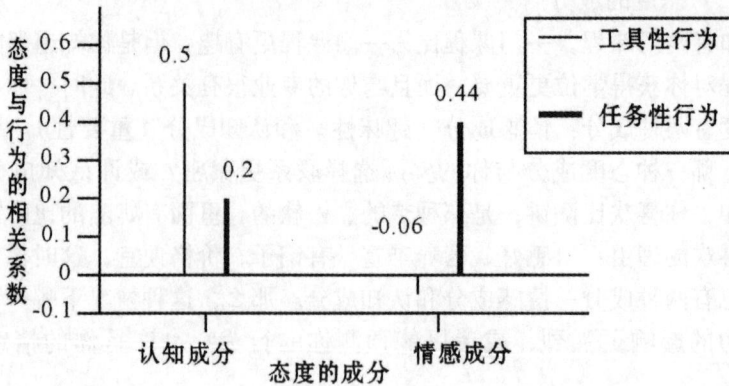

图 4 - 4　态度成分与行为的关系 （资料来源：Millar & Tesser, 1989）

（三）态度的强度

显然，态度的强度是态度预测行为的一个影响因素。一般来说，强烈的态度要比微弱的态度对行为更有预测力。例如，你对堕胎的态度，如果是建立在强烈的宗教和道德信念的基础上，那么，你就更有可能采取与态度一致的方式行动。那么，哪些因素影响了态度的强度？首先，直接经验与态度的强度有关。研究认为，通过直接经验形成的态度要比通过被动观察而获得的态度更强烈。其次，态度客体中是否存在与自己切身利益相关的东西，也影响到态度的强度。为了说明这一点，研究者（Sivaeck & Crano, 1982）设计了这样的情境：研究者假装说有一项法律议案要求把饮酒的初始年龄从 18 岁改为 20 岁，然后研究者请求大学生们反对这项法案，并提议参加抗议活动。几乎所有的学生都反对这项法案，不管他们的实际年龄如何。但在是否举行抗议活动上，年龄较小的学生（低于 20 岁），由于这项法案会直接影响他们未来的社会生活，因此他们都同意参加抗议活动；而年龄较大（超过 20 岁）的学生，由于这项法案与自己的利益关系不大，尽管他们也持反对态度，但这种态度没有引起相应的行为。再次，自我意识（self-awareness）也是影响态度强度的因素，即增强自我意识，可以改善态度与行为一致性的程度。其原因有二：一是由于自我意识增进了态度的通达性，能使人们更准确报告自己的态度。自我意识使态度容易提取，因而增加了态度影响行为的可能性。二是在特定的情境中，自我意识能把具体态度带入当前关注点，能指导下一步行动。

（四）态度的通达性

态度的通达性（attitude accessibility），指人们提取具体态度并把它带入意识中的容易程度。态度的通达性取决于态度与态度对象的联系程度，当态度的通达性高时，不管你什么时候看到态度对象，你的态度都会在头脑中出现。卢瑟尔（Russell，1989）等人通过实验研究说明了态度的通达性在人们态度与行为之间的作用。首先测定被试对一些产品的态度通达性，其测量指标是对态度问题的反应时。然后是实际行为的测量，在桌上放其中10件产品（分为两排，每排5件），告诉被试可选5件产品带回家作为合作研究的奖品。究竟在多大程度上人们对产品的态度决定了他们的选择呢？正如所预测的，人们的行为主要决定于他们态度的通达性。态度通达性高的人，他们的态度与行为的一致性高；态度通达性低的人，态度与行为一致性低。

（五）人格变量

有些人的态度与行为表现出较高的一致性，有些人则容易受他人或环境的影响，其态度与行为之间的联系变化较大。这种个别差异，与态度主体的人格变量有关。影响态度与行为关系的人格变量主要是自我监控。所谓自我监控（self-monitoring），是指个体根据内在和外在刺激监察和调整其行为的程度。高自我监控者对情境的适合性线索有高的敏感性，并能相应地调节自己的行为，在极端情况下，这种人可能是一只变色龙，总是改变自己的态度以适应情境。而低自我监控者对社会情境信息的注意较少，从而常常根据内在感受和态度行动。斯奈德（Snyder）等人（1985）曾进行过一个实验，以考察广告对高自我监控者和低自我监控者的影响。实验有两种广告条件：一种强调产品的质量，一种强调产品的形象。研究者预测，高自我监控者更多地受产品形象的影响，而低自我监控者受产品质量的影响。结果证实了这一假设：高自我监控者在产品形象广告条件下，不仅表现出喜欢这一产品（咖啡），而且愿意购买这一产品。

总之，态度与行为之间并不存在一一对应的线性关系，而存在许多中间变量。这些中间变量不仅与主体态度的特征有关，而且与其人格特征也有关。另外，行为的意图、行为的种类（是控制性行为还是自发性行为）都与态度—行为关系有密切的联系。

第二节　态度的测量

态度是一种内在的心理倾向，它无法被直接观察到，但可以通过某些方法和技术把它测量出来。社会心理学家在一开始研究态度时就十分注重对态度的测量。在这方面，社会学家和心理学家的合作和汇合体现得十分鲜明：先是社会学家博加德斯于1925年公布了著名的"社会距离量表"；后是心理学家瑟斯顿于 1926 年提出了"态度能够被测量"的论点，并于 1929 年与蔡夫（E. Chiff）合作出版了《态度测量》一书，在此书中首次公布了测量宗教态度的量表。从那以后，各种态度测量的方法和技术纷纷出现，到目前为止已达数百种之多。这些测量方法主要包括态度的直接测量和间接测量两大类。直接测量即使用态度量表让被试直接报告自己的态度，这种方法也叫自陈报告法。间接测量即利用伪装的测量技术测量被试的态度的方法，包括行为反应测量、生理反应测量和自由反应测量。近年来，态度研究领域出现了双重态度的理论模型，人们相应地发展了内隐态度测量的方法，即内隐联结测试。本节拟就这些测量方法作简单介绍。

一、态度的直接测量

评估某人对某事的态度最为直接的方法是询问，即提出一个问题让被试自我报告自己的态度。但态度有时非常复杂，通过单个问题很难测量出来，而且，单个问题容易受词语表达、呈现情境、询问者的特征以及其他外部因素的影响。例如，就词语表达而言，有人研究发现其中的差异：研究者首先就贫困人口的帮助问题询问一组被试，结果 63% 的被试说政府投入太少的钱。后来研究者就福利问题询问同一组被试，结果只有 19% 的被试表达了与前面相一致的观点。这说明同一问题的表达不同，人们的态度也不相同。就呈现情境而言，研究者首先以"如果一个孕妇已经结婚且不想再要孩子，她是否可以得到合法的堕胎措施？"这样的问题询问一组被试，结果 58% 的被试表示同意。但是，如果在这一问题前面加上一句"胎儿有生理缺陷"，那么，只有 40% 的被试表示同意。"胎儿有生理缺陷"使问题情境得以改变，从而减少了堕胎的合法性。

基于单个问题在态度测量中的上述局限，研究者经常采用的是多重项目问卷，即态度量表法。态度量表是由社会心理学家根据特定的态度对象，采取科学的设计程序加以编制的，然后通过被测量者的自陈报告来评定其对特定对象的态度。然而，态度量表中存在着不同的编制和使用程序，因此也就有许多种量表，如瑟斯顿量表、语义差异量表、古特曼量表和李科特量表。态度的直接测量就是指运用这些量表对个体态度进行测量的方法。

（一）瑟斯顿量表

亦称等距量表，由瑟斯顿 1929 年首创。这种量表包含许多题目或项目，这些题目或项目的分值，或者说，这些项目在量表中的位置，事先由一群评定者评定，并按等级排列。被试对这些项目进行同意或不同意反应，最终以被试同意项目的分值的中位数决定被试在这一问题上的态度。

瑟斯顿认为，测量态度的最好办法是首先选取一组有关某一问题的简单、直接、涉及面广的题目，再要求被试对其中的每个题目作出反应，最后总结其结果。然而，瑟斯顿制作一张适当的题目表的过程相当复杂。主要有以下几个步骤：

1. 收集相关题目

研究者根据研究构思和主题，收集与研究主题有关的题目。对这些题目有5条标准：①问话应简单；②提出题目的方式应该让人们明确表示赞成或反对；③应与问题有关；④应该非常明确；⑤应该体现出对于问题可能出现的意见的整个范围。初始收集的题目应达50条以上，将确定好的问题分别写在卡片上。

2. 确定项目的等级

请若干对研究主题有心得而客观的专家，针对这些题目逐条分为7、9或11个等级，其顺序由最不赞成到中立到最赞成。如果一条题目体现了对态度对象的最肯定态度，就将其放入第1等级中，没有明显肯定或否定的，放入中间的第6等级，反映最不赞成的态度的题目，则放入最后第11等级中。

3. 进行项目筛选

瑟斯顿提出了两条选择标准：一是项目的意义要清楚而不含糊；二是构成量表的项目分数间的距离要能代表整个范围内的测量等级值。

4. 形成态度量表

瑟斯顿量表制作的最后结果是形成一套约20条题目的量表，它们按等距间隔分布在从赞同到反对的连续统一体上，其量表值是逐渐增加的。

施测时，被试就上述量表各项目表示赞同或不赞同。计分时，将每一位被试赞同的量表项目（排除被试否定的项目）依照分数高低排列，选择居中的项目分数为该被试的态度分数。

瑟斯顿量表曾被有效地运用于测量对战争、死刑、宗教、少数民族的态度。其优点很明显：①它的每一个题目都有态度强度上的明确定义，而不是平均考虑与态度对象有关的各个方面，这显然是与实际生活相符合的。②容易计分，且计分程序符合统计学原理。③被测者易于对量表进行反应，对每个题目回答是或否就行。但这一方法也受到了人们的批评。其一，瑟斯顿量表的制作方法过于复杂，用霍夫兰的话来说，"它太浪费时间并且不实用"。[①] 其二，11级审定判断相当困难。所以现有的测量将11级量表改为易于判断的5级量表，这就是下面要介绍的李科特量表。

---

① 周晓虹．现代社会心理学．上海人民出版社，1997

（二）李科特量表

李科特量表属于总加量表，由李科特（R. A. Likert）于1932年创立。这类量表有两个主要特征或假设：第一，假定每一态度项目都具有同等量值，项目间没有差别量值存在，而被试的差别量值则表现在对同一个项目反应程度的不同。若干项目的集合，可以视为整个态度量表的分量表。一个态度量表中的分量表之间，理论上具有同等的地位。因此，这类量表的制作要点在于项目本身的选择妥当与否。第二，被试态度的强烈程度可以尽量地表达出来，因为这类量表都设计了多级反应类别。一般来说，有3等级反应类别（不同意、无意见、同意）、5等级反应类别（极不同意、不同意、无意见、同意、极同意）、7等级反应类别（极不同意、不同意、比较不同意、无意见、比较同意、同意、极同意）。一般多为5等级类别。

以测量人们对安乐死的态度为例，研究者设计了30条与安乐死问题有关的题目，其中一半的题目是以赞同的形式来表达的，另一半的题目是以反对的形式来表达的。被试对每一条题目作5级评定。如：

（1）只要有可能就要维持人的生命，这是医生的职责。

A. 强烈同意　B. 同意　C. 不确定　D. 反对　E. 强烈反对

（2）对于身患绝症的人，可遵循他的意愿，帮助他死去。

A. 强烈同意　B. 同意　C. 不确定　D. 反对　E. 强烈反对

在本例中，"强烈同意"计5分，"同意"计4分，"不确定"计3分，"反对"计2分，"强烈反对"计1分。对于以反对的形式来表达的题目或项目要反向计分。量表的总分表明了被试对安乐死的态度，低分者持反对态度，高分者持赞同态度。

李科特量表的制作步骤如下：

1. 确定研究主题，收集有关的项目

确定研究主题之后，研究者针对主题收集有关的项目，以赞同或反对的形式叙述。根据以往的惯例，构成量表的最少项目数为15条，所以初步收集时应尽可能在50条以上。

2. 确定每条项目的同意程度

在测验对象中抽出一群试查者，请他们就上述每条项目指出同意程度。李科特量表通常用5个等级来表示强弱度：A. 强烈同意 B. 同意 C. 不确定 D. 反对 E. 强烈反对。当然也可使用3等级、7等级，甚至9等级、11等级。

3. 确定计分方法

如在上例中，"强烈同意"计5分，"同意"计4分，"不确定"计3分，"反对"计2分，"强烈反对"计1分。当然计分方法也可倒过来。

4. 进行项目分析

去掉辨别力弱的项目，将留下来的项目组成量表。

李科特量表需要一些技术来克服被试的反应偏向，比如以赞同形式来表达的项目数和以反对形式来表达的项目数应相等，且两者应随机排列。李科特量表的一个缺陷是，总反应中的中间分数既可以是被试选择每一项目的中间选项的结果，也可以是被试不一致的反应模式的结果。另外，5级量表中，选项之间的关系并非线性的，也许"强烈同意"与"同意"之间的差异要比"同意"与"不确定"之间的差异大。但不管怎样，由于李科特量表容易制作和方便使用，因而在目前的态度测量中非常流行。

（三）语义区分量表

这种类型的量表是由奥斯古德（Osgood）、苏西（Suci）和塔南鲍姆（Tannenbaum）等人于1957年首创的。此类量表旨在评估态度的评价性成分。其基本前提是，态度是由人们赋予关键词或关键概念的意义（语义）所构成的，而这些意义可以通过语词联想的反应加以确定。具体制作程序是，把态度客体（如个人概念：尼克松）与配对的意义相反的双极形容词（如聪明—愚蠢、清洁—肮脏、公平—不公平等）相联系，将每对双极形容词分别写在一个连续统一体的两端。每一连续体可以有5级也可以有7级，分别代表人们对某一对象的各种态度水平。将被试的选择累加起来，即可得到被试肯定或否定的态度。图4-5表明被试对态度对象尼克松的态度基本上是否定的。

个人概念：尼克松

	+3	+2	+1	0	-1	-2	-3	
1. 聪明					✕			愚蠢
2. 清洁						✕		肮脏
3. 公平							✕	不公平
4. 安全							✕	危险
5. 坚强						✕		软弱
6. 深沉							✕	肤浅
7. 主动			✕					被动
8. 温和							✕	冷漠
9. 放松					✕			紧张
10. 唯心主义			✕					唯物主义

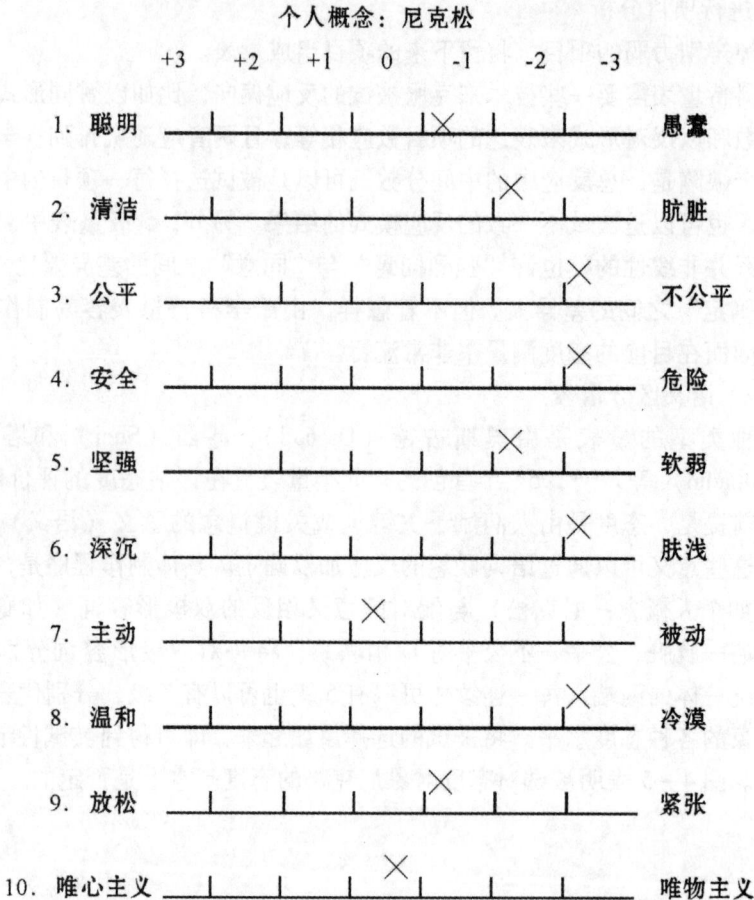

图 4-5　语义分析量表：尼克松分析（资料来源：周晓虹，1997）

同上述瑟斯顿和李科特两种量表相比，语义区分量表编制起来免去了确定题目的麻烦，因此能够十分简便地测量人们对各种事物和人物的态度。

（四）古特曼量表

也叫累积量表。这种类型的量表是由单向具有同一性质的项目构成的。这种方法企图决定一个量表的单向性或单层面的特质。如果一个量表是由单向项目所构成，则项目之间的关系或排列方式是有次序可循的。在累积量表中，一个人对第二条项目表示赞成时，他也同时赞成第一条项目。同理，赞成第三条项目时，也表示赞同第一条和第二条。因此，一个人所赞同的项目的梯级越高，他的总分便会越高。所以一个人所得的分数，可用以推测他对全部项目的反应状态。换言之，累积量表中的项目本身反映了态度的强烈程度，从最不强烈到最强烈。累积量表的制作步骤如下：

（1）选出可用于测量某种事物的具体句子或项目。

（2）将选出的句子构成一个测验量表，用来施测样本。

（3）将那些被80%以上的被试均回答同意或均回答不同意的项目或句子去掉。

（4）将回答者依其总分数的高低，按最赞同到最少赞同的顺序由上往下排列。

（5）将句子依照最受赞同反应至最不受赞同反应顺序，由左往右排列。

（6）去掉那些无法判别受赞同与不受赞同反应的句子。

（7）计算复制系数。①计算误答数目，即计算有多少赞同反应不符合单向度量表的模式。②复制系数 = 1 - 误答数/回答数。③ 如果复制系数高达0.80，则单向度量表的要求就成立了。

（8）每一个人的态度分数，是将其所有回答赞同的项目数合计而得。

表 4 - 1　　　　　　　　古特曼量表举例：关于手枪的控制

1. 在手枪被卖出去之前，允许做个人犯罪记录调查。
2. 要求所有人买手枪时，必须有警方的许可。
3. 除了司法部门外，所有人要想携带手枪外出和办公，必须持有特许证。
4. 对那些没有特许证而携带手枪外出和办公的人，要有强制性罚款。
5. 要求有一个强制性的监狱系统，专门关押没有特许证而携带手枪外出和办公的人。
6. 禁止非运动型手枪的生产和销售。
7. 禁止手枪的生产和销售。
8. 在自愿的基础上，用公共基金购买的手枪要销毁。
9. 在强制的基础上，用公共基金购买的手枪要销毁。

（资料来源：许锋. 社会心理学. 2001, 273 页）

在上例中，同意禁止生产和销售非运动型手枪的人，也会同意量表中该项目以上的其他观点。同时，如果不同意该项目的观点，那么，他也就不可能同意该项目以下的更为极端的观点。古特曼量表的制作是建立在量表项目的单向度特质上，其项目间的关系或排列方式是有次序的。因此，古特曼量表产生的个人分数的高低，不会像前面所述的瑟斯顿量表和李科特量表那样会形成相同分数可以表示不同态度形态的现象。不过，也有人批评古特曼量表只注意怎样就项目本身确定单向度因素，但缺乏指导如何去挑选项目来构成量表。

二、态度的间接测量

尽管态度的各种量表为直接测量一个人的态度提供了一定的理论和技术基础，但是这种直接测量都存在一个共同的缺陷：容易受主体主观的自我呈现动机（self-presentational motive）的影响，最为明显的反映在社会赞许性反应倾向上。所谓社会赞许性反应倾向，是指人们在问卷与量表的反应上出现的一种迎合社会的期望和要求而不按实际情况来反应的倾向。这种反应倾向是由于社会规范的引导所造成的。许多社会规范已规定了什么样的态度与行为是社会所提倡的、被他人所称道的，什么样的态度与行为是不被社会所提倡的、不被他人所称道的，而对这些规范有所了解并受其引导的人们，或者基于免受惩罚与批评，或者基于维护自尊、给人留下好印象等动机，因而在问卷或量表上的反应常常否认自己拥有不被赞许的态度或行为，而肯定自己拥有正向的特质。社会赞许性偏差是影响测量数据效度的最主要来源之一，也是最令研究者头疼的一种反应偏差。为了克服这种反应偏差，研究者发展了态度的间接测量方法，即使用一些伪装的非言语的测量技术来测量人的态度，这些方法包括态度的行为反应测量、态度的生理反应测量和态度的自由反应测量等。

（一）行为反应测量

行为反应测量的特点是以被测量者的行为举止作为态度的客观指标来加以观察，其基本假设为：行为是态度的外在表现。最常见的行为反应测量是面部表情的测量。面部肌肉的运动体现了情感反应。研究者认为，面部肌肉的变化模式，既反映了积极或消极的态度，同时也反映了态度的强度。还有研究者利用身体距离、目光接触等非言语的沟通来测定人与人之间的态度。这种测量不直接涉及被测量者的态度，不易被本人觉察，可获得较可靠的资料，但问题在于行为与态度并非简单的一一对应的关系。

（二）生理反应测量

生理反应测量的特点是通过检查被测量者的生理变化来测定其态度，因为态度可以引起机体的一系列生理反应，如脑电波、心跳、呼吸、血压、皮肤电等的变化。有研究者通过脑电波的变化模式来查明被试对广告的态度。也有研究者曾利用皮肤电反应作为指标去探测种族偏见的态度，还有研究者利用这种方法去测量人们语言的真实程度。生理反应不易受意识控制，故相对来说较为可靠，但这种方法的局限在于它只能测量极端的态度，并且难以识别态度的方向。

（三）自由反应测量

自由反应测量的特点是给出开放式的问题或刺激物，但不提供任何可能的答案让被测量者加以选择，而是让被测量者依据自己的情况去确定答案。如采用问答法，测量者提问，被测量者谈自己的看法，其缺点是不够精确。也可采用投射法，像主题统觉测量，测量者给出意义不明确的刺激物，再通过被测量者的反应来推测其态度，其缺点是解释的难度较大。

　　总的来说，态度的间接测量虽能克服社会赞许性反应偏差，但这种测量只是间接地对个体态度予以推测，由于在态度与行为之间以及态度与生理反应之间存在许多中间变量，所以这类测量并不一定可靠。

三、态度测量的新发展——内隐态度测量

　　传统态度测量的另一个缺陷是自我通达的有限性（limited accessibility of self）。社会认知研究者越来越认识到，关于自我的信息加工是通过两种方式进行的：外显方式和内隐方式。尽管人们对这两种方式的差异及其术语的界定上还存在分歧，但许多研究已经表明，外显方式具有意识性、控制性以及思考性等特征，内隐方式则具有无意识性、自动性和直觉性等特征。

　　为了克服传统态度测量的这种缺陷，研究者（Greenwald, et al. , 1998）发展了测量内隐态度的方法——内隐联结测试（Implicit Association Test, IAT）。它的目标在于查明各种态度客体和各种评价属性之间的自动化联结程度。具体来说，内隐联结测试所测量的是某个给定的态度客体（比如一种花或一种昆虫）与某种评价属性（比如愉快词或不愉快词）的联结程度，并假定，这种联结程度越高，则这种内隐态度越强烈。内隐联结测试含5个测试步骤：

　　第一阶段：目标词的归类和辨别。例如，我们要测量人们对花和昆虫的内隐态度，这里属于花的目标词有玫瑰、翠菊、海棠等，属于昆虫的目标词有蚂蚁、蜘蛛、蜜蜂等。这些目标词随机逐一呈现，前后项目呈现之间的时间间隔为30毫秒。被试对花类的目标词按左键反应，对昆虫类的目标词按右键反应。

　　第二阶段：属性词的归类和辨别。属性词分为愉快词和不愉快词两类。属于愉快词或正性词的有自由、爱情、友谊等，属于不愉快词或负性词的有死亡、灾难、憎恨等。被试对愉快词按左键反应，对不愉快词按右键反应。

　　第三阶段：初次联结任务。如果出现的是花类的目标词或者愉快词，按左键；如果出现的是昆虫类的目标词或不愉快词，按右键。

　　第四阶段：反转目标辨别。如果出现昆虫类的目标词，按左键；如果出现花类的目标词，按右键。

　　第五阶段：反转联结任务。如果出现的是昆虫类的目标词或愉快词，按左键；如果出现的是花类的目标词或者不愉快词，按右键。各阶段的试验次数、

任务和按键反应见表4-2。

表4-2　　　　　内隐联结测试（IAT）的测试步骤、试验次数与按键反应

序号	试验次数	任务	反应键	
			左键	右键
1	40	初次目标辨别	花（玫瑰、翠菊、海棠等）	昆虫（蚂蚁、蜘蛛、蜜蜂等）
2	40	初次属性辨别	愉快词（自由、爱情、友谊等）	不愉快词（死亡、灾难、憎恨等）
3	80	初次联结任务	花＋愉快词	昆虫＋不愉快词
4	40	反转目标辨别	昆虫（蚂蚁、蜘蛛、蜜蜂等）	花（玫瑰、翠菊、海棠等）
5	80	反转联结任务	昆虫＋愉快词	花＋不愉快词

　　在 IAT 测试中，每一阶段都有关于归类任务和按键的指示语。记录被试的反应时间和准确率。错误率控制在 0～10% 之间，平均错误率一般控制在 4% 左右。在 IAT 的测试步骤中，第一阶段和第二阶段为学习阶段，目的在于让被试熟悉目标词和属性词的归类。第三阶段为初次联结阶段，目的在于考察目标词和属性词的联结程度。第四阶段为反转辨别任务阶段，被试的按键反应进行了调换。第五阶段是反转联结阶段，目的在于考察反转条件下目标词和属性词的联结程度。因此，第三阶段和第五阶段的反应时间才是研究者分析被试内隐态度的依据。IAT 总分是两个联结阶段的反应时间的差量。如果在同一反应键上，花与愉快词配对时的反应时间比昆虫与愉快词配对时的反应时间短，则说明被试对花比对昆虫有更为积极的联结。相反，如果在同一反应键上，昆虫与愉快词配对时的反应时间比花与愉快词配对时的反应时间短，则说明被试对昆虫比对花有更为积极的联结。

　　IAT 测验激起了人们极大的研究兴趣。据 IAT 网页上统计，到 2000 年 1 月止，人们已经完成了 50 万次以上的 IAT 研究。这些研究揭示了人们对一些态度客体的内隐态度，譬如人们对花比对昆虫有更为积极的联结，对乐器比对武器有更为积极的联结。IAT 测验也被用来测量人们对年龄问题、性别问题和种族问题的内隐态度。韩国裔美国人对韩国人名字比对日本人名字有更为积极的联结，而日本裔美国人对日本人名字比对韩国人名字有更为积极的联结。

第三节　态度的形成

态度是怎样形成的？这一问题自社会心理学研究态度以来就一直是态度领域的核心问题。围绕这一问题，心理学家提出过许多理论，其中代表性的理论有条件作用理论、社会学习理论和认知理论。本节主要介绍这些理论的观点及研究，并探讨影响态度形成的主要因素。

一、态度形成的主要理论

（一）条件作用理论

1. 经典条件作用理论

经典条件作用理论，是巴甫洛夫提出来的。巴甫洛夫用狗做实验并揭示出条件作用的原理：狗对肉会产生唾液分泌，这是与生俱来、不学而能的无条件反射。这里，肉是无条件刺激。铃声最初是中性刺激，铃声不会引起狗的唾液分泌。但通过铃声与肉（无条件刺激）的多次结合（即强化），狗对铃声会产生唾液分泌。这时，铃声已由中性刺激转变为条件刺激。由此而建立起来的反射，叫条件反射。在巩固的条件反射的基础上，可以建立第二级、第三级或更高级的条件反射。

Razran（1940）和 Doob（1947）等人用经典条件反射学说解释社会态度的形成过程。他们认为，如果把社会态度作为对于社会对象的评价或情感的话，那么以态度对象作为条件刺激，将其与人已经具有的肯定或否定性评价、情感等无条件刺激多次结合强化，则对于条件刺激的态度对象也就会形成与无条件刺激同样的评价和情感，即形成特定的社会态度。Staats & Staats（1958）在对被试提示不同国家名称的幻灯片的同时，让其反复听带有肯定或否定性评价的单词（如 happy，bitter 等），然后测定被试对各个国名的态度。结果发现，对于与肯定性单词结合的国名的态度多具肯定性，而对于与否定性单词相结合的国名的态度则多具否定性。后来，Staats & Crawford（1962）将作为无条件刺激的单词换成电击和噪音也得到了同样的结果。其他类似性实验还有不少，虽然结果并非完全一致，但大多数研究支持 Staats 等人的观点，即依靠经典条件反射可以形成特定的社会态度。

2. 操作条件作用理论

操作条件作用的理论，是斯金纳（B. F. Skinner）提出来的。斯金纳是以老鼠来做实验的，他把饥饿的老鼠放进一个箱子（叫斯金纳箱），箱子内装有一个杠杆，该杠杆与食物相连。老鼠由于饥饿在箱内四处乱窜，偶然一次触到杠杆获得食物。如果连续几次获得强化，老鼠便学习到触动杠杆可以获取食物的经验。由此而建立的条件反射，叫操作性条件反射。这种条件反射不同于巴甫洛夫的经典性条件反射。在这种条件反射中，有机体先有行为，而后才有刺激强化。可以说，有机体的行为是获得有效结果的工具或手段，刺激强化是决定行为频率的关键。

Hilsum & Brown（1956）认为，借助操作性条件反射机制可以有效地使社会态度得以形成或改变。他们利用电话对大学生进行有关大学教育情况的采访，当学生的回答属于褒奖之类时便立即给予鼓励性的言语报酬，反则反之。结果发现，前者的肯定性发言有所增加而后者的否定性发言有所减少。Insko（1965）用类似的研究也得到了同样的结果，当然报酬不仅仅限于言语，只要加以及时强化，许多物质和精神手段都可以使特定的态度发生变化———巩固加强或削弱衰减。

（二）社会学习理论

社会学习理论是班杜拉（A. Bandura）提出来的。这一理论有两个核心概念：观察学习和模仿。所谓观察学习，是指个体只以旁观者的身份，观察别人的行为表现（自己不必实地参与活动），即可获得学习。例如，幼儿见到别的幼儿因要打针感到恐惧而啼哭，于是他只靠观察就学会了打针就表现恐惧和啼哭。这种学习由于不需要亲身经过刺激—反应联结的学习方式，故而班杜拉把它称为"无须练习的学习"。所谓模仿，是指在观察学习时，向社会情境中某个个人或团体行为学习的过程。模仿的对象称为榜样。

按社会学习理论的解释，人们通过对他人行为的观察和模仿而习得态度。儿童观察到他人的攻击行为，并且这种攻击行为受到奖赏，因而倾向于在相同情境中模仿这种攻击行为。进而言之，儿童因此学得了经验，即形成这种态度：攻击是许可的行为。当然，儿童通过观察所学习的，并非只是消极的行为。在一个实验中，研究者让一组不喜欢狗而且对狗非常害怕的儿童，观看一个榜样很高兴地同狗嬉耍的场景。结果表明，这些观看过榜样的儿童比那些没有观看过榜样的儿童更喜欢逗弄狗。

（三）认知理论

凯尔曼从认知的角度研究了态度的形成过程，提出了态度形成的三阶段学说。这3个阶段分别是：

1. 模仿或服从阶段

这是态度形成的开始阶段。凯尔曼认为，态度的形成开始于两个方面：一是模仿；二是服从。首先，人们都有模仿和认同他人的倾向，尤其是倾向于认同他所敬爱崇拜的对象。而在这种模仿的过程中，也会因认同对象的不同而习得不同的态度。父母常常是孩子的认同对象，他们模仿父母的态度作为自己态度的开端。随着年龄的增长和交往的增多，他们通过模仿不同的对象，不断习得态度或改变态度。其次，服从是人们为了获得某种物质或精神上的满足，或为了避免惩罚而表现出来的一种行为。服从的特征往往表现为本身的行为和观点是受到外界的影响而被迫发生的。导致服从的外界影响主要有两种情况：一种是在外力的强制下被迫服从，另一种是受权威的压力而产生的服从。在现实生活中，人们要遵守许多规范，形成许多服从，不管你愿意不愿意，都会如此。当然，服从许多时候都是在无内心冲突中产生的，但有时也可能是被迫的，被迫的服从形成习惯之后，就变成自觉的服从，形成相应的态度。

2. 同化阶段

在这一阶段，态度不再是表面的改变了，即已不是被迫，而是自愿接受他人的观点、信念，使自己的态度与所要接受的态度相接近。也就是说，态度在这一阶段已比服从阶段进了一步，已从被迫转入自觉接受。这时，态度形成的动机不再像模仿或服从阶段那样，是为了获得奖励或免于惩罚，而是因为同化者希望自己成为与施加影响者一样的人。在这一阶段，个体由于在同化过程中满意地确定了自己与所要认同的人或团体的关系，因而采取一种与他人相同的态度和行为。可见，同化能否实现，他人或团体的吸引力是一个很重要的因素。但在这时，新的态度还没有同自己原有的全部态度体系融合。

3. 内化阶段

内化是态度形成的最后阶段。在这一阶段，个体的内心已真正发生了变化，接受了新的观点、新的情感和新的打算，并将其纳入了自己的价值体系之内，成为自己态度体系的有机组成部分，即彻底形成了新的态度。如果说在同化阶段个体还需要有意无意地将他人作为榜样的话，那么到了内化阶段，个体就不再需要具体的、外在的榜样来学习了。态度进入这个阶段之后，就比较稳固，不易改变了。

态度的形成，从模仿、服从到同化再到内化，是一个复杂的过程。但并非所有的人对所有的态度都完成这一全部过程。有人对某一事物的态度可能完成了整个过程，但对另一些事物的态度则可能只停留在服从或同化的阶段。有的时候，态度到了同化阶段也还要经过多次反复，才有可能进入内化阶段，但也可能一直停滞在同化阶段而徘徊不前。所以，态度的形成是一个十分复杂的过程。

二、影响态度形成的主要因素

态度的形成过程，实际上是个体社会化的过程。一方面，联结、强化和观察，是个体社会态度的形成机制，另一方面，在态度形成过程中，个体的基因遗传因素、已有的经验和人格特征以及社会环境因素发生交互作用，共同作用于态度的形成。

（一）基因遗传因素

一些研究者（Waller et al.，1990；Keller et al.，1992）探讨了基因因素在态度形成中的作用。与心理学中其他基因影响的研究一样，研究者发现，同卵双生子之间态度的相关程度要比异卵双生子之间态度的相关程度要高，这里的态度涉及从宗教态度到工作满意感等多个方面，而且，不论双生子是一起抚养还是分开抚养，都存在这种结果。这种结果表明，基因对态度形成有一定的作用。但是，由于基因对态度形成的作用机制尚未具体揭示出来，因此，人们普遍认同的观点是，态度更多的是在社会环境中通过社会学习等途径而获得的。

（二）社会环境因素

1. 家庭

家庭对个体态度的形成起着十分重要的作用。家庭是个体社会化的第一场所，父母则是个体成长过程中的第一任教师，是儿童首先认同的对象。因此，父母通过各种途径影响儿童态度的形成。研究表明，人们对许多事物的态度都深刻地受到父母的影响。个体的许多价值观、行为习惯，都是在父母影响下发展起来的。社会心理学家研究表明，小学生中 80% 的人对政党的态度都与父亲相同。有关宗教的研究也表明，宗教信仰之所以在一个地区形成优势，主要是由家庭的宗教传递性质决定的。有人在全美国范围内做的研究揭示，83% 的中学生对总统候选人的选择，都与自己的父母相一致。

2. 同伴

纽卡姆（T. Newcomb）研究了大学新生在大学 4 年期间对自由派态度和保守派态度的改变情况。结果发现，原先相当保守的新生，在入学后因逐渐受到高年级学生较为开放和自由的态度的影响，到了毕业的时候，也已经变成相当的开放和自由。这个研究说明同伴的影响在个体的态度形成和改变中的作用。可以说，随着个体年龄的增长，父母及家庭的影响作用会逐渐减少，而同伴、朋友的影响作用会越来越大。个体开始经常把自身所持有的态度、观点与自己同伴的观点、态度作比较，并以同伴的态度、观点作为依据来调整自己原有的态度。

3. 社会团体

个体自身所参加的团体，对其态度的形成也有明显的影响作用。首先，每一个团体都有自己的行为规范和准则，并要求团体成员共同遵守。当个体加入了某一团体之后，其言行就必须与团体的要求或标准保持一致，个人所持有的态度也必须与团体保持一致。由此，通过团体对个体的这种影响和约束作用，即可促进个体态度的形成和改变。其次，个体会认同所参加的社会团体，自愿采纳团体的态度。由于隶属于这一社会团体，个体的社会价值和个人价值与社会团体紧密联系，个人需要与团体保持较高的一致性，否则就难以将团体的价值当成自己的价值。因此，个人在许多方面会自愿接受团体的态度选择。比如，某公司建立教育基金会，公司鼓励职工和部门捐款，多数人就自觉接受了公司的建议，慷慨解囊。在公司中的地位越高，与公司保持一致的责任意识也越强，态度的认同感也越高。再次，对于同一团体的隶属，由于实际上有许多共同的生活内容，使人们有相同或相近的知识、经验和社会视角，这使团体各成员的态度自然趋向一致。

4. 文化因素

文化作为人们社会化的大背景，深刻地影响到人们态度的形成。著名人类学家米德（M. Mead）曾对南太平洋新几内亚岛的 3 个原始部落进行长期研究，发现文化背景直接决定着人们对许多事物的态度，乃至整个思维方式。米德发现，在一个叫阿拉佩什的部落，男子也同女性一样高度女性化，我们现代社会中强调男子需要有刚毅、善于竞争、敢于搏斗的阳刚之气，在阿拉佩什部落中，这样的男子是被人看不起的。在仍保留食人肉遗风的蒙杜古马部落，女子则也像男子一样，行为充满敌意、攻击与暴力，而温柔、体贴、含蓄等我们期望的女性特点是不受欢迎的。在另一个叫德昌布利的部落，男子的女性化特征更明显：敏感、喜欢打扮、情绪容易受感染、斤斤计较、为小事生气、性行为处于被动地位。我国学者在 1987 年所做的调查研究表明，沿海地区的青年在传统价值、开放、创业、离家、个性化等方面的态度与内地某些地区青年差异明显。两者比较，沿海青年对社会变革具有较高的适应性。这一研究结论恰好说明我国沿海地区与内陆地区在某些方面已出现文化与价值观的差异。

（三）主体本身的因素

1. 经验和知识

从态度形成的内在过程来看，经验的作用是首要的，特别是经验的情绪效应。"一朝被蛇咬，十年怕井绳"，就是典型的写照。心理学家奥尔波特很早就重视个体经历的情绪效应对态度的影响，他发现，某些导致心灵创伤的经历，哪怕仅仅是一次，就可以使人形成十分稳固的态度，而且这种态度还会泛化到相关或相似对象上。心理学家对恐惧症的长期研究发现，各种恐惧症都是与强烈的情绪伤害联系在一起的。

知识在态度形成中也有重要的作用。在认知性态度中，知识的作用尤为显著。如一位研究生虽研究哲学，但对巫术深信不疑，因为他亲眼见过巫婆把手放到滚开的油锅而丝毫无损。这位研究生有机会看了电影《巫婆的骗术》后才恍然大悟：原来巫婆用两份油加一份醋放到油锅里，醋沉锅底，而油浮在上面，看起来像是油锅；加热之后，由于醋的沸点低，先沸腾起来，造成油锅沸腾的错觉，此时油锅边上的温度仅有50℃。这个例子说明，先前由于缺乏这方面知识所形成的态度和后来有了这方面知识时的态度是不同的。

2. 需要

态度具有情绪体验的成分。人们对于能满足自己需要，或能够帮助自己达到目的的对象，倾向于有积极的情绪体验，产生肯定的态度。反之，对于阻碍自己达到目的或引起挫折的对象，则倾向于产生消极的情绪体验，产生否定的态度。社会心理学家罗特通过实验研究发现，如果一种对象与自己的需要满足相联系，则人们倾向于产生积极态度，反之，如果一种对象与不满足状态相联系，则人们的态度倾向于拒绝。

第四节　态度的改变

态度改变，是指一个人已经形成的态度在接受某一信息后所发生的相应变化的过程。态度的改变，不仅有态度方向或性质上的变化，也有态度强度的变化。由消极态度转化为积极态度，或由积极态度转化为消极态度，这是态度方向上的改变。由微弱的态度到强烈的态度，或由强烈的态度到微弱的态度，这是态度强度的改变。

在现实生活中，态度改变是常见而重要的心理现象。生活在现代社会中的每一个人，从早到晚都会遇到大量的各种各样的信息，会遇到各种各样的宣传与劝说，也就是说，我们每一个人都面临被劝说，都面临着不同程度的态度改变。教育上的辅导，政治上的宣传，商业上的广告，以至所有大众媒体所传播的信息，其主要目的就在于改变人的态度。关于态度改变的过程，研究者提出了许多理论和学说，其中最著名的理论是认知平衡理论和认知不协调理论。人们不仅要从理论上解释态度的变化过程，更为重要的是探讨态度改变的有效途径，在这方面，心理学家提出了许多有关态度改变的说服模型。本节拟就这些理论和模型予以介绍。

一、态度改变的主要理论

（一）认知平衡理论

认知平衡理论，最初是心理学家海德（F. Heider）于1946年提出来的。海德指出，在人们的认知体系中，存在着趋向一致或平衡的压力。他认为，人们的认知对象范围很广，包括外界的一切事物、世界上的各种人、各种观念。这些对象有些是有联系的，有些则没有直接联系。有联系的两个对象组成的整体叫单元，单元内的两个对象由于类似、接近等而结成的关系叫单元关系。人在对对象发生心理上的联系时，都会对对象产生一定的评价和情感，他把这叫做情感关系。单元关系和情感关系相联系，形成了特定的模式和结构。海德在1958年出版的《人际关系心理学》一书中阐述了认知平衡的基本原则，这个基本原则体现在他的著名的"P-O-X"模式中。在这一模式中，P代表个人，即认知主体；O代表认知对象的另一个人，X代表与P和O有某种关系的某种情境、事件、观念或第三个人。反映在P的认知结构中的这一三角关系可以是平衡的，也可以是不平衡的。当三方关系均为肯定，或两方为否定，一方为肯定时，便存在着平衡状态，否则便存在不平衡状态。例如，P喜欢O，对O的穿着也欣赏；或者，P不喜欢O，对O的朋友也不喜欢，这时，P的认知体系便呈现出平衡状态。相反，当个体对单元的知觉与对单元内两个对象的情感关系矛盾时，其认知体系便存在不平衡状态。认知的不平衡状态会产生心理紧张，造成恢复平衡的心理压力，从而导致改变态度、求得平衡。

　　海德认为，根据P、O、X三者的情感关系，可以推论出8种状态，其中，4种是平衡的，4种是不平衡的（见图4-6）。

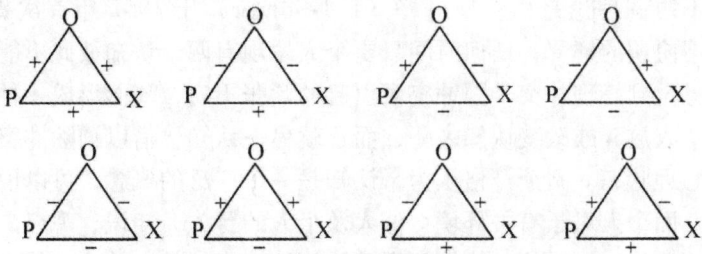

图4-6　认知的平衡状态与不平衡状态（资料来源：沙莲香，2002）

　　由图4-6可以总结出两条规律：①平衡结构必须是三角形三边符号相乘为正；②不平衡结构必须是三角形三边符号相乘为负。例如，P为学生，X为汽车，O为P所尊敬的师长。如果P喜欢汽车，听到O也喜欢汽车，则P的认知体系呈平衡状态。如果P喜欢汽车，而O不喜欢汽车，则P的认知体系便呈现不平衡状态。

　　平衡理论用简单的概念与图解揭示了个人态度变化过程，而且强调他人对于主体态度变化的作用，在理论上有重要启发意义。这一理论突破了传统格式塔心理学只从主体与客体关系上考察个人认知的局限，把人际关系引入认知研究领域，以极为简便的模式从主客体及主体与他人的多重关系上研究认知，从而在20世纪50、60年代的社会心理学界独树一帜。但是，这一理论也引发了一些批评：首先，人们普遍反映海德虽然说明了社会知觉和人际关系，但他却未能对人际关系本身作出令人满意的说明。其次，"P－O－X"模式是按照"全或无"的原则来确定三因素的全部关系的，因此未能涉及正或负的关系的程度。

针对认知平衡理论的缺陷，奥斯古德和塔南鲍姆于1955年建立了和谐理论。这一理论可以说是平衡理论的扩展，其总的观点认为，一致性原则支配所有人的思维。在一个基本的态度改变情景中存在3种成分，每一种成分都与评价有关。和谐理论认为，这3种成分的3种评价之间有两个负号，就决定了和谐状态。不和谐就会产生某种压力而趋于一致，这与平衡理论是相似的。但是与平衡理论不同的是，和谐理论考虑到了每一种评价的强度。例如，对于某一对象，可以有点喜欢，也可以非常喜欢，这就是情感评价的不同程度。和谐理论预计，每一成分改变量的大小，将与这一成分的相对强度成反比。强度越大，则改变得越小。和谐理论是在改变态度的工作中运用较多的一种理论，特别是在预测信息交流者对改变态度的效力之中。

（二）认知不协调理论

认知不协调理论是由费斯汀格（L. Festinger）于1957年首次提出来的。根据认知不协调的解释，任何时间只要个人发现有两个认知彼此不能协调一致时，就会感觉到心理冲突，因冲突而引起的紧张不安，转而形成一种内在的动机，促使个人放弃或改变认知之一，而迁就另一认知，借以消除冲突，恢复协调一致的心理状态。费斯汀格认为，认知是一个广泛的概念，可以说是某种特定的知识。而个人对于有关环境、他人及个人的行为、知识、观点、信念的态度的总和，称为认知结构。认知元素是认知结构中的基本单位，每个人都同时拥有许多不同的认知元素，比如，"我喜欢看电视"是一种认知元素，"对面山上有许多大树"也是一种认知元素，等等。这些认知元素之间的关系，一般会表现出3种情况：①协调。"我喜欢看电视"和"电视能帮助人增长见识"这两个认知是协调的。②不协调。"我吸烟很厉害"和"吸烟导致肺癌"这两个认知，便是相互矛盾的和不协调的。③无关。"你喜欢看电视"和"对面山上有许多大树"这两个认知就是无关的。

费斯汀格认为，假如出现认知不协调，就会使个体产生心理上的不愉快和紧张感，而这种不愉快和紧张感，会使人形成一种压力，迫使其想方设法去减轻或解除不协调状况，使其认知达到平衡协调，并会竭尽全力保持这种协调状态。认知不协调程度的高低，一般与下列因素有关：①两种认知元素之间差异的大小。两者之间的差异越大，不协调的程度越高。②认知差异的多少。如果互相矛盾或冲突的认知有多种，其引起的不协调程度也随之增高。③协调认知的数目。协调的认知越多，不协调的程度越低。④不同认知所具有的重要程度。关键性的认知协调与否，要比无关紧要者的协调与否显得重要。

一个人的认知出现不协调之后，"作为一种心理上的不适，不协调的存在将推动人们去努力减少不协调，并力求达到协调一致的目的"。一般来说，减少或消除不协调的方法有：①改变某一种认知元素，使其与其他认知元素之间的关系趋于协调。比如，"我喜欢吸烟"和"吸烟可能导致肺癌"是不协调的两个认知元素，一个人可以改变"我喜欢吸烟"为"我要立刻戒烟"，或者改变"吸烟可能导致肺癌"为"吸烟导致肺癌的说法是没有充分根据的"，两种方法都可以达到认知协调。②强调某一种认知元素的重要性。比如，强调吸烟的重要性，"我喜欢吸烟，吸烟使我快乐才是最为重要的，我不要为将来可能患病而牺牲目前的乐趣"。或者强调吸烟危害性的认知元素，即"肺癌确实可怕，为了自己的健康和家庭的幸福，我虽然喜欢吸烟，但应尽快戒掉"。这两种方式都可以使自己的认知元素相互协调。③增加新的认知元素。比如，"世界上吸烟而长寿的人很多"，或者认为"吸烟可以减轻精神紧张，有利于心理健康"等，从而降低不协调因素，达到认知的协调或一致性。

在认知不协调理论提出后的10多年里，包括费斯汀格本人在内的许多社会心理学家围绕该理论进行了一系列的实验研究。其中最著名的是费斯汀格等人在1959年所做的"被迫依从"实验。该实验以大学男生为被试，每次一个人轮流进入实验室，从事一种事前并不知情的单调乏味的工作，历经一小时（工作内容是将盘中12把汤勺一把一把地拿出，然后再一把一把地放回去）。结束后，研究者要求被试出门后对在外等候者（事实上是助理员）说："工作非常有趣。"并按两种标准付给被试报酬：一半人付给美金1元，另一半人付给美金20元（当时20元是较大数目），但是被试彼此之间并不知道报酬有差异。到此为止，由实验情境的设计，使被试在心理上产生了两种认知：其一是他知道工作是单调乏味的，这是他真实的认知。其二是他对别人说工作是有趣的，这是他因接受了报酬不得不这样说。接下去，另一个实验者私下询问每一个被试，要他们坦白表示工作是否有趣。按常情推断，接受高额报酬者应该说假话才是。实则不然，接受20元的被试多数表示对工作无兴趣，承认他告诉别人的话是假的；接受1元报酬的被试，多数仍表示对工作有兴趣，维持了他们出门后告诉别人的他对工作的态度。这里，实验结果显示的意义是，前后两个认知不一致时（工作乏味但得说有兴趣），将在心理上产生认知不协调而促使个人改变其中之一，从而维持其态度的一致性。实验结果发现，得 1 元报酬者态度有所改变，原因是认知不协调的程度大，只好放弃了自己对工作感到乏味的认知，迁就别人说假话，从而维持自己在别人面前的态度一致。得 20 元报酬者的态度没有改变，原因是因接受高报酬而使认知不协调的程度减少，如果改变自己的态度硬说工作有兴趣，那等于表示自己受金钱的影响而没有主见。可以说，实验结果支持了费斯汀格的理论。

费斯汀格认知不协调理论的意义在于，他把复杂的认知关系简化为认知因素之间的协调和不协调的关系。认知者在某个问题上，不论与认知对方是认知关系，还是情感关系，都可以概括为协调和不协调关系。这样一来，费斯汀格的理论便具有较大的灵活性和使用范围：不仅适用认知者的认知体系，而且能够适用于更为广泛的包括认知者以外的社会领域。费斯汀格认知不协调理论，不但可用来解释态度改变的原因，而且也可用来帮助人，由消极的态度转变为积极的态度。例如，身为教师如在行为上自认为"我尽心尽力教学生"（认知之一），而在态度上则认为"教师是没有前途的职业"（认知之二）。如此，态度与行为之间构成认知不协调，除非改行转业，否则难免心理上冲突不安。如不能改变行为（教书），则改变态度（如自认教师是神圣的职业，育天下英才是人生的快乐），这是恢复心理和谐一致的途径。人不能改变现实，则改变态度去面对现实，这是维护心理健康的基本准则。但是，这一理论对协调与不协调本身的规定是模糊的，因而不易把握，也很难测量。

二、态度改变与说服

（一）态度改变的说服模型

在讨论完有关态度改变的几种不同的理论解释之后，我们有必要接着研究态度改变的实际过程和具体的决定因素。在日常生活中，人们常常会遇到试图说服别人和被别人说服的情形，从而时时会有态度方向的转变和强度的增减。显然，态度的改变更多是在说服性沟通中完成的。这里，以改变人的态度为目标的沟通就是说服性沟通。20 世纪 40 年代以来，社会心理学家就说服性沟通进行了许多理论和实证研究，提出了有关态度改变的说服模型。其中较为著名的有霍夫兰 1959 年提出的态度改变—说服模型、陪逊（R. Petty）和卡司欧泊（J. Cacioppo）1986 年提出的说服的双加工模型。

1. 霍夫兰（1959）的态度改变—说服模型

在霍夫兰的模型中，影响态度改变的各种因素有说服者、传递的信息、被说服者和情境，说服的效果或态度改变的程度是由这些因素的相互关系或作用所决定的（见图 4 - 7）。

态度改变的说服模型

说服者： 专业性 可靠性 吸引力	传递的信息： 信息的差异性 信息的情绪性 信息的组织性	被说服者： 原有的态度强度 心理免疫 人格特征	情境： 预先警告 分心

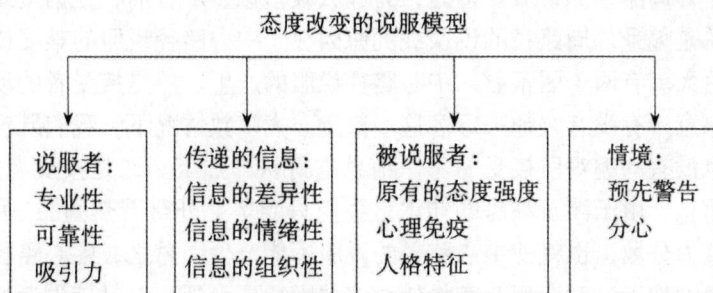

图 4-7 **态度改变的说服模型**（资料来源：申荷永，1999）

霍夫兰指出，任何一个说服的过程，都是从"可见的说服刺激"开始的。说服过程中，首先必须有一位信息的传播者，即说服者，他对某一问题有一定的看法，并力图说服他人也持有同样的看法。而要做到这一点，说服者必须设计好一套"传递的信息"，即对传递的信息内容精心组织，对信息传递的方式精心安排，以说服他人相信他的观点是正确的，并诱使和劝说他人放弃原有的态度、立场，从而和他自己的观点与态度相一致。同时，说服效果还受到被说服者——目标对象本身的特点的影响。被说服者并非全然无知，每个个体事前早已有态度及特质存在，而这些事前的态度及特质，将影响其对有关说服信息的接受程度。此外，这一说服过程并不单纯是在传递者和接受者之间进行的，还有一定的客观情境在影响着说服效果。

2. 陪逊和卡司欧泊（1986）说服的双加工模型

陪逊和卡司欧泊在研究影响说服效果的各因素的相互关系时指出，存在两条说服的路径：中心路径和外周路径。中心路径的说服建立在论据的逻辑性和强度上。外周路径的说服建立在与说服内容性质或品质无关或额外的因素上，例如是谁提供论据、论据的长短等。

当接受者仔细思考论据，需要一定的认知努力来琢磨信息的含义时，所产生的是中心路径的说服。中心路径的说服产生时，人们比较全面地加工信息，考虑信息的内容。简言之，人们所关注的是话题本身。与此相对，当接受者不花时间，也不努力来考虑劝说信息的内容或含义，而关注与信息内容无关的因素时，这时所产生的说服是外周路径的说服。

外周路径的说服和中心路径的说服，影响了态度改变的持久性。一般来说，中心路径的说服需要认知努力，接受者理解当前论据的利益，甚至自己想起一些支持性的论据，因而态度改变比较持久。相反，外周路径的说服虽然能使态度动摇和改变，但不如中心路径那样持久和强烈。显然，中心路径的说服效果要优于外周路径的说服。但是，为什么政治家、广告商、推销员或别的职业说服者总是偏爱外周路径的说服呢？原因在于中心路径说服的难度比外周路径的说服更大。有两个因素制约中心路径说服的产生。一是接受者的动机，接受者愿不愿意、有没有兴趣来琢磨这一信息。大多数情况下，我们既没有时间和精力，也没有兴趣对所接受的每一信息进行认知加工。二是接受者的能力。对于一些信息，由于涉及高深的知识，我们只能是"外行看热闹"，另外，如果我们注意力分散，也将使中心路径的说服不能产生。总之，中心路径的加工比外周路径的加工，对态度改变的持久性的影响更强烈。但是接受者的动机和能力决定了中心路径加工和外周路径加工的产生（见图4-8）。

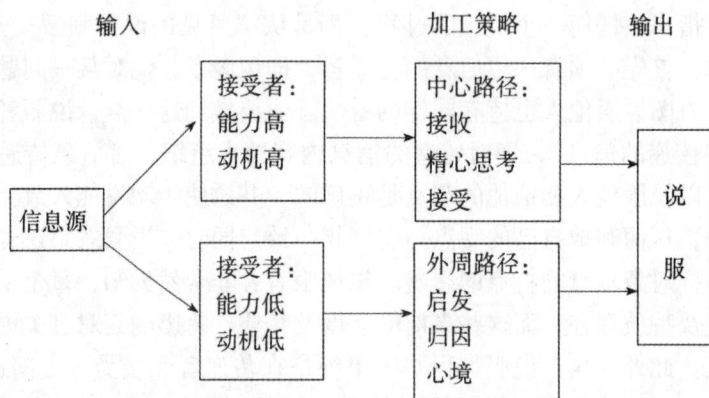

图4-8 说服的两条路径（资料来源：Brehm & Kassin, 1990）

（二）影响说服效果的因素

在说服过程中，作为说服者的信息来源、信息和信息传递方式、被说服者以及说服过程中的情境因素等，都是影响说服效果的重要因素。这里，我们以霍夫兰的模型为框架，对这些因素及其作用进行具体分析。

1. 说服者的特征

在说服和态度改变的过程中，同样的信息，有的人费尽口舌却可能毫无效果，而有的人通过会心的交谈，却会使被说服者心悦诚服地改变自己原有的态度。可见，说服者本身是一个重要因素。那么，什么样的说服者，或者说服者的哪些因素，影响了说服效果呢？社会心理学家通过研究认为，说服者的专业性、可靠性和吸引力是影响说服效果最为重要的因素。其中，前两者也被称为可信度。

（1）专业性。专业性又称专家身份，指说服者的身份具有使人信服的权威性。使说服者具有权威性的因素很多，诸如说服者所受的教育程度、专业训练、社会经验以及年龄、职业和社会地位等。这些因素，能够使说服者在被说服者心目中成为某方面的权威形象。一般来说，说服者的权威性越大，被说服者改变自己态度的可能性就越大。阿伦森（E. Aronson）与其同事，曾对此进行过一个著名的实验。在有关的实验中，实验者告诉被试，他们正参与一项美学评估活动，要求被试对一些诗歌样本进行评价。当一些被试对其中的某一作品作了否定的评价后，实验者告诉被试，有人对被他们否定的诗却评价很高。这时，其中一部分被试被告知，作出这一肯定评价的是当时著名诗人艾略特；而另一部分被试则被告知，作出肯定性评价的是一位普通的师范学生。然后，让所有的被试重新评价这首诗。其结果是，获悉著名诗人对这首诗评价很高的被试，大都改变了其原先的否定态度，给予了相应肯定性的评价；而获知师范学生对这首诗评价很高的被试，则很少有人改变原先的态度。这一实验说明，威信高或具有权威形象的说服者，比起威信低或不具有权威性的说服者，其意见所引起态度变化的可能性要大得多。

（2）可靠性。所谓可靠性，是指影响被说服者信任程度的说服者特征。首先，说服者的人格特征、外表仪态及讲话时的信心等，影响到这种可靠性。说服者在讲话时结结巴巴、犹犹豫豫，那么他远不及讲话时果断有力、信心十足能够让人感到可靠和可信。另一个影响可靠性的因素是说服者的意图和动机。不论说服者的专业性如何，被说服者相不相信说服者的公正是非常重要的。因此，对于说服者来说，如何让被说服者相信自己是一个公正、客观而无偏见的人，如何让被说服者了解自己之所以提出这种主张绝不是别有用心和牟取私利，这是一个需要考虑的问题。研究表明，当说服者所提出的主张与其自身利益完全相反的时候，他的影响力就会最大。

另外，有人研究了说服者的可信度高低程度对被说服者态度改变的影响差异。在一项实验中，研究者操纵说服者的可信度，事后立即测量态度的改变量，发现可信度高的说服者引起较多的态度改变。但是3个星期之后这种差异消失了，此时可信度低的说服者的影响力与可信度高的说服者的影响力相当。心理学家把这种低可信度的说服者的影响力随时间推移而提高的现象，叫做睡眠效应。

（3）吸引力。吸引力是指说服者是否具有一些令人喜欢的特征，及其受人喜欢的程度。研究表明，喜欢一个人的程度越高，那么受其影响的可能性就越大。原因在于，人们对所喜欢的人采取认同，进而接纳那个人的态度，包括他的爱好和行为方式等。说服者越是具有吸引力，也就越可能增强其说服力，提高说服效果。一般认为，外表漂亮的人在说服方面更有优势。在一项研究中，研究者让漂亮的人和一般人去说服大学生参加一个请愿活动，结果前者说服了43％的人，而后者说服了32％的人。

2. 信息传递的方式

在说服和态度改变的过程中，传递的信息内容和形式也会影响说服效果。信息的组织和安排在说服过程中的作用是十分重要的。我们接纳某种观点，不仅看是什么人说的，而且还要看他是如何说的以及说的是什么。这方面，信息的差异性、信息的情绪性和信息的组织性，影响了说服效果。

（1）信息的差异性。所谓信息的差异性，是指说服者所提供的信息与被说服者已有的态度之间的差异。一般而言，信息的差异性是促使态度改变的压力，差异越大，促使改变的潜在压力就越大。但是，并不是差异越大，就一定导致更大的态度改变。其原因有两个方面：一是当差异变得异常大时，被说服者会发现，自己已经很难使其态度改变到足以消除这些差异。二是一种差异极大的信息，会使个体对信息来源的可信性产生怀疑。所以，差异程度不宜太高，太高时，被说服者倾向于贬低信息来源，而非改变态度，以减少压力。

（2）信息的情绪性。所谓信息的情绪性，是指说服者提供的信息对被说服者的情绪唤醒所产生的影响。在说服过程中，说服者既可以借助理性说服，也可以借助情绪情感的唤醒影响被说服者。所以，我们常说，晓之以理，动之以情。究竟理性说服有效，还是感性说服有效，按前述的陪逊和卡司欧泊的说服双加工模型，因说服对象而异。能力高和动机高的人，宜采取理性说服，以唤起被说服者的中心路径的加工策略；能力低或动机低的人，宜采取感性说服，以唤起被说服者的外周路径的加工策略。至于情绪对说服效果的影响机制，研究认为，在特定的情绪或心境状态下，人们会产生"心境一致性效应"，即对与当前心境或情绪状态相一致的信息存在加工偏向，从而增强了说服效果。

（3）信息的组织性。所谓信息的组织性，是指信息的组织形式对说服效果的影响。在这方面，最著名的是霍夫兰在第二次世界大战期间进行的"单面和双面传播"实验。这项在与日本进行最后决战前夕进行的实验，旨在探讨如何能够更好地向士兵传输这样的信念：战争不会马上停止，打败日本还有一场恶战。霍夫兰以两种方式将上述信息告诉士兵：一种方式只单方面提供日军的有利条件，如武士道精神、控制了战场资源等，强调战争因此不会马上结束，起码还有两年。另一种方式则提供了双方面的信息，即强调上述对日军有利的条件，也说明使他们不易坚持下去的原因，如盟军的军事实力在日军之上等。在综合考虑了对日军有利和不利的两方面因素后，作出结论，虽然日军败局已定，但战争不会立即结束，他们起码还能顽抗两年。实验结果表明，单方面论据和双方面论据的信息传播并无绝对的优劣之分，其对被试的影响依下列因素而定：一是被试的文化程度。对文化程度低的人，单方面论据的信息传播较能改变他们的态度；对文化程度高的人，双方面论据的信息传播更为有效。二是被试原有的态度。对那些原先的态度与传播的信息不一致的士兵（即认为战争马上要结束的人），双方面论据更能说服他们改变态度，相信战争还要持续一段时间；反之，对那些原先的态度和传播的信息一致的士兵（即认为战争将持续的人），单方面论据更能坚定他们已有的看法。换言之，双方面论据的传播对态度改变有效，而单方面论据的传播则对态度的维持更为有效。

3. 被说服者的特征

信息源和信息内容及传递方式的影响，最终要通过被说服者体现出来。被说服者的本身特点也影响到说服效果。社会心理学家通过研究证实，被说服者的下述 3 个方面特征会影响到说服效果。

（1）人格特征。社会心理学家曾经作过许多研究，来探讨被说服者的人格特征与态度改变之间的关系。霍夫兰等人在实验研究中发现，可说服性是一个重要的人格特质。被试若在一种情境下较易被说服，则在其他情境下也同样较容易被说服。同理，被试若在一种情境下不易被说服，则在其他情境下也同样较不容易被说服。即，有的人在各种情境下都易于被说服，有的人在各种情境下都不易被说服。与可说服性相关的主要因素有两种：一是自尊或自信心。自尊低的被试比自尊高的被试，更容易被说服。这是因为，自尊低的人对自己的意见、观点评价较低，由于他们不重视自己的意见和观点，所以一遇到说服，就会轻易放弃自己原来的观点而改变态度。二是智能。智能与说服之间的关系是复杂的，一般来说，智能高的人与智能低的人相比，前者很少受到不一致或不合逻辑的论据的影响，后者则很少受复杂而困难的论据的影响。现有的研究证实，高智能的人易受强调理解的信息的影响，低智能的人则易受强调顺从的信息的影响。

（2）对原有态度的自我涉入程度。自我涉入是指被说服者对原有态度的信奉程度。自我涉入与问题在被说服者个人生活中的重要性有关。对被说服者个人生活重要的问题，自我涉入较深，反之较浅。自我涉入浅的，对原有态度信奉程度低，态度容易改变；自我涉入深的，对原有态度信奉程度高，态度自然就不易改变。

（3）心理预防。被说服者态度改变的难易，还与其是否经过心理预防有关。经过心理预防的被说服者，会对说服信息产生抵制，这类似于医学中增强机体的抗病能力来预防疾病的道理。医学上的方法通常有两种：一是增加营养和加强锻炼，使机体更加强健；二是接种少量病毒，使机体产生抗体。社会心理学家麦奎尔（W. J. McGuire）借用了现代医学术语，希望经由与医学中的接种和免疫手段相似的途径，培养人们对说服的抵抗力。具体的做法有两种：一种是接种少量病毒，使机体产生抗体，即对被说服者的意见进行微弱的攻击，使之加强原有的态度，增强其抵制有害观点的能力；一种是增加营养和进行锻炼，使机体更加强健，即对被说服者的意见给予支持，使原有的态度得到加强。麦奎尔将前者称为接种预防，后者称为支持预防。通过实验，麦奎尔发现，经过接种预防的态度最不易改变，经过支持预防的态度较易改变，而没有经过任何预防的态度最易发生改变。

4. 情境因素

任何说服性沟通都是在特定的情境中进行的，说服效果会因情境的不同而有所差异。在某种情境条件下，说服效果可能很好；然而，换一种情境条件，说服效果就可能很差。对此，我们可以分析霍夫兰的"预先警告"和"分心"概念来理解情境因素对说服效果的影响。

（1）预先警告。所谓预警，即事先让被说服者知道将会发生的情况。在预警情境下，被说服者将更有力地抵御这一观点的说服。弗里得曼（J. Freedman）等人在一项实验中证实了预警的效果和作用。他们在实验前10分钟告诉一些少年被试，他们仍将要接受"为什么不允许少年开车"的宣传；而另一些少年直到研究开始时才被告知这一消息。结果显示，有10分钟预警的少年受这个演讲的宣传影响，要比没有预警的那一组少年小得多。这说明，预警这一情境因素使他们抵制传递的信息而影响说服效果。

（2）分心。在说服过程中，情境中的某些因素会引起被说服者的分心，使之难以把注意力集中在所接受的信息上。此时，分心就会阻碍沟通，削弱说服效果。不过，研究者发现，当被说服者原来反对说服者的观点时，如能使被说服者分心，则能取得较为有效的说服效果。这是由于分心能干扰反驳过程，故能导致更顺利的态度改变。相反，若没有分心，则说服者所提供的信息很容易引起抵制或反驳。

复习与思考

基本概念

态度　单维度态度模型　三成分态度模型　双重态度模型　外显态度　内隐态度　一般态度　具体态度　认知性态度　情感性态度　行为性态度　态度量表　内隐联结测试　认知不协调

思考题

1. 什么是社会态度，它有哪些基本特征？
2. 试述态度的结构、种类和功能。
3. 影响态度与行为关系的因素有哪些？
4. 态度形成的主要理论有哪些？
5. 影响说服效果的主要因素有哪些？
6. 什么是李科特量表？试制作一份李科特量表。

第五章 社会影响与社会行为

本章要点：

- ● 社会助长、社会干扰与社会惰化现象
- ● 从众行为及其影响因素
- ● 服从行为及其影响因素
- ● 促进顺从的技术
- ● 侵犯行为的理论解释
- ● 侵犯行为的控制与消除
- ● 利他行为及其影响因素
- ● 旁观者效应

　　社会影响是指在社会力量的作用下，引起个体的信念、态度、情绪及行为发生变化的现象。这里所说的社会力量是指影响者用以引起他人态度和行为发生变化的各种力量，其来源非常广泛，可以来自个体，也可以来自团体；可以是强制性的，如法律、法规，也可以是自发形成的，如流言、时尚等。本章将分析几种典型的社会影响现象：社会促进与社会干扰、社会惰化、从众、服从等。

　　人类的社会行为很多，根据后果可以分为两类：一种是对社会有害的行为，我们称之为反社会行为，以侵犯行为为代表；一种是对社会或他人有益的行为，我们称之为亲社会行为，以助人行为和利他行为为代表。本章也将对侵犯和利他这两类重要的社会行为进行分析。

第一节　社会助长与社会惰化

一、社会助长与社会干扰现象

社会助长和社会干扰是社会影响的主要方式之一。我们生活在社会中，不可能总是独自一人学习、工作，很多时候都会有他人在场。社会心理学研究发现，个体在从事某项活动时，如果有他人在场，就会对个体形成一种刺激，这种刺激会影响他的活动效果，有时会促进活动的完成，有时会干扰活动的完成。我们把这两种情况分别称为社会助长和社会干扰。

（一）社会助长

社会助长（social facilitation）是指个体从事某项活动时，他人在场会促进其活动完成，提高其活动效率，所以又称社会促进。

如果我们细心观察一下儿童的活动就会发现，他们做事总喜欢结伴而行，不管是做游戏，还是做作业。单独一人做作业可能无精打采，而几个人一起则兴致勃勃。不仅仅是儿童，我们也经常有这样的体验，一群人一起干活时，精神更好，效率更高。这种结伴活动提高效率的现象被称为"结伴效应"。早在1898年，美国心理学家特里普利特（N. Triplett）就对结伴效应进行了研究。他发现，自行车选手在有伙伴的情况下，比单独一人骑得快，骑车速度提高30%。为了检验这个结果，他又设计了一系列实验室实验。例如，他安排40名儿童尽快转动钓鱼竿卷线轮绕线，既安排儿童单独绕，又让他们两两结伴绕。结果发现，结伴绕线时的速度更快一些，这进一步证实了结伴效应的存在。

我们也经常看到这样的现象，运动员比赛时，如果有很多观众为他加油鼓励，他往往能顺利甚至超水平发挥，所以在比赛中东道主更容易获胜。试想，如果教师上课面对稀稀拉拉的学生，无人反应；演员表演面对寥寥无几的观众，无人喝彩，那他们的效果和热情都要大打折扣。为什么会出现这种现象呢？这是"观众效应"在起作用。观众效应指出，有人在现场看某人从事一项活动，会对某人产生一种刺激作用。许多实验也证实了这一点。

不管是结伴还是观众，都有可能促进活动的完成。值得注意的是，这种促进作用的产生只是依赖有他人在场，而并不依赖个体之间有意的竞争。如果个体之间存在着相互竞争，就不属于社会助长研究的范畴了。另外，产生这种促进作用仅仅是一种可能，而不是必然。有时候，结伴效应和观众效应会以另一种相反的形式表现出来，那就是社会干扰。

（二）社会干扰

和社会助长相反，社会干扰是指个体在从事某项活动时，他人在场会干扰活动的完成，抑制活动的效率，所以又称为社会抑制。

有时候我们写一篇文章或验算一道复杂的习题，或者学习一些新的东西，有他人在场时非常容易分心，令人拘束或烦躁，从而降低效率；有的人第一次走上讲台或舞台时，面对观众往往会心跳加快、面红耳赤、结结巴巴，甚至把原先准备好的东西忘得一干二净。在这些时候，同伴和观众就成了一种干扰因素，阻碍了活动的完成。

实验社会心理学的创始人奥尔波特（F. Allport）于 20 世纪 20 年代在哈佛大学做了一系列关于社会助长的实验，既证实了社会助长现象的存在，也发现了社会干扰现象，成为此领域的经典性研究之一。他让大学生被试单独或结伴从事下列复杂程度不同的活动：①连锁联想。实验者说出一个刺激词，被试迅速想出一个与之有关的反应词，然后，以这个反应词为新的刺激词，再联想其他的反应词。②删去元音。划掉若干短文中的所有元音字母。③转换透视。被试注视可以转换透视的立方体，迅速进行两种透视的转换，记录 1 分钟转换的次数。④乘法运算。让被试进行两位乘法的运算。⑤写批驳文章。针对一些论述，要求被试在 5 分钟之内写一篇批驳短文。实验结果表明，在前 4 种活动中，被试在结伴的条件下都取得了比单独活动更优异的成绩，但是在写批驳文章时，单独活动的效果更好。可见，他人在场或与别人一起工作，并不总是带来社会助长作用，随着工作难度的增加，社会助长作用可能会变成社会干扰。随后的一些重复实验也获得了相同的结果。

二、社会助长与社会干扰的理论解释

他人在场为什么会产生两种相互矛盾的作用？让我们来看看心理学家的解释。

（一）优势反应强化说

查荣克（R. Zajonc，1965）以动机和内驱力的研究成果为基础，提出了优势反应强化说。他认为，有他人在场的情况下，一个人的动机水平将会提高，其优势反应会受到抑制。所谓优势反应，是指那些已经学习和掌握得相当熟练、不加思考就可以表现出来的习惯动作，如自行车选手骑自行车、小孩绕线、大学生删去元音字母等，都属于这种熟练活动，他人在场会提高活动成绩。反之，批驳某种哲学观点、学习无意义音节等活动是需要动脑筋或不熟练的，他人在场使动机增强，反而会起干扰作用，降低活动的成绩。这一理论可用图 5 - 1 来表示：

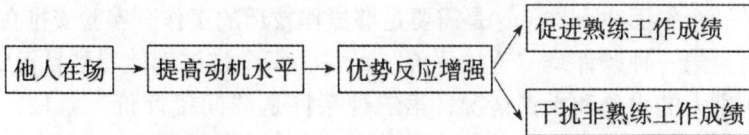

图 5－1　他人在场对个体活动的影响过程

科特雷尔（N. Cottrell，1967）的一项实验证明了他人在场会促进熟练工作的成绩，而干扰非熟练工作的成绩。他让被试在单独和他人在场两种情境中学习单词配对表。配对表有两类，一类由同义词组成，学习起来非常容易；另一类由无关单词组成，非常难以学习。结果显示，学习简单的词表时，他人在场有明显的社会助长作用；而学习困难的词表时，他人在场带来了社会干扰。

按照查荣克的观点，只要有他人在场，就会影响人们的动机和活动的成绩。但接下来的实验结果对此提出了疑问。科特雷尔等人设计了一项实验，要求大学生默记词汇。被试分成 3 组，在不同的条件下学习这些词。第一种条件是，被试单独完成这项任务；第二种条件是，被试面对两个同学完成这项任务；第三种条件是，被试在两个人在场的情况下完成这项任务，但这两个人的眼睛被蒙起来了，无法判断被试的成绩。结果发现，第一种条件和第三种条件下被试的成绩相同。按照查荣克的理论，应该是第二种和第三种条件下的成绩相同才对。显然，查荣克的理论无法解释这一现象。于是，一些学者进一步深化和发展了优势反应强化说。

（二）评价理论

仅仅有他人在场还不足以解释社会助长与社会干扰，那该如何解释呢？一些学者认为，观众的评价是形成这种作用的更为重要的原因。查荣克认为他人在场会提高动机水平，但没能说明他人在场为什么会提高动机水平，以及在什么情况下能提高动机水平。事实上，他人在场并不一定导致动机水平的提高。观众一旦被蒙上眼睛，就不存在评价问题，也就不会对被试的动机水平产生影响。个体在成长过程中会不断受到他人的评价，逐渐关注他人的评价，并且争取赢得他人对自己好的评价。他人在场激发了行为者的被评价意识，从而提高了动机水平。

他人评价与动机水平之间的关系受到下列因素的影响：

1. 活动者觉知评价的程度

一般来说，活动者觉知被评价的程度越高，其动机水平就越高。有这样一个巧妙的实验可以证明这一点。在实验中，实验者让男大学生用两根棍子把一个圆球从一个斜面往上推，这是需要足够操作技巧的工作。实验安排在3种条件下进行。第一种条件是"直接评价"条件，每个被试都能看到自己的得分，也能看到别人的得分和操作情况；第二种条件是"间接评价"条件，即被试看不到别人的操作，只能看到别人的得分；第三种条件是"无评价"，被试既看不到别人的操作，也看不到别人的得分。结果发现，"直接评价"条件下，被试操作成绩最差，说明他们的动机水平大大提高，对复杂活动造成了抑制作用。这表明，动机水平提高到何种程度，依赖于活动者觉知他的操作正在被别人评价的程度。

2. 评价者的身份和态度

一般来说，评价者越具有权威性，活动者的动机水平越高。一个演员，面对评委和面对观众，其动机水平是不一样的。对青年人来说，如果评价者是同龄异性，对其活动有较大影响，动机水平明显提高。这其中有性的吸引力在起作用。从态度上看，评价者越是正襟危坐、严肃认真，对活动者的影响就越大；如果评价者漫不经心，则影响较小。

3. 活动者的年龄和个性特征

活动者的年龄、气质、性格、情绪等方面的差异，会导致受他人评价的影响的差异。从年龄上说，儿童更在乎他人的评价，十分希望得到他人的肯定，有他人在场时，其动机水平比成人提高得更为明显。从性格上说，易受暗示、内向、谨小慎微、独立性差、缺乏自信的人对他人在场更为敏感一些。从气质上看，胆汁质和抑郁质的人比多血质和黏液质的人更在乎别人的看法。另外，不同情绪状态下，他人在场对活动者的影响也不尽相同。

（三）注意转移说

有心理学家从注意分散与转移的角度来解释社会助长与社会干扰。按照这一理论，当一个人在从事一项工作时，他人在场会造成他注意的分散和转移，从而对其工作效率造成影响。如果从事的是不熟悉或难度较大的工作，需要高度集中注意力才能完成，此时分散注意就会干扰工作的进行；如果从事的是熟练的或简单的任务，工作者已经达到了"自动化"的程度，此时分散注意不会降低工作效率，甚至还有促进作用。在生活中常有这样的现象，在完成熟练的、达到自动化程度的任务时，如果过分专注此事反而妨碍了动作的进行，降低了动作的速度。例如，我们跟人聊天时，并未注意该如何说话，但都会说得非常流畅，因为说话已经成为我们自动化的反应；如果对说话本身给予了刻意关注，反而会说得磕磕巴巴，发生错误。

三、社会惰化

社会惰化（social loafing）又称为社会懈怠或社会逍遥，是指群体一起完成一件事情时，个人所付出的努力比单独完成时偏少的现象。和社会干扰不同的是，社会惰化是指群体共同完成一件事情，个体的行为是无须单独被评价的；而社会干扰着眼于他人的存在对个体行为的影响，即使和别人一起工作，也并非同心协力完成同一件事，而是各人完成各人的任务。

心理学家林格曼（Ringelman，1880）最早发现了社会惰化现象。他发现人们一起拉绳子时的平均拉力比单独拉时的平均拉力要小。随着人数增加，每个人付出的个人努力程度会逐步下降。在研究中他让被试用力拉绳子并测拉力，实验包括3种情境：单独、3人组和8人组。结果表明，独自拉时，人均拉力为63千克；3人一起拉时，人均拉力53千克；8人一起拉时，人均拉力只有31千克。

拉塔内（B. Latane，1979）等人同样证明了社会惰化现象的存在。在一项研究中，他让大学生以欢呼或鼓掌的方式尽可能地制造噪音，每个人分别在独自、2人、4人和6人一组的情况下做。结果表明，每个人所制造的噪音随团体人数的增加而下降（见图5-2）。

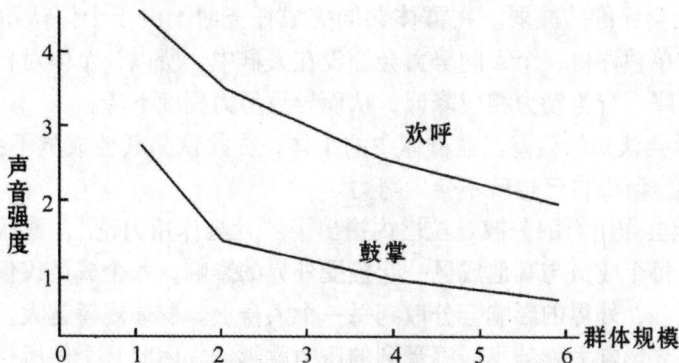

图5-2　个体制造的噪音与团体大小的关系

有关的元分析为社会惰化现象提供了进一步的证据。杰克逊等人（J. M. Jackson & K. D. Williams，1988）总结了49个有关社会惰化的研究，涉及被试超过4 000人，结果表明（见图5-3），共同完成任务时的群体规模越大，个人的努力程度也越低。当群体规模达到8人时，个人的努力程度仅为单独工作时的80%。在一定范围内，群体规模增大，个人努力还在继续下降。

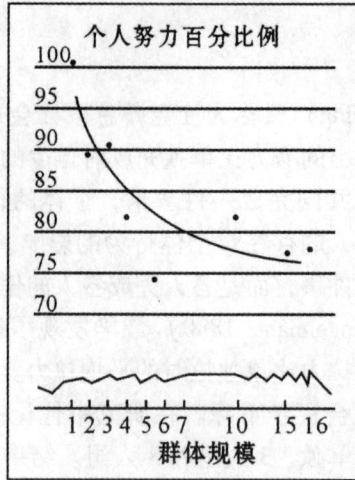

图5-3 社会惰化现象的元分析结果

另外，社会惰化也是一种跨文化的现象（Petty，Pandy，& Latane，1981）。它并不是个体主义文化的产物，在强调集体主义文化的国家和地区，也同样存在社会惰化现象。

为什么会产生社会惰化现象呢？拉塔内认为有以下原因：

（1）社会评价的减弱。在群体共同完成任务时，由于个体认识到自己的行为不会被单独评价，个人的努力会埋没在人群中，所以，个体对自己行为的责任意识下降，行为动力相应降低，从而导致努力程度下降。

（2）社会认知的偏差。在群体中的个体，往往认为其他成员不会太努力，可能会偷懒，所以自己也就不会太努力。

（3）社会作用力的分散。拉塔内提出了"社会作用力论"，他认为，在一个群体中，每个成员与其他成员一起接受外界的影响，每个成员仅仅是外界影响的目标之一，外界的影响会分散到每一个人身上。群体规模越大，每个成员所接受的外界影响力就越小，感受到的压力就越低，因此，个体所付出的努力也随之降低。

如何减少社会惰化现象呢？可以采用以下方法：①单独评价。即不仅公布整个群体的工作成绩，而且公布每个成员的工作成绩，让成员感到自己的努力和成绩是可以被单独评价的。拉塔内（1979）等人的研究发现，如果让被试相信，自己的行为效率和努力程度可以被鉴别出来，或者对个人行为贡献单独进行测量，则即使与群体一起完成一项工作，也不会产生社会惰化现象。②提高认识。帮助群体成员认识他人的工作成绩，使他们了解不仅自己是努力工作的，他人也和自己一样努力。③控制群体规模。群体规模越大，社会作用力越分散，社会惰化就越严重，因此，在群体共同完成一项任务时，注意控制群体规模不要太大。除了上述方法外，以群体整体成功为目标的奖励导向，增加工作本身的挑战性，增强群体的凝聚力等都能有效地减少社会惰化，提高群体工作效率。

第二节　从众、服从与顺从

个体接受社会影响的方式是多种多样的，从众、服从和顺从是其中最主要的方式。从众更多涉及群体对个体的影响，服从涉及个体由于社会角色关系连带发生的影响作用，而顺从则涉及更为一般的人际影响。

一、从众

(一) 从众的涵义

从众 (conformity) 是指个体在群体压力下，在知觉、判断、信仰及行为上，表现出与群体中大多数人一致的现象。

从众有不同的表现形式。有时，个体并没有自己的意见，抱着无所谓的态度，跟着大多数人走。有时，个体有自己的看法，但与大多数人或其他所有人的看法都不同，在群体压力下，放弃原先的意见，改变态度，转变立场。有时，个体只采取了与众人一致的行为，但并没有改变态度，内心里仍然坚持自己的意见。这些情形都可称为从众。从众现象广泛地存在于我们的生活中，人云亦云、随波逐流、随大流等，都蕴涵了从众心理的因素。

(二) 从众的原因

1. 相信他人心理

从某种程度上说，一个人所掌握的知识信息和实践经验都是有限的，因而他人往往会成为我们所需要信息的一个重要来源。个人生活在群体中，总要从他人的知识和经验中获得一些帮助。在情境不确定时，其他人的行为最具有参照价值。而从众所指向的是多数人的行为，自然成为最可靠的参照系统。例如，在情境不明的情况下，我们更愿意到人多的餐馆去吃饭，更愿意到人多的商店去购物，也更愿意选择人多的路走。一般来说，我们对所面临的事物了解得越少，就越看重他人的意见，也就越容易从众。比如，你买东西，在两种产品中犹豫和选择，如果你对这两种产品的性能、质量有足够的了解，那你往往会坚持自己的判断；如果你对此知之甚少，你就很容易相信他人的判断。

2. 寻求安全心理

人生活在群体中，必然希望能与他人关系融洽，不喜欢被群体视为越轨者。因为群体成员一般都是讨厌越轨者的，作为越轨者是不安全的。弗里德曼（J. L. Freedman，1968）做过一个实验，被试是一些互不相识的人。实验者介绍说他们其中某个人与大家不同，虽然没有说有什么不同，但这个人成为大家心目中的越轨者。然后，实验者让他们挑一个人去参加一个有惩罚的痛苦的学习实验，结果大家一致推选了那个被视为越轨者的人。而当实验者要求被试群体选择一人参加另一种有奖励的愉快的学习实验时，大家却尽量避免推选那个越轨者。可见，越轨者是不受欢迎的，也是不安全的。"木秀于林，风必摧之"、"枪打出头鸟"等说法，都或多或少反映了不从众带来的危险。因此，人们基于寻求安全心理，产生从众行为。

3. 忠于集体心理

如果群体不是偶然集合起来的松散群体，而是有共同利益和目标的集体，这时个人从众就有可能是为了实现集体的理想和目标，而自觉地与其他成员保持一致，体现了一种集体主义精神。前苏联心理学家彼得罗夫斯基把这种情况称为"集体主义自决"。

（三）从众现象的实验研究

由于从众是一种常见的社会生活现象，因而社会心理学家对此进行了大量的实验研究，其中最为经典性的研究，是谢里夫和阿希的实验。

1. 谢里夫的实验

谢里夫（M. Sherif，1935）利用游动错觉研究个体反应如何受其他人反应的影响。所谓游动错觉是指在黑暗的环境中，当人们观察一个固定不变的光点时，由于视错觉的作用，这个光点看起来好像前后左右移动，即产生自主运动现象（autokinetic effect）。实验者让大学生被试坐在暗室里，在其前面呈现一个固定的光点，然后让被试估计光点移动的距离。在单独估计时，被试的判断差异极大，从一两英寸到二三十英寸都有。如果把被试分成3个人一组，在同一房间里共同观察和判断，但每个人还是报告自己的估计，他们很快就会发生相互影响，彼此的判断逐渐趋于一致。有意思的是，在研究结束时，谢里夫问被试他们的判断有没有受到他人影响时，结果被试都予以否认。

2. 阿希的实验

谢里夫的实验是在一种模糊的情境中进行的，本来就是一种错觉现象，从众确实容易发生，那么，当情境很明确的时候，人们会不会从众呢？阿希（S. Asch）的线段判断实验成为这一研究的经典，他在五六十年代一直致力于从众现象的研究。

实验材料是18套卡片，每套两张，分标准线段和比较线段（见图5-4），要求被试判断a、b、c 3条线段中，哪一条线段和标准线段一样长。每组被试为7人，但有6人是阿希的助手，只有1人是真被试，真被试被安排在倒数第二个回答。18套卡片共呈现18次，前6次大家都作出了正确的选择。从第7次开始，假被试故意都作出错误的选择，观察被试的反应是独立的还是从众的。

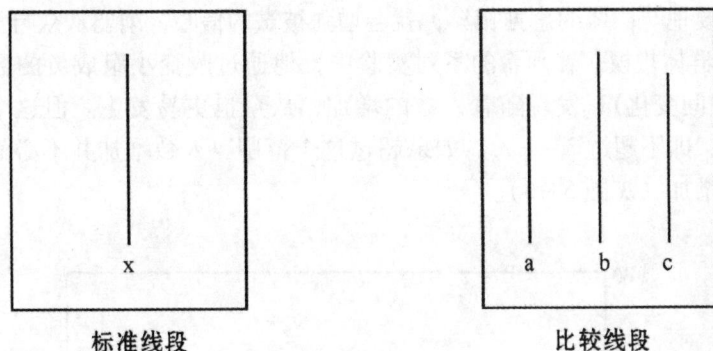

图5-4　阿希从众实验材料

在这个实验中，知觉判断本身是很容易的，当个人没有受到团体压力而单独判断的时候，无论判断多少次都不会产生错误，以至于连阿希自己都坚定地预测，表现出从众的被试不会多，但是他的预测错了。结果表明，所有被试的平均从众行为是34%，75%的被试至少有一次从众行为发生。在实验中，被试普遍体验到一种严重的内心冲突和压力。

实验结束后，实验者询问被试发生错误选择的原因。从被试的回答中，发现有3种类型的错误：

（1）知觉歪曲：被试确实把多数人的判断看成是正确的，把两条不一样长的线段看成一样长。当错误十分明显时，很少有人发生知觉歪曲。

（2）判断歪曲：被试对自己的判断缺乏信心，虽然意识到自己看到的和别人回答的不一样，但以为多数人总会比自己更正确一些，从而采取从众。属于这种情况的人最多。

（3）行为歪曲：被试确认自己是正确的，而别人的回答是错误的，但不愿被群体视为越轨者，所以表面上采取相符行为。

后来，有许多学者在不同的国家和地区重复了阿希的实验，尽管从众率稍有差异，但都证实了从众现象的普遍存在。

（四）影响从众的因素

1. 群体因素

（1）群体的一致性。如果群体中只有一个人持不同意见，则他要承受巨大的压力。而如果群体中另外还有人持反对意见，则使前者的从众压力大为缓解，从众率明显降低。阿希在进一步的实验中，让一位假被试作出不同于其他多数人的反应，结果被试的从众行为减少了 3/4，因为被试有了一个"合作者"，从中得到巨大的支持力量。即使这个假被试并没有发表与被试相同的意见，但只要他与群体的意见相异，就会增强被试的信心，削弱从众行为。

（2）群体规模。在阿希的系列实验中，他通过改变小组成员的数量（在 1～15 人之间变化），发现随着人数的增加，从众也更易发生。但这个人数有一个极限，即不超过 3～4 人，如果超过这个范围，人数增加并不必然导致从众行为的增加（见图 5-5）。

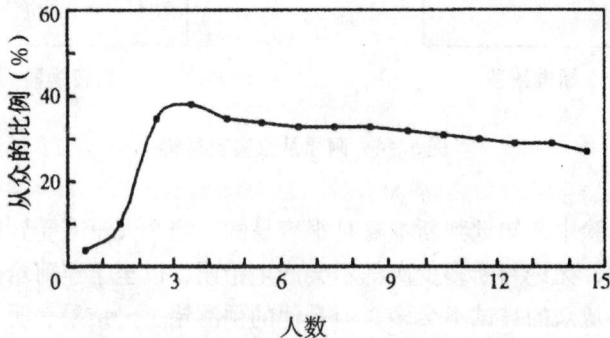

图 5-5　人数对从众行为的影响

（3）群体的凝聚力。群体的凝聚力越强，群体成员之间的依恋性及对群体规范的从众倾向也越强，个体会为了群体的利益与群体意见保持一致。有人曾设计了一个阿希式的实验，但是以小组竞赛的方式进行，使 5 个小组间相互竞赛，出错最少的小组，其成员将得到两张戏票。结果表明，个体在有共同目标的群体中更容易从众。

（4）个体在群体中的地位。个体在群体中的地位越高，越有权威性，就越不容易屈服于群体的压力。一般来说，地位高的成员经验丰富、能力较强、信息较多，他们的看法和意见能对群体产生较大的影响，并使地位低的成员屈从，而地位低的成员很难影响到他们。老师在学生面前、军官在士兵面前、领导在下属面前都会较少从众，甚至特意通过不从众显示自己的与众不同。

2. 个体因素

（1）年龄和性别。从性别来说，多数实验得到的结论认为女性更易从众。一项元分析的结果表明（H. Cooper，1979），不同性别的从众性在各个国家略有不同，但基本一致，女性比男性更易从众。从年龄来说，儿童比成人更易从众。我们来比较国内做过的几项研究，都是重复阿希实验的，从中可以看到年龄对从众的影响。[①]

表 5 - 1　　　　　　　　　　　从众行为的年龄发展差异比较

研究者	被试地区	被试年龄	被试人数	从众率
时蓉华等	上海华东师大	大学生（18～22 岁）	–	44%
乐国安等	湖南湘西等	青年学生（16～18 岁）	90	45.8%
陈朝阳	浙江杭州	高一学生（15～17 岁）	40	50.3%
姚本先	安徽芜湖	幼儿（5～5.5 岁）	110	58%

（2）知识经验。人们对刺激对象越了解，掌握的信息越多，就越不容易从众，反之则越容易从众。如果一名医生和一群教师讨论教育问题，他往往不会反对教师们的意见，因为他对此问题不甚了解；而如果讨论营养问题，他可能会反对教师们的一致意见，因为他在这方面有丰富的知识经验。

（3）个性特征。个人的能力、自信心、自尊心、社会赞誉需要等都与从众行为密切相关。能力强、自信心强的人，不容易发生从众。有较高社会赞誉需要的人，特别重视他人的评价，往往以他人的要求与期望作为自己的行为标准，所以从众的可能性更大。性格软弱、受暗示性强的人，也容易表现出从众行为。

3. 刺激因素

（1）刺激物的清晰性。刺激物越模糊不清，人们越可能表现出从众行为。在谢里夫的游动错觉实验中，由于刺激物是高度模糊的，被试只好以他人判断作为自己判断的参照系。在阿希实验中，如果 a、b、c 3 条线段长短相差无几，则被试的从众性增大。后来有人在重复阿希的实验时，先把线段给被试看几秒钟，然后拿开，再让被试判断，结果发现，单凭记忆，被试更容易表现出从众行为，因为这时刺激物在他头脑中已经比较模糊了。

（2）刺激物的内容。如果刺激物的内容是无关紧要、不涉及原则问题，

---

① 姚本先. 5 岁幼儿从众行为的初步研究报告. 心理科学，1995，18（1）：54 – 58 页

人们较易从众；而如果涉及伦理、道德、政治等原则问题，人们不太容易丧失立场。对此，彼得罗夫斯基曾做过一个实验。实验以一些四年级、七年级和九年级的学生为被试，先让他们填写一张问卷，上面有几条关于道德问题的判断，被试可以根据公认的准则作出回答。一段时间之后，再把包括这些问题在内的但问题数量更多的问卷发给被试，在他们回答之前予以暗示，指出其他人都赞成错误判断。结果发现，只有极少数人接受暗示，而绝大多数人都不改变原来的意见。可见，在伦理道德等原则问题上，被试往往能坚持自己的判断。

4. 文化差异

从众与文化背景有关。米尔格拉姆（S. Milgram, 1961）对法国和挪威的大学生进行了对比研究，发现挪威人比法国人更趋于从众。他认为部分原因可能是法国文化鼓励独立与个性，而挪威文化则鼓励忠诚于集体，重视社会责任。在最近的研究中，邦德和史密斯（R. Bond & P. Smith, 1996）用阿希的方法在 17 个国家做了 133 次实验，结果发现在集体主义社会里（如挪威、中国、日本）比在个人主义社会里（如美国和法国），人们更容易从众。可见，文化差异对从众行为确实存在影响。

二、服从

（一）服从的涵义

服从（obedience）是指由于外界压力而使个体发生符合外界要求的行为。外界压力主要来自两个方面，一是他人，一是规范。很多时候人们会服从地位高的人或权威的命令，父母、老师、警察、上司都是我们服从的对象。除了对权威他人的服从之外，还有对规范的服从。社会靠规范来维持，规范靠服从来执行。政策法规、组织纪律、约定俗成的惯例，都是我们必须服从的。对权威与规范的服从也是一个人社会适应是否良好的重要标志。

服从和从众虽然都是社会影响下的产物，都是因为压力而导致的行为，但两者有诸多不同。首先，压力来源不同。服从的压力来源于外界的规范或权威的命令，从众的压力实际上来源于个体的内心，从众是为了求得心理上的平衡。其次，发生方式不同。服从是被迫发生的，带有一定的强制性；从众是自发的，外界并没有强迫或命令个体必须如何做。最后，造成的后果不同。不服从往往会使个体受到惩罚，而不从众只会引起个体内心的不安和失衡。当然，人的行为是复杂的，很多时候服从和从众相互交织，并不能截然分开。

（二）服从现象的实验研究

如果一个人被命令做违背自己良心的行为，他会怎么办呢？如果权威的命令是违反伦理道德的，人们还会不会服从呢？为了探讨这一问题，社会心理学家米尔格拉姆（S. Milgram，1963）进行了一项关于服从权威的经典实验，取得了令人震惊的结果，并引起了广泛的讨论。

米尔格拉姆在报上刊登广告，公开招聘受试者，结果有 40 名不同年龄、不同职业的男性市民应招入选。实验者告诉他们将参加一项研究惩罚对学习效果影响的实验，两人一组，抽签决定一人当老师，一人当学生。老师的任务是朗读配对的关联词，学生则需记住这些词，然后在给定的 4 个词中选择一个正确的，如果选错了，老师就按电钮电击学生以示惩罚。实际上，每组被试中只有一个是真被试，另外一个是实验者的助手。抽签时，总是巧妙地让真被试抽到做老师，而助手则当学生。

"老师"被带到一台巨大的控制台前，那上面有 30 个电钮，每个按钮都标有电压强度，从 15 伏依次增强到 450 伏。按钮 4 个一组，共分为 7 组，另外两个是单独的。各组下面分别写着：弱、中、强、特强、剧烈、极剧烈、危险等字样，最后两个按钮用×××表示。首先，实验者请"老师"接受了一次 45 伏的示范电击，虽然实验者说是很轻微的，但被试已经感到很难受了。然后，"学生"被带到另一间房子里，在胳膊上绑上电极，为了防止他中途逃走，还用带子把他拴在椅子上。"老师"看不到"学生"，相互之间通过电讯保持联系。

实验开始后，学生故意频频出错。"老师"从 15 伏开始，按照实验者的指示，每错一次就增强一次电击。从 15 伏到 75 伏，"学生"没有表示反应。从 90 伏开始就自言自语地埋怨，到 120 伏就大声诉苦，135 伏就发出呻吟，150 伏激烈抗议，270 伏发出苦闷的尖叫，315 伏发出极度痛苦的悲鸣，已不能回答问题。实验者要求"老师"在 10 秒钟以内不见回答就看作误答并施行电击。330 伏以后，学生就没有任何反应了。在整个实验过程中，实验者不断督促"老师"要施行电击，并说一切责任由实验者承担。在这种情况下，会不会有人把电压升至 450 伏呢？

米尔格拉姆曾请精神病专家、大学生和白领阶层共 110 人预测实验结果，要他们设想"老师"会服从到什么程度，即在何种程度放弃实验。3 个群体预测的平均电压为 135 伏，没有一个人预测会超过 300 伏。但实验结果却令人震惊，只有 14 名被试在不同程度上拒绝了实验者的命令。有 26 个被试（占65%）服从了实验者的命令，将电压增至 450 伏。服从的被试也并非对"学生"所处的困境无动于衷，一些被试提出抗议，许多被试有出汗、发抖、口吃以及其他紧张现象，甚至有的被试会发出神经质的阵阵笑声，但最终他们还是服从了。具体结果见图 5 - 6。

实际上，实验中的"学生"并没有受到任何电击，其所发出的呻吟、叫喊等都是事先排练好并录了音的，实验时只是放出录音而已。实验结束后，实验者把真相告诉了所有被试，以消除他们内心的不安。

继米尔格拉姆之后，其他许多国家的研究者也证明了这种服从行为的普遍性。在澳大利亚服从比例是 68% （Kilham et al.，1974），约旦为 63%（Shanab et al.，1977），德国的服从比例高达 85% （Mantell，1971）。

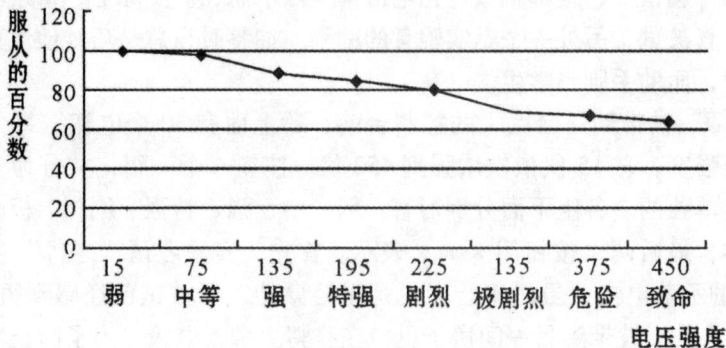

图 5 - 6　米尔格拉姆的服从实验

（三）影响服从的因素

米尔格拉姆的实验虽然设计巧妙并富有创意，但也引出了不少争议。抛开实验本身是否道德这个问题不谈，单是实验结果就足以发人深思。人们往往低估了权威者对人的影响。那么，人究竟在什么情况下会服从，什么情况下会拒绝服从呢？哪些因素会对服从行为产生影响呢？米尔格拉姆通过改变一些实验条件，做了一系列类似的实验，发现下列因素与服从有关：

1. 命令者的权威性

命令者的权威性越大，越容易导致服从。职位较高、权力较大、知识丰富、年龄较大、能力突出等，都是构成权威影响的因素。另外，命令者手中如果掌握着奖惩的权力，也会使服从行为大大增加。在米尔格拉姆的实验中，发出命令的是耶鲁大学一位很有名望的心理学家，并且宣称该实验研究的是一个重要的科学问题，这种权威身份增加了服从的可能性。如果主持实验的不是一位专家，服从率有可能降低。米尔格拉姆通过进一步的实验，验证了这一结论。实验过程是这样的：实验者向被试介绍实验目的及实验程序，当他还没有来得及告诉他们如何施行电击时，一个事先安排好的电话把他叫走。另一个人（实验者的助手）接替了他的角色。接替者像实验者那样命令并督促被试施行电击。在这种情况下，服从到最后的被试比例降至20%。这说明，只有高度的权威才能带来高度的服从，任何接替者都无法做到这一点。

2. 服从者的道德水平和人格特征

在涉及道德、政治等问题时，人们是否服从权威，并不单独取决于服从心理，而与他的世界观、价值观密切相关。米尔格拉姆采用科尔伯格（L. Kohlberg）的道德判断问卷测验了被试，发现处于道德发展水平的第五、第六阶段上的被试，有75%的人拒绝服从；处于道德发展第三和第四阶段的被试，只有12.5%的人拒绝服从。可见，道德发展水平直接与人们的服从行为有关。

米尔格拉姆对参加实验的被试进行人格测验，发现服从的被试具有明显的权威主义人格特征。有这种权威人格特征或倾向的人，往往十分重视社会规范和社会价值，主张对于违反社会规范的行为进行严厉惩罚；他们往往追求权力和使用强硬手段，毫不怀疑地接受权威人物的命令，表现出个人迷信和盲目崇拜；同时他们会压抑个人内在的情绪体验，不敢流露出真实的情绪感受。

3. 情境压力

著名社会心理学家阿伦森在他的《社会性动物》一书中讲述了这样一件事情："有一年，当我像往常一样问我的社会心理学学生，你是否会继续发出电击直到最大强度？只有一个人缓缓地举起手；其余每个人都坚持自己会公开抵抗实验者的命令。那唯一举手的人是参加过越南战争的退伍军人，只有他清楚地知道自己的情况，因为他曾经受过同样压力的影响，并逐渐痛苦地认识到自己的人格在某种情况下是很脆弱的。"[①] 在米尔格拉姆的预测实验中，没有一个人预测被试会将电压升至450伏，但实际上有65%的被试这样做了。除了其他因素的影响外，情境压力也是一个重要方面。旁观者无法体会当事者的那种心理感受，因为他没有身临其境。我们可以从两个方面来探讨情境压力对服从的作用。

（1）权威的靠近程度。米尔格拉姆在进一步的实验中，把主试和被试的关系分为3种：第一种，主试与被试面对面地在一起；第二种，主试向被试交代任务后离开现场，通过电话与被试联系；第三种，主试不在场，实验要求的指导语全部由录音机播放。结果表明，权威越靠近，完全服从的比例越高；反之，服从率越低。权威的压力由于距离的扩大而减小。在第二、第三种情况下，有的被试还会弄虚作假，欺骗主试，例如他们发出的电击强度低于实验者的要求，而且事后不告诉实验者。

---

① 埃利奥特·阿伦森. 社会性动物. 新华出版社，2001. 46 页

（2）受害者的靠近程度。在实验中，"学生"被绑在隔壁房间里，被试的服从率为65%；如果被试与学生同处一室，则服从率降低至40%；如果被试必须把学生的手按在电极上才能实施电击，则服从率降至30%。可见，一个人对他人造成的伤害越直接，他感受到的内心压力就越大，服从率就越低；被害者越远，越容易服从。所以，有的学者担心，如果战争发展到只需要在室内按按电钮的阶段，那么人们就会更容易听从权威的命令，后果将是可怕的。

三、顺从

（一）顺从的含义

顺从（compliance）也叫依从，是指在他人的直接请求下按照他人要求做的倾向，即接受他人请求，使他人请求得到满足的行为。在现实生活中，我们经常向他人提出种种要求，希望他人顺从我们的观点和行为，我们自己也经常顺从他人的意愿。因此，顺从是一种人与人之间发生相互影响的基本方式之一。为什么人们会顺从他人的请求呢？主要原因有：维护群体一致；希望被人喜欢；维护既有关系等。

顺从和从众的区别在于：顺从是在他人的直接请求下做出的，而从众并没有他人的直接要求，从众来自一种无形的群体压力。顺从和服从的区别在于：顺从来自他人的请求，是非强制性的，而服从来自他人的命令，带有某种强制的特征；命令者与服从者之间往往存在规定性的社会角色联系，如老师与学生、上级与下级，而请求者与顺从者之间并没有规定性的社会角色关系的束缚，各种人际交往之中都可以产生顺从行为。因此，顺从是一种比服从更为普遍的社会影响方式。

（二）促进顺从的技术

如何促进他人的顺从？社会心理学家对此进行了深入的研究，提出了一些行之有效的策略。这些策略主要是从推销术发展演化而来，但其运用范围已经远远超出推销的领域。

1. 登门槛技术（foot-in-the-door）

这是指先向对方提出一个小要求，再向对方提出一个大要求，那么对方接受大要求的可能性会增加，又称为"得寸进尺效应"。最为经典的实验是弗里德曼（1966）所做的。他先让助手访问一些家庭主妇，请她们为了维护交通安全和美化环境，在窗户上贴一些小标记或在请愿书上签名。这些主妇都接受了。半个月后，实验者再次访问这些主妇，要求她们在门前草坪上竖一块不美观的维护交通安全的广告牌，同时实验者也访问了一些以前没有访问过的主妇，提出了同样的要求。结果发现，前者有55%同意，后者只有17%同意。

可见，先提出小要求增加了对方接受大要求的可能性。

2. 门前技术（door-in-the-face）

门前技术与登门槛技术相反，是先向他人提出一个很大的要求，在对方拒绝之后，马上提出一个小要求，那么对方接受小要求的可能性会增加。例如，请别人捐钱，你希望对方捐 10 块钱，但直接提出要求对方可能会拒绝。那就先提出一个大要求，如请求对方捐 100 块，对方拒绝后，再提出小要求，"那就捐 10 块钱吧"，对方一般会乐于满足你的小要求。为什么会这样呢？因为当人们拒绝了别人的一个要求后，会愿意作出一点让步，给别人一点面子，使别人获得满足，因此这一技术又称为"留面子效应"。

运用门前技术时需要满足 3 个条件：第一，最初的要求必须很大；第二，两个要求的时间间隔不能过长；第三，两个要求必须由同一个人提出。

3. 低球技术（low-balling）

这是指先向他人提出一个小要求，别人接受小要求后再马上提出一个别人要付出更大代价的要求。例如，在商品销售中，先把价格标得很低，等顾客决定购买后，再以种种借口加价。用这种方法可以使人最后接受较高的价格，而如果一开始就标出这一价格，顾客是不会接受的。低球技术和登门槛技术都是先提小要求，再提大要求，但两者是有区别的。区别在于，登门槛技术的两个要求之间有时间间隔，而且两个要求之间没有直接的联系；而低球技术的两个要求之间是紧接着的，两个要求之间有密切联系，是围绕同一件事情提出的。

4. 折扣技术（that's-not-all）

这是先提出一个很大的要求，在对方回应之前赶紧打折扣或给对方其他的好处。和门前技术不同的是，在折扣技术中不给对方拒绝大要求的机会，通过折扣、优惠、礼物等方式诱导对方接受这一要求。

除了上述策略之外，引发对方积极的情绪，给自己的请求找一个合理的解释等，都有助于顺从行为的发生。

第三节　侵犯行为

侵犯行为是心理学家最为关注的人类行为之一。大到国家之间的侵略，小到人与人之间的争吵，侵犯无时无刻不在影响着人们的生活。人类从诞生的那一刻起，暴力和战争就从来没有停止过。最近的美伊战争、日益猖獗的国际恐怖活动，使许多人被侵犯的阴影所笼罩。什么是侵犯？为什么人类会有侵犯？如何控制侵犯？我们将在本节中加以讨论。

一、侵犯行为概述

（一）侵犯行为的含义

侵犯行为（aggressive action）也称为攻击行为，是有意伤害他人的行为，或者说是以伤害另一力图避免伤害的生命体为目的的行为。要理解这一定义，需要注意以下几点：

1. 侵犯行为的外显性

侵犯是一种外显行为，而不是态度、情感、动机、意图的内在状态，尽管这种行为伴随有意图和动机。如果仅仅停留在内心活动水平，而未表现在行动上，还不能称之为侵犯行为。

2. 侵犯行为的伤害性

首先，侵犯中的伤害包括实际造成的伤害和可能造成的伤害。例如，一个人开枪杀人，将人射中，无疑是侵犯；但没有命中目标，仍然是侵犯，因为有造成伤害的可能性。其次，侵犯中的伤害可以是身体的伤害，也可以是心理的伤害。例如，谩骂对方，造谣诽谤，尽管对方身体无损，但仍属伤害。

3. 侵犯行为的有意性

阿伦森认为："意向是攻击行为定义中最关键的方面。""如果一位愤怒的朋友把啤酒瓶子砸向你的头，你往下一蹲躲过去了，酒瓶子没有击中目标，但这个行为仍然属于攻击性行为。……同样，如果一位喝醉酒的司机在你过马路时无意撞伤你，即使造成的伤害远远超过你躲过的酒瓶子的伤害，但他的行为不是攻击性行为。"[①] 可见，意欲伤害别人的行为，即使没有构成实际的伤害，仍然属于侵犯；而有些对别人造成了伤害的行为，但行为者没有伤害的动机和意图，则不属于侵犯。

（二）侵犯行为的种类

关于侵犯行为的种类，主要有以下 3 种分类法：

1. 西尔斯（D. O. Sears, 1960）的分类

西尔斯根据侵犯行为是否违反社会规范，把侵犯行为分为反社会的侵犯、亲社会的侵犯和被认可的侵犯。反社会侵犯是指违反社会道德规范和社会准则、不为社会所认可的侵犯，如侵略战争、打架斗殴、杀人绑架等。亲社会的侵犯是指为了达到群体道德标准所能接受的目的，以一种社会认可的方式所采取的侵犯行为，如警察追捕犯人时的侵犯。被认可的侵犯是一种介于前两者之间的侵犯，它不为社会所需，但同时也并非为社会所不容，没有触犯社会规范

---

① 埃利奥特·阿伦森. 社会性动物. 新华出版社，2001. 253 页

和准则，有时被认为是合情合理的行为，例如正当的自卫行为、体育比赛中的合理冲撞等。我们在这一节讨论的重点是反社会的侵犯。

2. 伯克威茨（L. Berkowitz，1965）的分类

伯克威茨根据侵犯的最终目的不同，把侵犯行为分为敌意性侵犯（hostile aggression）和手段性侵犯（instrumental aggression）。敌意性侵犯把伤害他人本身、给他人造成痛苦作为最终目标，例如因为痛恨某人而杀人；手段性侵犯把伤害他人作为一种手段，这种伤害是为了达到其他目的，而不是给他人造成痛苦，例如为了谋财而害命。

3. 巴斯（A. Buss，1961）的分类

巴斯按身体的和语言的、积极的和消极的、直接的和间接的 3 个维度，把侵犯行为分为 8 种类型，具体见表 5 - 2。

表 5 - 2　　　　　　　　　　　侵犯行为的 8 种类型

侵犯的类型	例子
身体的—积极的—直接的	冲撞、殴打、开枪
身体的—积极的—间接的	设置陷阱、指使刺客暗杀敌手
身体的—消极的—直接的	以物理的方式妨碍人家要做的事（例如静坐示威、主张罢工）
身体的—消极的—间接的	拒绝应做的事（单纯的罢工）
语言的—积极的—直接的	侮辱他人或者非难他人
语言的—积极的—间接的	散布关于他人的流言蜚语
语言的—消极的—直接的	不回答人家的话
语言的—消极的—间接的	别人受到不当的非难时，不肯为他辩护

二、侵犯行为的理论解释

（一）侵犯的生物观

1. 侵犯行为的生理基础

人们研究了激素、遗传基因、神经系统等因素对侵犯的作用，认为侵犯行为的产生有其生理基础。

激素与侵犯：人们发现，侵犯与雄性激素的分泌有关，雄性动物比雌性动物具有更强的攻击性，与人类种系最近的动物如狒狒、猩猩等，都是如此。实验也证实，攻击性强的动物体内含有较多的雄性激素，雄性激素会刺激动物的侵犯行为。但是，从动物的行为推断人的行为应该慎重。人类的侵犯行为只是

部分地受到激素水平的影响，这种影响究竟有多大，我们还难以断言。

遗传与侵犯：遗传基因也影响着侵犯行为。有研究者把侵犯性最强的异性动物相互配种，让攻击性最弱的异性动物相互配种，再由第一子代中攻击性最强的与最强的、最弱的与最弱的交配，如此连续几代选择交配，结果后代攻击性的强弱出现极端的趋势。这证明了动物侵犯行为有遗传的特征。后来，人们通过对染色体变化的观察和研究，发现侵犯行为与染色体异常之间的相关性。1986年罗施通（Rushton）等人对296对同卵双生子和277对异卵双生子进行了攻击行为的追踪研究发现，同卵双生子攻击行为的相关性（r = 0.40）明显高于异卵双生子（r = 0.04），说明人类的攻击行为在某种程度上受遗传因素的影响。

神经系统与侵犯：最近，有研究发现（张倩，2000），具攻击性的儿童大脑半球均衡性发展与协调功能较正常儿童低，左半球抗干扰能力较差，右半球完形认识能力较弱。这为攻击行为的产生提供了一定的神经心理学的依据。

2. 弗洛伊德的本能论

精神分析学派的开创者弗洛伊德经历了两次世界大战，这使他不能不认真思考关于侵犯的问题。在他后期的理论中，他提出了人有两种本能：一种是生的本能，称为"力比多"，代表着爱和建设的力量，指向生命的成长和增进。另一种是死的本能，成为"达那多斯"，代表了恨与破坏的力量，指向毁灭和死亡。关于死的本能，弗洛伊德写道："它在每个生命体中起作用，极力把生命体推向毁灭，减少生命体的生命力直至使它回到原来的无生命状态。"

侵犯本能是一种死的本能，标志着人类有一种无意识的死亡愿望。人在精力旺盛、欲望得到满足时，他的倾向是自爱；但是，当人在生存竞争中精疲力竭时，就渴望返回到他原来的无生命状态——死。此时人的倾向就会由自爱转向自毁。按照弗洛伊德的观点，死的本能本来是一种对内的自我破坏倾向。但生的本能与死的本能是对立的，人只要活着，死的本能的表现就会受到生的欲望的妨碍，从而对内的破坏力量转向了外部，以侵犯的形式表现出来。有研究表明，一个地区如果自杀率高，则他杀案件的发案率就低，说明死的本能的破坏性就减少。

弗洛伊德认为，如果以社会许可的方式表现，侵犯冲动就可表现为争论、竞技、冒险等。不管以什么方式表现，侵犯冲动作为一种心理能量都必须得到释放，不然就会导致神经症。因此，社会许可的代替方式，如体育、搏击、做警察等，都是很好的侵犯冲动释放的途径。

3. 洛伦兹的习性学观点

习性学是20世纪30年代形成于欧洲的一个动物学分支，试图在动物的自然生态中观察动物行为并作出解释，而反对在实验情境中对动物行为进行研究。洛伦兹（K. Lorentz）是习性学的开创者之一，1973 年他与合作者因习性学的研究而共获诺贝尔生理学奖。1966 年，洛伦兹出版了《论侵犯》一书，系统阐述了习性学关于侵犯行为的理论观点。

和弗洛伊德一样，洛伦兹也认为侵犯是一种本能。当侵犯的本能驱力在体内积蓄达一定水平后，就必须转变为侵犯冲动释放出来，从而引发侵犯行为。如果适当的释放刺激长时间不出现，体内积蓄的能量得不到排泄，那整个有机体就会陷入不安定状态，并开始主动搜寻刺激。他观察了丽鱼的行为。丽鱼是一种攻击性极强的热带鱼，为了保护自己的领域，雄丽鱼会攻击其他雄丽鱼。在自然环境中，雄丽鱼不攻击雌丽鱼，也不攻击其他种类的雄性热带鱼，它只攻击同类的雄性。若从鱼缸中拿走所有其他雄丽鱼，只留下一条使之没有竞争对手，会怎么样呢？结果正如洛伦兹所料，这条雄丽鱼会攻击它以前毫不理睬的其他种类的雄性鱼；如果拿走所有的雄性鱼，这只雄丽鱼最后会攻击和杀掉雌丽鱼。可见，对于雄丽鱼来说，侵犯是一种本能的需要，它总要释放出来。

不过，和弗洛伊德不同的是，洛伦兹并不认为侵犯指向毁灭，而是具有生物保护意义的生的本能的体现，动物通过侵犯来获得生存的权利和延续种族。对于人类来说，也是如此，侵犯是人类生活不可避免的组成部分。他认为，当侵犯的本能驱力消失时，人从早到晚，从刮胡子到艺术或科学创作，都将缺乏推动力。侵犯本能会导致伤害性的侵犯行为，如战争，战争是人类侵犯本能定期发泄的结果，但这并不是必然的。侵犯本能也可以被疏导到一些为社会认可的无害对象，甚至是有利于社会发展的对象上，如体育竞赛、艺术创作、科学探索等。因此，他建议，人类要想避免战争，就要多开展冒险性的体育活动，消耗侵犯本能，或者把侵犯本能升华到有利于社会发展的对象上。

（二）侵犯的挫折观

尽管侵犯有其生物学的基础，也具有本能的成分，但侵犯并不完全是本能所致。特别是在人类身上，侵犯行为更多地受到后天环境因素的影响。例如，挫折就直接地与侵犯有关。对此，社会心理学家提出了挫折—侵犯理论。

1. 早期观点

1939 年，美国耶鲁大学的多拉德（J. Dollard）、杜波（L. Doob）、米勒（N. Miller）、西尔斯（R. Sears）、莫厄尔（O. Mowrer）等共同出版了《挫折与侵犯》一书，首次提出了"挫折—侵犯假说"。所谓挫折在这里被理解为任何妨碍个体获得快乐或达到预期目标的外部条件，是阻碍目的行为的一切事物。早期的挫折—侵犯理论认为，挫折和侵犯是互为因果的，侵犯永远是挫折的一种后果；侵犯行为的发生，总是以挫折的存在为条件的。

挫折—侵犯理论的早期观点主要包括以下几点：

（1）侵犯的强度与目的受阻的强度成正比例关系；

（2）抑制侵犯的力量与该侵犯可能受到的预期惩罚的强度成正比例的关系；

（3）挫折强度一定的情况下，预期惩罚越大，侵犯发生的可能性越小；如果预期惩罚一定，则挫折越大，侵犯越可能发生。

挫折—侵犯理论一经提出，人们就进行了相关的实验研究，证实了挫折与侵犯行为的高度相关。例如，巴克等人（R. Barker, T. Dembo, & K. Lewin, 1941）做了儿童挫折与侵犯的实验。实验中给一组孩子看一个放满诱人玩具的房间，但不允许进去，只能站在外面看。经过长时间痛苦的等待之后，才让他们进去玩。但对另外一组孩子，一开始就允许他们玩这些玩具。前一组受到挫折的孩子进屋后便把玩具摔在地上或向墙上扔，表现出很强的破坏性，而后一组没有受到挫折的孩子却玩得很好。可见，挫折确实会带来侵犯行为。

2. 理论的修正

早期的挫折—侵犯理论认为侵犯永远是挫折的一种后果，而所有挫折都可以引起侵犯，这一观点过于绝对和片面，也不太符合生活中的实际情况。许多人受到挫折后并不出现实际的侵犯行为，而有些侵犯也与挫折无关。例如，军人在执行命令的情况下，杀死大批素不相识者，这些人也许并没有让杀人者遭受挫折。为此，米勒于1941年提出了修正的观点，认为挫折也可以产生侵犯之外的其他后果，如退缩、固执等，挫折并不必然带来侵犯。个体在受挫后是否表现侵犯与许多因素有关，包括受挫折的强度、受挫者对情境的认知和理解、受挫者的个性特征等。例如，当受挫者认为受挫是一种迫不得已的意外事件，或是一种无意的伤害时，他就很少表现出侵犯行为。

对早期理论作出进一步修正的是著名社会心理学伯克威茨。他认为，挫折导致的不是侵犯行为本身，而仅仅引起一种唤起状态，即侵犯的情绪准备状态，如愤怒。侵犯行为的强度，取决于挫折引发的唤起程度。另外，侵犯行为的发生还受情境侵犯线索的影响，与侵犯有关的刺激倾向于使侵犯行为得到增强。

伯克威茨（1967，1979）发现，情境中与侵犯行为相关的一些线索，如刀、枪等往往会成为侵犯行为产生的起因，或使侵犯行为增强，他把这种现象称为"武器效应"（weapon effect）。在一个实验中，他先让助手故意制造挫折情境，激怒被试，然后，让被试可以对激怒自己的假被试实施电击。电击时有两种情境，一种是可以看到桌子上放着一支手枪，另一种是只看到一只羽毛球拍。结果被激怒的被试在看到手枪时比看到羽毛球拍实施了更多的电击。手枪增强了人们的侵犯行为。可见，如果社会上广泛存在着刀、枪等侵犯线索，就有可能增加侵犯行为的发生。正如伯克威茨所说："一个愤怒的人如果想使用暴力，他就会扳动枪机。而如果一个人想攻击别人而且这种攻击倾向又未得到很强的抑制，那么枪机也可以扳动他的手指或诱发他的攻击性反应。"[①] 卡尔森（M. Carlson，1990）对23项研究所做的元分析发现，与侵犯有关的线索不仅可以引发侵犯，而且能够使已经愤怒的人的侵犯性加强。

综上所述我们认为，挫折与侵犯具有非常密切的关系，挫折是引起人类侵犯行为的一个重要条件，但并不是唯一条件。

（三）侵犯的学习观

更多的学者把侵犯看成是一种习得性的行为，认为侵犯是个体后天学习的结果。学习是侵犯的主要决定因素，侵犯是习得的，也可以通过新的学习过程予以改变或消除。个体受到挫折后具体如何反应也取决于他以往的学习经历。那么，侵犯行为是如何通过学习而得到的呢？主要有两条途径，一是强化，一是观察与模仿。

1. 强化

当一个人的侵犯行为得到奖赏，这一行为可以得到保持并在今后重复出现；当受到处罚，这一行为就会受到抑制。这就是强化。通过强化，可以使侵犯行为增加或减少。沃尔特斯（R. H. Walters，1961）的实验证实了这一点。实验者要求参加实验的儿童打一个玩具娃娃，娃娃肚子上写着"打我"，当用拳头打它的时候，它的眼睛和插在纽扣上的一朵花会发光。被试儿童分为4组，第一组每次拳击娃娃都会得到奖励，第二组间断获得同样的奖励，第三组除了让娃娃发光外，没有外加奖励，第四组为无任何强化的控制组。两天后，用巧妙的方式引起被试儿童的挫折，然后安排他们与一个未参加实验的儿童玩游戏。结果发现，各个奖励组实施的侵犯明显多于控制组，而其中又以间断强化为最高，显著高于其他各组。可见，侵犯不仅与挫折有关，而且也与受到的强化有关。

2. 观察与模仿

侵犯行为的获得是否都要以亲身获得奖励或惩罚为前提呢？社会学习理论的奠基者班杜拉提出了不同的看法。他认为，人类很多行为是通过观察模仿而习得的，侵犯行为主要也是通过这种观察和模仿而形成，这种学习他称为观察学习，又叫社会学习。班杜拉设计了很多实验，来验证自己的观点。这些实验大都证明，无论是成人还是儿童，都有从观察和模仿中习得侵犯行为的倾向，

---

① 埃利奥特·阿伦森. 社会性动物. 新华出版社，2001. 277 页

其中儿童的模仿倾向更为强烈。父母、老师、英雄、伟大人物以及与模仿者性别相同的人都容易受到模仿者的模仿。父母是儿童最初的模仿对象。有一项研究表明，81%的虐妻者不是在孩提时代受过虐待，就是亲眼目睹过他们的父亲殴打母亲。① 家庭暴力也会通过模仿和观察学习从上代传至下代。

班杜拉（1961）在一项实验中，让实验组儿童观看成人对充气的塑料娃娃进行攻击，如拳打、脚踢、谩骂等；让控制组的儿童观看成人平静地对待充气娃娃，没有攻击性行为。然后，让每个孩子都单独玩这些娃娃，观察其行为表现。结果发现（见表5-3），实验组儿童表现了比控制组儿童多得多的侵犯行为。同时，这些孩子不仅模仿了成人的攻击行为，而且他们自己还会发明新的、创造性的攻击行为。

表5-3　　　　　　　　　　儿童观察不同榜样后的侵犯行为

条件	榜样行为	侵犯行为总量（得分）	
		身体的	语言的
实验组	侵犯的	12.73	8.18
控制组	中性的	1.05	0.35

不仅直接的观察学习可以使儿童学习到侵犯行为，通过大众传播媒介的间接学习，也可以使儿童受到同样的影响。在班杜拉的一项实验中（A. Bandura, et al., 1963），分别就现实、电影和卡通片中成人榜样对儿童行为的影响进行了研究，结果发现，这3类成人榜样都同样导致儿童模仿攻击行为。所以，大众传媒在侵犯行为的获得中起着非常重要的作用，这一点我们将在稍后论述。

对榜样的奖励或惩罚对模仿具有什么作用呢？在班杜拉的另一项实验中（1965），让儿童观看影片，看到一个成人演示4种不同的攻击行为，但在影片快结束时，一组儿童看到这个成人榜样受到奖励，另一组看到成人受到惩罚，然后让儿童进入游戏室玩充气娃娃。结果发现，看到榜样受到奖励的那一组表现出更多的侵犯行为。但这是否意味着，看到榜样受奖励的儿童比看到榜样受惩罚的儿童习得更多的侵犯行为呢？为了回答这一问题，班杜拉在这两组儿童看完影片回到游戏室时，以提供糖果为奖励，要求儿童尽可能地回想起榜样的行为并付诸行动。结果表明，这两组儿童在模仿攻击行为方面没有任何差

① 罗森伯格和海登. 妇女心理学. 云南人民出版社, 1986. 281 页

异。这说明，榜样受到奖励还是惩罚，只是影响了儿童模仿的表现，而并没有影响到学习。因为在榜样受惩罚的情况下，儿童同样习得了这种行为，只不过没有同样地表现出来罢了。

（四）侵犯的认知观

随着认知科学的发展，以认知过程为基础解释人类行为成为心理学研究的重要方向。20世纪80年代以来，有研究者从认知和信息加工能力方面探讨侵犯行为发生的原因，提出了侵犯行为的社会信息加工模式。其基本观点是，攻击性强的人之所以攻击他人或采用攻击的方式处理人际关系，是因为他们对环境信息的认知加工存在偏差，或由于社会认知能力低下和社会技能低下所致。社会信息加工理论主要以儿童和青少年为研究对象，其中最有代表性的理论模式是多吉（Dodge，1994）提出的。多吉将单一行为产生的认知加工过程分为6个阶段，依次是线索译码、线索解释和表征、澄清目标或选择目标、搜寻或建构新反应、评估与决定行为反应、启动行为。

第一阶段，线索译码。译码是感知觉操作过程，个体选择性地输入情境中对他重要的特定信息，并储存在短时记忆中。多吉等人对译码阶段的研究发现，攻击性儿童大多输入很少的情境线索，他们较容易注意并回忆具有威胁性或敌意的信息。

第二阶段，线索解释和表征。个体将线索译码后加以解释，经由心理表征储存在长时记忆里。个体对线索的解释和表征是一个有意义的认知解析过程，如果个体曲解环境线索，如个体对中性或模糊的信息作出敌意归因，就可能发生攻击行为。不少研究发现，具有攻击倾向的儿童倾向于将情境中不明确的信息当成是具有挑衅意义的信息，甚至误解信息本身的意义，这称为敌意归因偏差。敌意归因偏差和攻击行为有非常显著的关系。

第三阶段，澄清目标或选择目标。个体澄清欲实现的可能目标，选出可能目标。

第四阶段，搜寻或建构新反应。个体到长时记忆中搜寻过去曾经使用过、学习过的行为或建构新行为。倘若个体记忆库中充满轻易就可取得的攻击行为，他就可能以攻击行为对环境刺激作出反应。研究发现，攻击性儿童比一般儿童较缺乏甚至无法构想出可解决问题的反应。多吉等人发现，攻击性儿童大多以"具有敌意的内容"作出反应，反应方式也缺乏弹性。

第五阶段，评估与决定行为反应。个体权衡各种可选择反应的有利因素与不利因素后，会选定一种最适合当前情境的反应。攻击性儿童在考虑攻击行为可能导致的结果时，大多倾向于作出正向的评估。他们认为攻击行为会伴随很多积极结果，如获得同伴认同、提高自尊等。

第六阶段，启动行为，实施反应。

我国杨治良等人（1993）对成年人攻击行为的社会认知特点进行了研究，发现攻击行为在社会认知上存在着内隐和外显记忆间的任务分离的加工演变过程。教育使人们在意识形态中更多地同情被攻击者，而本能和后天习得等使人们无意识地保存攻击性。在适当的条件下，这种攻击性会被启动并产生相应的行为，即人们在面对攻击行为时，由于攻击行为的内隐社会认识特征的存在，人们更有可能选择保持中立或奋起攻击。

尽管从认知角度来解释侵犯行为还有很多不完善的地方，但它为我们深入理解侵犯行为提供了一个新颖的角度，值得我们作进一步地探索。

三、侵犯行为的消除与控制

侵犯行为的消除和控制不是社会心理学一门学科所能完成的，是多个领域共同关心的重大问题，解决这一问题需要社会、学校、家庭、自我多方面的努力。例如，作为社会来讲，健全的法律法规、完善的管理体制、稳定的社会秩序，都有助于控制侵犯行为的发生。在这里，我们主要结合社会心理学研究的有关成果，从心理层面进行分析。

（一）宣泄法

宣泄即能量的释放，一个人有了强烈的侵犯性情感，如果让他以某种方式把这种情感释放和表达出来，就能达到消除其实际侵犯性行为的目的。持侵犯的本能观和挫折观的心理学家都比较强调宣泄的作用，而社会学习理论则反对使用这种方法。本能观认为侵犯是一种本能，这种能量总要寻找一条出路，应该不断地以各种方式使侵犯性能量发泄出来，如体育竞赛、攻击性游戏等，如果侵犯性能量储存过多，将会带来不良后果。挫折观认为，只要提供机会，让那些遭受挫折的人把自己的愤怒和挫折发泄出来，他们进一步侵犯的动机就会减弱。

宣泄的作用得到了一些实验的支持。例如，杜博等人（A. N. Doob et al.，1972）的实验说明了宣泄的作用。实验者将被激怒的被试和未被激怒的被试分为3组，第一组是被试自己有机会电击他人（对于被激怒的被试，是电击激怒他们的人），第二组是看到实验者电击他人（对于被激怒的被试，是看到实验者电击激怒他们的人），第三组是控制组。随后，让所有的被试都有机会再对他人施行电击，电击的结果见表5-4。

表5－4 侵犯的宣泄与学习

条件	自己电击	目睹实验者电击	控制组
被激怒者	6.80	7.60	10.67
未被激怒者	8.07	9.73	6.60

可见，对于被激怒的被试，自己先前的攻击产生了宣泄作用，减少了后继的攻击行为；而看到他人实施攻击也产生了代偿性的宣泄作用。但对于未被激怒的被试，先前的攻击和目睹他人的攻击产生的不是宣泄作用，而是学习和强化作用，因而再次实施攻击时反而高于控制组。因此，宣泄的运用要慎重，否则效果适得其反。这也是社会学习理论反对宣泄法的重要原因。

对于已被激怒的被试，宣泄一定会减少侵犯吗？也有很多实验得出了相反的结论，他们发现宣泄对抑制侵犯的作用是不明显的，甚至还会强化随后的侵犯行为。在吉恩等人（R. Geen et al. , 1975）的实验中，先让实验者的助手激怒被试，然后，让被试扮成老师，助手扮成学生。在第一项学习任务中，要求一组被试在助手出错时给予电击，要求另一组被试只记录下助手的错误。在第二项任务中，让所有被试都有机会电击助手。结果那些先前电击过助手的被试，当有机会再次电击助手时表现出更大的攻击性。先前的宣泄反而助长了侵犯行为的发生。艾伯森等人（E. Ebbesen et al. , 1975）的一项现场实验也证实了这一结论。被试为一些刚被解雇的技术人员，给其中的一些技术人员提供一个机会，让他们有机会表达对前老板的敌意；而另外一些技术人员则没有机会表达。然后，要求这些技术人员都对前老板进行描述，结果发现口头表达过敌意的人比没有表达过的在描述中给了老板更多的惩罚和报复。

为什么会这样呢？阿伦森的解释是，先前的攻击使随后的攻击合法化了，使攻击者习惯于作出同样的反应。而且，一个人公开攻击某人会增加他对那个人的厌恶，因而增加了进一步攻击他的可能性。[1]

由上可见，宣泄减少侵犯看上去是非常合理的，但这其中还存在很多复杂的关系，还需要更多的实验支持。如果说宣泄有积极作用的话，也只是在特定的条件和情境中才具有。

（二）惩罚法

根据强化理论，对侵犯行为进行惩罚，在一定程度上能抑制侵犯行为。无

---

[1] 埃利奥特·阿伦森. 社会性动物. 新华出版社, 2001. 265 页

论是实际上受到了惩罚或预先了解将可能受到惩罚或对攻击榜样的惩罚，都能使侵犯行为受到一定程度的抑制。例如，在我国每次"严打"之后的一段时期内，刑事犯罪率会明显降低，这说明惩罚抑制了侵犯行为的发生。

但惩罚的运用要慎重，因为惩罚本身也是一种侵犯，对被罚者起着示范的作用。这样，人们一方面害怕惩罚，躲避惩罚；另一方面，惩罚又成为人们模仿的榜样，可能使人的侵犯行为变得更为复杂。惩罚只能暂时抑制明显的侵犯行为，但没有使存在于个体身上的侵犯性和敌意消失，甚至可能导致更多隐蔽性的侵犯行为。史特劳斯（Straus，1980）等人系统研究了家庭暴力的社会影响，发现惩罚能使受罚者更具有侵犯性，这种侵犯性可由上一代传递给下一代，他们把这种现象称为"家庭暴力的社会遗传"。另外，惩罚对个体建立良好的行为模式也没有太大帮助，被罚者只知道我这样做不对，但并不知道如何做才对。因此，运用惩罚的时候，要和其他强化方法如正强化法配合使用，才能收到好的效果。

要使惩罚起到积极的作用，注意适时、适度、适量、公正。阿伦森等人（1963）的研究证明，对儿童来说，适度惩罚的威胁作用比严厉惩罚更有效。过于严厉的惩罚往往会收到相反的效果，因为被罚者受到严厉的惩罚会产生强烈的挫折感，而挫折是导致侵犯的重要原因。

（三）移情法

移情是对他人的了解和认同，是设身处地站在他人的立场上思考问题，体验他人的感受。移情能力和侵犯行为之间存在负相关，移情能力越高，侵犯行为越少。如果一个人能觉察他人的感受、他人的痛苦，其攻击行为就会减少。许多人在进行侵犯的时候，在认识过程中会蓄意贬低对方，使自己相信受害者是让人憎恶的，这样自己的侵犯行为就有了理由，侵犯就更容易发生。如果我们对受害者是认同的，是了解的，那侵犯行为就难以进行。

一项关于日本学生的研究发现（K. Obuchi et al.，1993），仅仅是对受害者的了解就会大大降低攻击行为。实验者命令每个学生向另一个学生实施电击。在实验组，受害者在受到电击前先做自我介绍，在控制组，受害者没有机会介绍自己。结果做了自我介绍的受害者受到的电击比没有做自我介绍的要轻得多。可见，仅仅是对受害者简单的了解就会减少侵犯行为。犯罪心理学家也发现，让性暴力罪犯看受害者痛苦反应的录像，可以有效降低其重新犯罪的可能性。没有看录像的罪犯，重犯率显著高于看录像的实验组。

移情能力可以培养，角色扮演法就是培养移情能力的良好方法。在角色扮演中，让个体暂时充当别人的角色，体验别人在一定情境下的心理状态。例如，对一个攻击性强的儿童，可以让他扮演一个被攻击的孩子，表现那种被攻击之后的种种痛苦。角色扮演法的效果，已经被很多研究所证实。

（四）置换法

当个体遭受挫折，但由于各种原因又不能对引起挫折的来源进行直接还击时，个体就可能以其他方式对另一目标表现出侵犯行为，这种现象被称为置换或替换性侵犯。置换主要发生在两种情况下：一种情况是，受挫者知道挫折的来源，但由于对方的权力、地位等因素，又不敢或不能直接攻击他，于是便会寻找与挫折来源相似的目标作为发泄对象。目标对象与挫折来源越相似，个体对该目标对象的侵犯性倾向就越强烈。另一种情况是，受挫者不能确定挫折的来源，这时他会寻找一个与自己挫折无关的人或物——"替罪羊"，通过替罪羊发泄自己的愤怒和不满。置换虽然可以避免直接侵犯行为，但会造成对无辜者的伤害，因此在运用时要特别慎重。

（五）认知干预

根据社会信息加工理论，可以通过认知干预来矫正攻击行为，让个体学会正确认识事件，并提高正确的反应能力。在日常生活中，应教会个体对所接收的社会性信息正确分析，区分哪些对他是有意义的，哪些是无意义的，帮助他们积累良性生活经验，使其在解释判断某一社会性信息时，更多的是与已有的良性经验进行对照比较，进行非敌意性归因。通过对多吉社会信息加工过程的分析，我们还可以看到，个体对社会性信息的加工更多地依赖于外界的反馈信息，并据此对自己的行为目标及行为方式进行不断调整，逐渐发展起一套更具适应性的社会行为。由此，我们应为个体提供正面积极的榜样，或直接教给个体使用非攻击性方式解决问题。

（六）去个性化的避免

去个性化（deindividuation）是指个人自身同一性意识下降，自我评价和控制水平降低的现象。个人在去个性化的状态下行为的责任意识会明显丧失，从而做出通常不会做的行为。早在19世纪90年代，法国社会学家勒朋（LeBon，1896）在研究群体行为时就发现，去个性化是群体的重要特征。群体规模越大，气氛越强烈，越易引发人的去个性化状态。马伦（B. Mullen，1986）分析了1899年至1946年间报道的私刑事件，发现暴徒的数量与暴力程度之间有紧密的联系，人数越多，私刑的残暴程度越高。马伦认为，当人们处于群体之中，他们是不为人所知的，其自我意识会降低，更少具有自我约束。

津巴多（Zimbardo，1969）在实验室里模拟了去个性化的状态，并证实去个性化增加了侵犯行为。在实验中，要求女大学生组成4人小组，参加一项对陌生人（实为实验者的助手）实施电击的实验，并告诉她们这是移情研究的一部分。实验分为匿名组和实名组。匿名组的被试坐在昏暗的房间里，穿着宽大的袍子，戴着头巾，她们的姓名没有显示；实名组的被试坐在灯火通明的房间里，没有穿袍子和戴头巾，胸前挂着写有自己姓名的牌子，被试彼此以真实姓名称呼。结果匿名组的被试对他人实施电击的时间更长、强度更大。

因此，个体需要认识去个性化的危险，有意识地避免这种状态，特别是在大规模群体中，要注意保持行为的自我控制。而作为社会来说，要加强对群体特别是大规模群体的监控和引导，减少因去个性化而导致的侵犯和攻击。

（七）大众传媒的控制

根据社会学习理论，侵犯可以通过模仿而习得。在传媒无孔不入的今天，侵犯与传媒之间的关系也就越来越受到社会心理学家的关注。今天，传媒中所表现的侵犯行为越来越多，形象越来越逼真，这对观众尤其是青少年儿童会产生非常不利的影响。例如，2001年3月，西安警方破获了一个以绑架、抢劫、伤害为手段连续作案的青少年黑社会团伙"山合社"，这个团伙自2000年11月成立以来已作案20多起。他们还有所谓的"山合社"章程，里边有11条组织结构和纲领。据被捕的6人交代，他们经常看暴力录像，他们的组织就是模仿香港某影片成立的。

美国的一项调查发现（N. Seppa, 1997），58%的电视节目涉及暴力场面，而在这些节目中，79%的节目都不涉及对这些暴力行为的指责和惩罚。

许多研究表明，大众传媒中所宣扬的"暴力文化"会增加公众尤其是儿童青少年的侵犯性。利伯特和巴伦（R. Liebert & R. Baron, 1972）在一项实验中，给实验组孩子看暴力程度极高的电视警匪片的片段，给控制组孩子看一段令人激动但没有暴力色彩的电视体育片。然后每个孩子都被允许到隔壁房间和另一组孩子玩，结果发现，看暴力影片的孩子比看体育片的孩子对同伴表现出更多的侵犯行为。一般来说，观看暴力影片对本身具有攻击性的孩子影响更大一些。但即使没有攻击倾向的孩子，如果长期观看暴力影片，也会变得有攻击性。

为什么传媒中的暴力会增加人们的侵犯行为呢？除了观察与模仿的作用外，还有以下两点原因。第一，看到他人的暴力行为会降低我们在类似情境中对自己暴力行为的抑制，使我们对他人的痛苦变得麻木，这称为"去抑制"。现代影视作品在不断追求血腥场面极端真实、极其刺激的同时，也使暴力虚拟化了，使人们产生了再暴力的东西都与人类感受无关的错觉。如今孩子们喜欢玩的电子游戏更夸大了这一点。现在的电子游戏一般内容都是格斗、射击、打杀之类，在游戏中可以尽情使用暴力，因为在虚拟的世界里没有真实的受害者。对暴力的麻木是一种比对暴力的兴奋更可怕的事情。第二，传媒中的暴力为人们提供了侵犯性线索。根据前面讲的"武器效应"，情境中侵犯性线索的存在会增强侵犯行为，传媒中的暴力场面、暴力工具等都对观众具有诱发作用，特别是对那些具有愤怒情绪的人。

因此，大众传媒应遵循道德准则，应有社会责任感，尽量给观众提供非侵犯性的榜样，减少大众观察和学习侵犯行为的机会。特别是对于青少年儿童，我们要制定有关法规，评价大众媒体的各类节目对他们的影响，限制某些节目的播出和观看，把传媒的不良影响降到最低。

另外，侵犯行为的消除和控制，除了从心理层面进行努力之外，还可以从生理层面进行调节。例如，针对攻击性儿童脑功能发展表现出的某些非均衡性，设计专门的脑功能训练方法，对大脑的协同功能进行早期训练，以矫正攻击行为。但这种方法还需要进一步的研究。

第四节　利他行为

如果说侵犯行为反映了人类阴暗和丑陋的一面，那么利他行为则反映了人类美好的一面。为什么人类会有利他行为？有哪些因素影响到利他行为？如何促进利他行为？这些都是我们非常关注的问题。

一、利他行为概述

利他行为（altruism）是指不期望任何外部酬赏而出于自觉自愿的助人行为，是一种把帮助他人当作唯一目的的行为。小到公共汽车上让座，大到牺牲自己的生命抢救落水儿童，都属于利他的范畴。前一种是非紧急情况下的利他，后一种是紧急情况下的利他。

利他行为具有4个特征：①自愿性。利他行为必须是自觉自愿的，是自发的，而不是外界强迫的结果。②利他性。以有利于他人为目的，有利于他人是利他行为的唯一目的。③无偿性。利他行为中不期望任何外部的酬赏，也不期望日后的报答。如果我帮助你是为了你今后能帮助我，或者为了得到领导的表扬而帮助他人，这都不属于利他行为。但利他行为中可不可以有内在酬赏？这是一个有过争议的问题。所谓内在酬赏是指自我强化，如满足、自豪、愉快等内在体验。个体在帮助他人之后觉得心情舒畅，这种自我满足感可能会推动他继续帮助他人。这种自我强化算不算有偿呢？我们认为，利他行为中允许有内在酬赏的存在，无偿性主要是指不期待外部酬赏。④损失性。对于利他者来说具有损失性，在精力、金钱、时间等方面会蒙受损失，甚至牺牲自己的生命。

和利他行为相近的概念还有"助人行为"和"亲社会行为"。助人行为是指一切帮助他人的行为，可以是无偿的，也可以是有偿的。例如，为了回报他人的帮助而产生的回报行为和为了补偿自己使他人蒙受损失而产生的补偿行为都是助人行为，但不属于利他。亲社会行为是指一切有益于他人和社会的行为，包括助人行为和利他行为。亲社会行为不一定都由利他行为引起，它也包括为了某种目的、有所企图的助人行为，因此它是一个比利他行为更宽泛的概念。利他行为是最高意义上的亲社会行为。但在社会心理学的研究中，我们对利他行为、助人行为、亲社会行为经常放在一起来研究，没有进行严格的区分，因为不管怎样，这些行为都是我们需要鼓励的。

二、利他行为的理论解释

利他行为是先天的还是后天的是一个颇受关注的话题。威尔逊在《社会生物学：新的综合》一书中提出了利他行为的生物学观。在他看来，和侵犯行为一样，人的利他行为的多数表现，说到底都含有自私的成分。它是由基因安排的、旨在最大限度地复制自身的行为。以蜜蜂为例，工蜂蜇了侵略者后，自己就要死掉。但他以自己的死增加了整个蜂群的生存机会，也就是说增加了与自己相似的基因在其他成员身上保存并复制的机会。

这一解释混淆了人和动物的本质区别。动物以牺牲自己来保证种群生存的利他行为完全是本能使然，无论是工蜂还是兵蚁都无法意识到自己行为的动机和后果，而人类的利他行为是一种有意识的活动。因此，如果仅仅从本能的角度，从动物行为的观察来论证人类的利他行为，是缺乏说服力的。

大多数心理学家赞成习得论，认为利他行为是一种后天习得的行为，而非与生俱来的。儿童利他行为的发展有一个过程，婴儿是没有利他行为的，利他行为随着年龄的增长而增多。在学习过程中，强化和模仿非常重要，儿童会模仿父母和他人的利他行为，并把它融入自己的行为之中。

三、影响利他行为的因素

（一）利他者的特点

1. 年龄

社会心理学家对儿童年龄和利他行为之间的关系做了许多研究，结果表明利他行为随着年龄增长而稳定上升，自私行为随着年龄增长而明显下降。原因在于：①随着年龄的增长，儿童的人际交往能力提高了，他们开始明白帮助他人是符合社会规范的、是为社会所赞许的行为；②儿童年龄的增长使他们的自我中心倾向减弱，移情能力加强，开始懂得设身处地为他人着想了。

但年龄和利他之间的关系并不总是成正比，我们不能得出结论说青年比儿童的利他行为多、老年又比青年的利他行为多。随着年龄的增长，心理活动愈加复杂，不像孩子那么单纯，能否帮助他人，还要结合其他因素。张向葵等人（1996）在一项实验中，对我国从儿童到老人助人行为的发展进行了研究，结果发现（见表5-5），在非紧急情况下，各年龄组的助人行为没有显著差异；在紧急情况下，各年龄组的助人行为存在显著差异。从比例上来看，老年组在两类情境下的助人行为均高于其他各组；儿童组在非紧急情境下助人行为较高，而在紧急情境下较低，受情境的影响最大；中年组在两类情境中的助人行为均较低。

表5-5 各年龄组的助人人数及年龄间的差异显著性检验

情境	组别	被试人数	助人人数	比例（%）	P
非紧急情境	儿童	180	163	90.6	
	青年	180	158	87.8	P = 0.087
	中年	180	156	83.3	
	老年	180	164	91.1	
紧急情境	儿童	60	6	10	
	青年	60	16	26.7	P = 0.047 *
	中年	60	14	23.3	
	老年	60	18	30	

2. 性别

研究发现，女性的人道主义思想比男性强，但女性的利他行为不如男性多。詹姆斯·布朗（1975）在实验中，让一个人扮成骑摩托车者，车在大街旁熄火了，他焦急地站在车旁。实验的目的是想了解哪些摩托车驾驶员会停下来给予帮助。结果发现，男性比女性更容易提供帮助。一般来说，需要较大体力或不适合女性角色的利他行为，往往由男性完成。在较为尴尬的情境中，如有很多人围观时，女性助人的倾向也低于男性。这主要有两方面的原因，一是受到身体条件的限制，在需要较大体力的行为中，女性会觉得自己没有能力；二是受社会文化的影响，女性认为男性更应该充当抛头露面的角色。

但也有实验没有发现利他行为的性别差异。如上述张向葵等人的实验中发现，无论是在非紧急情况下还是紧急情况下，儿童、青年、中年、老年各组的助人行为均没有显著的性别差异。

3. 人格

乐于助人的人具有哪些特定的人格特征？对此社会心理学家尚无定论，但一般认为，个体的社会责任感、道德判断水平、移情能力、信念、价值观等和利他行为之间有密切的关系。施托布（E. Staub, 1979）研究发现，与利他行为有正相关的人格因素包括：具有强烈的社会动机，相信自己对事物具有影响力，有适合于情境需要的特殊能力，同情、理解他人和责任感。

4. 心境

一般来说，一个人心情好的时候比较容易帮助他人，关于这一点社会心理学家得到了比较一致的结论。安德曼发现，阅读一组描述"兴高采烈"心境的文章的被试，比阅读描述"抑郁"心境的文章的被试更可能帮助实验者。为什么积极心境有助于利他行为呢？因为人在心境好的时候可能从对自己的专注中摆脱出来，更多的去了解他人的需要。阿伦森（1970）的实验证实了成功体验能增加利他行为。他以中学教师为对象，先请他们制作一项测量运动技能的仪器，然后让一半被试知道自己做成功了，另一半被试知道自己做失败了。紧接着有人请两组教师募捐。结果"成功组"的被试平均每人捐了4美元，"失败组"平均每人只捐了0.7美元。可见，成功体验会提高人们的愉快感，这种愉快感有扩散作用，所以比较愿意帮助他人。

消极心境对利他行为的影响更为复杂，得出的结论也不太一致，它有可能会增加利他行为，也有可能会减少利他行为。一方面，帮助他人能获得内部酬赏，使自己获得满足感，或能把自己的注意力从自我转向外部，这些都有助于消除原有的消极情绪，从而促进利他行为的发生；另一方面，消极心境可能使人注意力集中在自己身上，对外界事物的敏感性降低，导致助人行为的减少。一般来说，在消极心境很强的状态下，较难发生助人行为。

内疚感是一种比较特殊的消极情绪，它是指当人们做了一件自己认为是错误的事时所唤起的一种不愉快的体验，这种情绪一般会增加利他行为。因为在帮助他人的过程中，个体的内疚感会获得减轻。但如果让内疚者有机会忏悔自己的错误，那么利他行为又有可能减少，产生所谓的"忏悔效果"（Carlsmith, 1968）。

（二）被助者的特点

什么样的人容易得到他人的帮助呢？社会心理学家通过实验发现了如下因素：

1. 年龄

一般来说，由于老人和孩子的自我独立能力较差，他们获得帮助的可能性更大。尊老爱幼是一种社会规范，是被社会所鼓励的行为，这也增加了人们帮助老人和孩子时的责任感和义务感。

2. 性别

许多研究表明，女性被助的机会多于男性，在紧急情况下更是如此。波马扎尔（1973）等人的实验证实了这一点。一辆车坏了停在路边，驾驶员向路上驶过的车请求援助。结果表明，当求助者为男性时，只有2%的过路车停下来；当求助者为女性时，有25%的过路车停下来帮助。为什么女性被助的机会要大于男性呢？原因有二：一是在传统的文化观念中，女性属于弱者，理应得到更多的帮助；二是女性的帮助者大多是男性，这其中有性的吸引力的作用。有研究发现，富有魅力的女性比相貌平常的女性更容易得到男性的帮助。

3. 仪表

一个人的穿着、打扮、相貌等也是影响是否被助的因素。人们愿意帮助那些长相漂亮、衣着整洁、举止得体、言行符合社会规范的人，而不愿帮助一个面容丑陋、衣冠不整、奇装异服、举止粗鲁、言行不合社会规范的人。本森（Benson，1976）等人做了一项研究，研究者把一份填好的入学申请放在机场的公用电话厅里，申请表上已经贴好了邮票，但忘了寄出。有的申请表上贴的照片很漂亮，有的不漂亮，结果发现，照片上的人无论是男是女，只要漂亮，人们更有可能帮他寄出申请表。

4. 相似性

与自己相似的人，如来自同一群体、种族、国家，态度和看法相同，年龄相同等，都会导致助人行为的增加。从人际吸引的角度来看，彼此相似的人有更强的吸引力，而且我们都愿意帮助一个自己所喜欢的人。

5. 被助者对困境应承担的责任

目前的困境不是被助者自己造成的，如老弱病残及疾病突发者和在意外灾害中遇难的人容易得到他人的帮助，而因酗酒、犯罪等行为造成的困境较少引发人行为。为什么会这样呢？因为助人者在助人时会进行责任归属判断，如果助人者将被助者的困境判断为外因所致，例如不可抗拒的自然灾害，就会提高帮助的可能；如果判断为内因所致，是咎由自取，例如赌博输光的人向人借钱，就会大大减少帮助的可能。

（三）情境因素

自然情境会对利他行为产生影响。一般来说，舒适的气候和环境使人心情愉快，从而导致利他行为增多。人们容易在晴朗的天气里帮助他人，而较少在寒冷和刮风的天气里帮助他人。噪音和拥挤也会导致利他行为的减少，因为噪音和拥挤会使人们忽略环境中的其他事物，并促使人们尽快逃离该情境。马修（Mathew，1975）的实验证实了噪音对利他行为的影响。他把许多书故意扔在地上，看进来的被试会不会帮着捡起来。结果发现当房间的噪音处于正常水平时，72%的被试会提供帮助；当噪音很大时，只有37%的被试提供帮助。

社会情境的影响主要表现在旁观者人数、他人示范等因素上。社会心理学家发现，随着旁观者人数的增多，利他行为有减少的趋势，即存在所谓"旁观者效应"。关于这一点，我们将在下面作详细分析。另外，社区与城市的大小也会影响利他行为。有研究发现，小城镇的人帮助陌生人的比例显著高于大城市的人，但在帮助亲朋好友方面，大城市居民的助人行为并不比小城镇的人少。

时间压力也是影响利他行为的情境因素。在时间充分的情况下，利他行为明显增加，而时间匆忙会减少利他行为的发生。

除了利他者、被助者和情境3方面的因素外，社会文化因素也会对利他行为产生影响。不同的社会文化具有不同的价值观念、人际氛围、行为规范，这些都直接与利他行为有关。例如，集体主义文化比个体主义文化更能促进利他行为。

四、旁观者效应

（一）什么是旁观者效应？

所谓旁观者效应（bystander effect），是指随着旁观者人数的增多，利他行为有减少的趋势，或者说，他人在场对个体的利他行为所产生的抑制作用。一般我们认为，在需要提供帮助的场合，在场的他人越多，个人采取行动的可能性越大，"人多胆壮"、"人多保险"。但旁观者效应告诉我们，事实正好相反。

对旁观者效应的研究起因于美国《纽约时报》1964年的一篇报道：1964年3月的一个深夜，一位叫吉蒂的女性下夜班回家遭到了持刀歹徒的袭击。她一面反抗，一面沿着大街奔跑呼救，在与歹徒搏斗了半个多小时后，被歹徒杀死。在整个过程中，至少有38个人听到呼救声或看到了这一场面，但没有一个人出手相救，甚至也没有一个人去报警。这一事件引起了美国社会各界的关注，也引起了不少社会心理学家的思考。为什么大家袖手旁观？除了道德和品质方面的原因，还有其他的原因吗？

美国哥伦比亚大学的社会心理学家拉塔内和达利（B. Latane & M. Darley，1970）对旁观者效应进行了一系列的实验研究，主要实验包括房间充烟、女士遭难、罪行作证、癫痫发作等。这些实验都得到了共同的结论：旁观者的人数越多，人们提供帮助的可能性就越小，提供帮助前犹豫的时间就越长。我们来看其中的两个实验。

在"房间充烟"的实验中，当被试在"等待室"等待的时候，实验者通过等待室墙上的通风孔向室内释放无害但很恐怖的白色烟雾。在整个6分钟的实验中，一直释放这种烟雾。实验分3种条件：①等待室只有一个被试；②等待室有3个被试，3个人互不相识；③等待室有3个被试，但有两个是实验者的助手，在实验中表现消极。结果发现，3种条件下被试出室报告的人数比例依次是：75%、38%、10%；在时间上，第一种条件下被试向实验者报告烟雾情况比其他两组快，第二种条件下又快于第三种条件。

在"癫痫发作"的实验中，实验者让被试坐在一个小房间内，告诉他将要与隔壁房间的其他人一起参加一次讨论，通过麦克风发表自己的意见。实验分3种条件：①让被试觉得自己在同另外一个人讨论（2人组）；②让被试觉得他在同另外2个人讨论（3人组）；③让被试觉得他在同另外5个人讨论（6人组）。其实真正参加实验的只有被试一人，其他声音都通过录音带模拟。实验开始后，隔壁的人假装癫痫发作、请求帮助。结果发现，3种情况下，被试打开房门提供帮助的比例依次为：85%、62%、31%；被试给予帮助前延迟的时间依次为：52秒、93秒、166秒。

拉塔内和达利的实验证实了旁观者效应的存在。他们得到结论："在紧急情况下，有许多人在场足以成为比感情冷漠和情感上的疏远重要得多的制约介入行动的决定因素。"① 拉塔内和达利的研究并不是为那些冷漠的旁观者开脱责任，而是让我们看到了利他行为复杂的一面，仅仅从道德和品质上去寻找利他或冷漠的原因可能是不够的。

（二）旁观者效应产生的原因

为什么会有旁观者效应呢？社会心理学家提供了以下一些解释：

1. 责任扩散

所谓责任扩散，是指在某种需要给予帮助的场合，帮助他人的责任扩散到每个人身上，从而对利他行为产生干扰作用。当某个人遇到紧急情况时，如果只有他一个人在场能提供帮助，他会明确意识到这是自己的责任，如果见死不救，就会产生强烈的内疚感，需要付出很大的心理代价。如果有他人在场，那么每个在场的人都有责任，而每个人承担的责任就小了，所付出的心理代价也相应减少。在场的人数越多，每个人的责任越小，利他行为也就越受到抑制。

2. 情境错觉

在有旁观者在场的情况下，人们对情境的知觉、解释和判断往往参照他人的反应，特别是在情境不明确的情况下。在紧急情况发生后，如果其他人都镇

① B. Latane & M. Darley, *The Unresponsive Bystander：Why Doesn't He Help*? New York：Appleton-Century-Crofts, 1970. p. 127

静自若、没有反应，个体就会产生情境中没有什么危险发生的错觉，也会平静下来不予理睬。拉塔内和达利把这种现象叫"多数的忽略"。

3. 评价恐惧

有他人在场的时候，个人会因为他人对自己的评价和注视而觉得不安，害怕自己在他人眼里成为一个傻瓜。因此，他会更加小心地表现自己，以赢得他人好的评价。他会把自己准备要做出的行为和他人的行为加以比较，以防做出不适当的行为，让他人笑话。因为评价恐惧，大家都不想成为一个示范者，而在等待着一个示范者出来，然后再以此决定自己的行为。于是，大家相互观望、相互等待，结果造成行为的抑制和集体的冷漠。

4. 角色期望

当有旁观者在场，个体往往会期待符合角色的帮助者。有的人有帮助他人的愿望，但觉得自己缺乏助人的能力而犹豫不前，因此期待有更合适的角色出来。皮亚利文（Piliavin，1972）等人的实验证实了这一点。他们请一个人来扮演病人，在地铁上假装因突然发病而倒在地上。另外安排一个人打扮成医生模样，事先待在跌倒者附近。在这种情况下，其他乘客因看到旁观者中有医生在场，便很少提供帮助，因为大家觉得这位医生是最合适的帮助者。

五、利他行为的促进

如前所述，利他行为主要是一种后天习得的行为，因此，需要通过一定的方法进行促进和培养，其中特别要重视对儿童利他行为的培养。那么，如何促进利他行为呢？

（一）培养移情能力

移情是指个体能设身处地考虑别人的感情，并作出相应的情感反应。尽管移情是一种情感反应，但它包括认知和情感两方面，移情是建立在一定认知技能基础上的情感反应。移情中的主要认知成分被称为"角色采择"，即理解并推知他人情绪情感反应、思想、观点、动机和意图的能力。发展心理学家对儿童的角色采择能力进行了大量研究，许多研究证明儿童的角色采择能力与亲社会行为存在显著的正相关。

培养移情能力可以减少侵犯行为的发生，同时也是促进利他行为的方法。我们在侵犯行为的控制中已有论述。移情能力可以通过训练加以提高，对于儿童尤其如此。近些年来，涌现很多关于儿童移情训练与亲社会行为关系的研究，发现移情训练确实能促进儿童的亲社会行为。认知提示、情感换位、情绪追忆、情境表演、情境讨论、角色扮演等方法，都是行之有效的移情训练方法。

（二）强化利他行为

利他行为和其他行为一样，可以通过强化而得以保持和增加。例如，儿童表现出利他行为后，给予及时的表扬和鼓励，会有助于这一行为的保持。当人们受到外在的表扬和奖励后，他们就会逐渐产生一种相应的内在自我奖励倾向，表现为内在的自我满足。如果能从外在强化过渡到内在强化，利他行为就会得到更有效地巩固。

（三）提供榜样示范

大量研究表明，让儿童接触利他榜样可以增加利他行为。例如，罗施通（Rushton，1975）在实验中，让 7～11 岁儿童观看一个成人玩滚木球的游戏，这个成人把赢得的部分奖品捐赠出来作为穷苦儿童的基金，然后让这些儿童单独玩这类游戏，结果发现，观看过榜样行为的儿童把奖品捐献出来的数量远远超过没有观看榜样行为的控制组儿童。即使实验结束两个月之后，这些实验组的儿童与不同的实验者在一起时仍然那么慷慨，说明榜样学习对助人行为具有长远影响。我国陈旭（1995）的实验也证实了这一点。在榜样学习过程中，要注意促使儿童把榜样所代表的道德原则和规范加以内化，而不局限于简单的模仿。榜样示范对成人同样有效，成人的利他行为同样具有可塑性。因此，社会要重视对榜样人物的宣传，加大对榜样行为的奖励，同时注意呈现榜样的具体情境和具体事迹，让人们感到榜样值得效仿、能够效仿。

（四）学习助人技能

在现实生活中，许多人本来有助人的愿望，但由于缺乏有效的助人技能，而没有表现出实际的助人行为。例如病人突然发病却不知如何救治，有人失足落水旁观者却不会游泳。因此，我们需要加强助人技能的教育，特别是在紧急情况下的助人技能。如果人们掌握了必要的助人技能，就会增加人们实际的助人行为。

利他行为不仅仅是社会心理学家要关注的问题，它也是整个社会应关注的问题。因此，要通过舆论和宣传营造出助人为乐的良好社会风气，形成和谐、相互信任的社会人际氛围，弘扬正确的价值观念，从根本上促进利他行为的产生。

复习与思考

基本概念

社会影响　社会助长　社会干扰　社会惰化　从众　服从　顺从　侵犯行

为　武器效应　去个性化　利他行为　亲社会行为　旁观者效应

思考题

1. 对于社会促进与社会干扰现象有哪些理论解释?
2. 联系实际分析从众的原因及其影响因素。
3. 米尔格拉姆是如何研究服从现象的? 服从受到哪些因素的影响?
4. 促进顺从的技术有哪些?
5. 简述挫折—侵犯理论的基本观点。
6. 如何预防和控制人的侵犯行为?
7. 影响利他行为的因素有哪些?
8. 试述旁观者效应及其产生的原因。

第六章　群体心理

社会心理学不仅要研究个体心理，而且还要研究群体心理，这是两个不同层面的研究。个体生活在群体之中，通过群体与社会发生联系，其心理和行为必然要打上群体的烙印，受到群体的直接影响。在本章中，我们将讨论群体的分类、功能及形成，群体凝聚力及影响因素，合作与竞争，群体极化与群体思维，群体领导者等内容。

第一节　群体心理概述

"物以类聚，人以群分"，人总是在群体中生活和工作的。读书时归属于某个学校和班级，工作时归属于某个单位。可以说，群体生活是人类最基本的生活方式。群体是由个体组成的，但群体绝非个体的简单相加，它是个体的有机组合，具有独特的结构、功能与特点，也有自己形成和发展的规律。

一、什么是群体?

社会心理学中所指的群体（group）又叫团体，是由相互依赖、相互影响的人为了一定的共同目标，按照一定的方式结合在一起的集合体。

群体不同于偶然聚合体。在商店买东西的顾客、在电影院看电影的观众、在马路上围观的一群人，虽然因为时空的某些因素临时聚集在一起，但不能称为群体。偶然聚合的人群没有共同目标和归属感，没有结构和社会角色分化，相互之间也没有意识和行为上的联系。当然，偶然聚合体也可转化为群体，例如，在餐馆里一起用餐的一群人，本来互不认识，也没有互动，突然一人发病需要急救，这群人为了抢救病人，分工合作、相互依赖，就形成了一个群体。

群体也不同于统计集合。统计集合一般是指一些具有某种共同或类似特征的人群类别，如按年龄区分的儿童、青年、中年、老年，按性别区分的男性、女性等。在统计集合中，成员之间并不发生具有共同意义的相互作用，也没有共同的隶属感，没有明显的社会结构，可能彼此不认识。因此，不能把他们算作群体。

要成为群体，必须具备下面几个条件：

（1）有一定数量的成员。群体必须由两个或两个以上的个体组成。社会心理学讨论较多的群体，通常为规模不超过50人的较小群体，许多研究集中在3～20个人的小群体之中。关于小群体的最低限度是2人还是3人，在社会学家和社会心理学家中曾有过分歧。赞同2人的认为：“最小的可能性群体包括两个人，叫做‘两人组合’。两个人能够建立起来的纽带是独特的：两人组合的成员能产生一种在许多更大的群体中所找不到的一致性和亲切感。”[1] 但也有人认为，群体的最低限度应是3个人。如社会学家齐美尔指出，两人组合无法构成群体，因为在两人组合中双方都会积极努力来维持这种互动关系，任何一方的退出都会导致关系的破裂，所以双方只有维持一致才能使这种联系持续下去。3个人组合则不同，3个成员无须总是保持一致，正所谓：“两人为伴，三人为群。”[2]

（2）有一定的为成员所接受的共同目标。群体成员是否具有共同的行为目标，是维系群体生存的必要条件。为了实现共同目标，群体成员的行为可以高度一致。

（3）有一定的组织结构。群体是按照一定的规范建立起来的有机的组织

① 波普诺. 社会学（上册）. 辽宁人民出版社，1987. 288 页
② 约翰逊. 社会学理论. 南开大学社会学系译. 国际文化出版公司，1988. 344 页

系统。它不仅有一定的组织结构，并且每个成员都被按照一定的要求组织起来。在群体中每一个人都处于一定的地位，充当一定的角色，有一定的权利和义务。

（4）有一定的行为规范。这是保证群体成员行为一致，实现群体目标的重要条件。群体的组织纪律、作风、传统、守则、活动目标、操作规程等，都是群体规范的体现。

（5）成员心理上有依存关系和共同感，并产生一定的相互作用和相互影响。群体成员之间不仅能在生活、学习、工作方面相互帮助、团结协作，而且在思想、感情、观念上都趋于一致，对群体产生责任感、依恋感、荣誉感、自豪感等肯定的情感体验。

在前苏联的社会心理学体系中，曾强调集体是群体发展的最高形式，认为当群体的目标与社会的根本利益一致，而不只局限于群体内部时，群体就成了集体。

二、群体的分类

群体的类型纷繁复杂，依据不同的标准，可以把群体划分为不同的类型。常见的划分有以下几种：

（一）初级群体和次级群体

初级群体（primary group）又叫首属群体，这一概念由美国早期的社会学家库利（C. H. Cooley，1909）提出，是指个人直接生活在其中，由面对面互动所形成的、具有亲密的人际关系的群体。家庭、邻居、同伴群体等，都属于初级群体。初级群体不仅能满足人们的情感需求，而且对于个体的社会化起着重要的作用。

初级群体的特点主要是：①初级群体的形成一般是一个自然的过程，不是基于某种社会需求；②初级群体通常没有严格的群体规范；③初级群体成员之间的互动是经常的、直接的、面对面的，彼此之间是情感联系，而不是规定性的角色关系；④正因为有强烈的情感联系，所以初级群体的成员一般是不可代替的。

相对于初级群体这一概念，一些学者提出了次级群体（secondary group）的概念，又称次属群体。这是指有目的、有组织、有明确社会结构的按照一定规范建立起来的群体。最常见的次级群体是社会组织，如学校、工厂、政府机关等。

次级群体的特点主要是：①其形成源于一定的社会需要；②有严格的组织结构、规章制度和行为规范；③成员之间的联系以社会分工为基础，主要是角色关系；④具有较大的规模，人数较多，因此不能完全直接接触。

（二）正式群体和非正式群体

这种划分方法最早是由美国心理学家梅约（E. Mayo）在霍桑实验中提出来的。所谓正式群体是指具有正式社会结构，成员有明确地位与社会角色，并有相应权利与义务的群体，如学校的班级、机关的处室等。非正式群体是指那些自发产生的，没有明确社会角色分化和权利义务规定的群体，往往以共同的利益、观点为基础，以情感联系为纽带，有较强的凝聚力和较高的行为一致性，如同乡会、班级中的朋友群等。人们对于非正式群体的选择和参与主要基于自己情感上的好恶。非正式群体可以是在正式群体之内，也可以在正式群体之外，或者跨几个正式群体。有时一个正式群体之内有许多非正式群体。当正式群体的目标与成员的要求不一致，正式群体不能发挥正常功能时，非正式群体更容易产生。

（三）隶属群体和参照群体

隶属群体又叫成员群体，是个体实际参加或隶属的群体，而参照群体是指个人作为行动标准和指南，加以模仿和效法的群体。参照群体的概念最早由美国社会学家海曼（H. H. Hyman，1942）提出。参照群体不是人们所属的群体，而是个人心目中想要加入或理想中的群体，它的价值和规范体系常常是个人的目标或标准。例如，大学生群体往往是那些想考入大学的中学生的参照群体。参照群体在帮助成员形成信仰、态度、价值观和人格等方面有着特殊的意义。

三、群体的形成与发展

（一）关于群体形成的研究

美国心理学家谢里夫（1961）采用自然实验法，研究了群体的形成过程，以及群体之间由对立到合作的全过程，揭示了群体形成的一些基本条件。研究请了22名12岁的互不相识的男孩参加为期3个星期的夏令营。整个研究分为以下3个阶段：

第一阶段：建立两个互不相关的群体。把参加实验的被试分为两个独立人群，互相不知道对方的存在。分别安排两个人群进行一系列活动，如整理游泳池、安排郊游、野餐等。通过活动和交往，两个人群形成了各自的规范，有了非正式的领导者，成为组织化的群体。至第一阶段结束，群体每个成员的角色已发生明显分化，并且稳定下来。

第二阶段：开展两个群体之间的竞赛。安排两个群体相遇，并组织橄榄球、垒球等各种比赛，这些活动必然导致一方胜利而另一方失败，于是双方的纠纷也接踵而来，攻击言行明显增多，引起了对另一群体的敌意。两个群体形成了明显的"我们"意识，以与"他们"区分。这一阶段结束时，研究者让每个人在两个群体中择友，结果两组中绝大部分成员都选择了本组成员作为朋友，比例分别为92.5%和93.6%，说明群体内成员关系友好，而群体间关系紧张。

第三阶段：开展两个群体之间的合作。开始时，两个群体对立情绪严重，研究者创造机会，使双方多加联系与接触，安排他们一起活动，如共同劳动、看电影、进餐等，但并未减轻双方的敌对情绪，冲突时有发生。后来，研究者安排了必须由双方成员分工合作、齐心协力才能完成的活动，例如，营地的蓄水池坏了，必须由双方投入大量人力才能修复；卡车陷入泥淖，必须很多人去拉；看电影钱不够，必须把所有成员的零钱凑起来等。经过一系列合作后，两个群体的敌对情绪明显缓解。野营生活结束后，再次进行择友选择，结果选择对方群体成员作为朋友的比例达到1/3，与第二阶段的选择相比，有了明显的变化。

这一实验揭示了在群体形成的过程中，直接交往、共同活动、目标一致都是非常重要的条件。

（二）群体发展的阶段

一般认为，群体的发展要经过5个阶段：形成阶段、震荡阶段、规范化阶段、执行任务阶段和中止阶段。随着群体从第一阶段发展到第四阶段，群体会变得越来越有效。

第一阶段：形成。其特点是群体的目的、结构、领导都不确定。群体成员各自摸索群体可以接受的行为规范。当群体成员开始把自己看作是群体的一员时，这个阶段就结束了。

第二阶段：震荡。是群体内部冲突阶段。群体成员接受了群体的存在，但对群体加给他们的约束，仍然予以抵制。而且，对于谁可以控制这个群体，还存在争执。这个阶段结束时，群体的领导层次就相对明确了。

第三阶段：规范化。在这个阶段，群体内部成员之间开始形成亲密的关系，群体表现出一定的凝聚力。这时会产生强烈的群体身份感和友谊关系，当群体结构稳定下来，群体对于什么是正确的成员行为达成共识时，这个阶段就结束了。

第四阶段：执行任务。在这个阶段，群体结构已经开始充分发挥作用，并已被群体成员完全接受。群体成员的注意力已经从试图相互认识和理解转移到完成手头的任务。

第五阶段：中止。对于长期性的工作群体而言，执行任务阶段是最后一个发展阶段，而对暂时性的委员会、团队、任务小组等工作群体而言，还有一个中止阶段。在这个阶段，群体开始准备解散，成员的注意力放到了群体的收尾工作。

不过，上述五阶段模型只是理想假设。现在不少研究者认为，群体并不总是明确地从一个阶段发展到下一阶段。有时几个阶段同时进行，比如震荡阶段和执行任务就可能同时发生。群体甚至可能回到前一阶段。

四、群体的功能

群体是个人和社会的中介，群体的功能也表现在社会和个人两个方面。

从社会功能来看，群体是社会存在的基本单位，它在实现社会组织目标，完成社会各项任务，维护社会秩序，促进社会发展等方面，都发挥着重要的作用。美国社会学家帕森斯曾提出群体具有 4 项功能：

（1）适应环境，即群体与外界进行资源交流，并且保持与外界的平衡。

（2）实现目标，即确定群体的目标，并使群体成员为达到目标而一起努力。

（3）统一内部，即调整群体成员之间的关系，制定规范，使群体组织成为一个整体。

（4）维持价值，群体往往形成一种潜在的价值形式，给成员的行为以动机和活力。

从个人功能来看，群体是个人活动的基本单位，它能全面满足人的各种需要，并且对人的社会化发生重要作用。群体对个人心理方面的功能主要表现在以下几个方面：

（1）获得安全感。个体只有属于群体时，才能减少孤独和恐惧，获得心理上的安全感。

（2）获得归属感。一个人无论在什么时候、什么地方，他都会寻找归属，寻找自己的位置，而群体能满足这一需要。群体中的个体不仅能体会到自己是群体的一分子，而且能进一步体会到自己是社会的一分子，能够确认自己在群体和社会中的地位。

（3）获得社会支持。当个体的思想、行为符合群体的要求时，群体往往会加以赞许和鼓励，从而强化这种思想和行为。得到群体的社会支持是个体心理得以健康发展的重要条件。

五、群体规范

群体规范是群体所确定的行为标准。这些标准为群体每个成员所公认，而且每个成员必须遵守。正是由于群体规范的存在，群体才表现出了某种程度的一致性。群体规范可能是由群体领导人根据该群体的情况制定的，也可能是在工作和学习中自然而然形成的；它可以与主体文化规范一致，也可能有所差别。群体规范的形成受模仿、暗示、从众、服从等心理因素的影响。

·　群体规范可分为正式规范和非正式规范。正式规范是在正式群体中明文规定的行为准则，由上级或群体其他成员监督执行，如学校的各种规章制度。非正式规范是成员约定俗成的、无明文规定的行为准则，如风俗、习惯等。非正式规范的制约能力有时比正式规范还要大。

群体规范一旦形成，就会反过来对群体发生作用，约束每个成员的行为，维护群体的生存和发展。这些作用有积极的一面，也有消极的一面。其基本作用包括：[1]

（一）维系群体的作用

群体的存在形式是它的整体性，而这种整体性就表现在群体成员的行为、感情和认知的一致性上。群体规范一方面从外部制约着成员的思想、观念和行为方式，另一方面又从内部为成员提供了彼此认同的依据，从而使群体保持一致。可以说，没有群体规范，群体就失去其整体性，因而群体便不复存在。

（二）认知的标准化作用

在日常生活中，每个人的看法是不一样的，但是一旦成为群体，就会在判断和评价上产生一致的意见。这种统一成员意见和看法的功能，就是群体规范的认知标准化作用。群体规范往往成为成员认识和判断事物的共同心理参照系。谢里夫"游动错觉"的实验就是这一作用的证明。事实上对群体规范的研究，也始于谢里夫的这一实验。这一实验我们在第五章第二节关于"从众"的讨论中有过一些介绍。实验在两种情况下进行：第一种情况是被试先接受单独测验，然后再在群体条件下接受测验。在这种情况下，单独测验时个体之间判断的差别比较大，但是在群体中接受测验时，判断差异迅速减少，个人的判断趋于同一数值。第二种情况是个体一开始就在群体条件下测验，最后再单独测验，在这种情况下，可以发现群体影响不仅立即发生作用，而且在被试单独测验时仍会起作用。谢里夫认为，在实验中已经形成了群体规范。可见，群体规范一旦形成，它就会约束每个成员的判断，制约成员的认识活动，使成员在对某一事物的评价和看法上趋于统一。即使让成员离开群体，他们仍然不能恢复个人的判断，而保持着群体的共同意见。

（三）行为的定向作用

群体规范不仅约束着成员的认知和评价，还约束着他们的行为，使他们表

---

[1]　周晓红．现代社会心理学．上海人民出版社，1997．338－340页

现出一定的群体行为特点。群体规范对行为的定向作用，主要是为成员划定了活动的范围，制定了日常的行为方式。

（四）惰性作用

这是群体规范消极的作用。规范是一种多数人的看法，它要求成员行为趋于中等水平，既不能积极，也不能落后。这样，规范就会限制人们的积极性和创造性。例如，梅约等人在霍桑实验中发现，在一个生产小组中，规范使人们的工作不能太好，也不能太差，而是保持在一个适中的水平上。一旦有人违反了规范，就会受到其他成员的排斥。比如生产率比别人高出很多，其他人就会想方设法阻挠这个人的努力。

六、群体压力

群体压力是群体借助规范的力量形成的一种对其成员心理上的强迫力量，以达到对其行为的约束作用。群体压力不是权威命令，它并不强制个体改变自己的行为，但它对于个体来说，却是一种难以违抗的力量。当一个人的意见与群体大多数人的意见不一致时，就会感到紧张，这种紧张来自对偏离群体的恐惧。因此，如果一个人不愿意处于孤立的境地，他就会在群体压力面前顺应大多数人的意见。在第五章介绍的阿希从众实验中，我们不难看到这种群体压力对个体的巨大影响。群体压力维护了群体的团结，有助于群体任务的完成，对多数成员内心安全感的形成具有积极作用，但对群体中少数固执己见的人而言，却是一种巨大的威胁，在一定程度上会抹杀成员的个性和创造性。

莱维特（H. J. Leavitt）分析了群体压力的形成过程，包括 4 个阶段：

（1）辩论阶段。群体成员充分发表自己的意见，并尽量耐心地听取别人的意见，经过讨论，成员会渐渐分成多数派和少数派。这时，少数派已经感到某种压力，但群体还是允许他们据理力争，少数派也抱有争取大多数的期望。

（2）规劝阶段。多数派已由听取意见转为劝解说服，力劝少数派放弃他们的主张。少数派受到越来越大的群体压力，有些人因而放弃原来的观点，顺从多数人的意见。

（3）攻击阶段。个别少数派仍然坚持己见，不肯妥协，多数人开始攻击其固执己见。此时，个别少数派感到压力极大，但可能为了脸面而不愿屈服。

（4）心理隔离阶段。如果个别少数派仍不改初衷，大家便开始断绝与他的交往，孤立他。此时个人要么屈服，要么在巨大的压力下脱离群体。

第二节　群体凝聚力

　　有的群体对成员具有强烈的吸引力，成员之间也相互喜欢。因此，成员愿意留在群体中，参加群体的各种活动，为实现群体目标而共同努力。而有的群体人心涣散，成员对群体缺乏认同，对他人缺乏喜爱，导致群体功能不能有效发挥。这里所说的就是群体凝聚力问题。群体凝聚力是群体存在的必要条件之一。

一、群体凝聚力的含义与功能

　　群体凝聚力（group cohesiveness）是指群体成员之间相互吸引并愿意留在群体中的程度。它包括两个方面：一是群体对成员的吸引力，二是成员彼此之间的吸引力。

　　群体凝聚力不仅包括由成员之间人际吸引所决定的正性力量，而且也包括由于离开团体要付出高代价所决定的负性力量。正性力量包括 3 个含义：①成员间的人际吸引，如成员之间彼此相互喜欢。②使成员留在群体中的动机，如成员想通过群体达到自己的某种目的，如获得文凭、挣钱养家等。③群体的有效性与和谐性，如群体能够有效地实现自己的目标。负性力量包括两个含义：①成员离开群体必须付出更高的代价，这时成员就不能简单地决定是否离开。例如，一位员工想离开原单位，但合同未满，必须赔偿单位损失，这位员工觉得不合算，只好暂时留在原单位。②成员没有更多其他的选择，而不得不坚持留在原群体中。

　　群体凝聚力对群体具有重要作用。首先，它是群体发展水平的重要标志。凝聚力越高，群体对成员的吸引力和影响力越大，群体就越稳定，群体的发展水平也越高。其次，群体凝聚力也是群体功能发挥的重要因素。一个高凝聚力的群体，能充分调动成员的积极性，成员能自觉遵守群体规范和群体目标，从而使群体活动效率得到提高，群体功能得到很好的发挥。群体凝聚力对个体也具有重要意义。在凝聚力高的群体中，个体具有更多的安全感、归属感，有更高的自尊心，表现出更低的焦虑。同时，由于成员之间关系融洽，沟通频繁，个体能从群体和其他成员那里获得更多的社会支持。

　　但是，群体凝聚力的提高并不总是带来正面的作用。以工作效率为例，一般情况下，群体凝聚力高会提高工作效率，但有时也可以使工作效率降低。沙赫特（S. Schachter）的实验证实了群体凝聚力的负面作用。他把被试置于 4 种条件下——高、低凝聚力和积极、消极诱导。诱导是以群体其他成员的名义给被试写条子，积极诱导是要求被试增加产量，消极诱导则要求被试降低产量。实验分两个阶段，前 16 分钟诱导都是中性的，后 16 分钟才开始分为积极诱导和消极诱导。结果表明（见图 6-1），无论凝聚力高低，积极诱导都提高了生产率，而凝聚力高的组则生产率更高；消极诱导都会降低生产率，而凝聚力高的组生产率更低。为什么会这样呢？这是因为凝聚力越强，成员越遵守群体规范。如果群体规范是倡导高效的，那么凝聚力越高，工作效率越高；如果群体规范是不鼓励高效的，那么凝聚力越高，工作效率越低。

凝聚力

	高	低
积极	1 最高生产率	2 较高生产率
消极	4 最低生产率	3 较低生产率

诱导

1、2　为高于中性诱导水平的生产率
3、4　为低于中性诱导水平的生产率

图 6-1　凝聚力与生产效率的关系

二、影响群体凝聚力的因素

影响群体凝聚力的主要因素包括：

（一）群体领导者及领导方式

群体领导者的特点、素质、作风和领导方式，都会影响群体的凝聚力。如果领导者素质高、能力强，领导班子团结协作，作风正派，对群体成员关心体贴，那么群体对成员就会具有较强的吸引力。从领导方式上来说，民主型的领导方式能提高群体凝聚力，而专制型或放任型的领导方式，则会降低凝聚力。

（二）群体目标与个人目标的一致性

当成员的个体目标与群体目标一致时，个人在为实现群体目标而工作时，容易看到个人目标的实现，群体对个体的吸引力就大。反之，如果个人的目标和群体的目标差距很大或毫无联系，群体对个体的吸引力也就降低。

（三）群体成员间的相似性

相似性是导致人际吸引的重要条件。这种相似性包括民族、地域、教育、年龄、职业、性格、爱好、态度、价值观等各方面的相似。在某个方面的相似，容易使人感到彼此接近，获得支持，从而产生好感，导致互相喜欢，正所谓"物以类聚，人以群分"。因此，群体成员之间的相似性越高，彼此之间的吸引力就越大，群体凝聚力也就越高。

（四）群体规模

群体规模即群体内成员的数量，它与群体凝聚力也有密切联系。随着群体规模的扩大，凝聚力有降低的趋势。这是因为：①群体规模影响成员的参与程度，群体越大，成员平均参与群体活动就越少；②群体规模影响机会分配的公平性，规模越大，就越容易出现机会分配上的不平衡；③群体规模影响群体功能的发挥，规模越大，成员之间差异越大，人际关系越难协调，群体规范和目标也越难发挥作用；④群体规模影响成员的沟通与交往，规模越大，成员之间彼此沟通和交往的机会越少，从而导致熟悉感和亲密感下降，也就直接导致群体凝聚力降低。

（五）群体活动的目标结构

目标结构（goal structure）是多伊奇（M. Deutsch, 1949）提出的概念，是指以目标为导向的人际相互作用方式，主要有3种：合作、竞争和个体化目标结构。合作目标结构是指在群体中，不同个体之间有着共同的目标，只有当群体中所有的人都能实现目标时，个体才能实现目标获得成功。竞争目标结构是指在群体中，不同个体不同的目标存在着对抗性，只有当其他人不能实现目标时，个体才有可能实现自己的目标获得成功。个体化目标结构是指在群体中，个体能否实现目标与其他人无关，个体注意的是自己对任务的完成情况和进步程度，个体之间形成相互独立、互不干扰的关系。约翰逊（Johnson, 1981）等人对1922—1981年的122项相关研究进行元分析，得到如下结论：总体上，合作目标结构对成就的影响优于竞争和个体化目标结构。毫无疑问，合作的目标结构也更有利于群体凝聚力的提高。多伊奇的实验证明了这一点。他让一个班级的同学讨论问题，对其中的一半说，每个学生与成员合作得越好，成绩就会越高；对另一半说，按每个学生竞争的能力分等级打分，越突出则分数越高。结果表明，强调合作的一半学生比强调竞争的一半学生能更好地解决问题，群体更加协调，关系更加融洽，群体凝聚力也更高。

（六）群体的外部压力

当群体遇到外部压力时，群体成员会自觉减少分歧、统一意见、一致对外，以避免所属群体受到损失。因此，群体内部的凝聚力往往能得以提升。研究表明，来自外部的压力，无论是积极的（如各种竞赛、竞争、评优等），还是消极的（如批评、处分、惩罚、侵略等），都会提高群体凝聚力。例如，当一个民族受到外族侵略时，民族凝聚力会明显增强。

除了上述因素外，加入一个群体的难度、群体成员的性别构成等都会影响群体凝聚力。加入一个群体越困难，这个群体的凝聚力就可能越强。另外，有研究发现，女性的凝聚力量高于男性，全是女性的群体和男女混合的群体比全是男性的群体凝聚力强。

三、群体凝聚力的测量

社会测量法（sociometry）是测量群体凝聚力的基本方法，又称团体成员关系测量法，由美国社会心理学家莫雷诺（J. Moreno, 1934）所创。运用这种方法，一方面可以了解个体在群体中的地位、适应性及成员彼此之间的心理关系，另一方面可以了解群体的特性，如群体结构、群体气氛、群体凝聚力等。

社会测量法认为人与人之间的相互选择，反映了他们之间心理上的联系，肯定的选择意味着接纳，否定的选择意味着排斥。这样，我们就可以通过考察群体成员之间在不同方面进行选择的情况，定量地测量出每一个人在某个特定群体中的人际关系状况，也可以测量整个群体的人际关系状况。

莫雷诺（1959）后来提出了一种更有针对性的测量群体凝聚力的方法。先让某一群体的成员提出愿意一起完成某项任务的其他人的姓名，这些人当中只有一部分是该团体的成员。凝聚力的指标是选择群体内部成员在总选择中所占的比例，如果一个群体中大部分成员选择了外人，该群体的凝聚力就低。

关于群体凝聚力的计算，心理学家多伊奇曾提出如下公式：

群体凝聚力 = 成员之间相互选择的数目 / 群体中可能相互选择的总数目

四、群体凝聚力的维持与提高

如何维持和提高群体凝聚力？通过上述对其影响因素的分析，我们认为以下几个方面是非常重要的：

（一）提高领导者素质，实行民主管理

领导者是群体的核心，其素质和形象如何，直接影响成员的思想情绪，影响群体凝聚力的大小。因此，领导者必须提高自身素质。在领导方式上，要实行民主管理。

（二）强化群体目标与群体规范

群体领导者要针对群体的具体情况，提出切实可行的群体目标。群体在确立目标时，必须考虑与绝大多数成员目标一致。只有这样的目标，才能为成员所赞同、拥护和支持，才能使成员产生认同，从而把群体的发展同个人的发展结合起来，把个人目标融合于群体目标之中，形成强大的凝聚力。同时，群体应建立和健全各种规章制度，明确每个成员的权利和义务，为群体成员提供明确的行为参照标准。

（三）了解并满足群体成员的需要

一个群体越能满足成员的需要，它对成员的吸引力就越大，凝聚力就越强。因此，群体的管理者要通过各种方式了解和满足员工的各种需要。员工的需要多种多样，有一些共同的需要，也有不同的需要；有合理的，也有不合理的；有长期的，也有眼前的。领导者应该在调查研究的基础上，对员工的需要进行认真分析，对于合理的需要提出解决的途径，对于不合理或不现实的需要给予教育引导。

（四）适当组织合作与竞争

首先，应在群体中确立合作化的目标结构，培养群体成员的合作意识，开展各种有利于合作的活动。其次，适当开展群体内的竞争。尽管从总体上看合作的目标结构更有利于凝聚力的提高，但这并不是完全排斥竞争。通过群体中的竞争，能激发成员的活力与创造力，使成员更好地认识自己，确立自己在群体中的位置，满足成员的某些心理需要，从而增强群体对成员的吸引力。当然，竞争的组织要适时、适度，不可陷入恶性竞争。再次，积极开展群体间的竞争，利用外部压力，提高成员之间的心理相融程度，提高群体内部的一致性。如参加上级组织的各种比赛、评优等。

（五）组织群体活动

活动是群体存在的基本条件，也是增强群体凝聚力的重要途径。群体的活动，可以促进成员之间的交往和合作，有利于成员之间形成一致的看法和态度，增进成员之间的相互了解，从而增强彼此的吸引力。活动的内容要丰富，活动的形式要多样，如参观、竞赛、讨论、表演、运动、旅游等，尽量使每个成员都有机会参与到不同的活动中去。

第三节　合作与竞争

合作与竞争是群体内两种主要的互动方式，是社会生活中最为常见的现象之一，也一直是社会心理学家热衷讨论的问题。围绕合作与竞争，心理学家进行了大量的实验研究，并进行了深入地分析和思考。

一、合作与竞争概述

（一）合作与竞争的含义

合作（cooperation）是指不同的个体为了共同的目标而协同活动。这些目标通常是无法通过个人努力而实现的。在合作中，目标的实现既有利于自己，又有利于他人。合作可分为无分工合作和有分工合作。无分工合作是一种简单的合作，是合作者在同一时间和地点、以同一种方式做同一件事情，如几个人一起抬东西；有分工合作是合作者以不同的方式做互不相同而又相互联系的事情，如学生分工打扫教室，有的扫地、有的抹窗、有的搬桌子，又如在企业中有的生产、有的开发、有的销售，这些都是有分工合作。合作还可分为直接合作与间接合作、结构性合作与非结构性合作等。

　　成功的合作应该具备以下条件：①目标一致。这是合作的前提，只有目标相同才能在行动中相互配合。②行动配合。为了实现目标，需要借助于具体的行动方案，合作者都能了解和认可行动方案，清楚地知道自己该干什么，并且具备行动所需的知识和技能。③相互信任。成功的合作还有赖于相互信任，如果相互猜疑，就会发生冲突甚至中断合作。④共享成果。如果合作的一方意识到即使目标实现也无法分享利益，就会退出合作。

　　竞争（competition）是指不同的个体为了同一目标而展开争夺。在竞争中，因为争夺同一目标，一方的成功必然会导致另一方的失败。竞争广泛地存在于我们的社会生活之中，如学习成绩排名、体育运动竞赛、产品的市场竞争、各种评优评奖等。任何竞争都存在一个根本法则，即优胜劣败。人们想要在竞争中获胜就必须打破均势，使自己处于优势而对方处于劣势。如何做到这一点呢？一种方法是提高和发展自己，另一种方法是破坏和贬低对方。前者我们称为积极的竞争，后者我们称为消极的竞争。

　　积极的竞争应该具备以下条件：①目的正确。竞争的目的在于实现自己的目标，虽然竞争中的一方会因另一方的成功而失败，但这是竞争本身的特点，竞争双方并不直接形成对抗和排斥的关系，一旦把对抗和排斥作为主要目的，竞争就会变成冲突。②手段合理。竞争者要采取正当的手段，着眼于提高和发展自己，而不要采取破坏、贬低、欺诈等方式。③遵守规则。竞争双方需要遵守一定的规则，这样才能保证竞争的顺利进行。④竞争适度。过于频繁和激烈的竞争使人长期处于紧张、焦虑之中，不利于个体的身心健康，也不利于良好人际关系的建立，要注意避免。

　　合作与竞争在形式上是对立的，但在社会生活中却常常是相伴随的。事实上很多活动既有合作成分又有竞争成分。例如，为了企业共同的发展，生产、开发、销售人员相互配合，共同努力，这是合作；但彼此之间也在比较贡献大小，都希望自己能比别人做得更好，这是竞争。一个球队要战胜对方，必须密切合作，但每个球员之间也在暗暗比较，都希望自己是球队中最出色的。为什么合作与竞争经常并存呢？这是因为在社会生活中，很难有绝对的利益一致或利益冲突，大多数情况下，都是利害并存，是一种混合的动机关系，从而使人们既有合作的行为倾向，又有竞争的行为倾向。

（二）合作与竞争的原因

合作是人类生存和发展的必要方式。人类社会的形成，人类文明的出现，都是人类合作的结果。为什么人类需要合作呢？首先，在自然面前，个人的力量是渺小的。人类要想保护自己，克服自己的自然弱点，保证自己的生存与发展，就必须通过个体间的合作来抵御敌害和征服自然。其次，在社会生活中，人们具有很多共同的利益。很多目标无法单靠个人的努力而实现，必须与他人合作，在一个发展越来越快、分工越来越精细的现代社会更是如此。很多时候，合作是实现自我目标、获得个人利益的必经之路。再次，合作也能满足人们的很多心理需求，如获得安全感、归属感、支持感等，减少恐惧、焦虑、孤独和寂寞。

竞争同样是人类生存和发展的必要方式。首先，资源的有限使人们经常陷入利益冲突之中，从而直接导致竞争。人有各种各样的物质和精神需要，但社会无法完全满足每个人的需要，因此就只有通过竞争才能分配有限的资源。其次，竞争是确定自我价值的必要途径。人们都试图在社会比较中来确定自我价值，超越别人是一个人获得自我价值肯定的重要途径。因此，人们在很多社会情境中都有超越他人，同时又担心被他人超越的倾向。这种超越意识直接转化成了竞争意识。

正因为合作与竞争都是人类生存和发展的必要方式，所以它们都具有重要的社会功能，两者不可偏废。片面强调合作与片面强调竞争都是不恰当的。合作能使人克服个体的局限性，完成复杂的任务，实现长远的目标，促进个人和社会的发展；竞争使人不满足于现状，能激发个体的动机，发挥潜能，不断超越和创造，同样有利于个人和社会的进步。因此，在一个群体中，我们既要鼓励成员之间开展有效的合作，又要引导成员之间进行积极的竞争。只有这样，才能更好地发挥群体的功能。

二、相关的实验研究

在社会心理学中，关于合作与竞争的实验非常多，其中最经典的实验有鲁斯等人（R. Luce & H. Raiffa, 1957）的"囚犯困境实验"、弗里德曼的"赌博游戏实验"、米纳斯等人（J. S. Minas et al., 1960）的"鼓励合作实验"、多伊奇等人（M. Deutsch & R. Krauss, 1960）的"卡车运输实验"等。这些实验都证实了在合作与竞争中，人们更倾向于优先选择竞争的行为方式。

（一）鲁斯的"囚犯困境实验"

在合作与竞争的研究中，有一项得到广泛关注并普遍采用的技术是两难问题的使用，这一技术最早来自鲁斯的囚犯困境实验。在以后的研究中，发展了它的许多变式，如权力游戏、懦夫游戏、分解游戏等。两难问题具有两个特征：①对于任何一方，如果采取不合作的策略，都有可能取得比采取合作的策略更多的利益；②如果所有人都采取合作的策略，个体获得的利益要比个体都采取不合作策略时多。鲁斯要探讨的就是在这种双方既有利益冲突，又有共同利益的混合动机情况下，人们究竟是倾向于合作还是竞争。

实验假设了一种囚犯两难情境，A、B 两人分别被监禁，并面临招与不招两种选择，具体情境见表 6-1。对于两个囚犯来说，显然两人都不招是最佳选择，但如果对方招供了，而自己不招，则有被重判的危险。

表 6-1　　　　　　　　　　　　　囚犯困境实验的选择情境

		A	
		不招	招供
B	不招	判刑 1 年 / 判刑 1 年	判刑 15 年 / 释放
	招供	释放 / 判刑 15 年	判刑 10 年 / 判刑 10 年

（二）弗里德曼的"赌博游戏实验"

弗里德曼把囚犯困境改为赌博游戏，情境类似，只是把原来的判刑或释放换成了赢得金钱或得分多少（见表 6-2），实验只是要求被试自己多得分，但并没有要求要比另一被试得分更多。游戏双方 A 和 B 都面临着合作性选择 X 和竞争性选择 Y 两种选择，显然两人都选择 X 最有利于双方目的的实现。但实验结果表明，全部被试中只有 1/3 的人选择合作，2/3 的被试明知道合作能得高分，对双方都有利，但还是选择带有冒险性的竞争，表现出强烈的竞争倾向。

表6-2 赌博游戏的选择情境

		A			
		X		Y	
B	X	+10	+10	−15	+15
	Y	+15	−15	+5	−5

（三）米纳斯的"鼓励合作实验"

上述两个实验存在一个问题，即在不知道对方选择的情况下，选择 Y 是一个保险的选择，它使人们具有了赢得最大分数的可能性，也避免了付出最大代价，因此在某种意义上说，也是一个理性的选择。那么，在一种选择合作策略无论如何也比选择竞争策略得分更多的情境中，人们会如何选择呢？米纳斯设计了一个鼓励合作的实验情境（见表6-3），选择合作策略 X 的得分可能是 4 或 1，选择竞争性策略 Y 的得分是 3 或 0，无论如何合作都可以稳得分数。但在这种情境下，大多数被试还是宁愿选 Y 而不是 X。这种选择唯一的理由就是存在着超过对方的可能性。尽管实验中只是要求被试自己多得分，并不要求超过对方，但人们仍然希望能战胜对方。

表6-3 鼓励合作实验的选择情境

		A			
		X		Y	
B	X	+4	+4	+1	+3
	Y	+3	+1	0	0

（四）多伊奇的"卡车运输实验"

这是关于合作与竞争研究的又一经典实验。实验中被试两人一组，分别充当甲、乙两运输公司的经理，两人的任务是使自己的车辆以最快的速度从起点到达终点，速度越快，分数越高。每人都有两条道路可以选择（见图6-2），一条是备用路线，是个人专用的但路程较远；一条是近道，但其中一段为两人共用，路很窄，是单行道。使用这段单行道的唯一方法，就是双方交替使用。

任何时候，只要有车驶入单行道，对方就只有等待。如双方都使用，必须有一方倒回去。实验者为双方在接近起点的地方设计了控制单行道的电门，如果被试不想让对方通过，可以关上大门。在这种情况下，双方就只能启用自己的备用路线。实验者明确告诉被试，虽然交替使用单行道需要一点等待时间，但远比走备用路线经济、有效。

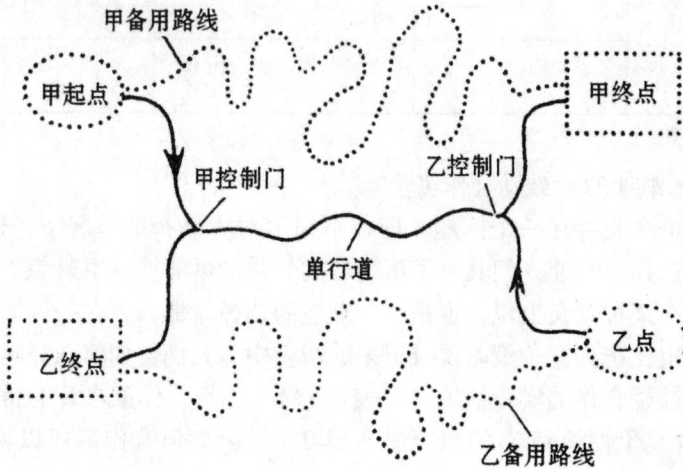

图6-2　卡车运输路线图

　　尽管被试都知道交替使用单行道可以为自己赢得更多的分数，实验也没有要求被试的分数要超过对方，但在大多数情况下，两位被试都不愿意合作，双方都试图抢先通过，结果中途相遇，互不相让。最后，其中一人会先倒退车子，并关闭自己控制的大门，迫使对方也倒退回去，然后双方都使用备用路线。

三、影响合作与竞争的因素

　　群体的合作与竞争受到多种因素的影响，包括任务结构、群体规模、群体成员投入程度、成员之间的沟通、对他人行为的期望、道德标准、个体价值取向、任务目标等。下面我们来分析几种主要的影响因素。

　　（一）目标结构

　　如前所述，群体活动的目标结构是影响群体凝聚力的因素，它同时也是影响合作与竞争的因素。多伊奇（1960）在类囚犯难题的实验中，通过不同的指导语控制，考察了3种不同的目标指向对合作与竞争的影响。第一种是合作指向：选择必须关心另一参与者的利益；第二种是个人利益指向：尽可能为自己赢得利益，不顾他人；第三种是竞争指向：尽量赢得比对手更多的钱。结果发现（见表6-4），在合作指向下，被试选择合作策略的比例远远高于竞争指向和个人利益指向。

表6-4

目标指向与沟通对合作的影响

	选择合作策略的比例（%）		
	沟通	无沟通	平均
合作指向	96.9	89.1	93.0
竞争指向	70.6	35.0	52.8
个人利益指向	29.2	12.5	20.9

弗兰奇（French，1977）等人用搭积木的方法对一年级和三年级儿童进行了研究，儿童3人一组，随即为每组儿童指定一种目标结构情境：促进性的、个人主义的、排斥——促进性的、排斥——个人主义的。结果表明在不同目标指令下，各组儿童所搭积木数有显著差异，其中在促进性的情境下成绩最好。我国学者李晓东（1991）也发现，在合作性目标条件下儿童的合作行为较多。

（二）奖励

盖洛（P. S. Gallo，1966）在卡车实验中，使用两种不同的奖励来考察是否会引发被试的不同行为倾向。结果发现，当奖励从得分变为现金时，被试进行合作行为的人数明显增加。弗瑞兰德等人（N. Frieland et al.，1974）的研究发现，奖励对合作与竞争的影响是极为复杂的，在一定情况下，增加报酬对合作影响不大，但减少报酬则使人们倾向于竞争。弗里德曼等人（J. L. Freedman et al.，1981）在对数十年合作与竞争的研究进行回顾后发现，有时即使报酬比较高，人们也有强烈的竞争倾向。

一些有关团体奖赏和个人奖赏的研究表明，给予团体奖赏比给予个人奖赏产生的合作行为要多。如莱尔森等人（Nelson & Madsen，1973）的研究发现，给予团体奖赏能帮助儿童为达到目标产生一种"轮流"的策略，而给予个人奖赏则使儿童产生一种支配与被支配的关系。

（三）沟通

许多实验研究的结果表明，沟通可以明显提高合作的比例。沟通水平越高，合作比例也越高。表6-4的结果也证明了这一点。多伊奇（1960）等人在卡车运输实验的研究中，也设计了3种不同的情境：不许沟通、可以沟通和必须沟通，结果与解决类囚犯难题的结果相似，沟通导致了合作行为的明显增多，必须沟通的情况更是如此。威克曼（H. Wichman，1970）在类囚犯难题实验中，设置了4种情境：①看不见同伴；②可以看见，但不能谈话；③看不见，但可以谈话；④看得见又可以谈话。结果发现，后两种情境中的合作率明显高于前两种情境。可见，沟通越充分，合作倾向也越强。

为什么沟通有助于合作？首先，它提供了相互了解对方行为动机的可能性。人们往往错误地判断对手的意图，通常假设对手是要与自己竞争的，所以也采用竞争的手段对待对手。沟通使双方能解释自己的动机，从而使双方减少了判断错误。其次，沟通也有助于双方增进友好感情，增加相互信任，从而促进合作。

李燕、曹子方（1997）用囚犯两难游戏研究了交流对中学生合作行为的影响，游戏两人一组，被试的对手是主试的助手。游戏进行两轮，每轮9次，共18次，每次游戏后主试都向两人公布他们各自的选择。被试分为交流组和无交流组。在游戏开始前，对交流组的被试发出交流的预告，指导语为："在两轮游戏中间，即第一轮游戏结束时，我将给你一个和你的对手交流的机会，然后，我将发给你一张字条，你要在上面写下你对游戏的感受或是你的意见、态度及其他的什么，由我把这张字条交给你的对手。"在第一轮游戏结束后，对交流组被试发放和回收交流字条，再进行第二轮游戏。结果发现，交流预期使被试表现出较高的合作倾向，交流内容也对合作行为具有影响：在交流中向对手发出平等或合作信息的被试，在交流后合作行为明显提高；发出竞争性信息后的合作行为有所减少；发出无关信息后合作行为略有提高。可见，交流对于被试来说也是一种自我强化的过程。

（四）个体因素

在个体因素中，我们主要来分析一下价值取向和人格因素的影响。

1. 价值取向

价值取向是人们内化的用以指导自己行为的准则和规范，它一经形成便引导人们按一定的方向有选择地活动，影响和制约着人们的行为。价值取向可以分为合作型、个人型和竞争型，也可以分为亲社会型和亲我型，还可以分为个体取向和集体取向。一般来说，合作型价值取向、亲社会型价值取向、集体价值取向的个体都会表现出更多的合作行为。

严进、王重鸣（2000）通过两难对策任务的情景模拟，研究群体成员的价值取向对群体合作行为的影响，结果发现，合作型成员会产生更多的群体合作行为。董婉月（1989）在"青少年的个体——集体价值取向及其与合作行为关系的实验研究"中发现，价值取向与目标结构对合作行为的影响具有交互作用：在个人和竞争的奖励结构下，集体取向者的合作行为多于个体取向者；而在合作的奖励结构下，个体取向者的合作行为多于集体取向者。这是因为在合作的奖励结构下，成功的标志是两人的共同分数达到最高。个体取向者成就动机很强烈，为了获得成功，他们不惜冒着对方选择竞争的风险而选择合作，表现为合作行为增多。可见，价值取向对合作行为的调节还受到任务情境、任务目标等多种因素的影响。

2. 人格因素

人格对合作的影响是显而易见的，例如，富有自制力的人、顺从的人较易与人合作，好胜的人、多疑的人难于与人合作。凯利等人（Kelley & Stahelski，1970）认为存在两种稳定的个体类型，可以被描述为合作人格与竞争人格，也就是说，在合作和竞争的维度上存在稳定的人格差异。两种人格类型的人对外部世界会有不同的看法，例如，他们对他人是合作性的还是竞争性的观点不同，合作人格的人认为他人是异质性的，即有些人是合作性的，有些人是竞争性的；竞争人格的人认为他人是同质性的，即都是竞争性的。这种观点的不同直接影响了他们的合作行为。

除了价值取向和人格因素的影响外，性别年龄、情绪状态等都会影响合作与竞争。例如，有研究发现（Lwarous，1987），个体的情绪状态与合作有关，中性或愉快的情绪与合作行为有显著正相关。

第四节 群体决策

群体作为一个整体，要不断应付和解决各种问题，通过群体解决问题是群体功能的重要体现。尽管群体是由个体组成的，但群体在决策中所产生的效应及使用的方式和个体决策有着明显的区别。群体决策中会产生哪些效应呢？有哪些方法呢？在本节中，我们将对此进行探讨。

一、群体决策概述

群体决策是对群体所面临的问题，群体成员通过讨论、协商，寻找解决方法，确定行动方案的过程。

（一）群体决策的过程

群体决策过程可分为问题识别、问题诊断、作出决定等步骤。

（1）问题识别：分析问题的性质和产生问题的原因，提出解决问题的方案。

（2）问题诊断：由群体成员提出各种可以解决问题的设想，通过讨论、分析，归纳出几种可供选择的行动方案。

（3）作出决定：通过群体的讨论或辩论，分析与比较各种方案的利弊，然后决定群体的最终行动方案。

（二）群体决策的规则

在群体决策时，需要遵循一些规则，才能保证决策的顺利进行，以便得到最终的方案。主要规则有：

（1）一致性规则：在决策最终完成之前所有的群体成员都必须同意此选择。

（2）优势取胜规则：某个方案被半数以上的成员认可时就可以选择该方案。

（3）多数取胜规则：在没有一种意见占优势时，选择支持人数较多的方案。

（三）群体决策的利弊

1. 群体决策的优点

（1）信息的广泛性。通过综合多个个体的资源，可以就某一问题进行多方面的信息收集，使决策能够建立在更多信息的基础之上，为正确决策创造有利条件。斯丹塞、吉根、拉森等社会心理学家的研究（Stasser G et al.，1989；Gigone D et al.，1993；Larson J et al.，1994）都证明了群体决策中信息交换和分享的重要性。群体具有考虑更丰富信息和从不同来源获得信息的能力，这是群体决策优于个体决策的基本因素。群体成员携带不同来源的信息，从不同角度作出决策，使群体决策具有更高的质量，这是受不完全信息和有限决策能力限制的任何个人所无法比拟的。

（2）观点的多样性。群体决策能利用集体的智慧，对所获得的信息进行多方面的分析，能形成多种不同的方法和方案，以供群体择优选取。由于综合了多种观点和意见，相对而言，群体作出的决策准确性比较高。

（3）提高了决策的可接受性。许多决策在作出之后，因为不为人们接受而失败或无法贯彻，但是如果那些将要执行决策的人能够参与决策过程，他们就更愿意接受决策，并鼓励别人也接受决策。这样，决策就能获得更多的支持，有利于决策的顺利实施。

（4）增加合法性。群体决策体现了更多的民主性，因此，往往被认为比个人决策更具有合法性。如果个人决策者在进行决策之前没有征求其他人的意见，哪怕这一决策是正确的，也有可能会被看成是独断专行。

2. 群体决策的缺点

（1）浪费时间。组织一个群体需要时间，群体产生以后，成员之间的相互作用往往也是低效率的。再加上由于成员之间意见分歧而导致的争论不休或议而不决，这些都使群体决策远比个人决策费时，从而限制了管理者在必要时作出快速反应的能力。

（2）从众压力。群体成员希望被群体接受的愿望和对偏离群体的恐惧，可能会导致他们放弃自己的不同意见，而与大家一致。在这种表面一致的情况下，群体就很有可能形成不恰当的或错误的决策。

（3）少数人控制。群体讨论可能被少数人控制，如果控制者是低水平的，群体的决策就会受到不利影响。

（4）责任不清。群体成员对于决策结果共同承担责任，但谁对最后的结果负责呢？对于个人决策，责任者是很明确的；对于群体决策，任何一个成员的责任都会降低。

（四）群体决策的有效性

什么情况下群体决策更为有效？群体决策和个人决策究竟孰优孰劣？这一问题不能一概而论，要具体情况具体分析。根据上述对群体决策利弊的分析，我们认为群体决策的有效性与下列因素有关：

1. 准确性与速度

就准确性而言，群体决策更具优势；就速度而言，个人决策优势更大。因此，在决定是否采用群体决策时，应权衡一下群体决策在效果上的优势能否超过它在效率上的损失。例如，在紧急情况下采取个人决策可能更好。

2. 创造性

群体决策和个人决策谁更能发挥创造性？心理学家泰勒（Taylor，1958）曾做过一个实验，让5个人一组解决5个问题，再让5个人单独解决这5个问题，20分钟内完成。例如，一个问题是："每一年有许多美国旅游者到欧洲旅游，现在我们希望有更多的欧洲旅游者在休假时来美国旅游，那么，你能提出什么办法来？"要求被试尽可能提出创造性的方法。分数由想出办法的数量以及创新程度来评定。结果表明（见表6-5），单独解决问题比集体解决问题效果更好，创造性更高。

表6-5　　　　　　　　　　**小组工作与单独工作的效果比较**

条件	不同方法的平均数量	独特方法的平均数量
小组工作	37.5	10.8
单独工作	68.1	19.8

3. 问题的类型

考虑是否采用群体决策还与问题类型有关。当一个问题步骤很少，解决问题的方法唯一时，群体决策有优势。但当一个问题解决步骤很多或解决方法不确定、没有固定答案时，群体决策不如个人决策。像上述泰勒的实验中，因为给出的问题是没有固定答案的，所以才导致出现那样的结果，不能由此断言，单独解决问题一定就比群体解决问题效果要好。

二、群体极化

群体极化（group polarization）是指通过群体讨论使得成员的决策倾向更趋极端的现象。当成员最初的意见保守时，通过群体讨论后将更加趋于保守；当成员最初的意见倾向于冒险时，群体讨论后将使结果更加冒险（如图6-3所示）。群体决策比个人决策更具有冒险性的现象，又称为冒险转移（risky shift）。

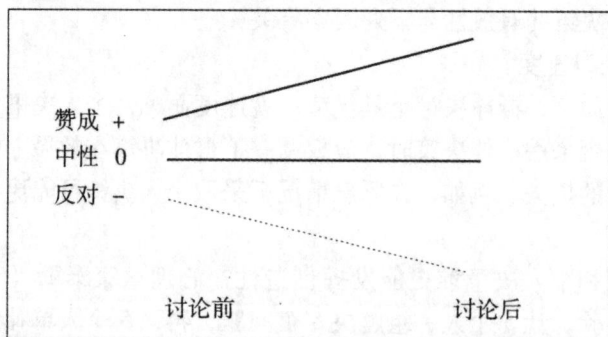

图6-3 群体极化现象

为什么会出现群体极化现象呢？主要原因是：

（一）责任分散

群体决策的一个缺点就是责任不清，如果决策失败，后果由群体来承担，这就减少了个人的责任感，降低了对不利后果的担心和惧怕，从而导致人们采取更冒险或更保守的策略。

（二）群体压力

极化反应往往取决于群体中多数人的偏向。如果多数人在讨论一开始就偏爱冒险的决定，则作出的决策就会向冒险转移；如果多数人讨论开始时倾向于保守的决定，则作出的决策就会向保守转移。可见，由于群体压力的存在，使少数服从多数，从而强化了多数人的意见，使决策向极端性转移。

（三）信息影响

群体内的信息交流使个体倾向于认为自己掌握了足够多的信息，个体处于群体情境下，不同的信息可以相互交流，大家通过交流信息，彼此的信息就得到了互换，这就使成员认为自己掌握了大量的信息，对于作出决策应该有足够的证据。因此，就会对自己的判断格外自信，故而排除一切其他信息，使得自己的态度或意见倾向于极端。

（四）社会比较

社会比较的机制使群体成员之间互相影响。每个成员都把别人的意见或态度作为自己表达意见或态度的参照点，于是，个人的判断总是依赖于别人的判断，结果就在不知不觉中造成了群体决策的极端化倾向。

（五）群体领导者

一个有较高凝聚力的群体，其领导者是有威望的，他对于群体成员的影响力是巨大的。因此，如果一个领导者具有极端态度或意见的话，就会影响成员，最终使群体决策的结果倾向于极端。

（六）文化背景

有人从文化背景解释群体极化现象，认为在推崇冒险行为的文化中，群体决策更容易向冒险转移；在推崇谨慎行为的文化中，群体决策更容易向保守转移。例如，美国文化对高冒险性有较高评价，高冒险性常与英雄气概联系在一起，这样的文化氛围使得群体决策容易产生冒险转移。

三、群体思维

（一）什么是群体思维？

群体思维（group thinking）是指群体决策时的倾向性思维方式，即指一个高凝聚力的群体在进行决策时，成员的思维会高度倾向于一致，从而导致群体对问题的解决方案不能作出客观及实际的评价。最早关注这一现象的是美国耶鲁大学社会心理学家詹尼斯（I. L. Janis，1971，1982）。他通过研究美国政府在珍珠港事件、猪湾事件、越南战争等的决策资料中发现，在处理这些事件的群体决策中，都具有群体思维的错误。

（二）群体思维产生的条件及后果

詹尼斯提出了一个理论分析模型，[①] 概括地分析了群体思维的条件、表现及后果（见图6-4）。一般来说，群体思维比较容易发生在有强有力的领导带领的群体和凝聚力极高的团体中，具体来说有5个前提条件。正是因为这些因

---

① 章志光. 社会心理学. 人民教育出版社，1996. 405 页

素，使得群体成员强烈希望群体内部保持一致，从而导致群体思维的产生，最终导致群体作出错误决策。

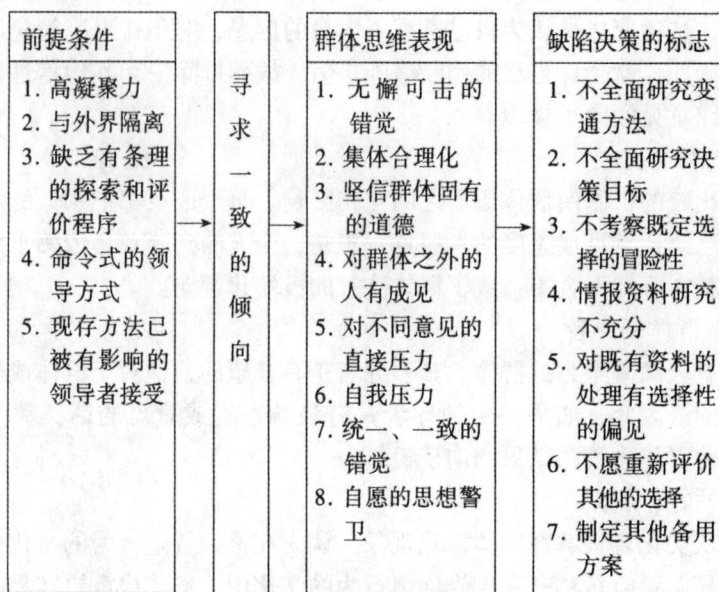

前提条件	寻求一致的倾向	群体思维表现	缺陷决策的标志
1. 高凝聚力 2. 与外界隔离 3. 缺乏有条理的探索和评价程序 4. 命令式的领导方式 5. 现存方法已被有影响的领导者接受		1. 无懈可击的错觉 2. 集体合理化 3. 坚信群体固有的道德 4. 对群体之外的人有成见 5. 对不同意见的直接压力 6. 自我压力 7. 统一、一致的错觉 8. 自愿的思想警卫	1. 不全面研究变通方法 2. 不全面研究决策目标 3. 不考察既定选择的冒险性 4. 情报资料研究不充分 5. 对既有资料的处理有选择性的偏见 6. 不愿重新评价其他的选择 7. 制定其他备用方案

图 6-4　詹尼斯的群体思维理论分析模型

（三）群体思维的克服

詹尼斯（1982）在《群体决策》一书中，提出了防止群体思维发生的10种方法：[①]

（1）使群体成员懂得群体思维现象，其原因及后果；

（2）领导者应当保持公正，不要偏向任何立场（防止形成不成熟倾向）；

（3）领导者应引导每一位成员对提出的意见进行批评性评价，应鼓励提出反对意见和怀疑；

（4）应该指定一位或多位成员充当反对者角色，专门提出反对意见；

（5）时常将群体分成小组，并让他们分别聚会拟议，然后再全体聚会交流分歧；

（6）如果问题涉及与对手群体的关系，则应花时间充分研究一切警告性信息，并确认对方会采取的各种可能行动；

---

① 章志光. 社会心理学. 人民教育出版社，1996. 406 页

（7）形成预备决定后，应召开"第二次机会"会议，并要求每个成员提出自己的疑问；

（8）在决议达成前，请群体之外的专家与会并请他们对群体意见提出挑战；

（9）每个群体成员都应向可信赖的有关人士就群体意向交换意见，并将他们的反应反馈回群体；

（10）用几个不同的独立小组，分别同时就有关问题进行决议（最后决议在此基础上形成，以避免群体思维的不良影响）。

四、群体决策方法

传统的群体决策方式是互动群体法（interacting groups），即大家坐在一起相互讨论和协商。如前所述，这种方法容易导致群体极化和群体思维。为了更有效地进行群体决策，人们在互动群体法的基础上，又发展出了一些行之有效的方法，主要有以下几种：

（一）脑力激荡法（brainstorming）

又称头脑风暴法，是由奥斯本（A. F. Osborn, 1957）提出的一种鼓励新奇思想和产生创见的讨论方法，能有效克服互动群体中容易产生的群体压力。实施原则如下：①严禁批评：无论他人的想法多么荒谬，都禁止批评，对他人意见不作任何评价。②随心所欲：鼓励自由想象，鼓励新奇想法，不要受任何限制。③追求数量：想法越多越好，不要顾忌想法是否完美、可行。④寻求改进：可以改进自己和他人的意见，也可以把不同的观点加以组合。实施过程如下：6～12人围坐在桌子旁，主持人提出一个需要解决的问题，让每个人都了解。然后，在给定的时间内，大家都可以自由发言，尽可能地想出各种解决问题的方案。在此过程中，任何人都不得对他人的观点加以评价。所有想法和方案都记录在案，最后才允许群体成员来分析这些方案。脑力激荡法有利于创造观念，但可能不容易获得最后方案。

我们来看一个脑力激荡法的案例。有一年在美国北部，下暴风雪时压断高压电线，造成重大损失。为此，美国通用电力公司召开专家讨论会，希望用脑力激荡法找到解决方案。围绕议题，公司鼓励专家们畅所欲言。有人提议安装加温装置以融化积雪，有人提议安装振荡器以抖掉线路上的积雪。有人幽默地提出："最简便的莫过于用大扫帚沿线清扫一回。"有人则马上接过话题："那得把上帝雇来啰。"这些看上去荒谬的想法却激发了另一位讨论者："上帝拖着扫帚来回跑，真妙！我们开一架直升机不就行了吗？"最后电力公司采纳了这一方案，实践证明是行之有效的。

（二）名义群体法（nominal group technique）

这是指在决策过程中对群体成员的讨论或人际沟通加以限制，这就是"名义"一词的含义。像互动群体法一样，群体成员都出席了会议，但提出问题后，先由群体成员进行个人决策。具体步骤如下：

（1）群体成员聚在一起，但在进行讨论前，每个成员写下自己对于解决这个问题的看法或方案。

（2）把每个人提出的所有方案都记录下来，不做选择。

（3）群体讨论每个方案。

（4）对方案进行表决，每个成员独自对这些方案进行选择和排序，最终决策结果是累计得分最高的方案。名义群体法的优点是允许群体成员正式聚在一起，但又不像互动群体那样限制个体的思维。

（三）德尔菲法（Delphi method）

这是一种背靠背的决策技术，不需要群体成员面对面聚集在一起讨论，因此可以避免人际冲突与群体压力，但这一方法比较费时，无法快速作出决策。具体步骤如下：

（1）在问题明确后，要求群体成员独立并匿名地提出尽可能多的解决问题的方案。

（2）对群体成员的意见加以整理。

（3）把整理的结果反馈给成员。

（4）群体成员在得到反馈后，要求他们再次提出解决问题的方案。这往往会使原有方案得到改进或启发出新的方案。

（5）再次整理成员的意见并提供反馈，直到群体就此问题达成一致。

（四）电子会议法（electronic meetings）

这是名义群体法与计算机技术的结合。50个人围坐在马蹄形的桌子旁，每人一台电脑，问题通过大屏幕呈现给所有成员，要求每个成员把自己的意见输入电脑，每个人的意见和投票都会显示在大屏幕上，但都是匿名的。电子会议法的主要优点是匿名、可靠、迅速。每个成员可以真实地表达自己的意见，而不会有任何压力。大家在同一时间里可以互不妨碍地发表意见，而不会打断别人。因为没有闲聊，讨论不会离开主题，所以决策比较迅速。专家们认为，电子会议法比传统的互动群体法决策快55%。这种方法的不足在于通过电脑沟通毕竟不如面对面沟通顺畅和丰富；想出最好方案的人也得不到应有的奖励。

随着计算机、通讯技术和互联网技术的迅速发展，计算机在群体决策中的应用越来越广泛，已经不仅仅局限于电子会议法了。目前已经开发出许多提高群体会议或群体决策的计算机产品和软件，例如，群体问题解决支持系统、计算机多媒体会议系统、群体决策支持系统等。王辉等人（2003）的实验证明了群体决策支持系统能提高群体决策的正确性。这一系统通过计算机技术，允许远程的群体成员通过交换信息来分享各自的观点，计算机从个人和群体的反应中记录、分析和提取数据，并改变讨论过程中信息交流的性质，从而影响群体决策的结果。

（五）阶梯技术（stepladder technique）

这是一种群体成员依次加入，使讨论更为充分的方法，由罗吉伯格（S. G. Rogeberg，1992）提出。在使用这种方法时，群体成员是一个一个加入的，比如一个由5个人组成的群体在决策时，先由两个成员讨论，等他们达成一致后，第三个成员加入。加入后先由他向前两个人讲述自己的观点，然后听取前两个人已经达成的一致意见，最后3个人一起讨论，直到达成共识。第四、第五个成员也以同样的方式依次加入，最后整个群体达成共识。这种方法使每个人都有充分发表自己意见的机会，但比较费时。

上述各种方法都各有优势和劣势，具体选择哪种方法需要根据实际需要综合考虑。表6-6对几种主要的方法进行了比较。①

表6-6　　　　　　　群体决策效果的评价

效果标准 ＼ 决策方法	互动群体法	脑力激荡法	名义群体法	德尔菲法	电子会议法
观点的数量	低	中等	高	高	高
观点的质量	低	中等	高	高	高
社会压力	高	低	中等	低	低
财务成本	低	低	低	低	高
决策速度	中等	中等	中等	低	高
任务导向	低	高	高	高	高
潜在的人际冲突	高	低	中等	低	低
成就感	从高到低	高	高	中等	高
对决策结果的承诺	高	不适用	中等	低	中
群体凝聚力	高	高	中等	低	低

① 斯蒂芬·P·罗宾斯.组织行为学（第七版）.孙建敏等译；中国人民大学出版社，1997. 255页

第五节　群体领导者

领导者在群体中具有重要作用。领导者是群体生存和发展的决定因素之一，是保证实现群体职能的首要条件，是群体的灵魂。在一个群体中，领导者的水平、领导方式、领导作风等，不仅直接影响着群体成员的工作动机、工作热情、工作能力等，而且对群体规范的形成、群体凝聚力的维持和提高、群体目标的实现起着关键性的作用。

一、领导概述

（一）领导的含义

领导（leadership）是对群体或个人施加心理影响，使之努力实现群体目标的过程。领导者（leader）就是在群体中处于法定或实际的领导地位，力图影响群体行为的人。接受影响的人就是被领导者。

我们通常把领导者称为领导，把领导者的行为也称为领导，事实上这是两个不同的概念。领导是领导者所表现出的行为，领导者是领导活动的主体。当然，领导行为与领导者是密不可分的，所以，我们既要研究领导行为的特点及有效性，又要研究领导者的心理特征。

（二）领导者的功能

领导者和组织一样，可以分为正式领导者和非正式领导者，其功能分别如下：①

1. 正式领导者

正式领导者拥有组织结构中的正式职位、权力与地位，其主要功能是领导职工实现组织目标。如：①制订和执行组织的计划、政策与方针；②提供情报知识与技巧；③授权下级分担任务；④对职工实行奖惩；⑤代表组织对外交涉；⑥控制组织内部关系，沟通组织内上下的意见。正式领导者的功能是组织赋予的，能实现到何种程度，要看领导者的能力以及领导者本身是否为其部属所接受而定。

2. 非正式领导者

非正式领导者虽然没有组织赋予他的职位与权力，但由于其个人的条件优于他人，如知识经验丰富，能力技术超人，善于关心别人或具有某种人格上的特点，令职工佩服，因而对职工具有实际的影响力。其主要的功能是满足职工

---

① 苏东水．管理心理学（第四版）．复旦大学出版社，2002. 256－257 页

的个别需要。如：①协助职工解决私人的问题；②倾听职工的意见，安慰职工的情绪；③协调与仲裁职工间的关系；④提供各种资料情报；⑤替职工承担某些责任；⑥引导职工的思想、信仰及对价值的判断。非正式领导者，因其对职工具有实际的影响力，因此，如果他赞成组织目标，则可以带动职工执行组织的任务；如果他不赞成组织目标，他就可能引导职工阻挠组织任务的执行。

当然，一个真正有作为的领导者，应同时具有正式领导者和非正式领导者的功能，既能实现组织的目标，也能满足职工的个别需要。

（三）领导集体的结构

现代领导者的概念不单指个人，更多的是指领导集体。所谓领导集体，即通常所说的领导班子，领导班子中不同人员的构成，就是领导集体的结构。随着社会的发展，领导集体的组成越来越需要一个合理的结构，否则，就不能胜任日益复杂的领导的职能。一个好的领导集体需要各种专长的人，彼此之间能相互配合、相互制约、相互激励，共同形成一个合理的有机的整体。

领导集体的合理结构，主要体现在以下方面：

（1）年龄结构：需要老、中、青结合，使三者构成一个合理的比例，并使其处于一个不断发展的动态平衡之中。在年龄结构中，特别要注意年轻化。

（2）知识与专业结构：现代化领导集体的成员，总体上都必须具有较高的知识水平，但要注意各类人才的合理搭配，注意不同专业背景的交叉渗透。例如，既有自然科学技术方面的人才，又有社会人文科学方面的人才；既有学术型人才，又有管理型人才等。

（3）智能结构：人的智能是由多种因素构成的，如思维能力、表达能力、组织能力、创造能力、交往能力等，每个人都有自己的优势和劣势，没有全知全能的人物。在领导集体中，应包括不同智能型的人，如思想家、实干家、社会活动家等，只有这样，才能发挥最优的领导职能。

（4）人格结构：领导集体需要各种不同个性特征的人，在气质、性格上要相互搭配、取长补短，这往往能减少矛盾和冲突，提高工作效率和领导效果。

二、有关领导的理论

关于领导的理论非常多，主要有三大类：领导特质理论、领导行为理论和领导情境理论。特质理论强调领导者个人特性的作用，认为领导的有效性取决于领导者是否具备某些特质；行为理论强调领导者行为特征的作用，认为领导的有效性取决于领导者是否采取了适当的领导行为；情境理论把领导行为与情境联系起来，强调随机制宜，认为领导的有效性取决于领导者及其领导行为是否能随情境的变化而变化。目前，情境理论被普遍接受。下面，我们对这些理论作一些简单的介绍。

（一）领导特质理论

这一理论认为，一个人之所以成为领导者，在于他具有特殊的心理素质，即特质。这些特质可能是天生的，也可能是后天形成的。正是这些特质把潜在的领导人与一般人区别开来，使他们最终成为领导者。特质理论可以分为传统特质理论和现代特质理论。

1. 传统特质理论

传统特质理论认为，领导者的品质是天生的而不是后天造就的。例如心理学家吉伯（C. A. Gibb，1969）指出，天才的领导者应该具备以下7个条件：善言辞，外表英俊潇洒，智力过人，具有自信心，心理健康，有支配他人的倾向，外向而敏感。另一位心理学家斯托格迪尔（R. M. Stogdill，1974）认为领导者应具备10个方面的特质：才智，强烈的责任心和完成任务的内驱力，坚持追求目标的性格，大胆主动的独创精神，自信心，合作性，乐意承担决策和行动的后果，能忍受挫折，社交能力和影响别人行为的能力，处理事务的能力。

传统特质理论尽管得到了一些具有启发性的结果，但在方法和观点上都具有明显的局限性：①过分强调特质的先天性；②结论模糊不清，不同特质论者提出的特质有很大差异，甚至自相矛盾；③没有指明各种特质的相对重要性；④与现实情况不完全一致，例如许多具有这些素质的人并非成功的领导者，一些不具备这些素质的人却成为优秀的领导者。

2. 现代特质理论

现代特质理论认为，领导者的特质大部分是后天造就的，是在实践中形成的，因此也可以通过训练加以提高。其中比较有代表性的是吉塞利（E. F. Ghiselli，1971）的研究。他选择了年龄在26~42岁、来自美国90个不同企业的中级管理人员共306名作为研究对象，通过语义差别量表法对领导者的特质进行测定，并对结果进行因素分析，最终把领导者的特质分为3大类共13个因子。

第一类：能力，包括智力、管理能力、创造力。

第二类：个性品质，包括自我评价、决策性、成熟性、工作群体的亲和力、男性的刚强—女性的温柔。

第三类：激励类，包括职业成就需要、自我实现需要、行使权力需要、高金钱奖励需要、工作安全需要。

吉塞利认为这些特质都与能否成为一个成功的领导者有关，但其重要性不同，有些特质起着非常重要的作用，如管理能力、职业成就等；有些特质起着中等重要的作用，如安全需要、工作集体的亲和力、对金钱奖励的需要、行使权力的需要等；有些特质不起作用，如男性—女性差异。

无论是传统特质论还是现代特质论，在解释领导行为方面并不很成功，主要原因在于：①它们忽视了下属的需要；②它们没有对因和果进行区分，例如到底是领导者的自信导致了成功，还是成功建立了自信；③它们忽视了情境的作用。于是，研究者开始把目光转向领导行为，试图了解有效的领导者是否有什么独特的领导行为方式。

（二）领导行为理论

这一理论认为，领导是否有效，并不取决于领导者的某些特质，而取决于领导者的领导作风和行为模式。于是，对领导者特质的静态研究开始转向对领导行为的动态研究。这一领域的主要代表理论有：勒温关于领导方式的研究、领导行为四分图、管理方格理论、PM 领导行为理论等。

1. 勒温关于领导方式的研究

勒温是最早研究领导方式的社会心理学家，也是团体动力学的创始人。他以权力定位为基本变量，把领导者在领导过程中表现出来的极端行为分为专制式、民主式和放任式。不同的领导方式对团体和个体的行为均有不同的影响，带来不同的效果。具体见表 6 - 7。当然，在实际的工作情境中，这 3 种极端的领导方式并不常见，大部分领导者都是处于极端类型之间的混合型。

表 6 - 7　　　　　　　　　　3 种领导方式及产生的不同效果

	专制式领导	民主式领导	放任式领导
团体方针的决定	一切由领导者一人决定。	所有方针由团体讨论决定，领导者给予激励与协助。	完全由团体或个人决定，领导不参与。
团体活动的了解和透视	分段指示工作的内容与方法，因此无法了解团体活动的最终目标。	职工一开始就了解工作程序与最终目标，领导者提供两种以上的工作方法供职工选择。	领导者提供工作上需要的各种材料，当职工前来质询时，即给予回答，但不作具体指示。
工作的分工与同伴的选择	由领导者决定后，通知职工。	分工由团体决定，工作的同伴由职工自己选择。	领导者完全不干预。
工作参与及工作评价的态度	除示范外，领导者完全不参与团体作业。领导者采用个人喜欢的方式评价职工的工作成果。	领导者与成员一起工作，但避免干涉指挥。领导者依据客观事实评价职工的工作成果。	除非成员要求，否则领导者不主动提供工作上的意见，对职工的工作成果也不作任何评价。

2. 领导行为四分图

这一理论又被称为是"关心人"与"抓工作（组织）"的领导行为倾向理论。1945 年，美国俄亥俄州州立大学的研究者通过调查列出了 1 000 多种领导行为特征，经过不断提炼归纳，概括为"关心人"与"抓工作（组织）"两个维度。两个维度的不同组合产生 4 种典型的领导行为，即领导行为四分图（见图 6－5）。

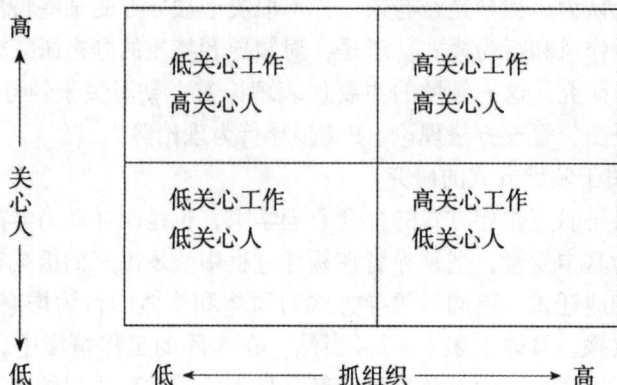

图 6－5　领导行为四分图

3. 管理方格理论

该理论是美国管理学者布莱克和莫顿（R. R. Blake & J. S. Mouton，1964）在领导行为四分图的基础上提出的。他们把领导行为四分图的纵、横坐标都分为 9 等分，横坐标表示对生产的关心，纵坐标表示对人的关心，这样就形成了领导行为的 81 种组合（见图 6－6）。评价管理者时，就按其两方面的行为，在图上找出交叉点，这个交叉点就是他的领导类型。

在方格图中，有 5 种最典型的领导类型：1.1 型——平庸型领导，这种领导既不关心生产，也不关心人；9.1 型——任务型领导，这种领导非常关心生产，但不关心人；1.9 型——俱乐部型领导，这种领导只关心人，而不管生产；5.5 型——中间型领导，这种领导推崇折中处理问题，而不是根据情况和需要采取最恰当的方法；9.9 型——团队型领导，这种领导既十分关心生产，又十分关心人。在这 5 种类型中，布莱克和莫顿认为团队型最佳，其次是任务型，再次是中间型、俱乐部型，最差的是平庸型。

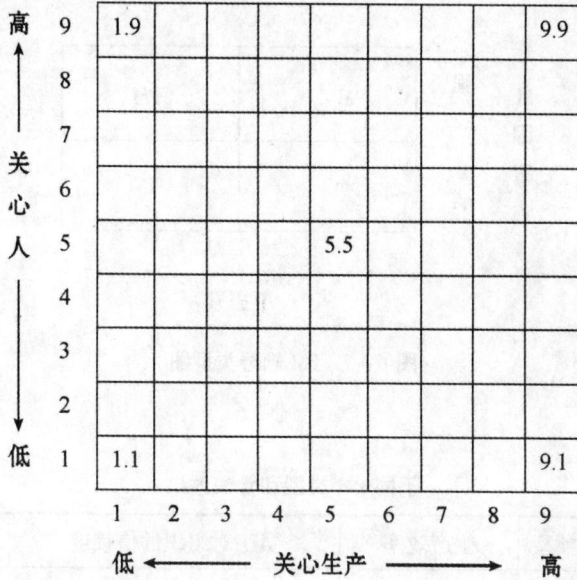

图 6－6　管理方格图

4. PM 领导行为类型理论

日本大阪大学的心理学教授三隅二不二（1964）通过实验室和现场研究提出了 PM 理论。他将领导行为分为 P 和 M 两个维度，P（perfomance-directed）是以执行任务为主的领导方式，主要是将每个成员的注意力引向工作目标，进行计划组织，明确职责范围，规定工作程序，评定工作结果等。M（maintenance－directed）是以维持群体关系为主的领导方式，主要是维持和睦的人际关系，调解人际纠纷，关怀体贴成员，促进成员的自觉性等。以 P 为横坐标，M 为纵坐标，可以得到 4 种领导类型（见图 6－7）：P 型——注重工作绩效；M 型——注重维持群体关系；PM 型——将 P 和 M 有机结合，两者都重视；pm 型——两者都不重视。研究表明，PM 型管理效率最高，员工对组织的信赖度也最高，组织凝聚力最强；P 型和 M 型居中；pm 型最低（见表 6－8）。

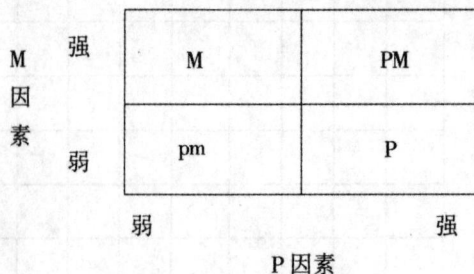

图 6 - 7 PM 领导类型图

表 6 - 8   不同 PM 类型和管理效果

领导行为的 PM 类型	生产效率	员工对组织的信赖度	组织凝聚力
PM	最高	最高	最高
P	中间	第二位	第三位
M	中间	第三位	第二位
pm	最低	最低	最低

（三）领导情境理论

20 世纪 60 年代以后，在"权变理论"的影响下，领导有效性的研究转入到"情境理论"阶段，这是目前占统治地位的领导理论。这一理论认为，有效的领导不决定于领导者固定不变的某些品质或行为模式，而是决定于领导者、被领导者和环境条件三者的配合关系，用公式表示即为：

领导有效性 = f（领导者、被领导者、环境）。

这一公式表明，领导的有效性是领导者、被领导者和环境 3 项变量的函数。

情境理论主要有菲德勒权变模型（F. E. Fiedler，1964，1967，1978，1988）、领导行为连续带理论（R. Tannenbaum & W. H. Schmidt，1958）、路径—目标理论（R. J. House，1971）、领导者参与模型（V. H. Vroom & P. W. Yetton，1973）、领导生命周期理论（A. K. Karman，1966；P. Hersey & K. Blanchard，1977）等。我们以菲德勒的权变模型为例，了解一下情境理论的基本思路。

　　菲德勒是美国著名的管理学家，权变理论的代表人物之一。他在对各种领导模式进行了长达 15 年的研究之后，提出了权变的领导理论。他认为，任何类型的领导方式都可能有效，不存在一种普遍适用的"最好"的领导方式或普遍不适用的"不好"的领导方式，关键在于视情势如何而定。他提出，领导效果的好坏取决于 3 个条件：①领导者与下属的关系：指领导者被下属所接受的程度；②任务的结构：指工作任务是否明确，工作是否具有常规性、例行性；③职位的权力：指领导者被授予的权力的大小以及获得各方面支持的程度。以上 3 个条件都具备，就是领导者最有利的条件；三者都不具备，就是最不利的条件。

　　菲德勒把领导行为分为两大类，一类以工作任务为中心，即以完成工作任务为满足，称为任务导向型；一类以人际关系为中心，即以实现良好的人际关系为满足，称为关系导向型。在不同的条件下，需要不同的领导行为。他通过对 1 200 个小组的研究发现：在群体情况极有利或极不利时，任务导向型是有效的领导方式；在群体情况一般时，关系导向型是有效的领导方式。不同情境与领导行为之间的关系具体见表 6 - 9。

表 6 - 9　　　　　　　　　　　不同情境与领导行为之间的关系

情境	领导者与下属的关系	任务结构	职位权力	有效的领导行为
1	良好	有结构	强	任务导向型
2	良好	有结构	弱	任务导向型
3	良好	无结构	强	任务导向型
4	良好	无结构	弱	关系导向型
5	不良	有结构	强	关系导向型
6	不良	有结构	弱	无资料
7	不良	无结构	强	无资料
8	不良	无结构	弱	任务导向型

　　目前，关于领导理论有了一些新的观点，比较有代表性的是本斯（Burns，1984）提出的交易型领导（transactional leadership）和变革型领导（transforming leadership）。本斯通过对政治领导的分析，指出领导是一个连续体，一端是交易型领导，另一端是变革型领导。所谓交易型领导是通过明确角色和任务要求来指导或激励下属向着既定的目标活动。前面介绍的大多数领导理论讨论

的都是交易型领导。而变革型领导是通过让员工意识到所承担任务的重要意义，激发下属高层次需要，促使下属为了群体的利益而超越自身的利益，并达到超过原来期望的结果。许多研究证实变革型领导优于交易型领导。

巴斯（B. M. Bass, 1996, 1999）等人发展了本斯的理论，指出交易型领导和变革型领导不是一个连续体的两端，而是两个独立的概念。他用调查和访谈的方法，区分出变革型领导的4个特征：①领袖魅力：具有远见和使命感，能赢得下属的尊重与信任。②感召力：传达高期望，使用各种方式激发下属的热情。③智力激发：鼓励下属的理性活动和周到细致的问题解决活动。④个性化关怀：关注每一个人，针对每个人的不同情况给予培训、指导和建议。变革型领导的这4个特征在中国也得到了初步验证（李超平、时勘，2003）。

三、领导者的影响力

领导者的影响力是指领导者在人际交往和领导活动中，影响和改变他人尤其是下属的心理和行为的能力。影响力是领导有效性的关键，也是领导者领导能力的标志。如果领导者能够把下属的心理和行为完全导入自己所期望的方向，他的影响力就强。领导者的影响力一般由权力性影响力和非权力性影响力两部分组成，见图6-8。

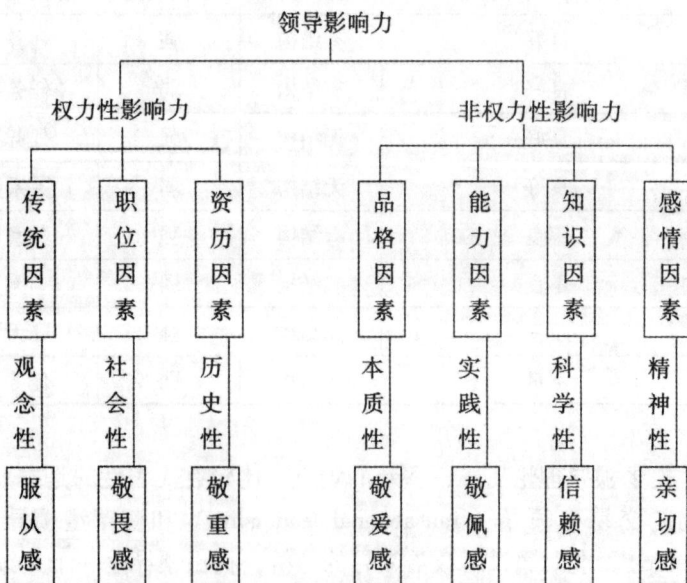

图6-8　领导影响力构成图

（一）权力性影响力

权力性影响力也称为强制性影响力，是组织赋予的在职责范围内使用的可强行控制群体成员的力量。它带有强迫性和不可抗拒性，以外部压力的形式发生作用，成员往往表现为服从。领导者的权力性影响力包括 3 种因素：

1. 传统因素

千百年来的社会生活使人们逐步形成了有关领导者的传统观念，下级必须服从上级已经成为大家普遍接受和承认的社会规范，人们认为服从领导是每个下属应尽的职责和义务。不管是领导者还是被领导者都有这样的传统观念，并且彼此强化，使这一传统观念越来越根深蒂固。由于受这种传统观念的影响，人们就会对领导者产生服从感。

2. 职位因素

在组织中居于领导地位的人，可以凭借权力影响甚至左右被领导者的行为、处境以及一切利害关系，可以实施奖惩，这就使被领导者产生敬畏感。领导者的地位越高，权力越大，下属对他的敬畏感越高，他的权力性影响力就越大。

3. 资历因素

资历因素包括领导者的资格和经历两个方面，它反映了一个人的生活阅历和经验。资历较深的领导者容易得到群体成员的敬重，其言行也容易对成员的心理和行为产生影响。

（二）非权力性影响力

非权力性影响力也称为自然影响力，是由领导者的心理特质和行为特征产生的影响他人的力量。它与权力、领导职位和身份没有直接关系，不是通过法定程序获得的，不带有强制性，但在实际上却具有权力的性质，而且常常发挥权力性影响力所不能发挥的约束力。在它的作用下，成员往往能主动地、积极地接受影响，在行为上表现为顺从和依赖，而不是被迫的服从。领导者的非权力性影响力主要包括以下 4 种因素：

1. 品格因素

主要指领导者的道德、品行、人格、作风等。它反映在领导者的一切言行之中。良好的品格，如以身作则、廉洁奉公、吃苦耐劳、真诚谦虚等，会使下属产生敬爱感，产生较大的影响力。一个领导者如果没有良好的品格，即使正确的领导行为也难以被下属接受。

2. 能力因素

领导者的才能是实现有效领导的关键因素。只有能给群体带来成功的领导者，才是有才能的领导者。这样的领导者能使下属产生敬佩感，吸引人们自觉接受其影响。

3. 知识因素

知识反映了一个人对自身和客观世界认识的程度，它和能力一起，成为人们解决问题时必不可少的条件。丰富的知识、独特的专长，能增加下属对领导者的信任感和依赖感，从而对下属产生巨大的影响力。

4. 感情因素

领导者与下属的关系密切，便容易使下属产生亲切感和亲密感，从而增强彼此的吸引力。人际吸引的理论告诉我们，吸引力越大，影响力也就越大，人们会心悦诚服地接受一个自己所喜欢的人的影响，而对一个自己不喜欢的人则会抗拒。

权力性影响力和非权力性影响力是相互独立的，彼此有差异。一个有权力性影响力的人可能没有自然性影响力，而一个没有权力性影响力的人却可能有较大的自然影响力。例如，一个没有任何权力的成员也可能在群体中有相当大的影响力。在领导者的整体影响力中，自然性影响力是决定性的，起主导作用。不过，两种影响力又是密切相联的。自然性影响力可以加强权力性影响力，而权力性影响力也可以增加自然性影响力。一个优秀的领导者，要善于运用这两种影响力并使之相互协调、相互增强，从而提高领导的有效性。

复习与思考

基本概念

群体　初级群体　次级群体　正式群体　非正式群体　隶属群体　参照群体　群体规范　群体压力　群体凝聚力　群体决策　群体极化　群体思维合作　竞争　领导　领导者影响力　权力性影响力　非权力性影响力

思考题

1. 要成为群体，需要满足哪些条件？
2. 群体规范有什么作用？
3. 影响群体凝聚力的因素有哪些？结合这些因素谈谈如何提高群体凝聚力。
4. 影响合作与竞争的因素有哪些？
5. 和个人决策相比，群体决策有何利弊？
6. 为什么会出现群体极化现象？
7. 领导情境理论的主要观点是什么？
8. 试述领导者影响力的构成。

第七章 民族文化与民族心理

本章要点：
- 民族文化与民族心理
- 民族性格
- 民族认同
- 国民刻板印象
- 中国人的国民性研究
- 中国人本土社会心理研究

人类世界是由多民族组成的，民族之间由于民族文化、历史、环境等的独特性、差异性，其民族心理也存在差别。在21世纪的今天，全球经济联系更加紧密，国家、民族之间的交往更加频繁，各民族如何参与世界经济文化活动而又保持民族性、如何与其他民族加强交流合作、和平相处等问题，都要求心理学对民族心理进行深入、科学地研究。社会心理学家探讨民族文化与民族心理问题，主要涉及民族文化与民族心理的关系、民族心理的本质特征和构成（包括民族的心理倾向、认知特征、民族性格、民族意识等）、跨文化心理研究与民族心理的比较、文化变迁对民族心理的影响、民族亚文化与群体心理等。

第一节 一般概论

一、民族文化与民族心理的概念

"文化"这个讳莫如深的概念，古今中外，文学家、社会学家、人类学家、心理学家从各自研究角度出发，提出了各种各样的界定。从中文词源上说，"文"本指各色交错的纹理，后引申为语言文字等象征符号、文物典籍、礼乐制度，装饰、修养以及美、善、德之义。"化"本义为改易、生成、造化，后来引申为教行迁善之义。后来"文"与"化"并用义为"以文教化"。

在西方的语义系统里，文化源于拉丁文"Cultura"，为耕种、居住、练习等义，后来英文"Culture"引申为对人的性情的陶冶、品德的教养。在现代使用中，文化有广义与狭义一说，一般认为广义文化着眼于人类与一般动物、人类社会与自然界的本质区别，着眼于人类独特的生存方式，涵盖广泛，包括哲学、科学、教育、语言、道德、法律、信仰、文学、音乐、美术、戏剧、舞蹈、生产工具、日用器皿、制造技术、制度、风俗等，几乎是人类社会生活的全部内容。在结构上有物质文化与精神文化两分说，物质、制度、精神三分说，物质、制度、风俗习惯、思想与价值四分说，物质、社会关系、精神、艺术、语言符号、风俗习惯六分说。狭义文化排除人类社会生活中关于物质创造活动及其结果的部分，专注于精神创造活动及其结果，包括知识、信仰、艺术、道德、法律、习俗以及任何人作为一名社会成员而获得的能力和习惯在内的复杂整体。

民族性是文化的重要属性之一，人类在一定的历史阶段以民族的形式存在着，因而使人类的文化标上了民族文化的印记。从整个人类文化发展史上看，许多不同民族具有大致相同的文化现象。但每个民族因各自独特的自然地理环境、社会生产状态、经济文化差异，又形成不同的文化类型，表现出人类文化的民族差异，也显示了不同民族文化的异彩纷呈。民族文化也有广义和狭义的理解，广义的民族文化既代表一种社会形态，又象征着一种文化模式。一般认为，广义民族文化特征表现为语言、文字、历史、宗教、道德、教育、歌谣、服饰、习俗、价值观、理想等比较复杂的模式，因而民族内部成员会对上述表现形式的标准形成更深层次的具有一致性的认同原则，如价值判断标准、宗教真理、图腾崇拜模式、艺术鉴赏美感等。这种文化认同的一致性长期存在于民族意识中，成为民族意识不可或缺的组成部分，也成为民族学和心理学共同研究的内容。在范围上，广义的民族文化有时也可以指代多个民族组合而成的国家文化或种族文化，如中国民族文化事实上就是一种国家文化，黑人文化事实上也属于种族文化的范畴，而研究者常把这两者作为民族文化来对待。

狭义的民族文化，简而言之，就是在某一特定的民族群体的生活中形成，并为该民族成员所共有的生存方式的总和，其中包括价值观、知识、信仰、艺术、法律、风俗习惯、时尚、生活态度、行为准则以及相应的物质表现形式。如我们通常所指称的汉族文化、印第安民族文化、蒙古族民族文化等某一单一民族的文化模式。一个民族中某种行为模式的制定或形成，意味着在一个民族文化中，大多数人具有共同的社会心理特征，诸如共同的态度、共同的性别行为、共同的人际交往方式等等。就是说，民族共同的心理特征是民族文化的沉淀，而作为民族文化之投射的民族心理特征又无时无刻不反映着、影响着民族文化。

民族文化、民族心理都是由于民族的形成、发展而产生的。一般而言，民族应该具有共同的地域、共同的经济生活方式和表现在共同文化上的共同心理素质 4 个基本特征。斯大林说"民族是人们在历史上形成的，一个有共同地域、共同经济生活以及表现在共同文化上的共同心理素质的稳定共同体"。而共同的文化及由之长期积淀而成的共同心理素质，是每个民族最重要的基本特征。

民族心理作为民族的一个重要特征，寓于民族心理结构的心理过程和个性心理特征之中。民族心理的构成具体而言，在心理过程层面，寓于民族认知、民族情感、民族意志之上；在个性心理特征层面，寓于民族性格、民族气质、民族能力等因素上；此外，民族心理也不可避免寓于民族个性倾向性等诸因素上，如民族的价值观、信念、动机、需要等。民族心理还表现在各个民族的风俗习惯、建筑、艺术、宗教信仰等诸方面，成为民族文化心理的深层积淀。

较早关注民族心理的研究，同时也是较早探讨文化与民族心理关系的是著名心理学家冯特，他用 20 年的时间完成了 10 卷本的《民族心理学》。他认为可以通过对语言、艺术、神话、宗教、社会风尚、法律以及道德这些社会产物的分析，从中推演出高级心理过程的基本规律。冯特特别把语言、风俗和神话作为民族心理的三要素，并把民族心理的发展分为 4 个阶段：原始人阶段、图腾崇拜阶段、英雄与神的阶段和人性发展阶段。他分析不同时期的文化产品，以期从中发现心理学的意义和规律，继而确定人类文化发展 4 个阶段的心理特点。在研究方法上，冯特同时使用了分析和综合的研究法，将前者主要用于论述语言、神话、艺术等问题以及发展状况，将后者主要用于研究上述现象作为整体的发展状况。

民族文化与民族心理是密切联系的。不同的文化模式可以造就不同的民族心理特点。民族最重要的特征之一就是民族文化在其成员心理上的投射，可以说，民族文化是民族心理的放大，民族心理是民族文化的深层结构。

文化的沉淀不仅是民族心理产生、发展的源泉，文化的变迁也对民族心理的深度整合具有重要作用。郑雪（1994，1995）在对文化变迁与民族心理的问题进行探讨时，认为民族间的文化移入将对民族心理的变化产生很大影响，并认为民族文化和民族心理的变化及其制约因素以及两者变化的关系是辩证统一的。对于这一点，将在下一章详细论述。值得注意的是，郑雪在探讨民族文化变化与民族心理变化的关系时，对两者既相区别又相联系、相互制约的关系作了讨论，指出民族文化的变化和民族心理的变化的关系不是简单的因果关系，而是互为因果、相互作用的，这种相互作用有时是直接的，有时是间接的，要通过复杂的反馈途径来发挥作用。并且，由于民族文化是民族心理的外化，而民族心理是民族文化的内化，两者是相互转换的，因而民族文化的变化和民族心理的变化也是可以相互转换的。

二、文化与认知

生活在不同社会文化或民族群体中的人，具有不同的社会生活条件和经验，其认知活动必定要受其生活环境和生活经验的制约，从而表现出独特的认知特点和智力特点。认知活动既包括感知觉等基本认知活动，也包括记忆、思维、想象等较高级、复杂的认知活动。因认知与智力在心理学研究领域的特殊地位，文化与认知、智力的关系也成为那些探求不同民族、不同文化成员的心理与行为发展规律的跨文化心理学家、民族心理学家、文化人类学家所共同关注的课题。

（一）文化与感知觉

人类群体因处于不同的文化背景即国家、民族、种族、宗教团体、社会阶层等，不仅在信仰、态度和行为方式等方面表现出明显的差异，在感知空间、大小、距离、颜色等基本心理过程方面也表现出一定的文化差异。

文化与感知觉的研究集中在以下几个方面：不同文化中感知活动的差异研究，以及不同文化中产生感知觉差异的影响因素的研究。

较早进行这一方面研究的是里弗斯对默里岛民和托达斯人等非西方民族的感知测量，并与英国人的感知进行对比，结果发现，非西方的民族比英国人更易产生"水平—垂直错觉"，而不易产生"缪勒—莱尔错觉"，说明不同文化中的民族表现出不同的视错觉差异。由此成为文化与认知关系研究的始作俑者。

错觉是指所知觉的经验与对象特征不一致的一种正常知觉现象，而非心理失常的表现。近百年来，对于错觉的研究重点集中于探讨各种错觉的类型以及产生错觉的原因。一般认为错觉是人类知觉的普遍现象，引起人类错觉的原因也是共同的。而著名心理学家西格尔（Segall）从经验主义和机能主义立场出发，认为如果人类不同群体视觉系统存在着差异，那是因为他们生存的环境不同的缘故。西格尔等人对人类错觉的解释充分考虑了文化差异和生态学的因素，提出了 3 个具有重要方法论意义的假设：人工化的环境、深度加工原理、二维符号化的环境。这一生态文化影响错觉的假设引发了大量实证研究。其中规模较大的是 20 世纪 60 年代西格尔等人历时 6 年对错觉问题所进行的研究，研究对象包括非洲、亚洲、美国、欧洲等不同文化生态背景的被试。研究结果表明，对缪勒错觉和桑氏错觉，欧洲和美国工业化社会中的被试比非洲非工业化社会中的被试更敏感；对于横竖错觉，非洲人比欧美人更为敏感，存在着错觉的跨文化差异；无论何种错觉图形，错觉的敏感性随着年龄的增长而下降是一种比较普遍的现象。研究者认为造成不同文化成员视错觉差异以及感知深度的原因是由文化因素决定的。

一般认为影响错觉敏感性的变量有不同错觉的类型、生态环境、年龄、性别、种族、视网膜色素沉着水平等。但在早期的实际研究中，研究设计往往较为简单、变量较为单一。自跨文化心理学家贝利开始，这类研究开始注重实验设计中的综合性、多种因素以及多种水平的影响。贝利对苏格兰人、塞拉里昂人、澳洲土著人、爱斯基摩人、新几内亚人等 5 种不同文化背景不同肤色的样本进行了缪勒错觉的研究。样本划分为人工化环境与被试的肤色两个维度，分别计算这两个维度与错觉敏感性的等级相关，错觉敏感性与被试肤色的相关程度伴随着人工化环境的控制而变化。贝利认为被试的不同肤色是错觉敏感性跨文化变化大于人工化环境变化的重要原因，实际上就是代表了不同的文化背景。当然，这种看似简单的相关并不见得能够证明变量间真正的内在关系。

在此基础之上，斯图尔特根据双重研究策略，首先在人工化环境保持恒定的条件下进行了跨种族的测验，对 60 名白人和 60 名黑人实施了缪勒、桑氏错觉测验，结果发现在两个种族群体之间错觉的敏感性没有显著的差别。然后，又用相同的测验材料，在种族保持相同的条件下，对不同人工化程度背景中的被试进行了测验。结果表明，随着环境人工化程度的增加，两种错觉的敏感性也在增加，说明种族的差别并不重要。

在文化与感知觉的研究中，跨文化研究策略作为一种重要的研究方法，基本上证明了文化生态背景对感知觉差异的重要影响。

（二）文化与认知发展

关于文化与认知发展的研究，主要是对皮亚杰认知发展理论的跨文化验证，如对认知发展阶段的跨文化研究。大多数研究集中于对具体运算、形式运算两个阶段的研究，尤其是守恒问题。

皮亚杰的认知发展理论，以对儿童的经验研究为依据，创造性地提出了关于儿童认知发生、发展的理论，强调认知发展理论作为心理生物过程理论的普遍意义，但却忽视了社会文化以及生态环境对认知发展的影响。

皮亚杰把儿童智慧的发展划分为 4 个阶段：感觉运动阶段、前运算阶段、具体运算阶段和形式运算阶段，并且认为在这 4 个阶段中智慧水平存在着本质的差别。而跨文化心理学家所关注的问题是：皮亚杰划分的具体运算阶段的序列是否具有文化的普通性，或者在不同的文化背景中存在着另外一些发展的阶段；在一个阶段内部，儿童的发展中是否存在着水平方向上的差异；守恒的序列是超越文化或种族恒定的，还是存在着个体变异现象或随着文化的差别而出现系统的变化。研究表明，皮亚杰的认知发展阶段理论都被跨文化的研究资料所证实了，认知发展的阶段在不同文化中的顺序基本是一致的，而且不同文化背景的儿童的认知结构具有一致性；但也发现非工业国家文化发展较低地区的儿童与日内瓦的儿童相比，每个阶段的年龄都存在一个"滞后现象"，甚至有的文化中的儿童认知发展会迟滞于某一阶段而不能进步到下一个阶段。

用文化生态学的概念架构来说明，即每个文化群体都会优先发展与他们的生存方式密切相关的那些概念、才能和技巧。达森（1975）指出，在从事游牧、狩猎和采集的社会中，人们由于需要在一个广阔的地域中确定自己的方位，因此人们空间领域中的具体运算推理的发展就比较快。而从事农业的社会中量的概念显得比较重要而且发展较快，因为他们必须以各种方法来处理他们的收成，包括储存、交换和出厂等与数量打交道的工作。不同种族群体之间认知发展的差别不仅与其生存的文化生态环境密切相关，同时也与家庭中对儿童的抚养方式有关，即与父母对儿童认知发展不同方面的关注程度有关。

（三）文化与认知风格

认知风格，也即认知方式。

最为著名的关于认知风格的研究是威特金（N. A. Wthn）及其同事的场依存性—场独立性的研究，并把文化生态学的观点引入这一领域，提出了心理分化的理论。在垂直感觉的实验研究中，威特金发现，当判断一个刺激物是否垂直时，存在明显的个别差异：有些被试主要依据身体内部的线索来判断，而另一些被试则主要借助于外部参照物来判断，而且在框棒测验中也表现出这种个别差异。威特金把前者称为场独立性，后者则是场依存性。另外在镶嵌图形测验中，有些人表现出侧重于分析的技巧，另一些人则偏重于整体的印象。威特金认为在一定的分化水平上，个体在知觉、人格、智力、社会与情绪诸领域的行为表现是一致的，从认知的角度看，学者们提出了"认知风格"的概念。就一些社会性行为来说，场依存性者易对环境线索表现出较大的敏感性，更易受移情作用的影响；场独立性者则具有较强的自主性，以自我为中心。场依存性者更倾向于选择那些涉及人际交往的社会活动领域内的职业，而场独立性者多选择自然科学等领域的职业。威特金因此提出的心理分化理论认为，在个体的发展过程中，心理机能从一个几乎混沌的状态发展为复杂的结构，所有的个体都经历了一个从小的分化到大的分化的过程。心理机能的分化虽然受遗传的影响，但是主要的根源在于社会化和其他形成过程。威特金在早期的研究中曾指出，在知觉领域，男性比女性更具有场独立性，这种倾向是在儿童社会化过程中侧重点不同的结果。

跨文化心理学家们还企图通过跨文化研究来寻求场独立性和场依存性差异的文化根源，如贝利提出的文化生态学理论，强调个体生存的生态环境是影响心理分化的变量。他比较了爱斯基摩人和西非的特姆人，前者生活在以渔猎为主的社会，要求具备分析能力高的视觉生存技能，在镶嵌图形测验中更容易把简单图形分解出来。对处在不同生存方式的文化群体的比较研究可以发现，生态、文化因素能够预言他们场依存性和场独立性的程度。贝利（1979）研究发现，在狩猎和采集社会中，人们有较强的场独立性。在农业社会中，人们往往倾向于场依存性。道森研究了香港地区的两组中国人：渔民与客家人，分别代表渔业和农业社会生产方式，结果表明，在各种分化任务上，渔民都比客家人的成绩好。另外研究者强调，社会化在生态学与心理分化之间起着中介变量的作用。

威特金和贝利对社会化和心理分化的跨文化研究认为，依存于场的认知方式以及较小分化的其他特征，大都存在于社会组织严格，服从权威、顺从社会，社会化规范严格的社会中。相反，比较独立于场的认知方式以及较大分化的其他特征，往往都存在于鼓励独立、竞争、社会组织松散、社会规范不强制的社会之中。

（四）文化与智力

文化与智力的跨文化研究主要集中于下列几个问题：①分析智力概念的文化特性；②对于认知能力种族差异的不同解释；③文化与智力的关系研究。当代跨文化心理学家在研究中表现出两种倾向：一是激进的文化相对主义观点；另一种是忽略文化的变化，认为智力在不同的文化背景中都是相同的。另外，还有一些学者持折中的或整合的观点，试图在一个系统中整合各种极端的理论和观点来理解文化与智力的关系。

对于智力概念的文化特性的研究，较早的是20世纪70年代初，莱亚（Iaya）等人对非洲尼日尔的逊哈人进行的研究。他们调查了这个部族对"拉卡"概念的理解，"拉卡"相当于英语中的智力一词，研究表明逊哈人的"拉卡"一词具有两个方面的含义：一是涉及到能力和技能；二是涉及到社会能力和个人的德性。沃伯（Wober）则研究了乌干达的巴干达人与智力相似的概念，巴干达人的智力概念除了表示个体的聪明程度外，还包括冷静、坚定、谨慎和友好的特征；生活在都市或受过学校教育的巴干达人所理解的智力与西方人的理解是比较一致的。芒蒂—卡斯特（Mundy-Castle）分析了非洲人对智力的认知和社会两个维度的理解，他认为在西方社会中前一个维度受到重视，它涉及到主体对客体的操作和对环境的控制。社会的维度涉及的是人而不是物，强调人际关系甚于人与客体的关系，这一维度在非洲的传统文化和教育中都被认为是十分重要的一个方面。芒蒂－卡斯特进而认为在非洲的许多部族中，认知和社会的维度是整合的或相互协调的。

吉尔（Gill）和凯茨（Keats）分别在马来西亚和澳大利亚测试了被试对智力概念所作的定义，并描述某些个人行为表明个体具有较高的智力或缺乏智力。结果显示，两种不同的文化群体对智力的描述有很高的跨文化的一致性，澳大利亚人更强调阅读、表达和写作是最重要的智力特征，马来西亚人则侧重于表达、社会交往和生活技能。后来凯茨还对中国人和澳大利亚人进行了比较研究，结果显示，两种文化群体对心理的某些特征，如创造性、新颖性、问题解决的技能、知识水平等方面给予了同样的重视。中国人较多选择模仿力、观察力、细心精确的思维，澳大利亚人则更重视沟通和语言技能。中国人认为聪明者的人格特征有坚韧、努力、果断和社会责任感等，澳大利亚人则强调同情心、乐观和社会关系的有效性等。

对于智力概念的普遍性与特殊性、普通人的智力概念与专家的智力概念之间的区别等问题，郑雪等人（1993）将中国不同地区和不同民族的460名被试分为8个组：粗耕组、精耕组、捕鱼组、游牧组、狩猎组、林业组、工业组和商业组，对他们的日常智力概念调查研究，结果显示：

（1）普通人的智力概念与专家的智力概念有明显的区别，多数普通人以学习和实践领域中的突出成就或表现等外在行为表现作为聪明人的主要特征，而大多数专家以思维能力、学习能力和适应能力等内在心理品质作为聪明人的主要特征或智力的本质特征，只有少部分普通人和少部分专家的智力概念是一致的。

（2）不同地区的被试对聪明人的主要特点的看法是不同的，经济文化较落后地区的粗耕组、精耕组、捕鱼组、游牧组、狩猎组，多数被试把工作好、买卖好和多面手等外在行为表现作为聪明人的主要特征；而经济文化较发达的林业和工商业组的被试不仅把学习和实践中的突出成就或表现好等外在行为表现作为聪明人的主要特征，而且有不少人把学习能力和思维能力等内在心理特征作为聪明人的主要特征。

（3）受教育程度较高的被试（高中或高中以上学历者）中较多人把学习能力和思维能力等内在心理品质作为智力的主要特征，而教育程度较低的被试（文盲或半文盲）中较多人把实践领域中的成就等外在行为表现作为聪明人的主要特征。同时也表明一个人的教育文化程度越高，其智力概念与专家的智力概念越相同。可见教育对人们的智力概念有重大的影响。

对于不同文化群体的智力差异的研究早期一般基于两种假设：①人类不同的文化群体都以相同的方式定义或理解智力；②在不同的文化群体中智力都能被有效地测量。文化人类学家拜什沃分析了数十种标准化的智力测验在不同文化群体中的使用情况，强调智力测验的文化同质性，不存在不同种族或文化群体之间比较基本智力的可能性。此后，智力心理学家们更加强调对儿童的抚养习惯、营养水平、物质环境、父母的教养方式、教育条件等文化因素对儿童智力的影响。尤其是沃伯、贝利等人强调研究智力的本土概念及其文化特性。

关于文化与智力的关系问题，即智力概念的普遍性和特殊性。一种极端的观点坚持智力概念的特殊性，另一种极端的观点则坚持智力概念的普遍性，无论文化或种族之间的差别有多大，智力是完全相同的事情。而贝利则提出了一种激进的文化相对主义的观点，这种观点强调认知能力的本土概念是认知能力测量和跨文化普遍性描述的唯一正确的基础。根据这种观点，智力概念的定义必须适合于人们生活的特定的文化背景。郑雪等人（1993）经过研究，认为智力概念的地区和文化的特殊性并不排除智力概念的跨文化的普遍性，智力概念的特殊性和普遍性是对立统一的。

三、文化与人格

在心理学的研究中，人格历来是一个研究的热点问题。许多社会学家、人类学家以及各个流派的心理学家都对人格问题提出了各自不同的看法。心理学家奥尔波特把人格定义为"人格是一个人所具有的，决定他对环境的调适方式的身心系统的动力组织"；"决定一个人适应环境的独特的行为模式和思维方式"。不论情境如何，人们具有以一定的方式去行动或思考的倾向，行为是人格特征与社会以及生态环境之间相互作用的结果。对一个人的人格的描述应当包括许多因素，诸如智能、成长过程中习得的动机、信仰和道德价值观念等。对于文化与人格的关系的探讨，早期人类学家、精神分析学派以及精神分析的社会文化学派作出了一定的贡献。

（一）人格的文化决定论

早期文化人类学家对生活在世界不同地域的民族和种族的不同文化和习俗进行田野调查并记录、分析，在此基础之上，文化与人格的关系研究成为人类学家普遍关注的一个重要课题。对此，人类学家所采用的研究策略是通过观察和比较不同的文化、社会和生态环境中人们的生存方式，以及对儿童的抚养方式来探讨文化与人格的关系。

包亚士（F. Boas）这位美国文化人类学的大师级人物，一直倾心于人类学的社会—心理学研究。他在《原始人的心理》（1938）一书中强调文化和组织因素对心理因素的影响，并直言人类群体的最初习惯是由文化决定的，而不是遗传。他还对心理障碍和社会条件的关系、社会条件在何种程度上影响着人格等问题进行了探讨。身体的功能和解剖结构，并不能够完全决定生活习惯和文化活动。没有环境中的种种条件，既不会有任何形态学的类型，也不会存在任何类型。人的心理特征随文化条件的变化而变化，只有把人格特征理解为个人对其生活于其中的文化环境的反应才有意义。

包亚士的两位女弟子本尼迪克特和玛格丽特·米德极大地延续了其师对社会心理学领域的影响。前者研究了美洲印第安人的民俗和宗教，后者对萨摩亚、阿德米洛底群岛、新几内亚和巴厘进行了一系列研究。她们都强调文化对人格的决定作用，但她们并不认为文化是塑造人格的唯一条件或因素，因为遗传、生理和个体差异是文化无以更改的先天气质因素。文化模式和习惯行为，都必须从历史的而不仅仅是心理的取向来理解。环境和社会因素对人与行为模式的塑造有着不可低估的影响。另外，文化也决定了不同性别的变态行为和人格，以致男性的角色、行为和人格特征与女性大相径庭。

本尼迪克特曾对祖尼人、多布人和夸扣特尔人进行过详尽论述。祖尼人是居住于新墨西哥的普韦布洛印第安人的一支，代表一种社会化程度较高的文化，体现了希腊人的中庸哲学，和希腊人的阿波罗式的生活方式相仿并有所超越。祖尼男子的理想行为是端庄、和蔼，不招惹是非，也欲图领导他人，祖尼人不认同爱争执的人格，个人的主动性受到压抑。与此相反，多布人（新几内亚的一个原始部落）则明显带有凶猛、竞争、恶意、多疑、背信弃义、财产私有等特征，且具有假正经的痼疾，貌似正经、严肃，却对婚前性混乱毫不介意，激情高亢。其生活方式有一种"扼喉式"的竞争的特点，崇尚优秀和成功，即使是不择手段地窃有。夸扣特尔人（西北海岸印第安人）属于酒神型的，他们受竞争的激励，带有浓厚的个人主义和竞争色彩，渴求优越，寻觅胜利，具有强烈的财产私人占有欲，以及由此带来的永无止境的竞争和争夺，优越的标准也是以其所累积的物质财富来衡量，可以随意毁坏有价值的东西。本尼迪克特如此的论述意在表达塑造人格的是文化而不是本能，个人的生活史由其社区所规定的模式和规范所决定。文化提供给个人以塑造其生活的原始素材，个人的发展往往受制于这种素材的匮乏，同样也受惠于这种素材的丰盛。当然文化也不能完全剔除个体的个人气质，在文化和个体之间存在一种相互强化，两者的关系是十分密切的。大多数个体都采取了受其社会制约的行为。

玛格丽特·米德的研究则关注原始社会的青春期和性等问题，并试图从育儿方式来分析文化与人格之间的关系。米德的研究方法称为"现场方法"，即单独对目标文化进行观察研究并以纸笔记录，后来发展到多名观察者的合作式研究，并增加了打字机、速记机、摄影机、录音机等记录设备。除了她最为著名的对萨摩亚人青春期危机的研究之外，米德还曾两度研究了马努斯人，写成了《古老社会的新生》(1966)，并在1935年报道了对新几内亚同一种族的3个原始社会——阿拉佩什人、蒙杜古马人和德昌布利人的性与气质的研究。这3个原始社会的人格类型依他们文化的指令、价值观或行为规范的不同而不同。阿拉佩什人以美国人的标准来判断，无论男女所表现出来的人格都是母性的或者说是女性的，他们富于合作精神，无侵犯性，对他人的需要和要求都能给予尽可能的满足，性驱力只有中等程度。蒙杜古马人则相反，无论男女都表现得冷酷无情，富于侵犯，在性生活中积极主动，对孩子缺少母性抚爱。而德昌布利人的文化对性所持有的态度和美国文化大相径庭，妇女占有主导地位、不受个人情绪所影响、具有经营能力，男子则缺乏责任感、情绪依赖性很强。米德从其研究中得出这样的结论：行为尤其是性反应并不是由性所激励的，而是由文化所决定的。是社会，而不是生理构造，决定了行为的性别取向。米德还在研究中发现，气质是由条件制约、抚育以及根据社会规范所进行的儿童训练所决定的。在《男性与女性：变迁世界中的性别角色研究》一书中，米德力图证实，和性有关的气质、行为、反应和态度并不是生理类型的结果，而是文化规范和社会学习的产物。并旨在说明，生物学的遗传因素和行为的关系不大，而文化规范和社会条件在这方面却有举足轻重的意义。这显然和弗洛伊德的观点相对立。

20世纪60年代，怀廷 (JW. M. Whiting) 和闵特恩 (L. Minturn) 等人著名的"六文化研究计划"也是通过对不同文化中对儿童的抚养方式的研究来揭示文化与人格的关系的。他们用同样的调查方法，在东非的古酉地区、新英格兰的一个社区、印度北部的一个村庄、日本冲绳的一个农村社区、墨西哥的一个下层印第安人居住区和菲律宾的一个居民区，对居民们抚养、训练儿童的各个方面进行考察。特别是调查母亲与幼小的子女之间的相互作用，包括教养方式、儿童自立的程度以及对成就、责任、顺从、侵犯性和社交能力的强调程度等。在此之前，文化与人格的研究都更为依赖投射测验。而这一研究则强调使用相同的田野指导对研究对象的行为进行观察、测验与访谈，尤其是对求助、教养、自立、成就、责任感、服从、支配、社交和侵犯性等9个行为系统给予特别的关注。每一种文化中的调查报告分两部分，第一部分为民族志的背景，描述地方环境、居住方式、房屋类型、基本的经济类型、社会组织、家庭形态、宗教以及其他与儿童出生或调适有关的成年人世界的各种现象。第二部分则包括儿童教养，讨论怀孕与生育、婴儿期、断奶、童年及青春期等现象。

怀廷从社交行为、攻击行为、助人、训斥、赞同、支配性、求助、期望、引人注意、责任感、社会性攻击、触摸等 12 个方面对收集资料进行评分，根据评分结果把 6 种文化划分为 A、B 两种类型。A 型文化强调群体的重要，共同特征是农业社会，在经济上没有专业化的分工，居住方式多以庭院或以家族为核心的庭院式结构，很少有专业化的建筑。B 型文化则具有个人主义定向的倾向，有许多社会分工，有阶级或阶层的分化，有集权的政治法律体系、规范的贸易规则和专业化的建筑场所。

怀廷进一步对不同文化背景对儿童行为的影响作了分析，在 A 型文化中，儿童很早就被训练为乐于助人和具有责任感的人，他们需要为家庭做许多农活和家务，这些早期的训练有助于儿童形成价值观、责任感和集体主义感。从文化的复杂性看，B 型文化似乎更为复杂，儿童从小很少有机会从事家务和生产劳动，几乎都在学校度过。学校强调个人成就感和自我中心主义，社会细致的分工、专业化的训练以及对升入社会更高阶层的期望，强化了他们的权力欲、支配欲和引起他人注意的愿望。

人类学家林顿（R. Linton）主要探求的是文化和人格内容的关系以及个人对社会体系中的各种特殊地位的适应。他将基本人格类型界定为：一个社会的大多数成员所具有的人格构型，是他们共同的早期经验的结果。相同的人格类型可以通过不同的行为方式反映出来，并进入许多不同的总的人格构型之中。他指出，在童年经验中所形成的构型能够说明成人的人格构型，由此他认为从儿童的养育方式入手去预测一特定社会的成人性格是可能的。文化从个人的人格及人格间的互动之中获得了它的全部特性，也以一种交互作用的方式对人的绝大部分人格内容发生影响，反之，社会中的每一个人的人格又在与社会文化的持续不断的联系中发展着，发挥着作用。人格影响着文化，文化也影响着人格。甚至他认为个人的心理结构对文化的影响更甚于文化对个人人格的影响。

人类学家科拉·杜波依丝研究了特罗布里恩德文化、夸扣特尔文化和丘克齐文化。她认为人类所有人群的心理是基本一致的，存在着一种为全人类共同具有的、可能是由生理因素决定的亚结构。在此观念基础之上提出了"众数人格"的概念，即众数人格是由生理与神经因素决定的基本倾向和由文化背景决定的人类的共同经验交互作用的产物，在不同的社会中，排斥、引导和满足这些需要的方式是不同的。她否认成人性格完全由童年期经验决定的论调。并写了《阿洛人》（1944），奠定了她在社会心理学界的地位。

（二）弗洛伊德对文化与人格关系的研究

弗洛伊德对文化与人格的研究最有意义的贡献则是他提出的儿童的早期经验对其人格的形成有着深刻的影响。精神分析理论对儿童早期经验的研究着重在于不同的社会对子女的抚养方式上。儿童的成长和发展实际上是获得他们生存的社会的文化模式的过程。在特定的社会环境中，儿童的行为总是遵循着社会中成年人的期望发展的，父母在抚育子女的同时也将特定的文化模式传给了他们。不同社会对儿童的抚养方式使每个社会都形成了某种独特的人格类型，也就是说某种人格类型与特定社会的育儿方式相联系着。

（三）文化与人格相互作用理论

卡丁纳（A. Kartinet）所代表的精神分析的社会文化学派对文化与人格的关系的研究重点在于强调社会文化因素对人格的影响，并将微观的家庭环境与宏观的社会环境联系起来加以研究。

卡丁纳坚持文化与人格相互作用的理论，不仅重视文化对人格形成的作用，而且重视人格对文化变迁的影响。他将文化描述为有组织的社会生活中所形成的习惯化了的规范，个人获取物质生活资料的技术，人们对待出生、成长、发展、衰老、死亡的习惯化的态度等等。当这些规范、技术、态度具有持续性和传播性时，就是文化。制度是一个社会成员所共有的思想或行为的固有模式，得到人们的普遍接受，对它的违背或偏离会导致个人或团体内部的失调。简单地说，制度就是人们彼此相互作用以及与环境相互作用的固有模式。他提出基本人格结构，是生活于某一特定社会中的每一个人都共同具有的有效的适应工具。它是同一文化中的人所具有的共同的人格特征。它不同于性格，性格是指同一文化中的个人之间的人格差异。他认为不同的制度造就了不同的人格结构。但初级制度在塑造一个社会的基本人格结构和形成次级制度中起决定作用。

卡丁纳的理论是在对人类学家的现场研究材料的基础上进行分析得以验证的。他认为人格的形成主要受到影响人格发展的儿童期的情境的一些整合系统的影响，这些整合系统依次为母爱、游戏和抚爱等感情诱导、惩罚和酬赏等早期训练、性训练、竞赛等制度化的同胞态度、劳动态度、青春期、婚配习俗、社会参与的性质如地位分化、维持社会一体的因素、现实系统、工艺和艺术、生产技能以及宗教和民俗组成的投射系统。

四、文化与动机、情绪

（一）文化与动机

自20世纪30年代以来，心理学家开始重视文化与成就动机的关系并进行研究，主要是从社会文化的角度着眼，探讨某一社会文化中的成员如何在其生态或社会文化环境的影响之下，透过社会化的学习历程，培养或塑造其成就动机；以及社会文化的价值观、宗教观或社会化内涵与个人或集体成员的成就动机之间、集体成员的成就动机强度与该社会的经济与科技之间的关系。

美国心理学家麦克里兰（McClelland）等人提出的成就动机的概念，具有高度的自我取向或个人取向的特征，并认为成就需求或成就动机的本质、内涵或特征具有文化普遍性。这种成就动机理论强调个人对成就的看法、个人对成就目标所持的价值以及个人心目中对良好或优秀标准的设定等因素的重要性。事实上，这是成就动机具有相当浓厚的西方白人中产阶级社会的色彩。其理论在应用于中国人时却不尽然，杨国枢（1978）认为，东方人基本上不是自我取向或个人取向的，而是他人取向或集体取向的。也就是说，中国人不是没有自己优秀的标准，而是他们的优秀标准不是内在的、自发的，而是外在的或他人确定的，这个标准是父母、老师、上司或集体的标准。由此，杨国枢将成就动机分为两类，即自我取向或个人取向的成就动机与他人取向或集体取向的成就动机。每个人都同时具有这两种成就动机，只是在西方人中自我取向的成就动机较强，而在东方人或中国人中，他人取向的成就动机较强。这一修正了的成就动机理论在实证研究中也得到了验证。

在对中国人动机特征进行的研究中，台湾心理学家主要以台湾人和海外华人为被试，同其他文化背景中尤其是在美国的研究结论进行比较。研究表明，海外华人虽然处在相异的文化背景中，但是他们生活的小环境、家庭模式、教养方式仍然顽强地保留着传统的中国文化。而把中国人的研究结果运用于跨文化比较，与美国人被试比较有较大的差异。

沃特督斯（1963）等人分别以香港、台湾、印度和美国的大学生为被试，运用主题统觉测验的故事进行了研究。结果表明，中国人在这些故事的基础上产生的成就性想象的百分比低于美国学生以及完全西方化了的印度学生而高于那些较少西方化的印度学生，中国学生的想象中也较少有合群性的成分，并且不太注重是否为同辈人所接受，这显示出中国学生与美国学生相比，其归因性的需要也相对较弱。运用投射方法，以麦克里兰的成就动机理论为基础进行的研究中，大都显示出中国人具有较低的成就动机。

（二）文化与情绪

关于情绪的研究早在心理学发展的哲学时代就开始了，而比较不同文化背景群体的情绪始于达尔文，他是对情绪的面部表情进行跨文化研究的第一人，他在研究了不同文化中的人表达情感的面部行为以及一些动物的面部行为之后，得出结论：在人类中存在着普遍的面部表情，而且人的表情与动物的面部行为有一些相似性。因此他认为人类的面部表情是先天的，而且是从低等动物中进化而来的。

对于情绪体验和面部表情之间的关系的研究，有研究者坚持情绪的泛文化特征，即情绪面部表达的普遍性观点。艾克曼（Ekman）等人创立了面部情感标记法（FAST），把面部分为 3 个区域，并以褶皱、绷紧和特征部位这些词加以规定，并编制了一个面部构成部位的目录，3 个面部区域的每一个都可以表达 6 种情绪中的任何一种，用这种方法来进行实验刺激和面部行为测量，研究发现来自不同文化的观察者都能从这些照片上准确地断定情绪。另有一些研究也支持这一观点，证明了情绪的面部表情在不同文化间存在着共同性，也可能在所有文化之间存在着普遍性。

但也有研究者认为，身体运动和面部行为具有文化特征，如某种情绪表达或面部表情在一种文化中表示友好的意思，在另一种文化中却可能表示厌恶的意思，即文化差异性的问题。弗里森的实验非常典型，他让来自美国和日本的被试观看惊险影片，先把他们单独分开，然后又把本文化的成员合在一起。单独看影片时，两种文化的被试都表现出很相似的面部表情。但当与本文化的其他成员一起看影片时，比起美国人来，日本人很少表现出否定性情感。这种情感显露的差别，说明了人际因素对情绪显露的影响，也体现了情绪的文化差异。

在情绪的确定上，不同文化背景的人们对情绪的确定存在较大的词汇数量差别。如一项研究显示，马来西亚人认为有 230 个词与情绪状态有关，而中国台湾人认为有 750 个词与情绪状态有关。当然，这种跨文化研究的翻译的准确性会一定程度影响来自不同文化的研究者的可比性。因此在进行情绪的确定的跨文化比较时，需要特别注意情绪的语言研究。

五、文化与心理异常

在文化与心理异常这一研究领域，研究者们一直都比较注意文化因素对于心理异常的影响以及心理异常体现在不同文化中的差异问题。

早期的文化人类学家的考察证实了在一稳定社会中的基本人格类型和该社会的全部文化之间存在着密切的交互关系，着眼于文化对于形成良好的心理健康的意义。精神分析的社会文化学派在探讨文化与心理异常的关系时，从两个方面入手，一是探讨文化的因素是如何以及在怎样的程度上对人格障碍的形成起着决定作用的，另外是研究个人的心理结构在何种程度上影响和决定着文化与社会的建构。这一学派的代表人物霍妮对心理学的研究就是围绕神经症的病理学而展开的，持神经症的文化决定论。她认为神经症的病因在于人格结构，而人格结构则是由个人的生活环境决定的；确定神经症的标准取决于社会文化为其成员所规定的行为模式，在一个社会内部所承认的某种行为模式若发生在另一个社会，则被认为是违反常理的，是神经症的一种表现。因此霍妮认为，神经症是偏离了社会文化所规定的正常的行为模式，导致神经症患者内心冲突的社会文化基础是现存文化的矛盾。简而言之，文化是导致神经症的根源。

另一位精神分析的社会文化学派代表人物弗洛姆认为，能适应社会的人是健康的人，在一种社会中被认为是病态的人，在异化社会中则被看作是健康的人，基本上与霍妮的观点一致。弗洛姆还从心理学的角度对纳粹主义和希特勒的心理进行了研究。他认为纳粹分子身上都具有施虐狂、受虐狂和破坏性等社会性格，而希特勒则集中了所有这些性格倾向，将这种性格倾向强化入追随者的意识形态中，成为纳粹主义者侵略、杀戮、残害的社会心理力量，同时把这些行为看作是英雄行为、正义事业，并将从战争与破坏中得到的满足作为成功的表现。很显然，这是一种异化了的健康的概念。

大量跨文化心理学研究显示，心理异常在不同的文化中体现出不同的含义，如马修（Marsell）的一项对抑郁症的跨文化研究说明，在西方文化中，抑郁症的症状表现是身体、情感和认知存在机能方面的失常，而在一些非西方文化中，身体特征往往高于复合症状表现。他们认为，抑郁症的体验和表现与语言、自我结构、现实经验模式等重要变量相关。曾和苏等人用默哀仪式来说明抑郁症总的文化差异，指出公开表示悲痛在中国人和美国黑人文化群体中各有其重要作用。山本等人也发现，在日本，祖先崇拜减少了悲痛，是因为他们认为他们所爱的死亡的人并不会离开他们。

关于文化对心理异常的影响，一般认为家庭交往类型、生活压力和早期经验等起了一定作用，但不同文化对心理异常的发作原因和表现的研究，还有待更多的理论和实践研究的支持和发展。

第二节　民族性格研究

一、民族性格研究概述

（一）民族性格的含义

民族是人类社会最重要的人群共同体之一，民族性格则是社会心理学家给予了最多关注的社会群体的心理与行为特征。民族性格是一个民族的群体人格，是一个民族在特殊的社会历史条件下形成的各种心理和行为特征之总和，它赋予了民族心理以质的规定性，这种质的规定性足以将一民族和他民族区别开来。在现代社会心理学中，民族性格研究关心的是一个民族的社会文化因素对该民族成员的人格和社会行为的影响，它力图回答这样一个问题：生活于同一民族中的不同个体是否具有相同的人格特征及社会行为模式。

第二次世界大战以后，以国家为单位对民族性格进行的研究迅速发展，如对美国、日本、德国以及中国、印度等众多国家国民性格的研究，因此开始将对这些国家的国民性格的研究称为国民性研究。国民性，一般来说被看作集团或集团人格的一种，包含一个国家国民的心理和性格。从某一角度说，民族性格对所有的国民都起着塑形的作用。

弗洛姆认为社会性格是一个社会中绝大多数成员所具有的基本性格结构。社会性格具有如下基本特征：①它是群体心理，在不同场合指不同群体，有时指一定的民族或阶级的心理；②社会性格是一个群体在共同的处境下，在共同的生活方式和基本的实践活动的基础上形成的；③它是激发一个群体的行为的共同内驱力。社会性格是经济、政治、文化诸因素交互作用的结果，而经济因素在这种相互作用过程中占有优势。家庭则起着一种将社会所需要的性格结构的基本特点转移到孩子们身上的作用。

人是文化的载体，不同的文化氛围造就了不同特征的民族性格和民族社会心理取向。如中国的传统文化，塑造了中国人吃苦耐劳、求稳守成、重集体的人文精神，人格取向是圣人、完人；而西方近代工业文化熏陶下的欧美人文精神中则更强调竞争、效率、冒险、进取、重视个性，人格取向是能人与强人。

值得注意的是，受深层文化氛围影响的整个民族的民族精神制约着这个民族成员的思想和行为倾向，这种影响是通过传统文化和遗传而起作用的。当然，随着历史的演变，国民性格也并非一成不变，而是随着赖以生存的文化变迁、现代文明、社会进步的变化而变化。

（二）关于民族性格的研究

民族性格的研究从很早的时候起就引发了哲学家及一般社会科学家的兴趣。恩格斯曾把爱尔兰人的民族性格特点描绘为轻浮、容易激动、热情奔放、宽宏大量而具有自我牺牲精神；把英吉利人的民族特点描述为沉静自制、自私冷淡。[①] 英吉利民族的性格"在本质上和德国人、法国人的都不相同，不相信自己能够消除对立因而完全听从经验……"[②] 也正是由于英吉利人的矛盾感和求实精神才推动了他们疯狂发展航海事业、开辟殖民地和发展工业。

在心理学史上，除了冯特对民族性格给予较早的关注外，英国心理学家、人类学家里弗斯也曾试图用民族性格来说明种族的兴衰。此后，20 世纪 30 年代，犹太籍的勒温因受法西斯的迫害从德国移居美国，比较了德国人和美国人的国民性。他认为德国人人格的表层与深层领域的界限在较表层的地方，表现在人际交往上显得不够直率，因而也比较脆弱、容易打破，而一旦打破便可开

---

① 马克思恩格斯全集（第 2 卷）．人民出版社，1957．409 – 410 页
② 马克思恩格斯全集（第 1 卷）．人民出版社，1956．658 页

放到底，或成为死对头或成为患难知己；美国人人格的表层与深层领域的界限在较深的位置，所以他们比较开放，交往范围也大，但防守得较牢，虽容易相处，却难成为患难知己。

早期文化人类学家对国民性的研究重在对一些弱小、落后的原始民族的民族性格及其文化差异的描述、分析和思考。如本尼迪克特（1934）在《文化模式》一书中，将其研究的祖尼文化描述成"太阳神型文化"，将夸扣特尔文化描述成"酒神型文化"。这种对原始文化的心理类型的划分试图向人们表明：从每种文化中至少可以归纳出一种与之对应的主导人格类型，因此卡丁纳提出"基本人格结构"、林顿有"基本人格类型"说、弗洛姆提出"社会性格"理论、杜波依丝有"众数人格"、卡特尔有"集团人格"等，这些概念中的群体性格特征的含义既可以指代一个种族，亦可指代一个国家，一般把对现代国家国民性格特征的研究称为国民性研究，而把对原始民族的研究称为民族性格研究。

二战期间，最为著名的国民性研究是本尼迪克特（1946）对日本人国民性研究的专著《菊花与军刀：日本文化的诸模式》。她提出日本人极易被规则所束缚，是一种礼仪性、没有自主性的行为方式，富于攻击性和好战性，这些民族特征主要是由于早期严格的排泄训练所导致。她的上述观点与人类学家戈雷尔等人的观点颇为相似，戈雷尔等人此前曾通过访问在美国的日本侨民，阅读和分析日本的书籍、杂志等，对日本人的国民性作出过概括。他们认为日本人有一种强迫性倾向，讲求仪式、整洁和秩序，这样的国民性主要是由于童年期严格的排泄训练所致，同时也造成他们潜意识中的攻击性。

人类学家戈若（1949）对俄罗斯人的国民性进行了研究。他们认为俄罗斯人行为往往表现得比较极端，容易反复无常，其原因主要在于传统的育儿方式，俄罗斯人在婴儿出生到9个月期间一直用绷带将其肢体反复缠绑起来，以免婴儿因翻滚乱动而受伤。直到换尿布、喂奶的时候，才把绷带解开，这时婴儿突然获得了自由，就开始手脚轻松翻滚活动，尽情地体味母亲的爱抚。这段自由的时间一结束，马上又被裹在布里不能活动。这种普遍性的育儿方式，使得俄罗斯人的情感体验从婴儿时代起就在孤独压抑和快乐自由之间反复，这种极端强烈的情绪体验深藏于潜意识中，也因此造成了俄罗斯人变幻无常的行为特征。

M·米德（1944）的《枕戈待旦：一个人类学家眼中的美国人》则对二战中美国人的民族性格进行了分析。可以说这些研究在某种程度上影响了盟国的战争策略，成为战争胜利的一部分触媒。

许琅光等人（1963）用主题统觉测验对中、印、美3国大学生进行了测验，研究显示，来自台湾或香港的中国大学生，利用卡片景物所编造出的故事都很短，而对每一图片所写的主题大多只有一个，表示出中国大学生比较抑制、退缩、小心。中国与印度学生喜沉思、冥想而疏忽实际行动的倾向比较强。

二、民族认同的研究

（一）认同与民族认同

认同一词最早可见于弗洛伊德的防御机制理论，他把认同定义为个人与他人、群体或模仿人物在感情上、心理上趋同的过程。并且把认同作为个体与他人有情感联系的最早表现形式。在此基础之上，艾里克森提出了同一性概念，即是自我的一种特性，是健康自我的一种内部状态，包括4个方面的内容：个体性、整体性和整合性、一致性和连续性、社会团结性，是个体潜意识内部的一种连续的内在整体感，期待团体和社会的价值认可和心理支持。艾里克森认为自我同一性起源于婴儿，正式形成于青春期，如果在青春期不能形成同一性，则会走向另一个极端，即同一性混乱或角色混乱，个体因而不能正确选择适应社会环境的角色甚至背离社会要求。艾里克森把同一性区分为"自我同一性"与"集体同一性"，成为后来认同研究区分个体认同和群体认同的前身。

一般认为，民族认同是指个体对本民族的信念、态度及其民族身份的承认，是一种群体认同，结构包括群体认识、群体态度、群体行为和群体归属感4个要素。而现有针对民族认同的研究大多围绕态度展开，因此，就态度而言，表现在民族认同上有两种基本的认同模式：积极的民族认同和消极的民族认同。前者指民族成员正确看待本民族的文化、宗教、习俗等，积极接近并学习主流文化、语言和生产方式，最终形成本民族强烈的民族内聚感，当然也会对民族外部成员产生一定的排斥和抗拒；后者指弱势文化的成员由于主流文化背景下的影响，认定自己弱势文化的不利与落后，而产生消极、自卑、悲观的态度，最终无法认同自己的民族。

对于民族认同的研究，主要有两种研究策略，一种是社会学的社会心理学研究策略，另一种是心理学的社会心理学研究策略。前一种从社会学和文化人类学的角度出发，或从民族成员对本民族文化、语言、宗教、习俗等的态度入手，大多运用问卷调查，了解民族成员对本民族的身份和文化的态度；或从个案研究着手，辅以民族志的研究方法，通过实物搜集，对神话、历史传记进行分析，来研究民族认同。后一种从心理学的视野入手，一般运用实验法和量表法，将群体分为内群体和外群体，通过实验来分别了解群体成员对内群体和外群体的态度，进而探讨因果关系。心理学的社会心理学研究策略在运用量表法时，一般常用的是 Helms 编制的黑人民族认同量表、Parham 等人编制的民族认同态度量表、Helms 等人编制的白人民族认同态度量表。

（二）国外民族认同研究

国外民族认同发展模型以阶段性作为主要特征。较早对这一领域进行研究的是汤姆斯（Thomas），他提出了黑人民族认同发展的五阶段模型，试图勾勒出健康黑人认同发展的方向。后来克罗斯（Cross）也提出一个黑人民族认同发展模型，这一模型假定，黑人青少年按照线性发展的方向，有一个从不健康的白人认同到主流文化认同到健康的黑人认同的发展阶段，而黑人群体过度的对白人文化的认同是一种心理异常的表现。

斐尼斯等人提出了适用于少数民族青少年的民族认同发展模型，这一模型是在艾里克森提出的认同发展的框架的基础上提出的。他认为民族认同的发展要经过 3 个阶段：第一阶段称为弥散的民族认同阶段，这一阶段的认同特点是民族成员对本民族问题缺乏积极探索的兴趣，不承认自己的民族身份。而总是按照父母或主流文化的观念看待自己的民族。处于这一阶段的青少年自我控制、自我调适能力较差，自尊水平较低。第二阶段中青少年的民族意识逐渐崛起，积极关注本民族的发展，开始认识自己民族文化同主流文化的差异，逐渐停止了对主流文化盲目的追求和认同。第三阶段个体达到民族认同的最高阶段，接受了自己文化和地位双重不利的现状，把自己对本民族的积极认同内化并整合于自己的认知结构中，产生了强烈的民族自豪感和民族自尊。

Helms 曾提出白人民族认同的发展模型并在此基础上提出了适用于所有有色人种的民族认同发展模型。她认为有色人种民族认同模型按照认同变化的逻辑顺序由 5 种身份组成：顺从、不一致、沉没—浮现、内化和综合意识。Helms 认为所有有色人种的民族认同发展都包括对内化了的社会种族刻板印象的克服以及对消极的自我概念和我族概念的克服。有色人种的民族认同发展模型如亚裔美国人认同的发展模型、其他少数民族认同的发展模型等。

另外，国外对于民族认同的研究还关注到民族认同与民族成员的文化适应、心理健康以及人格发展等方面的相关研究，试图从对民族认同与这些相关心理领域的研究更深刻地理解民族深层文化心理，促进民族文化交流与民族心理的发展。

（三）中国少数民族认同研究

民族认同在我国是一个刚刚兴起的研究领域，多从文化人类学的视野着手，心理学对民族认同的研究还为数有限，现有研究较多探讨民族认同与民族意识、国家认同的关系，另有一些研究对我国少数民族民族认同及其影响因素寄予关注。如一项对我国藏族大学生民族认同的研究指出，藏族大学生的民族认同主要包括主流文化认同、积极的民族文化认同、消极的民族文化认同3方面，影响藏族大学生的民族认同的因素包括汉族朋友的数量、学习汉语的时间、父母的民族身份等，并指出民族认同与文化适应关系紧密。另外也有研究者讨论了回族穆斯林的民族认同，认为影响回族穆斯林的民族认同感的主要因素有历史与宗教因素、地缘与亲缘因素、产业与职业因素、性情与人格因素等，并指出回族的积极民族认同利于弘扬本民族优秀传统文化精华，形成自强不息的民族风格，利于促进民族生产力，形成富有民族特色的产业结构和行业结构，并且也为我国多元文化注入新鲜的民族活力；同时，回族民族认同中的消极因素也导致形成民族内部的自我封闭心理、狭隘的民族认同感，缺乏创造与创新意识。

随着多元文化时代的到来，社会心理学对这一领域的研究方兴未艾。

三、国民刻板印象研究

刻板印象是社会认知理论的主要课题之一，简单地说刻板印象就是成见，是对人或事的一种固定的看法。其特点表现为一种认知的自动性、概括化和僵硬性。对刻板印象的研究多从性别与社会认知的角度着眼，探讨不同的性别角色以及不同的社会认知角度对人与事物产生的态度偏差及影响。

国民刻板印象，也称为民族刻板印象，是指根据某一民族的大多数成员的行为表现或心理特征形成的对这一民族群体特征的整体的固定的看法。

最早研究国民刻板印象的是美国社会心理学家 D・卡兹和 K・W・布瑞利，他们在 1933 年调查了 100 位普林斯顿大学学生对各民族成员与国家的国民所持的印象，结果发现被试的看法相当一致：如认为美国人是勤劳的，而实利主义的犹太人是精明的、贪财的等。李本华、杨国枢在 20 世纪 60 年代末70 年代初也进行过类似的研究，并得出了相应的结果。国民刻板印象在一定程度上反映了不同民族的心理与行为特征，但和其他刻板印象一样，也具有十分稳定和强烈的情绪色彩。由于它的内容通常缺乏理性根据，因此，国民刻板印象往往会发展为种族偏见和种族歧视。

另有研究刻板印象的内部操作过程，显示出民族与种族之间的认知偏差，如白人对黑人或其他有色人种会产生自动的消极的联想，年轻人对老年人也有消极的联想。

四、中国人的国民性研究

关于中国人的国民性的研究是现代社会心理学的重要主题之一。最早触及这一领域的，是 19 世纪鸦片战争前后进入中国的西方传教士、医生、地理学家、外交官以及汉学家。其中影响较大并开创研究中国国民性之先河的是美国传教士 A·H·明恩博（1894）的《中国人的素质》，他在书中列举了"面子要紧"、"省吃俭用"、"恪守礼节"、"柔顺固执"、"因循守旧"、"知足常乐"、"互相猜疑"、"言而无信"等 26 种中国人的性格特征。这本书是明恩博在华传教 22 年之后，在广泛接触中国各阶层人群的基础上著作的，曾长期作为来华传教士了解中国的必读之作。鲁迅先生曾颇为关注此书，并力荐国人一读，成为其揭示和改造中国人国民性之促动。鲁迅先生还指出，正是由于中西文化不同的生活背景而使明恩博在著述中产生了一些对中国人国民性不确切的描述和误解。

在中国近代史中，许多中国学者也开始从文化和哲学角度对国民性进行自觉思考，并将国民性与社会发展联系起来进行考察，如梁启超在《中国学术思想变迁三大势》中，对中国人的心态特征作了极为凝练的概括：中国人崇实际、主力行、贵人事、明政法、重阶级、重经验、喜保守、主勉强、畏天命、言排外、贵自强。鲁迅先生对中国人的国民性作了批判，希望从揭示那些国民性中消极的、负面的"病根"中激起国民对自身弱点的反省和对刚健有力的正面素质的唤起。梁漱溟（1949）在《中国文化要义》中，将中国人的性格提炼为"自私自利"、"勤俭"、"爱讲礼貌"、"和平文弱"、"知足自得"、"守旧"、"马虎"、"坚韧及残忍"、"韧性与弹性"和"圆熟老到"等 10 种基本特征，并指出遗传和因社会环境的刺激而形成的后天习惯是这种民族性形成的两个原因。林语堂在《中国人》中归纳出中国人的 8 种民族性格特征：老成温厚、遇事忍耐、消极避世、超脱老滑、和平主义、知足常乐、幽默滑稽和因循守旧等。他同时看到了中国民族性格的优点与缺点，对其进行正负两面的辩证思考，这是难能可贵的。

从研究角度上说，中国学者研究国民性存在一些问题：①批判或维护胜于研究，导致情绪化色彩很浓；②当时中国尚没有现代意义上的社会和行为科学，大部分研究中国国民性的工作是从事文、史、哲方面的学者做的，少数人类学家的研究也没有引起人们的足够注意，而前者更多地是从中国传统思想里面找中国人的特点；③对国民性研究的方法问题，莫衷一是，没有找到一种方法来准确地认识一个民族的特征。

不可否认，中国文化被数千年的历史沉淀赋予了浓重的儒、释、道的色彩，但是每一具体时代对其认同程度有所不同。封建社会人们以儒为尊，以孔孟之道为至理。其后以鲁迅先生提倡的"取其精华，去其糟粕"为标准。再后来，西方文化融入，由文化的融合到多元文化并存，认同的标准也不断变化。

从 20 世纪 70 年代起，中国学者主要是台湾、香港和海外的华人学者开始从现代心理学和社会心理学角度来看待中国民族性格的问题。他们或与西方心理学家合作研究，或使用西方学者的研究方法和研究工具，研究对象也主要是生活在这些地区的中国人或华人，对中国人的人格特征进行了广泛的研究。我国台湾著名学者杨国枢教授在《中国人的心理》一书中，系统地综述、分析并评价了近几十年来国内外学者对中国人人格所作的研究。他还从文化生态学的角度发表了"中国人的性格与行为：形成与蜕变"一文，进而论述了经济形态、社会结构、社会化方式与传统的人格特征的关系。并从文化相对论的观点出发，提出了中国人是"社会取向"的观点，这种社会取向是一种顺从他人、不得罪他人、符合社会期望并受他人意见左右的行为倾向。

以生态心理学的取向来研究中国人的人格及其变化，是一个严密的理论构想与精确的实证研究相结合的观点。在当前对中国人的人格特征及其变化的研究中是一个成功的例证。但是这一观点在生态与文化背景的分析中是以整个中国为背景的，具体的实证研究则主要是以台湾、香港和海外华人为对象的。因而进一步的、在更大范围内的实证研究还是必要的。

近十几年来，中国内地心理学者也开始广泛关注中国民族性格的问题了。如沙莲香等人从自我意识、行为取向、性格结构 3 个方面证实，中国民族性格具有双重和多元特点，表现在实际生活中，会显得更注重人际的、表面的、讲究的、不克制的、无礼无节的、有理有情、有人有己，优点表现得多些，但私底里却正好相反；研究还表明，中国人在认识特点上也表现了双重性，即他本人会表述对某一事物的看法，而问及其他人对这件事的看法时，他表现的却是另一种看法。沙莲香曾提出中国人的 14 种人格特征：仁爱、气节、侠义、忠孝、理智、中庸、私德、功利、勤俭、进取、实用、嫉妒和欺骗，后来她把这 14 种人格特征重组为忠恕、中庸、务实。并且她认为是中国文化赋予中国人以这种双重特性，即"天性"与"人性"的统一。在研究方法上，沙莲香尝试运用社会学与心理学结合的研究方法，力图达到中国民族心理研究实证化。

第三节　中国人本土社会心理研究

一、本土心理学与心理学的本土化

国外的本土心理学（indingenous psychology）的研究始于 20 世纪 80 年代，以英国心理学家希勒斯（P. Heelas, 1981）提出"本土心理学"为标志。他明确指出，应该研究当地民众内心的自我经验，即与当地文化有密切关系的经验及思想，如人格、意识、情绪等，把心理学研究扎根于当地文化中，将心理学概念与文化联系起来。文化变量一旦进入心理学，心理学本土化便不可避免。

本土心理学产生的思想基础是后现代主义思潮和多元文化的理念，其直接推动力来自心理学内部对严格的行为主义的局限的批判和对具有文化契合性的心理学的倡导，以及心理学应用方面的需要。

传统的科学心理学，由于其实证主义立场，限于量化、可操作性的特点，严重脱离文化背景。实验程序控制越严密，行为越抽象，所得结果越精确，事实上也变得越空洞。心理学应该与真实的生活紧密相连，文化便是心理学与现实有机结合的契合点，也即是本土心理学所追求的。简单地说，本土心理学就是将西方心理学模式的理论、概念和方法等加以修订以使这门学科与文化的联系更密切，来研究某一文化背景下的人类行为和心理过程。本土心理学强调以当地人、当地社会及当地文化为主体的研究方式。在研究过程中，不轻易也不盲目地直接套用西方国家的现成概念、理论、方法和工具，以防止丧失创造本土性理论和方法的机会。

本土心理学研究关键在于如何进行心理学本土化的进程，也就是构建出植根于某一特定文化群体中的理论框架和研究方法。另外，本土心理学也对文化相关变量之间的关系以及它们与普遍性理论之间的关系进行深入探讨。心理学的本土化（indigenisation of psychology）是指本土心理学的产生和发展的过程，如典型的模式是：承认西方模式的局限、用问题定向的方法对民族性心理问题进行研究、提高对本土文化驱动下的本土心理潜质的敏感性。心理学的本土化过程包括两方面：结构和内容，前者是指对研究者培训的机构的数量和规模、研究机构的质量、资金的数量等，后者指与某一文化相契合的理论、课题和方法等。相应地，本土化过程也有 4 个方面：课题的本土化、理论检验的本土化、研究机构的本土化、研究过程的本土化。墨西哥心理学家拉温（D. Loving）称心理学的本土化是心理学思想在不同文化中的一种解放。

二、中国人本土社会心理研究

我国的本土社会心理研究是随着 20 世纪 80 年代初期台湾的"社会科学本土化"的运动而提出的。他们认为，由于大量移植西方心理学的概念，造成了中国心理学研究者总是跟着西方心理学家们兴趣的取向而决定自己研究的方向。尤其是对一些较高层次的心路历程分析，很容易忽视自己的社会文化与语言里的一些特殊现象。当然本土化的中国心理学并不是要一味地排斥西方的理论与研究方向，而主要是反对盲目地抄袭与漫无目标地翻译修订各种西方量表，最大的例子就是传统的智力测验已经因种族、文化的差异而饱受攻击。

面子恐怕是在本土社会心理研究领域中最受关注的课题了，现有研究主要集中在对面子内涵分析、面子的形成、面子对中国人社会交往的影响等方面。

朱瑞玲（1983）曾从中国古籍考证中发现面目、颜面等字眼早已在《诗经》、《旧唐书》、《唐书》、《元史》中被用来形容个人行为或道德的合宜性，以及颜面受威胁的情绪反应。不过面子的含义也因谈话内容而异，有时指权势架子，有时指光荣名誉，有时则作人情解。

在中国近代史上，鲁迅、林语堂、巴金等都对面子作过探讨，如林语堂（1936）认为面子是一种可以给、可以丢、可以抢甚至可以送的心像。

还有一些研究者也注意到面子的跨文化比较，面子不仅是存在于中国人中的独特观念，在西方文化中也普遍存在着面子的概念。如周美伶（1992）等人从跨文化的观点分析面子的内涵及其在社会交往中的运作，指出东、西方对于面子的概念及内涵的界定是不尽相同的。

佐斌（1997，2002）认为"脸面"对于中国人非常重要，希望从"脸面"入手揭示中国人的民族性格。他认为，面子在中国人的生活中无孔不入，中国人重视"脸面"有其文化土壤。中国的文化特征是一种以封建伦理道德为核心的伦理道德文化，孔圣以"仁"为"至德"，"仁"由"二"和"人"组成，指的就是如何处理人际关系，因而中国人重视人与人之间的关系，重视他人对自己的评价，与西方人比，中国人具有典型的关系取向。

除了对面子研究外，许多中国心理学工作者，特别是台湾和香港的学者对中国人社会心理进行了大量的研究。杨国枢总结，从20世纪80年代起到90年代初短短10余年间关于中国人社会心理的研究就有上百项，其中主要的课题有面子、人情、缘、报恩与复仇、关系取向、孝道、家族主义、社会取向、集体主义、自我观、性格知觉、传统性、正义观、公平观、价值观、道德观、宗教心理、世俗主义、组织行为、怨与人际苦痛、慈悲观念、友谊关系发展、体罚现象、中国古人心理、中国古代社会心理学思想、心理测量工具的本土化等。这些研究大大推进了中国社会心理学的发展。

复习思考

基本概念

民族文化　民族心理学　民族性格　人格的文化决定论　人格与文化的相互作用论　民族认同　本土心理学　跨文化心理学

思考题

1. 论述民族文化与民族心理的关系。
2. 如何理解文化与人格的关系?
3. 什么是认同? 什么是民族认同? 民族认同发展模型有哪些?
4. 本土心理学与心理学的本土化有何区别与联系?

第八章 社会文化变迁与心理适应

本章要点:
- 社会文化变迁的理论
- 文化融合及其制约因素
- 对文化融合的适应
- 社会的现代化与人的现代化
- 现代化与中国民族心理的演变

历来社会学家和人类学家都十分重视社会文化变迁的研究,他们从社会与文化的层面上探讨这种变迁。这种变迁不仅仅局限于社会文化层面上,在社会文化变迁过程中人们的社会心理与行为也会相应地发生种种变化,因此,社会心理学家也要探讨社会文化变迁,他们着重探讨社会文化变迁与人们社会心理和行为的关系。在这一章里,我们将在了解社会文化变迁的本质、形式与影响因素的基础上,说明社会文化变迁与人们社会心理和行为变化的关系,并着重探讨社会文化变迁一种重要形式即文化融合的有关问题,以及现代化与中国民族心理的演变等问题。

第一节 社会文化变迁

一、社会文化变迁的概念

辩证法告诉我们,宇宙万物都处于运动变化之中。人类个体在不断发展与变化,人类社会与文化也在不断发展变化。社会文化的稳定均衡是相对的,而发展变化是绝对的。人类所处的大千世界纷繁多样,人类创造的文化千姿百态。古今中外任何一个民族,任何一种文化,都不可能在时间的推移中一成不变。与文化诞生之初比较，任何一种文化都发生了不同程度、不同形式的变化。有的是完全消失，为另一种新的文化所取代；有的是改变了原有的形式；而有的则是在原有的基础上融入了新的内容。人类的祖先茹毛饮血、筑巢而居、安步当车，而今天的人们享受美食佳肴，住高楼大厦，乘坐飞机、汽车、轮船等现代的交通工具。如此巨大的变化是古人做梦都想不到的。总之，随着时间的推移，社会文化的变化是不可抗拒的事实。

社会变迁与文化变迁是两个紧密联系的现象，前者是指某一社会制度的结构与功能等方面的改变，而后者是指某一民族文化发生系统性的变化。由于两种现象相互联系，紧密相随，有的学者索性统称为社会文化变迁。

社会文化变迁具有一种时间动态性，也就是说它不是在一瞬间完成的，在时间上它有一个从发生、发展到完成的过程。例如，中国社会从封建社会形态转变到社会主义的市场经济形态经历了上百年的时间，到现在这一过程还没有最后完结，仍在继续之中。时间的推移对于文化变迁是十分重要的，因为文化变迁作为一种综合因素的结果，需要有一定的时间来保证变迁过程的完成。但是，由于促使文化变迁的内外条件的不同，文化变迁的过程就可能长，也可能短。例如地处沿海城市的居民，由于交通方便，人们交往频繁，商品经济发达，文化变迁的速度就要快得多。相反，如果地处偏僻、封闭，与外界很少交往，那么文化变迁的速度就较慢。

在社会文化中并非任何变化都是社会文化变迁，只有那些变化大得足以改变社会文化的性质或系统时，这样的变化才称为社会文化变迁。例如，今天比过去吃得好一点，穿得好一点，并不一定反映社会文化的变迁。当我们这个社会从传统的小农经济形态转变为市场经济形态时，这样的变化就是社会文化变迁。社会文化是一个包括物质生产、社会制度和意识形态诸多因素有机联系的整体或系统。社会文化系统中各种因素相互联系与相互作用，当某一因素发生变化，可能引起别的因素发生改变，进而导致整个社会文化出现新的形态与过去的社会文化相区别，当这个过程完成之后，我们就可以说这一社会文化发生了变迁。

社会文化变迁是在系统内外因素的影响下发生的，并且有其变迁的内部机制。某一民族吸取了其他外部民族文化的某些因素，使自身文化产生了局部的变化，但并不一定能引起社会的变迁，甚至只是成为一种文化的新的饰物。例如，通过民族间的文化交流，汉民族掌握了某些少数民族的乐器、饮食和服饰等，但这种局部的变化未能引起文化的系统整合性的变化，这样的变化可称为社会文化变化，有别于社会文化变迁。但是，无数这种社会文化局部变化的积累，也可使文化的很多方面发生改变，也可以引起、造成文化的变迁。

二、影响社会文化变迁的因素

引起社会文化变迁的原因有很多，有外部的原因，也有内部的原因；有客观的原因，也有主观的原因。归纳起来，最主要的因素有对环境变化的适应、发明创造、文化传播与文化移入。

（一）对生存环境变化的适应

人类的生存环境包括自然环境与社会环境两个方面。自然环境包括地理位置、气候条件、地质地貌、自然资源等。每个社会群体都要发展与其自然环境相适应的物质资料生产方式，例如，某些民族生活在森林环境之中，基于森林环境所能提供的资源，逐步形成狩猎或采集的生产方式；生活在草原地区的民族发展了游牧的生产方式；生活在江河、湖泊与海边的民族建立了捕鱼的生产方式；生活在土壤肥沃地区的民族发展了农耕的生产方式等。

根据马克思关于物质生产方式决定上层建筑和意识形态的观点，一定的物质生产方式往往决定该民族的人口、社会组织形态、知识观念系统等。例如，森林的生态环境所能提供的动植物资源非常有限，决定了狩猎民族的人口比较少而且分散，难以形成紧密的社会组织结构。而对于农耕生产方式来说，由于农作物具有较强的重复再生性，较小的土地面积可以养活更多的人口，因此，农耕民族一般人口较多。而且由于土地不可搬迁，农耕民族一般建立了较为紧密的社会组织结构，具有较强的集体主义倾向。

当人们赖以生存的自然环境发生变化时，人们要适应新的环境，需要发展新的生产技术与社会文化，从而引起社会文化的变迁。例如，气候与自然条件的变化，导致森林的减少，森林的减少使得自然生长的动物与植物资源满足不了狩猎民族生存的需要，这时候他们往往被迫寻求新的生存之道，收起猎枪，拿起锄头，开荒种地，转变为农耕民族。当草原与绿洲变成了沙漠，生活在其中的民族被迫远走他乡，原有的草原文化或绿洲文化消亡了，他们将在新的迁徙地发展新的生产方式，建立新的文化。

影响社会文化变迁的外部环境的第二个方面是社会环境的改变。随着人类社会的发展，交往的扩大，任何一个民族都不可避免地与其周围的其他民族发生种种联系。某一民族周边社会政治制度的变更，政权归属的变化，政策、法令的影响以及战争等因素都可能导致该民族的社会文化发生种种变化。例如，1949年新中国成立之后，中央政权从上到下推行了一系列新的社会政治制度与措施，这些新的变革使得边远地区许多少数民族的社会文化发生了十分显著的变化。在解放前，某些边远的少数民族中还存在农奴制、奴隶制，甚至云南的独龙族与基诺族的社会制度还处于原始社会末期的阶段，但民族政治制度改革之后，这些民族都进入了社会主义阶段。

（二）发现、发明与技术进步

如果说环境变化是文化变迁的一个外部因素，那么发现、发明与技术进步就是导致文化变迁的一个十分重要的内部因素。人类在与自然环境作斗争的过程中，对自然环境的认识逐步提高和加深，伴随着这种知识的进步，会出现各种发明创造与技术的进步，使人类影响自然与改造自然的能力提高。这一方面提高人类适应环境的能力，另一方面也会直接地影响到文化的变迁。发现是使某些已经存在的过去不为人所了解的事物及其规律变得为人所知。发明是对先前的材料、条件进行新的综合，从而产生新的东西。有些发现和发明是无意识的和偶然的，如古人发现火烧过的陶土会变得坚硬，从而发明了制陶。有些发现与发明是有意识的创新，如纺纱机、蒸汽机的发明等。

人类科学技术的进步，发明与发现的增多，直接地导致了人类世界观及物质资料生产方式的变化，改造自然能力的提高。航海技术的发展使得哥伦布有机会发现美洲大陆，大大促进了世界文化的变化，而瓦特发明蒸汽机引发了英国近代工业革命，继而通过传播对整个人类文化产生了巨大而广泛的影响。人们对于自然及自身的认识以及劳动和生活的手段与方式更新越快，这种文化的变迁也就越快。这就是人在文化变迁中最为重要的主观因素。当然，人的主观因素也受到各种因素的影响。在有的情况下，人们的变革意识不一定强，不一定接受这些新的发现与发明。只有当这些发明和发现被该文化的多数成员所接受时，社会文化的变迁才能够完成。在人类早期，铁工具的使用及传播，自然就是一件了不起的大事。它能大大提高人的生产劳动效率，获得前所未有的生产能力。在一些文化中，机织布的传入，可能以其价廉物美而受到人们的欢迎，从而导致人们放弃劳动投入时间长、工艺复杂、质量差的手工纺织品，导致从棉花的种植到纺线织布、印染的传统手工纺织技艺的衰落。再如在一个狩猎民族中，拥有了火枪对一个人来说可以大大增加狩猎收获，但当人们都普遍地拥有了猎枪后，传统的狩猎工具，如弓箭、设陷阱、反弹机等装置以及狩猎的习俗等都会逐渐被淘汰。

（三）传播

文化变迁的外部因素主要包括外部环境的改变与不同文化间的交流传播等两个方面。传播有赖于交通与通讯技术的发展。由于交通的改变，并且总是朝着人类便利交往的方向而变，这样不仅促进了物资的流通，也增加了人的交往频率，扩大了人的交际地域。由于物资的流通，过去没有的东西今天可以买到，人们对于自己的传统生活方式及生活用品有了新的选择。而自己生产的物品也可以上市场交易，并依据市场的需求而生产，从而带动了新产业的出现。

这样，在人们的日常生活中出现了很多新鲜事物，过去没有的东西可以通过商品交易而购得，传统的生产也渐渐被淘汰，并进而引起人们思想观念的变化。如过去一个民族通过自己种植棉花进行服装、盖被的纺织，而现在通过贸易就可以买到花色、质地较本地产品好的纺织品，并且比自己的产品的生产成本低，其结果就是导致了传统纺织业的衰落。交通发展还使人们的社会交往面扩大，社会交际频率增加。在传统封闭的社会中，人们交际较少，对外部世界所知甚少，因而也就缺乏促使传统文化发生变化的有利条件。随着交通的发展，如公路的通畅及交通工具的改进，人们社会交往面空前扩大了。与此同时，人们所接受的新信息与看到的新事物等都会促使人们思想观念及生活方式等的变化，从而带动传统文化发生变化。

社会文化不会是单一的和完全封闭的。各种文化之间都会通过种种渠道进行接触与交流，并最终相互影响，导致文化变迁。在人类社会中，文化传播的渠道是多种多样的，影响也是十分广泛的，从民间交流、商品贸易、传教、战争、航海到报刊、书籍、广播、电影、电视等现代化的传播工具，都能起到传播人类文化的作用。文化变迁不仅取决于发现和发明，而且取决于传播。早期进化论者虽然强调发现和发明，但是也十分重视传播的作用。例如，摩尔根就说过："所有的重大发现与发明都会自行向四方传播。"[①] 马林诺夫斯基认为，社会内部因素引起的文化变迁是由于独立进化，不同文化接触导致的文化变迁则由于传播。[②]

传播具有几个明显的特点：首先，传播是一个选择的过程。一种外来的文化因素是否被接受，取决于它对另一文化的效用和适应性。因为任何文化都有一定的选择能力和权力，只选择适合于自身的外来文化因素。例如，在我国近代洋务运动时期，当权者主张"中学为体，西学为用"，只注重引进国外的物质文化，而排斥其精神文化。居住在高寒山区从事刀耕火种的民族不会借用拖拉机，但会输入铁锄等农具。其次，传播是相互的和双向进行的。两个不同民族在相互接触与交流过程中，往往会有选择地互相采纳对方文化的某些特质或因素。例如，在中原汉民族与周边少数民族的交往过程中，双方都采纳了许多对方的东西，少数民族的骑射、服装、畜牧、乐器等为汉族所用，而汉族的农业技术、语言文学等也往往被少数民族所吸收。再次，文化传播的范围或程度决定于两个文化群体之间接触的持续时间与密切程度。例如，中国少数民族中的土家族地处两湖、四川，靠近中原，而畲族则散居在东南地区的汉人中间，

---

① 摩尔根. 古代社会（上册）. 杨东莼等译. 商务印书馆，1977. 36 页
② B. Malinowski, *The Dynamics of Culture Change*. The Murray Priting Co., Forge Village, Mass, 1965. P. 1

这两个民族长期与汉人接触，其接受汉文化的程度就很高。而地处云南边疆的独龙族和怒族，由于交通闭塞，接触汉文化的机会很少，时间也很短，因而借用汉文化的成分就少得多。

三、社会文化变迁的理论

对于社会文化变迁，过去不少理论家从各自的研究角度进行过探讨，从而提出了若干解释社会文化变迁的理论。其中主要有进化论、循环论、功能论、冲突论与传播理论等。

进化论主张进化不仅是自然界变化的规律，而且是人类社会文化变化的规律。社会文化的变化有渐进发展的趋势，而这种渐进发展存在着阶段性。早在达尔文创立进化论之前，社会学家孔德就提出了人类社会进化的观点。他认为人类的思想发展经历了从神学、形而上学到实证 3 个阶段，与此相应，社会经历了征服、防御和工业 3 大阶段。斯宾塞继承了孔德的观点，提出了"社会有机论"，认为社会的进化也是按照"物竞天择"的原则进行的，从简单向复杂进化。著名文化人类学家泰勒（Edward Burnett Tylor，1832—1917）在其《原始文化》中，就具体地把人类文化的进步分为蒙昧、野蛮和文明 3 个阶段。人类在蒙昧时代用石器，吃野生食物；野蛮时代有农业，用金属工具；到了文明时代，人发明了文字，文化与道德水平有了很大提高。泰勒认为文化发展是分阶段进化的，"人类社会的制度一如其所居的地球，也是层系分明的。它们先后衔接，次第演化，序列一致，全球如此；即使有种族和语言的表面差异，却由于相似的人类特性而成型，且经由连续变化的情况而影响着蒙昧、野蛮和文明时代的人类生活。"①

早期的进化论都属于单线式的进化，即认为世界上每个文化或社会都依照固定的发展阶段来进化。这种思想受到包亚士为代表的人类学的历史学派的批判。进化论经过一段时期的沉寂之后，在 20 世纪 50 年代以"多线进化论"的面貌复兴。与先前的单线进化论不同，新的进化论不再认为进化是一个必然的前进上升过程，也不再将进化看成是以固定顺序的阶段更替。他们承认在不同社会文化中进化是有差异的、多元的与多线性的。

与进化论相反，循化论不赞成人类社会文化是朝着一个方向前进的观点，认为社会历史是周期性变化的。这个观点有很深的思想渊源，例如，早在中国的战国末期，思想家邹衍就提出了"五德始终说"，认为社会变动与朝代的更

---

① E. B. Tylor, On a Method of Investigation: The Development of Institutions Applied to Laws of Marriage and Descent. *Readings in Cross－cultural Methodology*, edited by F. W. Moore, HRAF Press, New Haven, 1970. p. 22

替是金、木、水、土、火五德相继更替、周而复始的循环过程。在现代社会学中，最早运用循环论思想来说明社会文化变迁的是意大利社会学家帕雷托，他认为社会系统中有一种恒定的因素，因而历史的变迁是不断重复的。德国历史学家本格勒认为社会是一个活的有机体，有其出生、成长、成熟和衰亡的过程。他甚至断言，一度兴盛的西方文明将处于衰亡时期。英国历史学家汤因比也认为社会是循环发展的，每一个循环都起始于"挑战"，即由自然或社会环境给予的挑战，然后人类给予"响应"。如果响应成功，便过渡到下一个挑战。如果响应不成功，社会便走向崩溃。

功能论往往把社会看成与人体一样的生物有机体。人体各个器官之间有相互联系，并起到维护有机体正常运转的功能，同样，社会系统的各个部分之间会有机地联系在一起，并起到维护社会稳定的作用。马林诺夫斯基等功能论学者均强调人类学家要研究各种社会文化要素的功能作用，并找出它们之间的整合作用。美国社会学家帕森斯将社会设想为一个各部分相互依赖的系统，其中每一个部分都为该系统的平衡作出贡献。文化是一个社会中的共同信仰、规范与价值观，是连接社会的关键因素。它们最不易变化，具有一定的保守性，从而起到为社会各部分之间平衡的作用。但是，社会的平衡与稳定是相对的，微小的社会变动是经常发生的，如果这种小的社会变动的积累达到一定程度，该社会系统不能保持其稳定，社会文化变迁就发生了。社会文化变迁往往是社会有机体中某种或某些部分或要素由于来自社会内外的干扰不能正常发挥其功能，从而导致社会的紊乱，进而引发社会变革，使得社会机体得以重新整合，达到新的平衡。

功能论强调社会系统的平衡，而冲突论则强调社会系统内部或外部的冲突。冲突理论吸取了马克思主义的阶级斗争的学说，并把阶级斗争的观点扩大到种族、国家、政党与宗教团体之间。冲突论的代表人物达仑多夫认为每个社会都会有种种冲突与不一致，因为每个社会都是以一些人对另一些人的压迫和强制为基础的。由此，社会中每一个要素都对社会的分解和变革发挥一定的作用，随时随地都可能发生某种社会变化。

传播理论认为人类全部文化开始于一个或多个特殊区域，然后向全世界传播，也就是说所有文化都有一个共同的起源。因此，传播是文化发展变化的主要因素，社会文化变迁主要是因为文化的采借，而不是发现和发明。不同文化之间的相同性是许多文化圈相交的结果，因此，文化彼此相同的方面愈多，发生过历史关联的机会就愈多。传播学派的先驱德国民族学家拉策尔（F. Ratzel，1844—1904）认为人类不是静止不动的动物，他们总是尽力向不受自然约束的一切地方迁移和扩散。伴随着民族迁移，文化要素也发生扩散与迁移。所以，如果在分割很远的两个地区中，有一致或相似的文化要素，则两地文化必定存在着历史上的同根关系。弗罗贝纽斯（L. Frobenius, 1873—1938）把拉策尔的同根关系扩大为"文化圈"，认为传播不仅限于个别文化要素，而且能运用到整个文化上，即包括物质的、社会的以及神话的各部分，也就是说整个"文化圈"都可以迁移和传播。德国民族学家弗·格累布莱尔（F. Graebner, 1877—1934）认为人类的发明创造能力是非常有限的，从新几内亚到欧洲大陆，无论哪里发现木桩上的水上建筑，必然来自同一发源地，是从同一个地方传播出来的。

上述有关社会文化变迁的理论各有各的合理因素，但是也同时存在各自的不足或局限。例如，功能论强调了社会系统的平衡，而忽视了冲突；冲突论则强调社会系统的冲突，但忽视了平衡与稳定；传播理论肯定了传播的作用，但忽视了人类的发明与发现对社会文化变迁的意义。因此，我们在探讨社会文化变迁时，有必要批判地吸收各种理论的合理因素，进行创造性地综合，形成更为全面和合理的理论。

第二节　文化融合

一、文化融合的概念

在历史上民族间的相互交往和文化交流对于民族文化和民族心理的形成发展起了十分重要的作用，中华民族文化和民族心理就是在汉族和其他民族之间长期的接触和文化交流的过程中形成和发展起来的。在当代，由于科技和生产力的发展、世界经济的一体化，加上交通、通信和国际教育的发展，国际国内民族或种族间的人员来往和文化交流日趋频繁，这势必加强民族或种族间的相互学习和文化融合过程，从而加快民族文化和民族心理变化发展的步伐。

文化融合（acculturation）这一概念最早是由人类学家李德费尔德等人（Redfield et al., 1936）提出来的。它是指文化上有区别的群体之间持续和广泛的直接接触所导致的文化变迁。文化融合是文化变迁的一种形式。文化变迁可以因文化群体对某种环境变化的适应而产生，也可以因群体内部某些个体的发明创造或采用新的行为方式而引起，而文化变迁最常见的原因却是不同文化群体之间的直接接触和相互交往，由这种接触和交往所导致的文化变迁就是文化融合。

例如，历史上日本民族文化的形成和发展是与中国文化的融合密不可分的。从秦汉以来、特别是唐代以后，中日民族之间的人员来往和文化交流是很广泛的。日本国派遣了大量的留学生来中国学习中华文化，而中国不时有学者和宗教家到日本传播中华文化。由此，产生了深刻的文化融合过程，中国文化的许多成分，如文字语言、生产技术、科技、文艺、哲学和宗教等被日本文化所吸收，成了日本民族文化的组成成分。

早期对文化融合的研究大多数是由人类学家在群体水平上进行的，他们着重探讨了影响文化融合的社会因素，如群体间相对的政治经济实力、群体内部社会结构的开放性、群体间文化上的差异程度以及群体中参与接触的社会阶层的广泛性等。一般说来，两个文化群体之间相对政治经济实力的差距越大、群体内部社会结构的开放性越大、群体间文化上的差异程度越小、群体中参与接触的社会阶层越广泛，就越容易产生文化融合。

到了20世纪60年代，心理学家格利文斯（Graves，1967）提出了心理融合的概念（psychological acculturation）。这一概念是指不同文化的个体之间的直接接触所导致的个体心理和行为的变化。例如，中国的留学生旅居西方国家，在与当地人的接触交往过程中，逐步适应了当地文化，同时自己的心理也发生了某些变化，如掌握了当地语言，改变了饮食、服饰习惯，时间和金钱的价值观念发生了变化等等。

文化融合和心理融合是同一个过程的两个方面，它们既相互区别，又相互联系。文化融合着重点在群体水平上的文化间的相互作用过程，而心理融合则强调个体水平上的文化间相互作用的过程。文化融合要以心理融合为前提，而心理融合又受文化融合的制约，因为任何文化群体都是由个体组成的，而个体总是被包容在某个文化群体之中。一个群体或民族的文化融合过程首先是从该群体或民族中的某些个体的心理融合开始，随着群体或民族中与其他群体或民族接触交往而发生心理融合的人数日益增多，由量变到质变，导致整个群体或民族的文化融合。群体或民族文化融合又会反过来促进个体的心理融合过程。

从格利文斯起，心理学家开始从个体水平上研究文化融合的过程即心理融合过程。最为著名的研究是贝利（Berry，1976）的关于西式教育和经济等文化融入因素对非洲和美洲土著人认知方式和心理应激的影响。这些研究说明了文化融入不仅会导致民族或种族文化的变化，而且也会使民族或种族心理发生某种改变。

文化融合对于直接接触的两个文化群体来说，包含有互变的意义。但是，现实中通常只是某一个群体的文化和心理发生改变，因为相互接触的两个文化群体的政治经济实力往往相差悬殊，一个文化群体处于优势或主导地位，另一个文化群体则处于劣势或非主导地位，因而变化主要发生在后者。通常我们把文化融合过程中文化和心理发生变化的群体称为文化融合群体。根据文化接触的形式或性质，我们可以区别出不同种类的文化融合群体。

　　根据群体参与文化接触的自愿程度，可把文化融合群体分为主动型和被动型。例如国际间流动的移民、劳工和留学生、国内流入城市的民工等属于主动型，而国际间的难民、经济和文化迅速发展地区（农村转变为城市或工业区）的本地人、非自愿的下乡知青等属于被动型。

　　根据文化接触是否需要移动，可把文化融合群体区别为移动型和非移动型。例如，移民和难民、留学生和外地劳工、外交人员和旅游者等都属移动型，而少数民族、经济文化迅速变化地区的当地人等属于非移动型。

　　根据文化接触时间的长短，可把文化融合群体分为长久型和暂时型。例如，旅游者、留学生、外地劳工等各种流动人口属于暂时型，而移民、经济文化迅速变化地区的当地人和少数民族等属于长久型。

　　对于同一个群体或民族，可以有多种类型的文化融合群体。例如，汉族中有属于主动型的外地劳工和留学生，又有属于被动型的下乡知青和当地人；既有属于移动型的华侨、外地或海外留学和工作人员，又有属于非移动型的当地人。不同文化融合群体的文化、心理和行为的变化情况都有所不同，必须分别加以调查研究。

二、文化融合过程及其制约因素

　　文化融合是一个过程。在这过程中，文化融合群体与主流群体接触，随着接触的增多，代表着他们各自文化的思想、感情和行为方式不断地相互交流和相互作用。他们之间在语言、价值观念、道德、宗教和哲学等文化上和政治经济上的差异导致交流上的障碍和误解以至矛盾冲突。矛盾冲突的增多无疑对双方都不利，因而要求双方各自作出适当的调整，改变自身以适应对方。又由于双方实力对比的不同，通常是某一方即文化融合群体作出较大的调整，导致自身的心理和文化发生变化，即心理移入和文化融合。文化融合群体所作出的调整逐渐发挥作用，双方之间的矛盾和冲突也就慢慢减少，以至相互适应、和谐相处，文化融合过程完结。

　　文化融合过程大致可分为 3 个阶段，这 3 个阶段就是接触、冲突和适应。在第一个阶段即接触阶段，两个文化不同的群体和个体开始相互接触和交往，由于最初的接触并不广泛和深入，而且也比较新鲜，两个群体或个体之间的矛盾冲突并不明显。在第二个阶段即冲突阶段，随着接触的广泛和深入，群体或个体间的差异所带来的矛盾和冲突逐渐增多。尤其是两者的文化差异比较大、其中之一的支配性较强的时候，一个群体或个体受到另一群体或个体的较大压力，迫使他们改变文化和行为方式，以达到相互间的协调。有压力，就有抗争，冲突势所难免。在冲突阶段，文化融合群体或个体的应激水平较高，适应程度较低。第三阶段即适应阶段，文化融合群体或个体所作出的调整逐渐取得效果，自身的心理、行为和文化发生了与环境相适应的种种变化，冲突减少、应激降低，适应水平逐步上升，最后双方相互适应，完成了整个文化融合过程。

文化融合过程三阶段的假说得到了不少研究证据的支持，但是，这些研究也表明这个假说只是对文化融合过程的大致描述，比较简单化。不同类型的文化融合群体，其文化融合过程有各自的特殊性，需要更为细致的理论假说来加以概括。

文化融合的过程必然导致一系列的变化，对于这些变化，我们可以从群体和个体两个水平上去分析。在群体水平上，文化融合的结果体现为文化的变化。在个体水平上，文化融合亦即心理融合的结果体现为心理的变化。下面我们借助一个模式图（见图8－1）来分别描述文化和心理的变化及其制约因素。

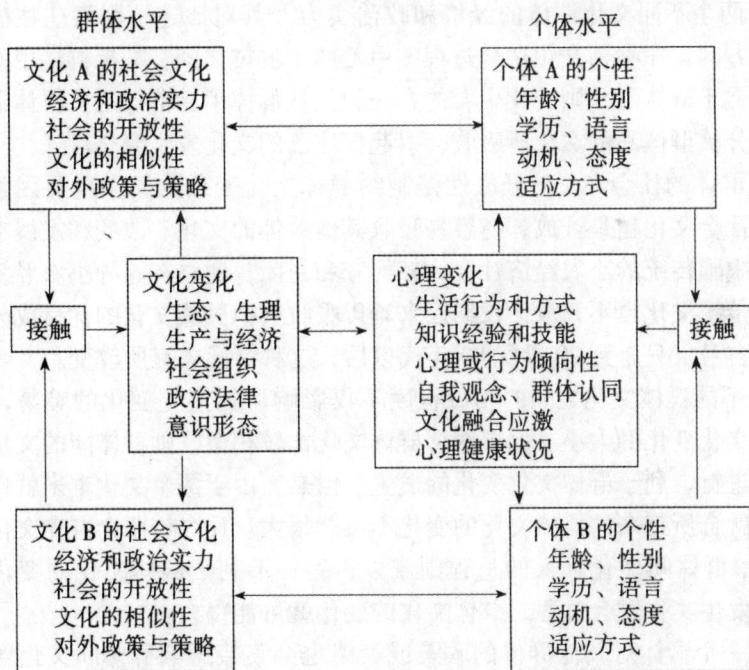

图8－1　文化融合过程中文化和心理的变化及其制约因素

不同文化群体之间的文化融合过程所产生的文化变化包含以下几个方面：

（1）生态的变化，例如，在居主导地位的外来民族的影响下，当地民族的生态环境发生改变，导致人口密度的增加或减少，气候的变迁，资源的减少和环境污染的增加等。

（2）生理方面的变化，如某个群体的营养成分和结构发生改变，新的流行疾病产生，不同民族通婚产生混血人口等。

（3）生产和经济方面的变化，包括群体生产方式的改变，职业结构、分配形式和收入水平的变化等。

（4）政治方面的变化，文化融合群体受到某种新的政治控制，丧失或得到某些自治权力，领导和组织形式发生某种变动等。

（5）社会组织及其结构的变化，包括家庭、社区、学校和工作单位等各种社会组织及其内部关系发生某种变化。

（6）狭义的民族文化或意识形态发生变化，如民族的语言、文学艺术、教育、科技、宗教和思想意识形态等发生某些改变。

制约文化变化的因素主要是两个不同文化群体的某些社会文化的整体特征。

（1）两个不同文化群体的经济和政治实力及其对比这一因素往往决定文化融入的方向。在参与文化融合过程的甲乙两个群体之间，如果群体甲的政治经济实力强于群体乙，则文化融合的方向就是从群体甲到群体乙，群体甲文化的某些成分被群体乙的文化所吸收，引起群体乙的文化发生变化。

（2）群体的社会文化的开放性是制约群体文化变化的又一重要因素。一个群体的社会文化越是开放，越容易吸收其他群体的文化、改变和发展本群体的文化。中国传统的小农经济社会比较保守和封闭，建立在这种小农经济基础上的中国传统文化也不开放，长期以来难以吸收其他民族文化的优良成分、改变和发展自身。只是到 20 世纪 80 年代以后，这种情况才有所改变。

（3）不同群体文化之间的相似程度不仅影响群体文化变化的难易，而且制约民族文化变化的大小。如果两个群体文化比较相似，则群体间的文化融合过程易于进行，利于群体文化变化的发生。但是，由于两个文化本来就比较相似，文化融合所带来的群体文化的变化不可能很大。反之，两个群体文化的差异比较大，群体间文化移入的过程则难以进行，不利于群体文化的变化。但是，一旦发生文化融合过程，群体文化的变化就可能很大。

（4）一个群体对其他群体的政策或策略也会直接影响群体间文化融合的过程，制约群体文化的变化。在一个多民族的国家中，居主导地位多数民族的民族政策如果是严厉的同化政策，有可能加速少数民族文化的变化。但是，严厉的同化政策可能促使少数民族采取抵制或分离的策略应付文化融合过程，以免本民族传统文化发生变化。所以，当今不少国家，如加拿大、瑞士、美国和中国等国家采取多元文化的政策，鼓励和扶持少数民族保持和发展自身的文化。这种政策有利于不同民族和平共处、相互学习，促进民族间的文化融合，加快民族文化的变化和发展。

制约群体文化变化的因素还有一些，如群体中参与接触的成员的广泛性以及成员的社会阶层、地位和教育等，这里就不一一说明了。

群体的社会文化的整体特征制约着群体间的接触和文化融合过程，使群体文化发生不同改变。群体文化的变化是文化融合的结果，但不是纯粹的结果，它本身又可以反馈于群体的社会文化，使其整体特征发生某种改变。例如，一个民族采取抵制的策略应付文化融合，结果是该民族的经济和文化的发展受到限制，这个结果的反馈使该民族采取另外的策略如顺应或整合来应付文化融合，从而加快了本民族经济和文化发展。可见，制约群体文化变化的因素与群体文化变化的关系是互为因果和相互作用的关系。

在个体水平上，群体间的文化融合亦即心理移入过程的结果体现为群体成员心理和行为的改变，简称为心理的变化。心理的变化可包括以下几个方面：

（1）生活行为和生活方式的变化，如移居外地的人，改变本群体的饮食习惯和服装等，在生活各方面与当地人趋于一致。

（2）知识经验和技能的变化，例如，在汉族的帮助和影响下，某些少数民族掌握了新的生产知识和技能，大大提高了生产效率。

（3）心理或行为倾向性的变化，包括兴趣、爱好、动机、态度、价值观、人生观和世界观等的变化，例如，某些少数民族在与汉族的经济来往过程中，逐渐产生了商品经济的观念，关于时间和金钱的价值观念也有所改变。

（4）自我观念和群体认同的改变，例如，某些移民在与当地民族的长期接触和交往中，逐步改变自我观念和民族认同，最终被当地民族所同化。

（5）文化融合应激（acculturative stress），亦称文化冲击（culture shock）的产生和心理健康状况的变化。对于文化融合应激，下面还要专门讨论，这里就不详述了。

不同文化融合民族、同一个文化融合民族中不同种类的文化融合群体，在文化移入过程中所发生的变化都会有所不同，都需要分别加以对待。

以上只是简要指出群体心理变化的几个主要方面，没有具体说明文化融合过程为什么和怎样引起这些变化。我们试举一项研究来说明文化融合和群体成员心理变化的关系。

前苏联著名心理学家鲁利亚早在20世纪30年代就对人的高级心理机能即逻辑推理过程进行了卓有成就的跨文化心理学研究。他研究了乌兹别克一个农村的两组农民被试，一组是无文化的文盲组，一组是经过了一年扫盲训练的识字组。结果发现两组被试采用了不同的推理方式，文盲组采用了具体推理或形象推理，而识字组则采用抽象推理或假设—演绎推理。为什么同一个村庄的农民会有如此不同的推理方式？鲁利亚认为迅速发展的社会历史变革和文化融合过程孕育了一种新的思维方式。在这个过程中现代学校教育这一文化融合因素起了十分重要的作用，教育的意义不仅在于使人获得新知，而且在于促使人不依赖直接经验来进行语言逻辑推理。

制约心理变化的因素不外乎群体社会文化的某些整体特征和群体成员的某些个体特征两个方面。群体社会文化的整体特征不仅制约群体文化的变化，而且制约着群体成员个体心理的变化。例如，民族经济和政治的实力影响民族成员心理变化的方向，民族社会的开放性和文化的相似性制约心理融合过程的难易程度、心理变化的大小，民族对外策略影响不同民族成员间接触的机会等。由于上面已经描述了这些因素，这里就重点介绍影响群体成员心理变化的个体特征。

（1）年龄这一因素不是单纯的生理特征，而是包括了生理、心理和社会等方面成分的综合性特征。不同年龄的个体具有不同的身心状态和社会地位，这些情况往往决定他们心理结构的开放性和可变性。一般说来，个体越年轻，其心理结构越开放可变，因而越容易产生心理融合过程，改变自身的心理。

（2）学历不仅表示一个人文化水平的高低，而且在某种程度上显示一个人学习能力的大小。知识文化和学习能力直接影响一个人对外来文化的理解和吸收的程度，因而学历与不同群体成员间的心理融合过程和心理的变化密切相关。

（3）语言，特别是外族语言的能力是制约个体心理变化的重要因素，因为外语是民族间直接交往的工具，一个人外语好，则有利于他和外族成员接触和思想交流，为自身的心理变化提供了前提和条件。

（4）心理倾向，特别是个体接触外族成员的动机和态度直接影响心理移入过程和心理变化的程度。积极的动机和态度可以促进民族成员间的心理移入过程，加大民族成员心理的变化，反之，消极的动机和态度会阻碍心理移入过程和民族心理的变化。

（5）个体适应文化融合的方式是影响心理变化的最主要的因素，适应方式可以促进或阻碍不同群体成员间的直接接触和心理融合过程，进而制约心理的变化。一般说来，同化和整合的方式可以促进不同群体成员间的接触和心理融合过程，加快个体心理的变化，而分离和边缘的适应方式会阻碍不同群体成员间的接触和心理融合过程，减慢个体心理的变化。这一观点得到郑雪和贝利（1991）研究的支持。他们的研究表明，加拿大华裔学生中采取同化的适应方式的人数较多，与非华裔加拿大人的接触和交往较多，其心理变化的程度也较大。而旅居加拿大的中国留学生中采取分离的适应方式的人数较多，并且较少与当地人接触和交往，其心理的变化也比较小。

影响心理变化的因素还有一些，如性别、气质和性格等，这里不一一说明了。心理变化及其制约因素的关系不是单向式的因果关系，而是互为因果和相互作用的关系，因为心理融合的结果即心理的变化可以反馈于个体，使个体的某些心理或行为特征发生变化（见图8-1）。

三、文化融合的趋势

文化融合的趋势是指文化融合过程中，文化成分在不同文化群体之间转移的方向。文化融合趋势主要是由不同文化群体之间的经济和政治的实力及其对比所决定的。一般说来，不同文化群体之间的实力是不相等的，甚至对比悬殊。实力强的群体占优势，实力弱的群体居劣势，这样文化成分转移的方向就是从实力强的群体到实力弱的群体，致使后者的文化和心理发生改变。例如，目前在中国文化内部，城市亚文化群体和农村亚文化群体之间的政治、经济和文化的实力相差很大，城市人占有明显的优势，因而，文化融合的趋势是从城市到农村。

虽然，文化融合的总趋势是从整体实力强的群体到实力弱的群体，但并不排除反方向的次要趋势，即弱者的某些文化成分融入到强者的文化或心理之中，因为整体实力强的群体并非处处都强，实力弱的群体也并不是处处都弱。例如北美黑人文化中的某些音乐、舞蹈形式被白人主流文化所吸收。

文化成分在不同文化群体之间转移的过程不是"齐头并进"和均衡展开的，往往会出现快慢之分、先后之别的现象，这就是文化融合的不平衡性。文化融合不平衡性有以下几种情况。

（1）在文化融合过程中，各种文化成分在群体间转移的时间上有先有后，从而产生了文化融合的不平衡性。人类学家怀特（1959）主张文化是由技术体系、社会体系和观念体系这3个方面所构成。技术体系用以满足人基本的生存需要，因而它是文化中最基础的成分。技术体系决定一个文化的社会体系，并通过社会体系决定观念体系。就文化融合的时间顺序来看，最先转移的文化成分是技术体系，然后才是社会体系和观念体系，这是因为技术体系离意识形态、民族性和阶级性较远，在转移时所受到的阻力就比较小，而社会体系和观念体系有较为明显的民族性和阶级性，在转移时所受的阻力自然比较大。在一个文化中的各种体系虽然具有相对的独立性，但它们在同一个文化中又相互联系、相互制约和相互作用，具有同一性。各体系功能的有效发挥不仅有赖于相对独立性，而且有赖于同一性。相对独立性使文化中的各个体系有可能有先有后地转移，而同一性使先后转移的文化成分或体系割裂开来，不能充分发挥各自的功能。例如，当一个民族在引进外部文化的技术体系之后，尚未引进其社会体系和观念体系，那么，新引进的技术体系往往和该民族传统的社会体系和观念体系不相适应，以致矛盾冲突，不能有效地发挥其功能作用。在当前我国变革时期，这种情况常常可以见到。

（2）文化融合要通过人来实现，不同的人对外来文化的接受性是不相同的，有的人易于接受外来文化，而有的人不易接受外来文化。一般说来，年轻人思想活跃，灵活性和可塑性较大，他们是外来文化的最早接受者，其次才是中年人，最后是老年人，有的老年人可能终身不接受外来文化。由于不同年龄层次的人接受外来文化有先后之别，进一步扩大了年轻一代和上一代在心理、社会和文化上的差距。可见，所谓的"代沟"部分是由文化融合的不平衡性导致的。

（3）不仅不同人在接受外来文化上有先后之分，而且同一个人在接受外来文化的不同成分时也有先后之别。一个人身着西装、口食汉堡包，其思维方式和行为习惯可能仍然是中式的。各种文化成分汇集于一身，如若不加以适当地整合，很可能不协调，以致个体内部产生矛盾冲突，带来不良后果。例如，一位农村老太太在本地城市化之后，饮食的结构和营养有了很大改善，但仍保持原有的某些饮食习惯，如尽量吃饱，为了不浪费，把剩菜剩饭都吃掉。其结果是原有的饮食习惯与变化了的饮食结构不相适应，使她过于肥胖、患了高血压和冠心病。从传统的道德观念来看，这位老太太讲节约，符合传统美德。但是，从文化融合的观点来看，一成不变地接受传统道德行为往往与改变了的文化环境不相适应，而年轻人节食、倒掉吃剩的东西那样的行为反而更具有适应的价值。可见，保持传统美德重在精神实质的保持，不重在外部道德行为的保持，道德行为方式或习惯应根据文化环境的变化作适当地调整。

四、对文化融合的适应

文化融合的先决条件之一就是群体或个体的文化环境发生变化，也就是说该群体或个体的环境中有文化不同的群体或个体出现。由此，才会有不同文化的群体或个体之间的直接接触，进而该群体或个体逐步适应文化环境的变化，使自身的文化或心理发生改变，产生文化融合或心理融合。适应不仅直接导致群体文化和个体心理的改变，而且它通过对文化融合群体或个体的社会接触和文化学习施加影响来间接作用于群体文化和个体心理的变化过程。积极的适应策略和方式可以增强人们与其他群体及其文化的接触和文化学习，加快群体文化和个体心理的改变，而消极的适应策略和方式会减少与其他群体及其成员的接触和文化学习，更多保持本民族的传统文化和心理。可见，适应在文化融合过程中起了极为重要的作用。

适应（adaptation）不仅指人对环境变化的适应程度，而且也指人应付环境变化的过程。在这一过程中，个体对环境的变化或应激事件作出认知评价，并根据这种评价为平衡自己身心状态采取相应的措施和策略。这些措施或策略被称为应付方式（ways of coping）。

不同的学者对应付方式有不同的分类，詹巴多（Zimbardo，1985）根据应付目标的不同，把应付方式分为两类：一类是通过直接行动和解决问题的活动来改变应激源或个体与应激的关系，如抗争、逃避和妥协等；另一类不是通过改变应激源，而是通过改变自我的状态来达到适应，如使用药物、放松、分散注意、幻想等。

福克门和拉札如施（Folkman & Lazarus，1985）编制的"应付方式检查表"的项目中广泛地描述了个体处理应激事件时所表现的认知策略和行为方式。经因素分析把它们分为8类：解决问题、幻想、置之不理、寻求支持、积极认知、自责、逃避和放松等。

上述类型的应付方式是一般性的，即不是针对文化融合的。贝利（Berry，1976）提出了针对文化融合的3种应付方式即顺应、抵制和退避。顺应是指人力求与环境中其他群体或个体及其文化协调，以便减少冲突。一般说来，这种方式应付文化融合较为有效。抵制是指人通过对抗、攻击和报复的方式来应付文化融合。在多民族国家中，这种策略常被少数民族独立或分裂主义者所使用。在国家统一、政治稳定时期，抵制的策略往往是无效的。退避是指人通过避免与其他民族及其文化接触的方式来避免文化融合。例如，某些非洲土著人逃进原始丛林以躲避西方殖民者及其文化的侵扰，生活在北美唐人街的某些老华侨也采用这种方式，力图避免与当地主流民族及其文化接触，以保持本民族文化的认同性。

在文化融合过程中，每个群体或个体都必然会面对两个现实问题。第一，是否保持本民族的文化特色和民族认同性？第二，是否愿意与其他民族及其文化接触？根据人们对这两个问题的回答，贝利区别出4种适应文化融合的模式（见图8-2），即整合、边缘、同化和分离。

问题1

是否保持本民族的文化特色和民族认同？

　　　　　　　　　是　　　　　否

问题2

是否愿意与其他民族及文化接触？　是　　　整合　　　同化

　　　　　　　　　　　　　　　　否　　　分离　　　边缘

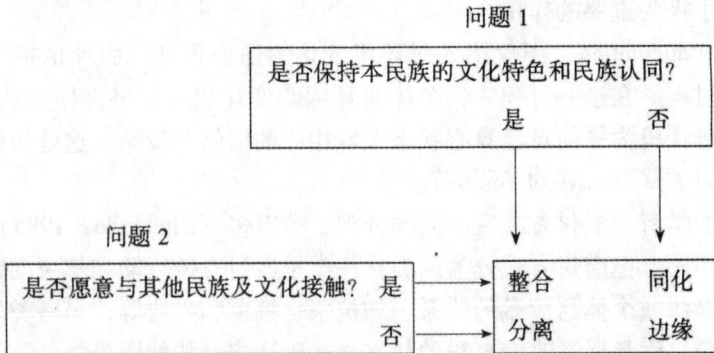

图8-2　4种应付文化融合的方式

　　当人们对这两个问题都回答"是"时，则表示整合的适应方式（integra-tion）。这种方式是指一个群体或个体在保持本民族文化特色和民族认同性的同时，又与其他民族接触以吸收其他文化的某些成分，从而更好适应文化环境的变化。这种适应方式是最理想的，因为通过整合，可以促进本民族文化和民族心理的优化并达到更高的适应水平。

　　当人们对这两个问题都回答"否"时，则产生了边缘这一适应方式（marginalisation）。它是指文化融合过程中，某群体或个体既不愿意保持本民族的文化特色和民族同一性，又不喜欢和其他民族及其文化接触，游离于两个民族和文化之间。采取这种适应方式的群体或个体，有几个主要特征即漂浮无定感、丧失民族认同性以及产生较多的心理应激。这种方式对于群体或个体适应文化环境的变化是毫无帮助的，且有害于自身的身心健康。

　　人们对第一个问题回答"否"、对第二个问题回答"是"时，则确定了同化的适应方式（assimilation），即文化融合群体或个体放弃本民族文化特色和民族同一性，接受其他民族的文化和民族认同。这种方式在西方文化传入中国的过程中表现为"西化"，而在汉族文化进入少数民族地区的过程中表现为"汉化"。全盘西化和全盘汉化都是不可取的，因为它意味着本民族文化的消亡。

　　当人们对第一个问题回答"是"、对第二个问题回答"否"时，则确定了分离的适应方式（separation），即文化融合过程中的个体或群体不愿意和其他民族及其文化接触，只注重维护本民族的文化特色和民族认同。这种适应方式容易导致激烈的民族冲突，不利于民族文化的真正复兴和发展。

　　以上对文化融合的应付方式和适应模式有相似之处和部分的重叠，例如顺应与同化类似，抵制与分离类似，但它们之间并不完全等同，因而有必要分别对待。各种应付方式和适应模式有一定的相互排斥和独立性，例如一个群体或个体在应付文化融合时采取同化的模式，则排除了分离的模式。不同的文化融合群体、同一个群体中的不同个体可以采取完全不同的模式或方式。同一个群体或个体在文化融合过程的不同阶段，也有可能采取不同的模式或方式。如一个群体采取抵制的策略应付文化移入无效之后，往往会改变策略，采取退避或顺应的策略。同一个群体或个体在文化移入过程的同一个阶段，对于文化融合的不同方面也有可能采取不同的模式或方式。例如，一个群体或个体对于经济和语言方面的文化融合采取同化的模式，但对于婚姻家庭、思想道德等方面的文化融合则可能采取分离或整合的模式。对于上述情况都需要加以进一步的具体研究。

应付或适应方式对于人们应付文化的变化是至关重要的，因而有必要深入调查研究。在研究适应时，我们不能满足于定性的分析，还需要定量的分析。定量研究的一个主要方法就是测量。这里，我们所讲的应付方式的测量不是一般的适应方式的测量，而是关于文化融合的适应方式的测量。最早与文化融合有关的测量量表是由科克霍夫和麦可米克（Kerckhoff & McCormick，1955）设计的，该量表用来测量所谓游离于两个文化之间的"边缘人"的心理特征即边缘性。此后，马恩（Mann，1958）又将这一量表加以修订，修订后的量表十分简便，由14个项目组成，被称为马氏修订量表。贝利（1976）在研究文化融合和认知方式的关系时，吸收了马氏的边缘性量表，并发展了关于整合、同化和分离3种适应模式的量表，从而构成了一个由38个项目和4个分测验组成的适应方式量表。该量表可以同时测定适应文化融合的4种方式。郑雪和贝利（1991）在研究加拿大中国留学生的心理适应时，为了有针对性和简便，把贝利的复杂量表修改为由12个多选项目组成的简便量表（见表8-1）。

表8-1　　　　　　　　　　文化融合适应模式量表

说明：下面是一些多项选择题，用来了解一个人对生活、文化和社会的态度和意见。请你在每一题上选择一个与你相符的答案。

1. 如果厨房里有各式各样的食品，你选择什么？
A. 中式食品　　　　　　　　　B. 西式食品
C. 两样都要　　　　　　　　　D. 我犹豫不决
2. 如果中国队和加拿大队比赛，你为哪个队鼓掌加油？
A. 中国队　　　　　　　　　　B. 加拿大队
C. 两个队　　　　　　　　　　D. 我不为任何一队加油

3. 你宁愿和谁结婚?

A. 中国人　　　　　　　　　B. 加拿大人

C. 我不在乎对方的种族　　　D. 我不知道

4. 当你在加拿大和中国人在一起时,你宁愿讲什么语言?

A. 中文　　　　　　　　　　B. 英文

C. 两种均可　　　　　　　　D. 我不知道讲什么语言才好

5. 如果你有一个小孩生活在加拿大,你会怎么做?

A. 我要对他讲中国的历史和文化,让他知道他的"根"在中国

B. 我认为他没有必要知道中国的历史和文化

C. 我会教育他成为一个加拿大好公民,又教他中国的历史和文化

D. 对这个问题,我不知道如何解决

6. 你愿意和谁共住一套房?

A. 中国人　　　　　　　　　B. 加拿大人

C. 我不介意他或她的种族　　D. 我不能肯定

7. 如果你长期生活在加拿大,你愿意住在什么地方?

A. 唐人街　　　　　　　　　B. 加拿大人的社区

C. 加拿大人和华人杂居区　　D. 我不知道

8. 比较两国的教育制度和教学风格,你认为

A. 中国的较好　　　　　　　B. 加拿大的较好

C. 各有各的长处　　　　　　D. 都不好

9. 你愿意参加什么人的组织和活动?

A. 中国人的　　　　　　　　B. 加拿大人的

C. 两种人的组织活动均可参加　D. 我不愿意参加这两种人的组织活动

10. 如果你的孩子生活在加拿大,你如何给他取名?

A. 取一个中文名　　　　　　B. 取一个英文名

C. 取中英文组合的名　　　　D. 我不知如何取名

11. 你宁愿和谁交朋友?

A. 中国人　　　　　　　　　B. 加拿大人

C. 两种人均可　　　　　　　D. 两种人均不可

12. 在休息的时候,你愿意……

A. 听中国音乐、看中文电影和电视

B. 听西方音乐、看英文电影和电视

C. 两类都喜欢　　　　　　　D. 两类都不喜欢

　　这个量表中每一项目的每个选择与一种适应模式有关,即每个项目的 A 项选择测分离,B 项选择测同化,C 项选择测整合,D 项选择测边缘。计分方

法就是每题被选中的选择项计 1 分，没被选中的选择项计 0 分。最后将 A、B、C 和 D 各选项的分数分别累加起来，就得到分离、同化、整合和边缘 4 个分量表的分数。通过信度检验，本量表的 4 个分量表的信度 alpha 值均达 0.60 以上。用这个量表调查加拿大中国留学生和加拿大华裔大学生，发现两组被试的整合分数和边缘分数无显著差异，且都是整合分最高，边缘分最低；两组被试的同化分数和分离分数均有显著的组间差异，加拿大华裔学生的同化分数高于中国留学生，而中国留学生的分离分数高于华裔学生。这个研究还发现，同一个文化融合群体和个体在应付文化融合时可采取多种适应模式，对于不同的文化融合问题或方面可采取不同的应付方式或适应模式。例如，一个留学生在一般生活习惯上采取同化的模式，而在恋爱婚姻方面却采取分离的模式。

五、适应内容与文化融合应激

在文化融合过程中，文化个体自然会面临一系列新问题，这些问题就是个体要适应的内容，而解决这些问题的过程就是适应过程。一个人不可能一下子就能解决好这些问题，只能逐步加以解决。解决一点，适应一点，解决得多，适应得多，适应的过程就是由较低适应程度到较高适应程度的发展过程。如果问题解决得不好，就会不愉快、焦虑或应激，因此，应激水平可以表示一个人的心理适应水平。

文化融合为不同的文化融合群体或个体带来的新问题都有所不同，但是，归纳起来不外乎以下几个方面。

（1）气候和一般生活适应问题，也就是衣、食、住、行等日常生活问题。这类问题对于移动型的文化融合群体或个体来说，尤为突出，因为迁居后，他们马上会感受到气候和地理条件变化的影响，他们必须适当调整自己的生活习惯甚至生理机能，以适应地理气候的新变化，否则会不舒服，以致生病。例如，许多留学生旅居英国，开始时对英国多雨多雾和阴冷的气候很不适应，有的人生了病，有的人心情忧郁或压抑。

（2）生产或工作方面的适应问题。文化融合过程往往会给文化融合群体的生产和经济、个体的工作带来新的问题。为了解决这方面的问题，他们常常要改变传统的生产方式，通过学习掌握新的生产技术和工作技能。例如，在现代森林工业的影响下，森林面积和野生动物大量减少，以狩猎为生的民族难以维持自己的生计，他们不得不学习新的生产技术和工作技能以适应生态环境的变化，如当护林人、发展农业或养殖业等。

（3）社会和文化的适应。在文化融合过程中，文化融合群体及其成员自然要和外族及其成员交往，成功的交往不仅有赖于互通的语言和交往动机，而且有赖于对对方社会文化的了解。只有了解了对方的社会规则和文化规范以及应用的方式和适当的场合等，一个人才能自如地和外族成员打交道，表现出适当的人际行为。这种学习和了解对方社会和文化规则或规范以调整人际行为的过程就是社会和文化适应。

（4）心理适应。即在文化融合过程中，个体心理机能有效运作的健康心理状态。具备这种心理状态的人，能够正视文化融合带来的新问题，并能采取适当的措施加以处理。他们不会神经过敏，过高地估计新问题的严重性，产生过多的紧张和焦虑或应激。心理适应不仅与个体所面临的新问题的多少有关，而且与个体对这些问题的认知评价有关。一般说来，个体面临的新问题越多，其心理应激的程度就越高，其心理适应水平就越低。但是，如果个体能正确认识和评价这些问题，并能想出适当的应付办法，多的问题未必会导致高的应激水平和低的适应水平。另外，心理适应还与个体的气质、性格等个性特征有关。

不同的文化融合群体还有各自特殊的适应问题，如留学生群体有学业上的适应问题，而移动性群体要面临与亲友分离和在移居地建立新的人际关系网络的问题。这些问题都需要采取相应的方法加以解决。

在文化融合过程中需要适应的问题虽然是多方面的，但是，这些问题都有一个共同的特点即新颖性，也就是说它们是在原有文化环境中不曾遇到的。解决新问题的一个有效途径就是学习，通过学习掌握解决问题所需的新知识和新方法。学习有两种形式，一种是正式学校的学习和培训，例如，留学生出国前的外语学习，政府为发展少数民族地区经济所办的少数民族生产技术培训班等都属于此类。第二种是非正式的社会学习，即通过观察和模仿逐渐获得他人的经验和行为方式。对于文化融合的适应来说，第一种学习形式是必要的，但是第二种学习形式往往更重要。因为，文化融合过程中所要解决的问题大多是实践性的问题，对于这些问题，课堂上单纯的知识学习往往收效不大，只有在实践中不断观察和模仿，并加以实际运用才有可能获得解决这些问题的实际经验和技能。

衡量一个人对文化融合的适应水平有一个适当的指标，即文化融合应激。文化融合应激是一种特殊的应激，它的应激源产生于文化融合过程。其表现是有较差的心理健康状况，较多的焦虑、压抑和边缘感或认同混乱，以及明显的身心疾病症状等。文化融合应激的程度和适应程度是反比的关系，一个人的文化融合应激程度高，说明他的适应水平低，反之，则适应水平高。

过去已经有大量的研究探讨过文化融合应激，且取得了许多研究成果。为了帮助理解，我们引用了贝利等人（1997）提出的模式。图8－3显示了从文化融合经验、应激源到应激和适应过程，以及制约这一过程的有关因素。图的左边是群体水平上的接触和文化融合，右边是个体水平上的文化融合过程，即个体从接触到最后适应的主要流程。图中上方框所列举的是文化融合前就存在的制约因素，下方框所列举的是文化融合过程中出现的制约因素。

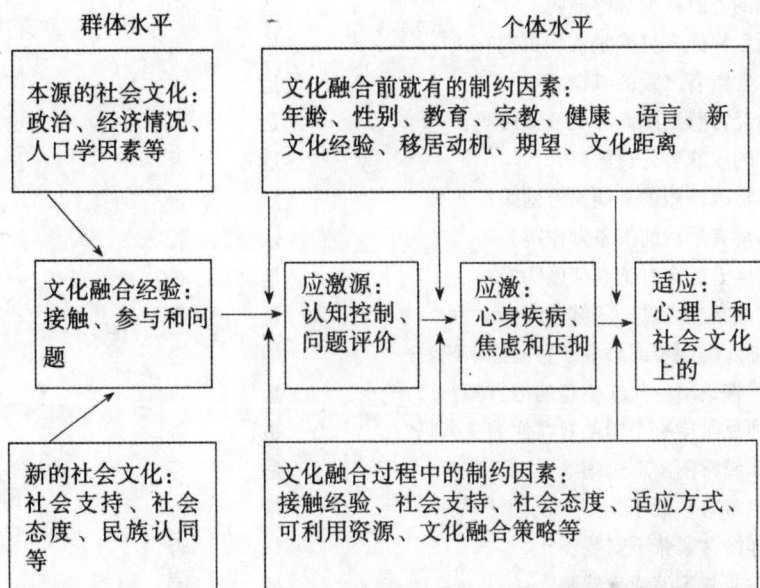

图 8-3　影响文化融合应激和适应的因素

　　由于文化融合应激水平与适应程度呈反比关系，不少研究通过测量前者来估计后者。在跨文化心理学研究中，测试文化融合应激常用的量表是卡氏（Cawte，1968）心身应激调查表，该量表是从康奈尔健康调查表（Cornell Medical Index）简化而来的，由 20 个项目组成（见表 8-2）。量表中的前 10 个问题是关于生理应激的，后 10 个问题是有关心理应激的，由此构成了生理应激和心理应激两个分量表。计分方法是每个问题答"是"时，计 1 分，答"否"，则计零分。把分数累加起来就得到生理应激分数、心理应激分数和总的应激分数。

表 8－2　　　　　　　　　　　卡氏心身应激调查表

说明：下面的问题是用来帮助我们评估你的健康水平，请认真回答，在"是"或"否"上打圈，表明与你的情况相符或不相符。

1. 你的心脏或胸部疼痛吗？	是	否
2. 饭后你经常打饱嗝或反胃吗？	是	否
3. 你常常有严重的咳嗽吗？	是	否
4. 你经常感到肌肉和关节僵硬吗？	是	否
5. 你的皮肤容易过敏吗？	是	否
6. 你常因剧烈的头痛而苦恼吗？	是	否
7. 你常有严重的头晕发作吗？	是	否
8. 你早上起床时感到疲倦吗？	是	否
9. 你经常担心自己的健康吗？	是	否
10. 你入睡困难或睡着了容易醒来吗？	是	否
11. 你害怕陌生人或生疏的地方吗？	是	否
12. 你总希望有个帮助者在你的身旁吗？	是	否
13. 你经常闷闷不乐吗？	是	否
14. 你常有"死了倒好"的想法吗？	是	否
15. 你经常紧张不安吗？	是	否
16. 你非常害羞或敏感吗？	是	否
17. 被人指使时你生气吗？	是	否
18. 人们常常使你焦急和生气吗？	是	否
19. 你的身子经常发抖吗？	是	否
20. 你常常突然出冷汗吗？	是	否

　　从整个文化融合过程来看，文化融合群体或个体的应激水平的变化呈正弦曲线，而适应水平的变化呈"U"型曲线。这就是说，在开始阶段，文化融合群体或个体的应激水平较低，随后在冲突阶段，应激水平逐渐升高，适应水平逐渐降低。进入适应阶段，应激水平从最高点逐渐下降，而适应水平也随之上升。这种文化融合过程与应激、适应水平之间的曲线关系得到郑雪等人研究证据的支持。上面提到的文化融合过程三阶段的假设较为简单化，不能详细和准确地描述不同类型文化融合群体的适应过程。特别是对于移动型的旅居者来说，三阶段假设更不能恰当描述他们的适应过程。因此，有人提出了更为复杂的假设或模式。其中较为著名的是维斯特武德（Westwood）提出的模式（见

图8-4）。该模式把旅居者的文化融合过程分为3个主要阶段，即出发前阶段、旅居阶段和重入阶段，每个阶段又分出几个次级阶段，次级阶段的名称表明了该阶段的主要特点。在文化融合过程各阶段中，文化融合群体或个体适应的内容、适应方式、适应水平和应激水平都会有所变化。图8-4中的曲线描述了旅居者的应激水平在文化融合的各个阶段的变化情况。

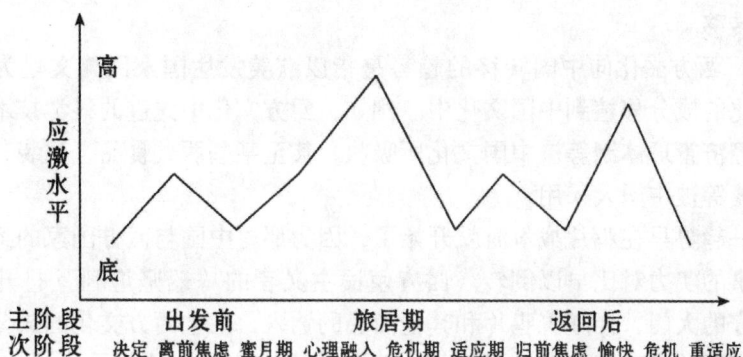

图8-4　旅居者文化融合应激水平的变化过程

　　适应水平与应激水平的变化是相反的，因此，有人提出了旅居者适应水平随时间变化的"W"型曲线假设。这个假设指出，从作出旅居决定起到旅居期的冲突或危机阶段，旅居者的适应水平呈下降的趋势。危机期之后，适应水平逐步上升，一直到决定返回时。此后，一直到重入阶段中的危机次级阶段，旅居者的适应水平呈下降趋势。过后，适应水平又再次上升，以至恢复如初。

第三节　现代化与民族心理

　　虽然台湾和港澳地区早已开始了现代化的进程，中外文化的融合使这些地区的社会文化和民众心理发生了突出的变化，但是，这些地区的变化对于整个中国来说只是局部性的。中国社会文化的全局性的变化起始于20世纪80年代初改革开放政策的实施。90年代中国市场经济政策的确立进一步加速了中国的文化融合和现代化的进程，可以预料，不久的将来中国的社会文化和民族心理会有较大的改变，中国的社会现代化和个人现代化会成为现实。下面我们将讨论中国的文化融合趋势、中国社会的现代化和人的现代化以及中国民族心理变化等有关问题。

一、中国民族文化发展的趋势

前面我们已经指出，文化融合的趋势取决于不同文化群体的整体实力及其对比。分析中外民族之间、中国内部各亚文化群体之间的整体实力及其对比，我们可以看出，目前中国民族文化的发展存在着4种主要的趋势，即西方文化向中国转移、汉族文化向少数民族转移、城市文化向农村转移和沿海地区文化向内陆转移。

（1）西方文化向中国转移的趋势是指以欧美发达国家民族文化为代表的西方文化的成分移植到中国文化中。例如，西方文化中先进的科学技术、生产方式、经济管理体制等被中国文化所吸收，甚至某些西式食品、服装、文艺和娱乐方式等被中国人采用。

这一趋势早在鸦片战争时就开始了，因为那时中国与西方国家的经济、政治和军事的实力对比早以倒转。西方殖民主义者的"船坚炮利"打开了中国闭关自守的大门，伴随着鸦片和其他商品的输入，某些西方文化的成分也随之而来。中国的封建统治者为了维持自身的统治地位，也被迫采取了一些改革措施。他们搞洋务，引进西方的"利器"和"西学"，但坚持"中学为体，西学为用"的方针。这些措施客观上为中国带来某些西方文化的成分，但没有从根本上动摇中国传统文化的基础，即"汪洋大海"般的小农经济，因而未能导致广泛深入的文化移入，从根本上改变中国的传统文化。而今，中国已实施改革开放政策十几年了，不久前又正式确立了市场经济的国策。这势必加速"自给自足"的小农经济的灭亡，从而根本动摇中国传统文化的根基，加快西方文化融入中国的步伐。在此基础上，有可能将中国的传统文化和西方文化的精华融合在一起，创造出现代化的中国文化。

（2）汉族文化向少数民族转移这一趋势自古有之，它贯穿整个中华民族文化发展史。历史上汉族人数众多，经济和政权实力占优势，因而文化融合的方向主要是由汉族到少数民族。虽然某些时期少数民族入主中原，政治上居统治地位，但生产力发展水平总是落后于汉族，因而不能扭转文化融合的主要趋势。当然，伴随着汉族文化向少数民族转移这一主要趋势的同时，也还存在某些少数民族文化的成分向汉族转移的现象，如黎族的纺织技术传入汉族，满族的服饰被汉族吸收等。

新中国成立之后，中央政权对周边少数民族的控制和影响达到了前所未有的水平，加上交通、通讯和大众传播媒介以及教育等因素的作用，大大增强了汉族文化移入少数民族的趋势。20世纪80年代以来，改革开放政策的实施和市场经济政策的确立，为少数民族地区发展经济文化提供了极好的机会。一方面汉族文化融入少数民族的现象更加普遍，因为市场经济的开放性大大促进了汉族与少数民族间的经济往来和文化交流；另一方面地方民族主义和少数民族文化有复兴迹象，因为中央的新政之一就是放权，减少对地方的行政干预和经济制约，其结果是地区经济实力和少数民族自治权力的增强。我们发现少数民族中曾一度消失的某些风俗习惯、宗教文化等得到恢复，某些少数民族中还出现了民族分裂主义的倾向。民族分裂主义是不可取的，但少数民族文化的复兴有助于整个中华民族文化的发展，因为文化的多样性和差异性是文化发展的前提和基础。

（3）过去的农村经济自给自足，很少与城市进行商品交换，两地间的人员流动也不多，因而文化转变的现象不明显。随着我国市场经济的发展，农村经济和城市经济连成一体，交通和通讯的发展进一步促进了两地间的经济往来和人员交流。我们看到大批的干部、农业技术员和商人下乡，同时，大量的农村剩余劳动力涌入城市。这种大规模的经济往来和人员流动加快了城市文化进入农村的步伐。今日，即使是边远的山村也可以看到城市文化的痕迹。

促进这一趋势的另一个重要的因素是城市化过程，即邻近城市和工业区的农村转化为城市。目前，我国的城市化过程正在迅速发展，许多农村变成了各种开发区、加工区或工业区。农民丧失了耕地，自然会成为工人或各种非农业人口。

（4）历史上北方中原地区经济和文化发达、政治上居统治地位，而南方沿海地区被称为"南蛮"之地，经济和文化落后、政治上受北方的统治，因此，当时国内地区亚文化之间文化转移的趋势是从北到南、从内陆到沿海。现在，这一趋势倒转了过来。近代的历史根源是西方殖民主义者从南方沿海地区的入侵，西方文化首先从这些地区传入，伴随着这一主要趋势，南方沿海地区亚文化开始逐步向北方内陆地区转移。

南方沿海地区亚文化向北方内陆地区转移这一趋势产生的近期原因在于我国 20 世纪 80 年代初成功开辟了沿海经济特区，带动了沿海地区经济的发展，大大增强了这些地区的经济实力。加上毗邻港澳，与西方国家相通，使沿海地区对北方内陆地区的优势更加突出，于是进一步增强了沿海地区亚文化向内陆地区转移的趋势。

把上述 4 种趋势综合起来，我们可以看出一条主线或总的趋势，即现代西方文化向中国文化及其各民族和各地区的亚文化渗透，从国外到国内、从沿海到内陆、从城市到农村、从汉族到各少数民族。不管是西方文化融入中国文化，还是汉文化融入少数民族文化，都必须处理好保持本民族传统文化和引进外来文化的关系。否则，会带来严重后果。一味强调保持本民族的传统文化，完全排斥外来文化，则不能发展本民族的文化。同时，只强调引进外来文化，则会走向全盘"汉化"或"西化"和本民族文化的消亡。保持传统文化和引进外来文化似乎完全对立，其实两者相辅相成。保持传统文化有助于稳固民族认同性，良好的民族认同性可以减少外来文化的盲目引进，避免全盘汉化或西化。而外来文化的引进可以为本民族文化的发展提供材料或养分。可见，保持传统文化和引进外来文化是对立统一的关系。处理好这对关系的关键是采取整合的方式应付文化融合，即将传统文化中与现代化相适应的优良成分和外来文化中的精华结合起来以应付民族文化的内外环境的变化，发展本民族的文化，使之现代化。对于外来文化的不同成分，还应该采取灵活的应付策略或方式。例如，对于西方文化中先进的生产技术和经济管理手段应坚决采取同化或顺应的策略加以吸收，而对西方文化中个人享乐主义的生活方式应采取抵制的策略加以排除。处理好本民族传统文化和外来文化的关系，就有可能以最佳方式把两者结合起来，最终实现中国社会文化的现代化和中国人的现代化。现代化是中国民族文化和民族心理发展的总趋势和必由之路。

二、社会的现代化与人的现代化

随着改革开放政策的实施与市场经济制度的确立，中国正沿着现代化的道路迅猛前进。现代化不仅包括社会文化的现代化，而且也包括人的现代化。人的现代化的核心是观念和思想、心理与行为的转变。在现代化过程中，传统的民族心理必然会发生演变，且演变得越来越适应现代社会，否则，民族心理将阻碍现代化的进程。

现代社会并非都是指西方社会，而现代化也不是全盘西化。因为现代化只是人类社会和文化发展的总趋势，并不存在一种固定不变的、全人类所遵循的现代化模式，每个种族或民族都要在自己独特的文化传统和社会条件下实现现代化。不同国家和不同民族的现代化进程是特殊的，但同时也存在着共同之处。

一个国家或民族从传统社会向现代社会的演变过程中，其内部和外部的因素都起了十分重要的作用。内部因素决定国家或民族现代化的可能性和方向，它通过对其民众的开放性、可变性和创造性施加影响来发挥作用。外部因素或环境条件影响现代化的速度和进程，它是通过对文化融合过程的制约来发挥作用的。在内外因素的交互作用下，一个国家或民族迈出现代化的步伐，最终实现其现代化。对于这一过程，我们可以用一个模式图来表示（见图 8 - 5）。如图所示，一个国家或民族的社会现代化要在其内外因素的交互作用下，通过大量的改革、创新和文化融合来不断地减少传统社会和文化的特征，增加现代社会和文化的特征，从量变到质变，实现其社会和文化的现代化。

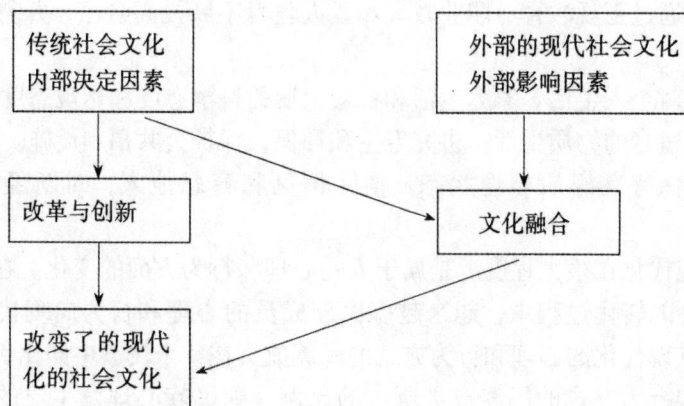

```
┌──────────────┐              ┌──────────────┐
│  传统社会文化  │              │ 外部的现代社会文化│
│  内部决定因素  │              │  外部影响因素  │
└──────────────┘              └──────────────┘
        │                             │
        ▼                             ▼
┌──────────────┐              ┌──────────────┐
│   改革与创新   │─────────────▶│   文化融合     │
└──────────────┘              └──────────────┘
        │                             │
        ▼                             │
┌──────────────┐                      │
│  改变了的现代   │◀─────────────────────┘
│  化的社会文化   │
└──────────────┘
```

图 8-5　社会的现代化过程及其制约因素

社会文化的现代化离不开人的现代化，因为人是社会文化的主体和创造者，是现代化事业中最能动的因素。关于人的现代化的实证研究，必须有量的分析，也就是说，有必要测量人的现代化的程度。个人现代化的测量主要有 4 种方法，即卡尔的"现代价值观"的测量法（1968）、英克尔斯和史密斯的"全面现代化"的测量法（1974）、杜布的"现代化量表"（1967）以及道森的"传统态度和现代态度"的测量法（1973）。这些方法不外乎预先设定一些衡量现代化程度的指标，然后根据这些指标设计问卷或面谈的问题，以及行为观察的项目，最后用设计好的问卷、面谈程序或行为观察程序测量研究的对象。在测量中，测量的指标是最重要的。因此，我们把上述 4 种方法中衡量个人现代化程度的指标归纳起来，得到一套较为一致的和普遍性的指标。

（1）爱国心，对国土的依恋和对人民的忠诚。

（2）对政府的信赖，相信政府是为公民谋福利的。

（3）关心国内外大事，参与社区事务和其他社会活动。

（4）有职业定向，对工作单位有依赖感、责任感和认同感，有竞争心和较强的成就动机。

（5）摆脱对传统权威人物的依赖，个体独立性增强。

（6）破除迷信、反对宿命论，相信科学、相信世界是可知的。

（7）富于创造性和革新精神。

（8）相信人性是可信赖的、互助的、可教的和向善的。

（9）树立未来定向的时间观念，养成守时的习惯，不留恋过去，不安于现状。有计划地行事，并按时完成。

（10）通过正规教育、职业教育和成人教育不断提高自己，并重视子女的教育。

（11）对个人生活、家庭生活和社会生活的科学态度和达观态度。

（12）适当的物质生活，讲究卫生和环保，保护公共福利设施。

（13）保持良好的心理状态，消除偏见和容忍他人，对新经验持开放态度。

人的现代化在很大程度上是属于人的心理和行为方面的变化。在传统社会向现代社会的转化过程中，越来越多民族成员的心理和行为向现代化方向变化，当具有现代化的心理和行为方式的民族成员在整个民族中的比例超过具有传统心理和行为方式的民族成员所占的比例，则民族心理发生质的变化。所以，人的现代化过程实际上就是民族心理的变化过程。从民族文化的发展趋势和人的现代化的普遍指标，我们可以大致预测民族心理发展的方向，即改变民族心理中落后的、与现代化不相适应的因素，将民族传统心理中的优良成分与其他民族心理中的精华整合起来，发展出与本国和本民族社会和文化的现代化相适应的民族心理。

三、中国民族心理的演变

中国民族心理的演变过程在地区上不是均衡展开的。其展开的路线与文化移入的路线相同，首先从台湾和港澳地区开始，然后到中国内地的沿海开放城市，经内陆的城镇，最后扩散到整个农村地区。目前，台湾和港澳地区民族心理的发展趋势较为明显，并且当地学者对这一问题的研究也较多。而大陆的现代化起步不久，民族心理的变化尚不明朗，且有关的研究甚少。因此，我们主要依据理论分析和港澳台的实证研究材料，描述中国民族心理发展的几个主要方面。

（一）智力方面

随着中国社会文化的现代化，中国民族的智力特征有所变化和发展，即中国民族的某些传统智力特征减弱，而与社会文化的现代化相适应的某些智力特征增强。

1. 从现实性的认识方式向现实和理论并重的认识方式发展

传统中国人的认识方式是现实性的，他们不喜欢和不善于思考抽象的、纯粹理论性的和无实际效用的问题，而擅长思考实际性和功利性的问题。中国人思想的实际性是国际公认的，不少东西方学者也认为中国人高度重视现实的和功利主义的思想方法，重视解决身边的现实问题。

　　某些心理学研究也支持这种看法。海勒伯格（Hellersberg，1953）用投射测验研究了70个中国人，发现这些中国人所考虑的大多是身边具体的和实际的东西。苏氏等人（1972）的研究也表明，与美国大学生相比，中国大学生的思想有更强的实际性或现实主义的倾向。道格拉斯（Douglas，1977）等人比较了香港和美国高中学生，发现中国被试在皮亚杰形式运算测验上的分数显著低于美国被试。随着现代化的发展和信息时代的来临，人们将更多地同远离自己的、与自己无直接利害关系的事物打交道，这些活动有助于人们发展抽象思维或理论思维。思想的现实性使人摆脱虚空的和无效的思考，尽快解决身边的具体问题，而思想的理论性使人的认识更广阔、更深入和更有远见。因此，两类思维方式各有其优点，将它们整合起来形成现实和理论并重的认识方式，将是今后中国民族智力发展的一个方向。

　　2. 从整体性的认识方式向分析基础上的综合性认识方式发展

　　传统中国人的认识特点之一是认识的整体性倾向。最早的实证性研究是阿贝尔与刘和许（1949）的研究。他们用罗夏墨迹测验研究美籍华人的人格，发现中国出生的华人对墨迹作出更多的整体性反应，而美国出生的华人的细节反应较多，这表明文化融合过程使华人整体性的认识方式向分析性的认识方式转变。此后，一系列的研究都支持这一结论，并进一步指出整体性认识方式与中国智慧领域中的和谐性原则、传统的集体主义精神密切联系，以及教育和现代化等因素对中国人认识方式的转变的重要作用。众所周知，西方近代科学的发展是与西方分析性的认识方式有关的。在当代，随着系统论、控制论和信息论等系统科学的发展，人们重新认识到东方传统的整体性认识方式的价值，主张把东西方的认识方式整合起来，建立起分析—综合的或分析基础上的整体性认识方式。这是当代人认识方式的发展方向之一，也是中国民族认识方式的发展方向之一。

　　3. 从辐合性思维方式向发散性思维方式发展

　　传统的中国文化强调一致性、尊敬长辈和前人观点，忽视创新和变异。与此相适应，传统的中国人擅长于辐合性思维，而发散性思维较差。刘和许（1974）用托兰斯创造性思维测验对中美两国学生进行测试，发现中国被试在观念的流畅性、新颖性和灵活性上都比美国被试差。但是，随着年龄的增长，这种差异在缩小。随着中国文化的发展，社会日益重视人的创新和变异，这势必导致中国民族的发散思维的发展。

　　（二）气质方面

　　关于现代化与中国人气质特征的改变的研究大多采用"中国人传统和现

代化量表"（CITMS）和某些气质特征测验量表对中国被试进行测验，然后进行相关分析。这些研究发现在现代化过程中，中国人的情绪性和焦虑、自我克制和谨慎以及社交性等气质特征有所改变。

1. 焦虑降低、情绪稳定性增高

过去大多数心理测验研究表明中国人比西方人更多焦虑和神经过敏。尽管这个看法尚有待于进一步的验证，有研究表明个人的现代化与焦虑有关。许氏（1971）的研究报告指出个人现代化与神经过敏存在负相关。叶氏（1981）的研究发现在 437 名中国大学生中，个人的现代化水平与其对生活压力的忍耐性有正相关。这些研究预示了中国人气质特征变化的一个方向，即随着文化融合与现代化的发展，中国人的焦虑会有所降低、情绪的稳定性会有所增高。

2. 自我克制和谨慎性减弱、冲动和自发性增强

几乎所有的研究，不管是使用投射法，还是自我陈述法，都一致显示，与美国人相比，中国人一般较为克制、谨慎，较少冲动和自发性。这些气质特征可能有遗传基础，但其社会文化的根源更为明显，因为它们符合中国传统文化和社会生活中的和谐性原则，使中国人更有效地适应中国传统的群体生活。由于中国社会和文化的变化发展，与传统中国社会文化相适应的气质特征不一定适合当代中国的社会生活。有研究表明，个人现代化水平的提高可以降低其自我克制和谨慎的水平。例如，黄和杨（1972）用速示器向中国大学生呈现有忌讳的词（性的），让其尽快识别和讲出来。结果指出，个人现代化水平较高的被试对有忌讳的词作出正确反应所需的时间更短，个人现代化水平较低的被试则相反，也就是说个人现代化水平高的大学生较少自我克制和谨慎，较多自发性和冲动性，而个人现代化水平低的大学生则相反。

3. 内向性减弱、外向性或社交性增强

过去的研究总的说来显示出传统中国人的外向性或社交性较弱，而内向性较强。这种气质特征适合于传统中国人的社会生活，因为传统的中国社会和文化要求人们在人际关系中保持一定的距离，以实现与他人的平衡和协调。当今中国社会的变化加快，人员流动加速，这就要求人们有较强的社交性，以便在新的地方和新的工作单位建立起良好的社会关系，适应新的生活。有研究表明这种社会和文化的变化可能增强中国人的社交性，减弱其内向性。

（三）性格方面

随着中国民族现代化的发展，中国民族性格中的某些特征逐渐减弱，而另一些特征逐渐增强，虽然这种性格变化的模式和内容还并不完全肯定，但是，我们可以较有把握地指出中国人性格变化发展的总趋势，即从社会定向的性格向个人定向的性格演变。

社会定向的性格是指一系列相互关联的性格因素包括强烈的群体意识、社交和谐性、相互依赖、人际关系中心性、权威主义、外部控制信念、他律中心倾向、自制的社会内向、讲求实际现实主义和整体性的折中主义等组合而成的中国人性格的共同模式（杨国枢，1981）。这种性格模式被许氏（1953，1963）概括为情景中心倾向的性格，被威尔逊（1974）概括为关系中心倾向的性格。

杨国枢用生态—文化的理论模式为指导，概括和总结前人的研究，以阐明中国民族性格的形成和演变。古代中国人在适应其生态环境的过程中，发展了自给自足的小农经济制度以及与此相适应的社会结构和文化，由这种社会结构和文化派生出中国人对后代的教育方式和社会化实践，如依赖性训练、顺从性训练、谦逊训练、自我克制训练等，从而培养出有强烈集体倾向的、高度社会性的、讲求实际的折中主义者，更简单地说是社会定向性格的人。自从鸦片战争以来，特别是近几十年来，在西方文化和现代化的冲击下，中国的经济、社会结构和文化发生了迅速的变化，这种变化有可能使中国民族性格发生实质性的变化。有关这方面的研究表明，中国民族性格变化的主要趋势是从社会定向的性格转变为个人定向的性格。个人定向的性格即一系列相互关联的性格因素包括个体倾向、自我倾向、竞争倾向、平等主义、自主性和自我表现性等组合而成的性格模式（杨国枢，1981）。社会定向的性格有利于人们适应中国农业社会的传统生活，而个人定向的性格有利于人适应现代化的中国社会生活。

以上讨论表明文化融合和现代化与民族心理演变密切相关，现代化的进程可以促进民族心理的发展，而民族心理又可以促进或阻碍现代化的进程。民族心理演化的总趋势是传统的民族心理中与现代社会不相适应的成分不断减少，而与现代社会相适应的成分不断增多，从量变到质变，最终实现民族心理从传统形态向现代形态的根本性转变。

复习与思考

基本概念

社会文化变迁　文化融合　文化融合应激　适应　现代化

思考题

1. 社会文化变迁的主要根源是什么？
2. 制约文化融合的主要因素有哪些？
3. 试述文化融合的4种模式。

4. 试析社会现代化与人的现代化的关系。
5. 试析中国民族心理演变的趋势。

主要参考文献

1. 侯玉波. 社会心理学. 北京大学出版社, 2002
2. 孔祥勇. 管理心理学. 高等教育出版社, 2001
3. 申荷永. 社会心理学原理与应用. 暨南大学出版社, 1999
4. 斯蒂芬·P·罗宾斯. 组织行为学（第七版）. 孙建敏等译. 中国人民大学出版社, 1997
5. 苏东水. 管理心理学（第四版）. 复旦大学出版社, 2002
6. 孙时进. 社会心理学. 复旦大学出版社, 2003
7. 周晓虹. 现代社会心理学. 上海人民出版社, 1997
8. 章志光, 金盛华. 社会心理学. 人民教育出版社, 1985
9. 殷陆君. 人的现代化. 四川人民出版社, 1985
10. 王宏印. 跨文化心理学. 陕西师范大学出版社, 1993
11. 郑雪. 跨文化智力心理学研究. 广州出版社, 1994
12. 张世富. 民族心理学. 山东教育出版社, 1996
13. 谢斯骏, 张厚粲. 认知方式：一个人格维度的实验研究. 北京师范大学出版社, 1988
14. 周晓虹. 现代社会心理学史. 中国人民大学出版社, 1993
15. 沙莲香. 社会心理学. 中国人民大学出版社, 2002
16. 王沛. 实验社会心理学. 甘肃教育出版社, 2002
17. 叶浩生. 西方心理学的历史与体系. 人民教育出版社, 1998
18. 埃利奥特·阿伦森. 社会性动物. 郑日昌等译. 新华出版社, 2002
19. A·J·马而塞拉. 跨文化心理学. 吉林文史出版社, 1991
20. 时蓉华. 新编社会心理学概论. 东方出版中心, 1998
21. 张岱年, 方克立. 中国文化概论（修订版）. 北京师范大学出版社, 2004

22. 沙莲香. 中国社会文化心理. 中国社会出版社, 1998

23. 万明钢. 文化视野中的人类行为. 甘肃文化出版社, 1996

24. 李亦园, 杨国枢. 中国人的性格. 桂冠图书公司, 1988

25. 杨国枢, 黄光国. 中国人的心理与行为 (1989). 桂冠图书公司, 1991

26. 杨国枢, 余安邦. 中国人的心理与行为 (1992). 桂冠图书公司, 1993

27. 杨国枢等. 现代化与中国化论集. 桂冠图书公司, 1985

28. M·H·邦德. 中国人的心理. 张世富等译. 云南人民出版社, 1990

29. 杨中芳, 高尚仁. 中国人中国心——人格与社会篇. 台北远流出版事业股份有限公司, 1991

30. 佐斌. 中国人的脸与面子: 本土社会心理学探析. 华中师范大学出版社, 1997

31. 佐斌. 中国人的关系取向: 概念及其测量. 华中师范大学学报 (哲社版), 2002

32. 许锋. 社会心理学. 经济日报出版社, 2001

33. 郑全全, 俞国良. 人际关系心理学. 人民教育出版社, 1999

34. 乐国安. 当前中国人际关系研究. 南开大学出版社, 2002

35. 陈旭. 情境讨论、榜样学习和角色扮演对儿童助人行为影响的实验研究. 西南师范大学学报 (哲学社会科学版), 1995 (1)

36. 陈英和. 认知发展心理学. 浙江人民出版社, 1997

37. 高申春. 评侵犯行为的习性学理论. 心理学探新, 1999, 19 (3)

38. 全国十三所高等院校《社会心理学》编写组. 社会心理学. 南开大学出版社, 1990

39. 张厚粲. 心理学. 南开大学出版社, 2002

40. 金盛华, 张杰. 当代社会心理学导论. 北京师范大学出版社, 1995

41. 吴江霖, 戴健林等. 社会心理学. 广东高等教育出版社, 2000

42. Robert S. Feldan, *Social Psychology*, 1995

43. Robert. A. Baron, *Social Psychology*. Allyn and Bacon, 1994

44. Sharon S. Brehm & Saul M. Kassin, *Social Psychology*, 1990

45. Andrew Karpinski James L. Hilton, Attitudes and the implicit association test. *Journal of Personality and Social Psychology*, 2001 (81)

46. A. G. Greenwald, D. E. McGhee, & J. L. K, Schwartz. Measuring individual differences in implicit cognition: The implicit association test. *Journal of*

Personality and Social Psychology, 1998 (74)

47. T. D. Wilson, S. Lindsey, & T. Y. Schooler, A model of dual attitudes. *Psychological Review*, 2000 (107)

48. R. Bond & P. Smith, Culture and conformity: A meta-analysis of studies using Asch's line judgment task. *Psychological Bulletin*, 1996 (119)

49. H. Cooper, Statistically combining independent studies: A meta-analysis of sex differences in conformity research. *Journal of Personality and Social Psychology*, 1979 (37)

50. B. Latane & J. M. Darley, *The Unresponsive Bystander: Why Doesn't He Help?* New York: Appleton-Century-Crofts, 1970

51. B. M. Bass & B. J. Avolio, *Multifactor Leadership Questionnaire*. Paloalto, CA: Consulting Psychologists Press, 1996

52. D. Gigone & R. Hastie, The common knowledge effect: information sharing and group judgement. *Journal of Personality and Social Psychology*, 1993, 65 (5)

53. I. L. Janis, *Groupthink: Psychological Studies of Policy Decisions and Fiascoes* (2nd ed). Boston: Houghton Mifflin, 1983

54. H. Kelley, A. J. Stahelski, Social interaction basis of cooperators' and competitors' beliefs about others. *Journal of Personality and Social Psychology*, 1970, (16): 66 – 91

55. D. T. Gilbert, S. T. Fiske, & G. Lindzey, *Handbook of Social Psychology* (4thed.). Boston: McGraw – Hill, 1998

56. J. W. Berry. *Human Ecology and Cognitive Style*. London: Sage. O, 1976

57. J. W. Berry, Y. H. Poortinga, & M. H. Segal, *Cross-cultural Psychology: Research and Applications* (second ed.). Cambridge: Cambridge Univ. Press, 2002

58. E. R. Smith & D. M. Mackie, *Social Psychology*. Taylor & Francis Group Psychology Press, 2000

后 记

    本书是一本为心理学、社会学、公共关系学、管理学和社工等专业的学生编写的大学教材,其目的是系统介绍社会心理学主要领域的有关理论与研究成果,使有关专业的大学生掌握社会心理学的基本概念、理论与方法,并能够用于分析与解决有关的社会心理问题。本书探讨了社会心理学的对象和方法及历史发展、社会认知、人际关系、社会态度、社会行为、群体心理,以及民族文化与民族心理、社会变迁、现代化及其民族心理演变等社会心理学的主要研究领域。本书遵循科学性与实践性相结合的原则,既反映了社会心理学各领域中的主要理论、经典研究、最新成果以及中国的研究成果,又理论联系实际,具有较强的可读性。本书不仅适合作大学多个专业的教材,也可供广大青年、管理干部学习参考。本书第一、八章由郑雪撰写,第二章由王磊撰写,第三章由岑延远撰写,第四章由张利燕撰写,第五、六章由刘学兰撰写,第七章由聂衍刚、高宝梅撰写,郑雪负责全书的统稿。在本书的构想与编写过程中,我们参考了大量国内外同行的有关资料,本书的出版得到了暨南大学出版社的同志大力支持,在这里,我们一并致谢。由于我们的水平与经验的限制,书中难免有错误或不足之处,敬请读者与同行批评指正。

编 者

2004 年夏